新兴电子商务的物流管理

胡祥培 黄敏芳 张源凯 王 征／著

科学出版社

北京

内 容 简 介

本书注重理论联系实际，突出方法应用和实用案例，涵盖大型网上超市物流配送系统优化、线上线下融合的新零售即时协同配送优化、农村及农产品电子商务物流配送模式与运作优化、机器人移动货架系统仓储与调度优化等研究成果。主要研究工作及成果有：分析了新兴电子商务模式及其物流运作管理流程；构建了订单分配、拣货打包、配送等问题的优化模型与求解算法；针对线上线下融合的新零售配送需求，提出了物流协同配送和即时配送策略；创建了基于"物联网+智能配送柜"的蔬果网上直销"农—宅"配送模式以及机器人移动货架系统的优化模型与求解算法。

本书可作为相关专业本科生、研究生的教材以及电子商务物流管理研究人员的参考书。

图书在版编目（CIP）数据

新兴电子商务的物流管理 / 胡祥培等著. -- 北京：科学出版社，2025.1.
ISBN 978-7-03-081192-9

Ⅰ. F713.365.1

中国国家版本馆 CIP 数据核字第 20258Y30N3 号

责任编辑：陈会迎/责任校对：贾娜娜
责任印制：张　伟/封面设计：有道设计

科学出版社 出版
北京东黄城根北街 16 号
邮政编码：100717
http://www.sciencep.com
北京建宏印刷有限公司印刷
科学出版社发行　各地新华书店经销
*
2025 年 1 月第　一　版　开本：720×1000　B5
2025 年 1 月第　一　次印刷　印张：22 1/2
字数：454 000
定价：**258.00 元**
（如有印装质量问题，我社负责调换）

前　言

　　电子商务的产生和飞速发展，为人类社会创造了千载难逢的机遇。它改变了人们的生活方式，不仅诱发了城乡产业结构调整与深刻变革，而且在乡村振兴和固边戍防中发挥着越来越重要的作用。近年来，伴随着物联网、大数据和人工智能等技术的快速发展以及智能手机的普及应用，以移动电子商务、自营渠道类电商（大型网上超市）、平台类电商（电子集市）、线上线下融合的新商务、即时零售及社交电子商务等为代表的新兴电子商务快速兴起，并成为电子商务增长的新领域。新兴电子商务在技术平台、服务对象、商务模式等方面表现出的移动性（泛在性）、虚拟性、协同性、大数据、个性化及社会化等新特征，给商务模式和运作模式带来了革命性的变革，给物流管理带来新的挑战和机遇。因此，新兴电子商务的物流管理研究已成为学术界和产业界普遍关注并重点研究的科学问题。

　　面对新兴电子商务诱发的商务模式和运作模式的变革与挑战，如何提高新兴电子商务物流运营管理优化决策的实时性、科学性、智能性，是富有挑战性的问题。本书作者团队基于国家自然科学基金创新研究群体项目及重点项目、国家社会科学基金重大项目，聚焦大型网上超市物流优化、线上线下融合的新零售即时协同配送、农村及农产品电子商务物流"最先一公里"和"最后一公里"配送、智慧仓储与物流——机器人移动货架系统仓储与调度优化等难题，与京东集团及西藏自治区商务厅等单位合作，开展了理论方法与应用研究和示范工程建设，取得了如下主要进展和成果。

　　（1）大型网上超市物流配送系统优化方法：针对大型网上超市面临的一单多品订单拆分履行的物流难题，以降低拆单率、降本增效为目标，从订单拆分前和订单拆分后两个角度入手，聚焦于"多品类仓关联存储""订单分配""拆分订单合并打包""拆分订单合并配送"四个重点突破口，建立基于商品相关性的多品类仓商品存储方法、订单分配方法，基于网络流的拆分订单仓库间合并打包方案优化方法，以及基于分拨中心和基于配送站的合并配送优化方法，为化解"高成本、高污染、高度扰民"的"三高"难题提供新方案。

　　（2）线上线下融合的新零售即时协同配送优化方法：针对线上线下融合的新零售面临的即时协同配送难题，以加快求解速度、降低配送成本、提高配送效率为目标，聚焦即时配送和协同配送这两个关键问题，从"在线调度""实时响应"

"协同配送"三方面入手，建立基于多预测场景的在线优化调度方法、基于多样化方案池的即时配送订单实时响应方法、带时间窗的多主体协同订单配送模型以及基于时空网络和拉格朗日松弛方法的综合优化算法，为提高线上线下融合的新零售即时协同配送优化的科学性和可行性、降本增效、提高客户满意度提供新方法和新工具。

（3）农村及农产品电子商务物流配送模式与运作优化方法：针对农村及农产品电子商务物流的配送难题，以降低农产品"最先一公里"、"最后一公里"及农产品冷链物流成本为目标，建立多类型冷链仓储设施布局优化方法及多类型冷链服务资源调度优化方法、基于"物联网+智能配送柜"的蔬果网上直销"农—宅"配送模式以及有机蔬菜网上直销的"农—宅"配送车辆路径方案智能生成方法；提出了政府引导下的"数字化农场+农村合作社+物流企业联盟"的多主体、多种运输方式协同的农产品"最先一公里"集储运协同运作模式、村屯基于"农村便利店+智能配送柜+众包"的多主体共同配送网络体系，为化解我国农产品"最先一公里"与"最后一公里"难题提供新思路和新方案。

（4）机器人移动货架系统仓储与调度优化方法：面向电商智慧物流系统的仓储优化及智能调度难题，从机器人移动货架系统的仓储商品选择决策与优化、货位分配决策与优化、货架存储位置优化、机器人调度优化四方面入手，分别构建相应的数学模型并设计启发式算法，为提高订单拣选效率、降低运作成本、提高订单履行及时性构筑新工具，有利于提高机器人移动货架系统订单拣选优化的科学性和智能性，促进电商仓储向数字化、智能化、无人化方向发展。

本书为新兴电子商务的物流配送系统提供新的优化决策方法，有利于提高物流运营管理优化决策的实时性、科学性、智能性和动态适应性，为化解新兴电子商务物流面临的复杂管理决策难题提供新思路。

本书为国家自然科学基金创新研究群体项目"新兴电子商务的信息与物流管理"（批准号：71421001）的部分研究成果。其中，第4章的成果还得到了国家自然科学基金重点项目"新零售模式的运营管理理论与方法"（批准号：71931009）的资助，第5章的成果也得到了国家社会科学基金重大项目"数字化背景下农村物流共同配送运营模式研究"（批准号：22&ZD151）的资助。本书的撰写分工如下：第1章由胡祥培、黄敏芳撰写，第2章由黄敏芳、张源凯、王征、于梦琦撰写，第3章由张源凯、黄敏芳、朱姗、胡祥培撰写，第4章由于梦琦、王征撰写，第5章由张源凯、黄敏芳、林娜、李娅、胡祥培、都牧、王华撰写，第6章由王征、丁天蓉撰写。此外，大连理工大学魏远晗、才华，华北电力大学康晓迪、李鲁迪、刘子建、石二宁、徐海钊、张钰倩、赵儒臣、赵玥玥，以及大连海事大学薛桂琴、翟梦月、徐伟、曾月、鲁鹏、单宇欣、张晓娟为本书完成了文献资料的收集整理、文字编辑校对和部分图表的绘制工作。全书由胡祥培、黄敏芳负责组织统稿及审校定稿。

　　本书撰写过程中参阅了国内外许多专家学者的论文和著作，并已在正文中予以标注。在此，著者谨向相关参考文献的作者表示衷心感谢！

　　衷心感谢国家自然科学基金委员会管理科学部的支持和帮助！衷心感谢科学出版社的编辑老师为本书付出的辛劳！

　　由于著者学术水平有限，书中难免存在疏漏之处，敬请读者批评指正。

著　者

2023 年 12 月 26 日

目　　录

第1章 绪 论

1.1 引 言

随着云计算、物联网、Web 2.0 等技术的快速发展，互联网、手机、个人数字助理（personal digital assistant，PDA）的普及，以及传统电子商务（e-commerce）技术的逐渐成熟，以移动电子商务、自营渠道类电商（大型网上超市）、平台类电商（电子集市）、线上线下融合的新商务、即时零售及社交电子商务为代表的新兴电子商务快速兴起，并成为电子商务增长的新领域。新兴电子商务与传统电子商务相比在服务对象的移动性、服务要求的及时性、服务终端的私密性和微型化、服务方式的便利性等方面有很大的提升，此外社交电子商务还结合社会化媒体的社会化特性（分享、点评、评论）和社交图谱（用户的社会化关系）形成一种新型电子商务服务。从总体上看，新兴电子商务在技术平台、服务对象、商务模式等方面区别于传统电子商务，表现出移动性（泛在性）、虚拟性、极端数据、大数据、个性化及社会性等新特征。这些新特征、新技术给商务管理和物流运营带来革命性的变化，给物流管理带来新的挑战和机遇。因此，结合新兴电子商务的新特征，深入研究新兴电子商务的物流管理成为未来的重要研究方向和重大科学问题。

近年来国内外学者在电子商务领域开展了大量研究工作，取得了开拓性的进展，主要集中在电子商务物流管理，电子商务信息管理、信誉管理、安全管理等方面。大数据、物联网、人工智能、区块链等新技术在电子商务产业链中的应用，驱动电子商务服务质量和服务体验的持续提升。分布式仓储、自动分拣、无人配送等智能技术运用于物流行业的各个环节，大幅提升了物流、仓储等环节的工作效率。在新兴电子商务环境下，由原先的技术驱动、商务驱动的交易规则变为由客户及群体驱动的交易规则。大型网上超市、线上线下融合的新零售、农村及农产品电子商务、机器人移动货架系统等新模式体现了传统实体经济在数字化转型方面做出的新探索和新尝试。模式的多样化发展和交易的规模化增加，使我国当前新兴电子商务物流管理面临诸多新挑战。例如，大型网上超市海量拆分订单如何实现合并配送？在全渠道零售模式下如何优化库存与物流配送？电子商务企业采用机器人移动货架系统如何优化调度？处于初级阶段的中国农村物流体系中各类主体如何协同、如何保障大量零散订单的物流配送服务？

因此，在新兴电子商务物流管理领域，如何针对新兴电子商务模式下研究主体的多样性和物流决策问题的实时性与复杂性等挑战性难题，建立新的物流管理优化方法，以提高新兴电子商务物流决策的实时性、科学性、智能性，这是一个值得思考和深入研究的问题。本书正是在此背景下，集结了国家自然科学基金创新研究群体项目"新兴电子商务的信息与物流管理"的部分研究成果，主要包括大型网上超市物流配送系统优化、线上线下融合的新零售即时协同配送优化、农村及农产品电子商务物流配送模式与运作优化、机器人移动货架系统仓储与调度优化等的研究成果。本书首先分析了新兴电子商务模式及其物流运作管理问题；然后针对大型网上超市的订单分配、合并打包、拆分订单合并配送等问题构建了优化模型与求解算法；针对线上线下融合的新零售模式中的配送需求提出新零售模式的物流协同配送和即时配送策略；研究了农产品冷链物流的仓储与运作管理问题，包括农产品冷链仓储资源网络布局优化和冷链仓储资源网络动态调整方法，提出基于物联网的蔬果网上直销"农—宅"配送系统以及有机蔬菜网上直销的"农—宅"配送车辆路径方案智能生成方法；建立机器人移动货架系统仓储商品选择、货位分配、货架存储位置优化、机器人调度的优化模型与求解算法，形成电子商务环境下物流管理难题的求解新思路和新方法。

1.2　国内外相关研究综述

纵观新兴电子商务物流管理的研究进展，涉及新兴电子商务发展历程、电子商务零售模式、新兴电子商务零售模式的物流管理等多方面进展和成果，本节将分别阐述其国内外相关研究进展和成果。

1.2.1　新兴电子商务发展历程及电子商务零售模式研究进展

1. 新兴电子商务发展历程

作为电子数据交换和国际互联网的产物，由美国 IBM 公司提出的电子商务成为推动全球信息技术与经济贸易的重要引擎。电子商务发展大致可分为三次发展浪潮[1]。1995 年互联网商业业务信息量首次超过科教业务信息量，标志着电子商务发展的第一次浪潮的到来；自 2001 年我国提出"大力发展电子商务"后，电子商务飞速发展，销售额呈爆炸式增长，移动端成交额日益增加，掀起了第二次浪潮；2006年 Web 2.0 应用全面崛起，全球进入物联网时代，电子商务迎来发展的第三次浪潮。

自麦肯锡公司提出三种新兴互联网时代电子商务模式开始，新兴电子商务得到了业界的广泛关注。人工智能、虚拟现实、大数据、小程序等技术的应用，使新兴电子商务相比于传统电子商务呈现出更鲜明的特征，如移动性（如泛在互联、移动商务）、虚拟性（如虚拟体验、赛博空间）、个性化（如精准营销、推荐服务）、社会性（如社交媒体、社交商务）、极端数据（如富媒体、大数据）等，这些特征成为当今电子商务实践的主流色调[2]。基于上述特征，新兴电子商务发展与时俱进，产业间深度融合，丝路电商双向合作，市场主体积极开拓新市场，强化品质消费。为更好地满足消费者选择多元化、消费内容个性化的需求，电子商务新模式不断涌现，如新商务、农村电子商务、跨境电子商务、大型网上超市（京东）、电子市场（平台型电子商务，如天猫和淘宝）和移动商务等。

新兴电子商务模式的出现，引起了各行各业的关注，学术界也开展了众多前沿性的研究。新商务是在新经济时代下的市场经济理论范畴内的商务概念，主要是针对经济或金融活动[3]。谭汉元[4]分析了我国电子商务经济发展状况，提出了新经济常态下的电子商务经济发展策略。在农村电子商务方面，吕丹和张俊飚[5]整合理性行为理论模型、任务–技术匹配模型、技术–组织–环境框架等技术采纳理论模型开展了新型农业经营主体农产品电子商务采纳的影响因素研究。吴雪[6]分析了新兴农村电子商务发展状况并提出了加强基础设施、加快人才引进等发展创新路径。冯凯和张昕蔚[7]比较分析了基于移动互联网的跨境电子商务的不同商业模式的运行机制，提出物流仓储与质量控制是制约其发展的主要因素。高琦[8]通过借鉴日本跨境电商发展的经验，提出我国跨境电子商务应扩大中小型企业参与度，完善电子商务基础设施，完善政策及法律支持，积极开展跨境电子商务国际合作。陆刚和安海岗[9]在对国内网上超市发展状况进行研究的基础上，分析了发展中存在的问题并提出了具体的实施策略。最近几年有学者对大型网上超市的物流管理问题开展了深入研究。例如，张琪[10]采用感知–期望落差方法，通过问卷调查形式比较分析了天猫电子商务平台和京东电子商务平台物流供应链服务的质量。王兴标和谷斌[11]通过开展对基于信任的移动社交电子商务购买意愿的影响因素的研究，发现消除消费者感知风险是增强消费者信任的重要途径。

已有研究大大推动了电子商务的进一步发展。然而，这些成果大部分是一般性理论方法成果，若要推广使用，还需要与特定应用问题相结合，开展进一步的应用研究。

2. 电子商务零售模式研究进展

网上零售（e-retail）是指通过互联网或其他电子渠道，针对个人或者家庭的需求销售商品或者提供服务。网上零售即交易双方以互联网为媒介的商品交易活动，即通过互联网进行信息的组织和传递，实现有形商品和无形商品所有权的转移或服务的消费。买卖双方通过电子商务（线上）应用实现交易信息查询（信息流）、交易（资金流）和交付（物流）等行为[12]。2006 年商务部发布的《中国电子商务报告（2004—2005 年）》指出：网上零售对应着电子商务中的企业对消费者（business to customer，B2C）模式，即消费者通过网络向厂商小批量、频繁地购买商品或服务。具体地，消费者在互联网上浏览、比较和选择商品或服务，通过网络或者电话下单，进行网上付款或离线付款；而厂商处理订单、网上送货或离线送货，从而完成网上零售的整个过程。因此，通过分析国外学者的研究，较一致的观点认为网上零售针对终端客户（而不是生产性客户），主要指 B2C 和消费者对消费者（customer to customer，C2C）的电子商务部分。电子商务作为最流行的零售渠道之一，为零售商销售商品提供了便利，客户遍布全球，并极大地提高了供应链效率，消除了大多数中间环节。

　　网上零售模式有着多样化的特点。目前网上零售模式可以分为以下三大类。第一类是纯网上零售模式。零售商仅依靠电子商铺营业，无实体网点。此模式更容易实现低价，但任务复杂性及成本高，如亚马逊、京东。从 1994 年开始，亚马逊作为一家网上图书零售商，已发展成为多种产品和服务类别提供商，目前是网上零售领域具有主导地位的品牌。它在美国网上商店的用户数量至少是线下零售商数量的 10 倍[13]。它以具有竞争力的价格提供最大种类的产品，成为全球商品品种最多的网上零售商和全球第二大互联网企业。全球体量大、市场份额大、订单量大、平均客单价高、客户质量优这五大优势使得亚马逊不断发展壮大。第二类是实体兼网上零售模式。该模式借助实体已有的信息流和完善的物流链，扩大了客户来源，加快了资金流动，如沃尔玛、家乐福、京东、苏宁等，已经进入了网上零售的领域。苏宁易购是苏宁旗下的 B2C 电子商务零售网站。随着业务的扩大，除了电器外，苏宁还开设了百货商店和其他设施。从 2011 年开始，苏宁制定线上和线下战略，不断提升网络市场份额。其最大的优势是遍布全国的实体体验店（以家电、电子为主）以及强大的物流和售后服务支持，在众多的电子商务服务平台中占有一席之地。京东是中国最大的电子商务企业之一，在世界范围内引起了极大的关注。其核心业务是电商平台（京东商城），提供各种各样的产品，如电子产品、生鲜食品、服装和化妆品。京东商城由两部分组成：直销（京东直接管理采购和零售）和市场（第三方卖家在京东商城开店并自行管理店铺）。京东商城一直坚持纯电子商务零售的运营模式，减少了中间环节的优化。自建仓储基地和注重保障商品完整性的京东物流，大大提升了物流水平。沃尔玛是全球最大的实体零售企业，同时也开拓了网上零售新模式。基于即时消费的场景融合的典型模式是京东到家和沃尔玛的合作，通过门店线上化升级+云仓，有效扩大覆盖范围，触达更多的消费者。线上线下全渠道融合不仅是零售商超行业发展的重要趋势，也将成为整个零售行业的未来走向。"京东-沃尔玛"模式将为消费者提供更好的购物体验，也为中国零售业发展提供了经验。第三类是信息中介模式。这种模式通常应用于不能实际解决现货交易的纯网上零售商（一般比较小），其将网上订单和客户管理功能外包给"信息中介"。信息中介主要负责虚拟店面的网页和零售数据库的维护，加强消费者与零售商之间的联系，核心功能是在消费者和零售商之间交换存货、订单和交货的信息。

电子商务零售模式应用于各领域时首先面临的是资金短缺问题。Li 等[14]提出了两个原因：第一个原因是库存水平的增加导致占用更多的资金；第二个原因是电子商务通过消除分销渠道中的中间环节，大大加快了商品流通，原来的资本分担压力都转移到了最终的零售商身上。然而，对于从事电子商务零售的中小型企业来说，由于其流动性较差，资金短缺问题更加突出。此外，中小型企业所拥有的供应链资源存在不平等也将增加中小型企业的财务负担。周佳[15]运用结构-行为-绩效（structure-conduct-performance）模型对中国 B2C 网上零售业发展状况进行分析，总结出高度集中与低利润率的突出问题，而差异化竞争会更好地促进网上零售企业的发展。为了提高电子商务零售的质量和客户满意度，国内外学者从多个方面进行了研究，如多渠道策略探索电子商务零售的新模式[16]、购买意图和消费者忠诚方面[17]、不同电子零售商产品类别及不同社会媒体平台（social media platforms，SMP）为电子商务零售和数字媒体学者提供见解[18]、第三方网上零售模式下的电子零售定价策略[19]。

我国网上零售经历了 20 多年的发展，当前呈现快速发展的态势[20]，《中国电子商务报告 2019》指出：2019 年全国网上零售额达 10.63 万亿元，同比增长 16.5%；全国网络购物用户规模已达 7.1 亿人，较 2018 年底增长 1.0 亿人。在此发展背景下，国内许多学者也开展了十分丰富的研究。韩彩珍和王宝义[21]阐述了中国电子商务零售的发展历程和特征，指出线上线下深度融合的新零售将成为零售的基本态势。胡永仕[22]在梳理总结国内外学者关于实体零售与网上零售融合发展研究成果的基础上，提出应进一步研究实体零售生态系统与网上零售生态系统的比较分析、动力机制等。Wang[23]探究了中国现在的电子商务分销模式，提出了一种电子商务零售的合作分销模式。高丹等[24]研究了电子商务零售平台直销模式下与制造商合作广告策略的有效性和相对最优性，有效地协调渠道绩效。徐和等[25]研究了在网上零售平台的直销模式下客户对价格及交货期的敏感度，分析了制造商的最优激励合同和最佳收益分享比例。陈钦兰[26]从供应链结构视角研究电子商务零售模式，很好地呈现和分析了不同网上零售主体之间的相互关系。王玉燕等[27]基于 E-闭环供应链理论，进一步分析了注重公平关切时的产品销售、回收等问题。雷兵[28]从系统动力学视角分析了网上零售生态系统的发展趋势。

综上所述，国内外关于电子商务零售模式发展和创新的研究十分丰富，为本书的研究提供了良好的研究基础。这些研究成果虽不能具体指导每个网上零售企业如何发展，却能为网上零售业态的变迁和创新提供一个概念性的框架。然而，已有的研究是否真正适用于"互联网+"背景下零售业的发展还需要进一步验证。在网上零售的实际发展过程中，有些仍处在概念设想和初步研究阶段，还存在着许多管理问题待解决，如电子商务下的物流管理及物流运作问题、新兴电子商务的商业模式问题、医药及农产品领域的网上零售的配送难题等。在实践中，一个完美的电子商务零售模式是不存在的，电子商务零售模式仍在不断演化和创新，大数据、云服务、人工智能等新一代技术的发展和应用，将会催生新的电子商务零售模式，同时也为电子商务零售行业的变迁与创新研究开辟新的空间。

本书选取当前新兴电子商务环境下涌现的大型网上超市、线上线下融合的新零售、农村及农产品电子商务等三种新零售模式以及机器人移动货架系统这一仓储物流新模式，深入研究其面临的物流管理挑战性难题。下面将对这四种模式的物流管理问题的研究进展进行综述。

1.2.2　大型网上超市物流管理研究进展

纵观国内外学者关于大型网上超市物流管理领域的研究，其主要研究工作聚焦于大型网上超市网上订单拆分及存储优化方法、大型网上超市拆分订单的合并履行方法这两方面，取得的主要成果和进展如下。

1. 大型网上超市网上订单拆分及存储优化方法

Catalán 和 Fisher[29]较早在网上零售行业中提出订单拆分的概念，并指出有两个主要原因导致订单拆分：库存缺货的商品和商品没有存储在同一个仓库中。因此，零售领域的网上订单拆分研究的重点是将实时订单分配到具有不同商品库存水平的仓库，通过减少订单拆分实现运输成本最小化。Xu 等[30]意识到许多零售商在订单履约时仅根据短期利益做决策，由此提出以更少的出货量和更少的拆分订单来运输多商品订单有助于降低运输成本，并提出网上零售订单履行模型，构建邻域搜索启发式方法来重新评估实时订单分配。Acimovic 和 Graves[31]通过利用线性运输规划的对偶值来创造一个渐进最优方法来估计未来预期的出站运输成本，实现考虑未来订单消耗仓库库存的机会成本来求解订单履行问题。考虑到决策的时间窗，Torabi 等[32]提出将客户订单分配到履约中心（即仓库），并在必要时在履约中心之间进行库存转运，提出基于 Benders 分解的方法来寻求最优的订单履行方案。Mahar 和 Wright[33]提出"准动态"分配策略，根据预期库存、运输和客户等待时间，将累积的网上销售订单分配给履约站点，以提高成本效益。

上述研究都是假设每个仓库产品类型确定，拆分订单主要是由缺货且未能及时补货导致。但对于网上超市来说，缺货现象虽然存在却并不经常发生。由于实际作业中库存持有成本较低，网上超市一般将产品库存保持在安全水平。由于网上超市订单的特性，一个订单中包含的多个商品通常不会存储在同一个仓库中。因此，有必要优化产品在多个仓库之间的分配，以减少订单拆分。Catalán 和 Fisher[29]分析了将存货单位（stock keeping units，SKU）分配给仓库以最小化总运输量的问题，提出了四种启发式方法将商品 SKU 分配到仓库，其最佳分配方法能有效减少订单拆分，提高分配灵活性和工作负载平衡。Acimovic 和 Graves[34]研究了如何在定期审查联合补货政策下将库存分配给多个履约中心，以最大限度地减少出站运输成本。Bebitoglu[35]探讨了哪些产品应该在多个配送中心运输，哪些产品应该在每个地区销售，以实现预期利润最大化。

2. 大型网上超市拆分订单的合并履行方法

与大型网上超市拆分订单合并履行问题紧密相关的研究成果主要有合并打包、横向转运和合并运输三个方面，相关研究工作进展及成果如下。

1）合并打包

合并打包，即通过将拆分订单的商品转运到合并打包仓库并打包成较少的包裹，从而有效减少配送的次数和成本，属于一种订单合并问题。从订单合并目的、订单合并模式及订单合并的运作方式等角度出发，与本书研究密切相关的订单合并问题主要有合并配送（订单合并目的）、在途合并（订单合并模式）、横向转运（订单合并的运作方式）等。其中，合并配送主要是将多个包裹一起配送以减少配送次数，而本书的合并打包是指将多个拆分订单一起进行打包减少包裹数，从而降低配送次数，但它们进行合并的目的相同，都是为了减少配送次数从而降低成本；在途合并主要是在传统货物运输中将批量货物在合并中心进行合并，而本书的合并打包主要是指对客户个性化订单（仅包含若干件商品）在合并打包仓库进行合并，但它们的订单合并模式相同，都是将同一客户订购的位于不同仓库的多件商品在合并中心进行合并后送达客户。

在途合并主要是通过将多个不同供应商/仓库的货物转运到合并中心进行汇合然后一次送达客户。该物流配送方式成本低、客户满意度高，已经在电子、计算机等高科技产品的物流配送中得到广泛运用。这里的合并中心并不存储商品库存，因此要求多个货物协同到达才能完成相同客户多个货物的及时配送。典型的在途合并网络如图 1.1 所示。

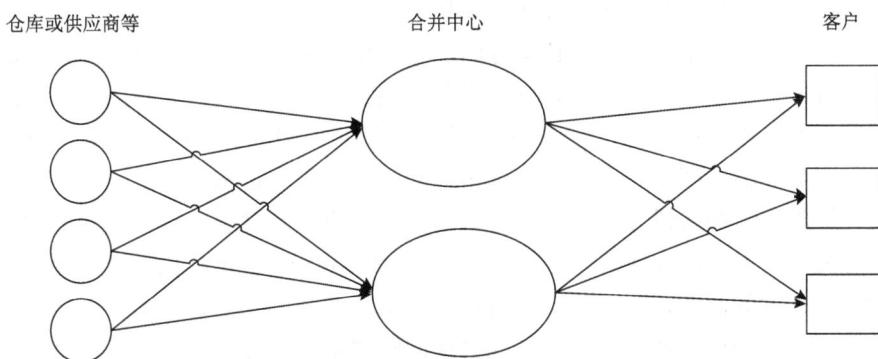

图 1.1　典型的在途合并网络

　　尽管在途合并是一种在实践中非常有效的合并方式，但是相关的研究并不多见。比较有代表性的有：Croxton 等[36]针对在途合并的运作问题，提出了一种多商品网络流模型，考虑到其存在非凸分段线性成本函数，利用线性规划松弛并采用融合割平面法、分支定界算法和近似启发式算法的方法对模型进行求解。Ala-Risku 等[37]针对在途合并的作业模式，利用成本分析法分析在途合并的相应成本，为企业应用这种模型提供决策支持。Song 等[38]从第三方物流的角度研究了在途合并中从供应商取货的时间、配送到客户的时间、配送方式的选择等因素，建立了非线性优化模型，并结合模型特征采用拉格朗日松弛方法进行求解。Shaikh 等[39]针对多阶段货物合并运输的问题，建立了混合整数规划模型，并采用 Benders 算法对该模型进行求解。

　　2）横向转运

　　合并打包是通过将不同仓库中的商品进行转运实现的，因此仓库间的横向转运是非常重要的环节。在供应链中，横向转运通常是同级、不同位置的多个仓库之间相互补货的一种方式，可以降低库存成本，同时还能提高客户服务水平。关于横向转运的研究可以参见 Paterson 等[40]的综述。

　　根据转运时间点的不同，可以将横向转运的相关研究划分为三类：主动横向转运、被动横向转运和主被动混合横向转运。主动横向转运，即仓库间在固定的时间节点进行转运决策，而被动横向转运指的是在缺货等情况下仓库间进行转运的决策。多数研究关注被动横向转运，并且被动横向转运已经被应用于不同的系统中。比较有代表性的有：对于维修部件的横向转运，Axsäter[41]提出了多级库存系统模型。基于备用配件的转运网络，Kranenburg 和 van Houtum[42]研究了等待时间约束下的多产品库存转运策略，提出一种近似算法进行快速求解。van Utterbeeck 等[43]研究了服务配件供应系统中的横向转运问题，并采用仿真优化的方法生成最优库存及转运策略。针对网上零售环境下的订单拆分问题，Ramakrishna 等[44]建立了最小化总运作成本的两个仓库两件商品的横向转运模型，并提出一种融合贪婪算法和拉格朗日松弛方法的方法对模型进行求解。

　　相比而言，关于主动横向转运方面的研究相对较少，代表性的有：Torabi 和 Moghaddam[45]研究了多制造工厂之间的横向转运问题，以最大化总的利润和最小化制造提前期为目标，采用基于模糊的方法进行建模和求解。Ahmadi 等[46]基于一个公司实际面临的问题，研究了一个多产品三级库存配送网络下的主动横向转运问题，提出一个两阶段方法处理库存缺失以及客户满意度服务有效性的问题。也有研究关注主被动混合横向转运策略，如 Paterson 等[47]考虑到主动横向转运可以减少未来缺货的概率，而被动横向转运可以响应缺货的发生，提出一种包括主动横向转运和被动横向转运的主被动混合横向转运策略，并验证这种主被动混合横向转运策略相比于单纯的被动横向转运策略可以提高服务水平，降低安全库存的水平。Glazebrook 等[48]也研究了主被动混合横向转运策略，提出一种启发式算法决策转运问题，并验证了该策略在小网络和大网络中都可以节省成本。

　　3）合并运输

　　文献[49]是较早研究将网上零售订单拆分并零散配送问题的成果，提出以最小化拆单数为目标来优化单个仓库的商品存储种类。随着大型网上超市这类独特的网上零售方式的盛行，以减少配送的次数和成本、提高配送效率为目标的订单合并问题成为迫切需要解决的一大难题。

　　国内外学者针对合并运输的研究主要集中于存货合并[50]，车辆装载能力合并[50]，转运点合并[51]，基于时间[52]、基于数量[53]和混合时间与数量[54]等合并运输策略。合并运输通过将两个或多个订单组合再出货，以实现运输的规模经济，降低运输成本，从而减少碳排放，成果多集中在库存补货和出货决策的协调[51]以及半成品和成品从供应商到零售商的物流协作方面[55]。这种合并往往具有客户数量少、单笔货物量大、长途运输周期长的特点。同时，合并运输策略在传统货物运输领域比较有代表性的研究有：Ali Ülkü[56]研究了在存货合并下，利用基于离散时间点的合并运输策略，并分析了该策略对减少配送成本和环境污染的效果。Glock 和 Kim[50]研究了在多个供应商采购情形下，将供应商分成若干个组，各组内的供应商采用车辆装载能力合并的运输策略。研究结果表明此项策略可以有效降低配送成本。González-Ramírez 等[57]利用物流分析工具 Logistika，基于车辆装载能力合并和转运点合并两种策略，研发了合并运输模块，为向美国客户提供商品配送的墨西哥厂商提供决策帮助。Nguyen 等[51]针对多个供应商的易腐品长途运输，通过在供应商附近设立转运点，建立了考虑易腐品配送的优化模型，并设计了一种启发式算法进行求解。van Heeswijk 等[58]研究了多式联运下的合并运输问题，提出了一种基于最短路原则的求解算法。

　　近年来，有学者开始研究电子商务物流中的合并运输问题，如 Hewitt 等[59]引入了一种外卖的合并策略，通过减少多份（冷冻）餐的配送，从而最小化运营中断的可能性，并保持了较高的客户满意度。考虑到电子零售环境中严格的订单期限和加快的运输选择，Wei 等[60]提出了最优合并策略及其在最多两个仓库环境中的结构。Zhang 等[61]研究了同一客户的多个包裹在配送站的合并运输问题。

　　上述研究成果为大型网上超市仓库间商品的调拨，以及基于分拨中心和配送站的合并配送策略的研究提供了借鉴。大型网上超市的订单对配送时间要求严格（以小时为单位）、紧迫、多样化，并且每个订单要合并的种类繁多，为保证大批量订单分解后商品包裹在履行过程中的各个环节能均衡、平稳、紧凑地运作，有必要结合大型网上超市订单合并作业的新特点和难点，深入研究订单合并优化方法。

1.2.3　线上线下融合的新零售模式的物流管理研究进展

纵观国内外学者关于线上线下融合的新零售模式物流管理问题的研究，其主要研究工作聚焦于线上线下融合的新零售模式、即时配送优化、协同配送优化等方面，取得的主要成果和进展如下。

1. 线上线下融合的新零售模式

电子商务使得传统商务活动突破了时间空间的限制，完成了零售交易环节前置[62]，实现了社会整体资源配置效率的提高。自电子商务模式应用以来，关于电子商务配送模式的研究成果众多，主流电子商务配送模式主要有三种：①传统 B2C 配送模式，采用第三方或自有物流公司进行从企业仓库到消费者的商品流转，如图 1.2（a）所示；②"鼠标+水泥"配送模式，即线上下单、线下提供产品或服务的配送模式，如图 1.2（b）所示；③线上线下双线经营的配送模式，即企业同时经营网上店铺和实体店铺，实体店铺面向消费者提供门店服务，而消费者通过网上店铺拍下的订单，既可以选择由仓库直接发货，也可以选择由线下实体店铺进行备货配送，如图 1.2（c）所示。这三种主流电子商务配送模式的主要特点是线上渠道和线下渠道的配送工作各自为政，互不影响。

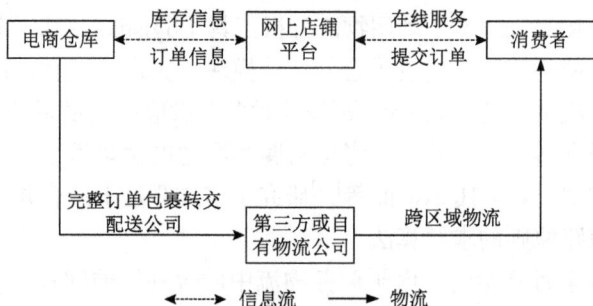

(a) 传统B2C配送模式

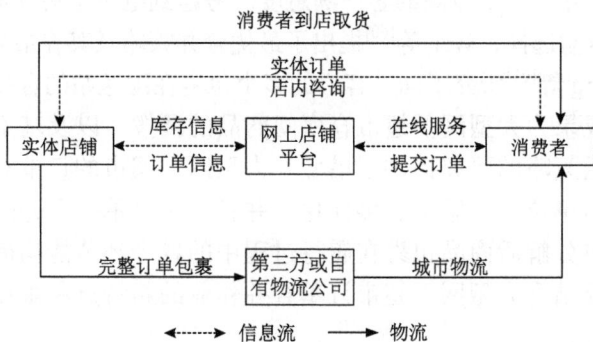

(b) "鼠标+水泥"配送模式

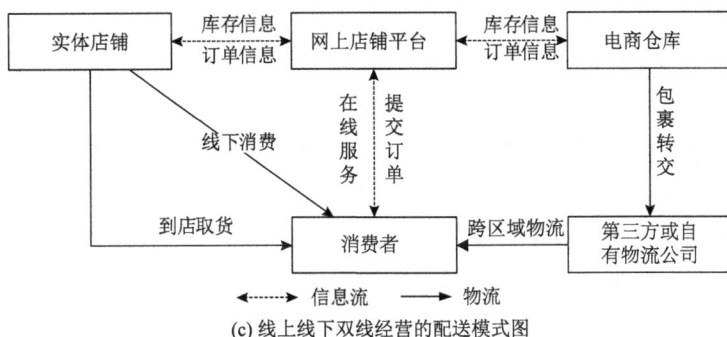

(c) 线上线下双线经营的配送模式图

图 1.2　主流电子商务配送模式

随着电子商务的需求逐渐饱和，传统电子商务发展增速放缓，消费者需求升级，将现有传统电子商务中的线上渠道和线下渠道结合起来的新零售模式成为新的增长点。Brynjolfsson 等[63]点明线上渠道和线下渠道各有其优势，线上线下融合的新零售模式是线上线下的订单履行、配送业务和服务的整合[64]，线上线下融合的新零售涉及多个渠道与多个库存位置的交互，需要整合物流网络和跨渠道业务流程来实现更快的交付与更好的服务。线上线下融合的新零售模式主要包括在线购买店内取货、店内购买送货上门和商店完成在线订单履行三种渠道融合交互模式，渠道之间的库存完全共享，保证为消费者提供无缝的购物体验。Lim 和 Winkenbach[64]、Ishfaq 等[65]都在战略层面为线上线下融合的新零售物流规划展开了研究，Melacini 等[66]从分销网络设计、库存和容量管理、交付计划和执行三个方面对全渠道订单履行的研究状况进行了总结，并指明线上线下融合的新零售下的许多基本主题都未得到充分探索，其中包括商店在交付过程中发挥的物流作用，以及不同物流方面之间的相互作用等。

现有研究在战略层面对线上线下融合的新零售模式进行了研究，并指出该领域运作层面的问题仍未得到充分研究和关注。

2. 线上线下融合的新零售模式的即时配送优化

线上线下融合的新零售模式中，配送速度是很重要的一项服务[67]，Wollenburg 等[68]也指出订单配送交付在线上线下融合的新零售模式中扮演着重要角色。即时配送是伴随着现代电子商务的发展而来的，线上线下融合的新零售模式的发展更是促进了即时配送的繁荣发展。即时配送是根据客户随时提出的配送要求，必须即刻在城市内进行配送的一种物流活动，配送对象不仅包括服装、鞋帽、家居用品、数码产品等传统物流商品，更包含新鲜食品（如热餐熟食、冷饮蛋糕、生鲜果蔬等）、紧急药品、生活快消品及鲜花礼物等需要快速、即时完成配送的商品，即时配送因而呈现出时间紧迫、商品取送一体化、聚集于城市内等突出特点[69]。

　　面对动态性极强的客户订单及瞬息万变的配送系统状态，即时配送问题具有传统物流配送所无法比拟的复杂性与特殊性，具体体现在：①问题的动态性与时间紧迫性极强（某些大型餐饮外卖平台在大中城市每天高峰时段不到 1 秒就收到一个配送订单）；②每一订单都有取送位置和配送时间窗的要求；③由于客户所订货物千差万别，系统只能在客户下单之后才知其所需货物的具体品种，配送车辆无法事先预带未来新订单的货物，而只能通过在商户（取货点）与客户（送货点）间的多次往返来实现对多个新订单的取送过程；④由于商户可能会频繁收到多个订单，车辆在从商户处取货之后，是否在原地等待新订单、等待多久、每次出发送哪些订单都需要确定；⑤客户在线实时下单影响着车辆在商户处的等待时间及配送服务顺序。

　　即时配送问题属于一类特殊的动态车辆路径问题[70]，在动态车辆路径问题的研究中，问题的部分信息在车辆执行配送任务的过程中会逐渐被揭露或发生改变，从而车辆的任务安排及配送路线会因此而不断调整[71]。针对动态信息概率分布未知的问题，学者通常采用一种短视的重调度方法，即问题信息一旦改变，则根据当前已知的问题状态重新快速生成新的配送方案，每次给出的重调度方案仅仅忠实于当前问题状态，而对后续不断更新的问题信息并不能确保最优性。周期性重优化和连续重优化是该类问题的两种主要解决思路[72]，其中，前者每隔一段时间就调度一次；而后者是在问题信息不变时不断优化已有方案，一旦问题信息发生变化就立即重调度。由于缺乏对未来可能改变的问题信息的感知与预测，这些方法的调度方案极易陷入当前最优，而未来信息的改变很有可能导致重调度方案必须付出很大成本才能适应新要求的问题。另一类动态车辆路径问题的研究假设问题动态信息的概率分布已知，通过建立随机规划模型或抽样的方法来加以解决[72]，已有研究证明利用历史客户的分布信息可以提升动态车辆路径问题的求解质量[73,74]。

　　现有动态车辆路径问题的研究成果由于以下两方面原因而不能被直接应用于解决线上线下融合的新零售模式的即时配送问题：①现有研究基于货物同质的假设，允许在途车辆临时改变路线，因此需要动态决策的是车辆下一个应服务的客户；但由于在新零售模式的即时配送中，客户所订商品各式各样，并不满足同质性假设，车辆每次出发之前无法事先预带商品，车辆行驶途中也就无法改变路线，但可以通过让某辆车在商户处等待新订单或其他车返回商户迎接新订单等方式来应对未来不确定的订单。②现有研究不考虑新订单的预测，或者仅通过一定的概率分布来生成新订单。而现实情况通常是掌握了历史的订单数据，但无法刻画其概率分布。因此，考虑未来新订单到达情况的即时配送决策方法仍是该领域亟待解决的关键问题。

　　综上所述，线上线下融合的新零售模式中的即时配送问题是新零售模式运作中产生的新问题。该问题存在着若干新颖特殊且很具挑战性的特征，如极强的动态性、客户下单概率分布未知、车辆一旦从商户出发便无法再在本次服务中增减客户订单、商户与客户的一对多关系、车辆可在商户处等待等。该问题的求解既需要达到实时性要求，又需要给出省成本的优化方案，加上特殊的问题约束与目标，使问题的求解极具挑战性。传统配送问题的研究成果在求解时间、问题约束和目标方面无法满足要求。因此，需要针对线上线下融合的新零售模式中的新特点，设计新的即时配送方案生成方法。

3. 线上线下融合的新零售模式的协同配送优化

协同配送是现代电子商务中多个参与主体以及丰富的商品品类所带来的配送需求，尤其是在线上线下融合的新零售模式下，受限于实体店铺的库存空间，需要多个店铺协作进行新零售订单履行活动，为消费者提供一站式的无缝购物体验。线上线下融合的新零售模式的协同配送是根据客户提出的多个地点的配送需求，必须将所有需求同时配送给订单指定位置的一种物流活动。

Murfield 等[75]通过对线上线下融合的新零售场景的实证研究，发现及时满足交付要求对于线上线下融合零售商的重要性。为了实现快速高效的新零售订单履行，线上线下融合的新零售模式将实体店铺纳入新零售订单履行和交付过程中，实体店铺是线上线下融合的新零售模式下订单履行能力的重要部分。Kembro 等[76]认为使用零售商店作为距离消费者较近的订单履行中心能够更快地完成订单，利用实体网络作为前向履行中心来支持在线销售是全渠道零售的显著特点[65,77]，这种店铺履行线上订单的配送方式不仅可以缩短订单交付时间，而且能够平衡库存，减少实体店库存积压，避免在线订单缺货[78]，因此逐渐受到学术界的关注[79]。但在这种配送方式的实际运作过程中，随着履行主体数量的增加，物流复杂度也显著增加[80]，需要解决将订单分配到哪里和如何完成订单的复杂问题，涉及库存情况、交货时间、运输成本、处理成本等[81]。另外，线上线下融合的新零售模式的库存具有位置上分散、逻辑上共享的特点，存在库存协同的需求[82]，更进一步地增加了新零售订单履行决策的困难。有研究者聚焦不同行业的商品特性与消费者需求特点，对具有不同的约束和需求的全渠道履行优化决策展开研究。例如，Wollenburg 等[68]研究了食品杂货零售的全渠道运作，提出食品杂货的温度控制、多品订单、易腐库存等属性，以及快速配送的要求使得食品杂货零售物流比非食品物流更加复杂。

考虑到新零售的线上线下渠道融合特点给现有的配送机制带来的诸多挑战，Larke 等[83]指出线上线下融合的新零售运作需要协调多个流程（如交叉对接、不同商品尺寸的混合订单大小和区域拣选），以避免分散配送。Xu 等[84]也强调需要更复杂的模型（包括多项目和多层次模型）来解决订单履行问题。药品全渠道这种新零售模式往往涉及不同储运要求的药品混合订单，因而需要不同实体药店共同协作完成订单拣选配货，以保证订单的按时按需完成[85]。此类问题包含订单拆分与分配、订单时间窗、子订单的同步送达等需求，问题结构烦琐，决策过程通常涉及多维度和变量间复杂的耦合关联，使得模型具有若干复杂约束，决策空间复杂，求解难度高。

1.2.4　农村及农产品电子商务物流管理研究进展

国内外学者围绕农村及农产品电子商务物流管理问题的相关研究，主要涉及农村物流模式及其信息化、共同配送、农产品物流配送（"最先一公里"物流、"最后一公里"物流、冷链物流）等方面，主要研究成果及进展如下。

1. 农村物流模式及其信息化

早期的农村物流模式成果主要聚焦于农村物流模式和解决方案的研究。农村物流模式可采用"加工性公司+农户""流通性企业+生产""批发商+批发市场+零售"等方式[86]。农村物流有逆向物流网络[87]和县域物流配送中心选址[88]两种解决方案。随着农村电子商务的普及，学者开始关注电子商务背景下农村物流配送出现的问题（如成本高、体系不完善、信息化程度低等）[89]以及配送方案与模式的创新，提出了基于区域客运班车系统的配送方案[90]、基于共享物流的"第四方物流+X 契约性大众分包运作模式""村镇电子商务集配站+智能快递柜模式"等共同配送模式[91]，以及基于大数据或互联网优化农村物流配送网络与体系[92]等。现有文献主要关注农村物流模式创新和体系优化设计，然而并未从多主体协同运营角度展开共同配送的模式与体系研究，难以适应数字化背景下新商业模式变革带来的挑战。农村物流的快速发展对速度和效益提出了更高的要求，亟须以"开放惠民、集约共享、安全高效、双向畅通"为目标，建立数字环境下的农村物流共同配送体系。

为了解决农村"首末一公里"物流问题，满足农户、物流企业、电子商务企业、政府等多主体需求的农村物流共同配送平台应运而生。该物流信息网络平台旨在实现物流需求和资源的汇聚与统一配置，以提升农村物流集配效率。当前，农村物流共同配送平台建设仍然面临建设主体不清楚、功能需求不清晰、运营模式不明确等诸多问题。相关研究成果有：在平台运营模式方面，提出了"双运营主体"的物流平台模式[93]，探讨了众包物流信息平台的功能与框架设计[94]；在资源整合优化方面，研究了众创平台模式下的农产品供应链模式[95]、订单农业的政府补贴方式[96]，以及面向无人机场景与生鲜产品的优化策略[97]、众包配送员调度问题[98]；在成本分摊与收益分配方面，提出了多委托人–多代理人的成本整合模式[99]、基于合作博弈的成本/收益分配理念[100]、基于沙普利（Shapley）值和核仁解的成本/收益分配方法[101]、基于任务优先级的资源分配机制[102]、基于蚁群劳动分工模型的收益分配方法[103]与基于公私合作（public-private partnership，PPP）模式的收益共享与成本分摊机制[104]等。

现有研究在平台运营管理方面提供了多场景、多维度的解决方案，但大多聚焦于电子商务或共享经济平台。对农村物流共同配送平台的建设鲜有研究，如何设计一个综合的数字化管理平台、有效整合共享各方资源、合理分配收益，是提升农村物流首末两端集配效率、实现共同配送亟须解决的问题。

2. 共同配送

共同配送由日本学术界提出，又称协同配送或联合运输，是指通过整合多个配送资源实现统一配送[105]，研究重点关注共同配送联盟架构与合作主体收益分配两个方面。前者研究了共同配送联盟的组建方式，探讨了纵向联盟（包括买方、卖方以及物流服务提供商[106]）、横向联盟（同类主体间的联盟[107]）及混合型联盟三种情况[108]。在合作主体利益分配方面，关注主体收益分配和风险共担[109]等问题，提出了产出分享、固定支付和两者的混合模式等收益分配机制[110]以及不确定性环境下的激励与风险分担机制[111,112]。

现有文献在共同配送主体间合作模式及收益分配方面开展了研究，然而相关成果大多聚焦于城市物流领域，鲜有面向农村物流的研究。由于我国农村土地面积辽阔、地区差异巨大，且农村物流涉及上下行两个方向、环节众多、参与主体众多，主体间利益关系更加复杂，亟须围绕农村三种典型物流，即农产品上行"最先一公里"、工业品下行"最后一公里"与农产品冷链物流，探讨共同配送运营模式设计与协同创新问题。

3. 农产品物流配送

1）"最先一公里"物流

农产品"最先一公里"物流通常指从田间地头到仓储间的物流，是农产品供应链源头。针对农村物流产业组织方式落后、规模较小且专业化水平较低等问题，相关研究主要围绕"最先一公里"模式创新、网络体系构建和路径优化等展开。在模式创新方面，提出加强国有企业（邮政系统、供销系统）与新兴民营快递企业的合作，使农村物流网络和配送设施共享衔接[113]；在网络体系构建方面，指出借助"互联网+"农业战略[114]拓宽农产品出村进城渠道，完善农村流通网络体系；在路径优化方面，基于成本和客户满意度对农产品"最先一公里"车辆路径进行优化[115]。现有研究大多聚焦于农产品"最先一公里"如何"运"的问题，对其集储运协同管理鲜有研究。

2）"最后一公里"物流

"最后一公里"物流是指物品从当地分拣中心到客户的物流，是整个配送链条的最后一环，长期受到高成本、高不确定性、低效率的困扰。相关研究重点围绕"最后一公里"的配送模式及路径优化问题展开。在配送模式方面，提出了众包配送模式[116]、解决客户时间不确定性的固定快递柜和移动快递柜模式[117]、节约物流成本的末端协同配送模式[118]及无人机配送模式[119]，并从客户[120]、运营商[121]两个角度研究了配送模式的选择问题。在路径优化方面，考虑道路限制，建立了基于卫星站点的拖车和单卡车两级配送模型[122]以及以卡车为无人机仓库和充电站的旅行商模型[123]；针对联合配送需求，研究了合作车辆路径问题[124]；基于数字技术，研究了派遣机器人实现无接触配送中的路径规划问题[125]。现有研究为共同配送的"最后一公里"问题提出一些解决方案，但这些成果大多基于城市背景，难以直接应用到辽阔的农村地区。

3）冷链物流

冷链物流是指使用制冷技术为果蔬、乳制品和肉类等易腐产品持续保持适宜温度和湿度环境的食品物流[126]。我国农产品冷链物流面临基础设施薄弱、供应不均衡、流通环节不畅通、供应链体系不健全等挑战[127]。相关研究围绕冷链物流运营模式、确保冷链效果、冷链发展的环境政策等方面展开，提出了"公司+农业合作社+农户"[128]与"产地+农场+产地政府+农业企业"[129]等运营模式；提出了通过合理布局冷链设施[130,131]以及实施动态监测[132]提高农产品冷链效率，确保冷链的完整性及精确控制；提出了通过减少能源消耗促进冷链的生态和可持续发展[133]等。现有研究结合农村资源匮乏性提出了多主体协作的冷链物流模式。

1.2.5　机器人移动货架系统研究进展

纵观国内外学者关于机器人移动货架系统的研究，其主要研究工作聚焦于商品货位分配优化、货架存储位置优化、机器人调度等方面，取得的主要成果和进展如下。

1. 商品货位分配优化

货位分配问题一直都是仓储业的一个研究热点。随着物流的快速发展，从传统的固定货架仓库，到自动化立体仓库，再到如今的机器人移动货架仓库，货位分配问题的研究成果也越来越丰富。与机器人移动货架仓库的货位分配问题相关的研究包括固定货架仓库的库存分配问题、装箱问题、机器人移动货架系统的货位分配问题。

在固定货架仓库的库存分配方面，主要考虑拣选方法、周转率、库存单位之间的需求依赖性和储存空间要求等因素进行货位分配优化。货位分配的常用策略包括专用存储、随机存储、基于类的存储、共享存储、基于全周转的存储和相关存储[134]。早期 Larson 等[135]提出了先分类后存放的方法，采用了分级存储的原则，提高了建筑面积的利用率。Fontana 等[136]提出了一个多准则的决策模型来进行产品分类，解决了多层仓库中的货位分配问题。韩彩云[137]将货位优化的存储原则和货物分配原则相结合，建立了以提高货物周转率为目标的货物优化数学模型。李明琨和张杨平[138]基于订单体积指数（cube-per-order index，COI）方法，通过模型和定性分析，提出了绝对分巷道存储和相对平均与最大值控制两种模型。朱铖程等[139]建立了以行走距离最短为目标的旅行商问题（travelling salesman problem，TSP）数学优化模型，通过数据挖掘算法得到订单中商品之间的数量关系、关联关系等，最后利用回溯法求解数学模型得到货位分配方案。

经典的装箱问题是将一定数量的货物放入一些具有相同容量的箱子中，使每个箱子中的物品大小之和不超过箱子的容量，所用箱子的数量最少。这与机器人移动货架系统问题有相似之处，都是将一批货物分配给容量有限的容器。为了解决一维装箱问题，孙春玲等[140]提出了一种交叉装填算法。于洪霞等[141]将二维装箱问题表示成一个非线性规划模型，使用变分分析中的切锥概念，建立了问题的一阶最优性条件，同时设计了增广拉格朗日方法求解。实验结果表明该方法要优于经典的启发式方法。Pisinger 和 Sigurd[142]基于著名的丹齐格–沃尔夫分解原理和列生成技术，提出了一种求解二维变尺寸装箱问题的分支定价算法。Bortfeldt 和 Mack[143]针对三维的装箱问题，提出了一种基于分支定界的启发式算法，并将其算法和其他文献的算法作比较，证明了该算法的高性能。Martello 等[144]研究了项目的装配结构，证明了最坏情况下的渐近性能极限为 1/8，并设计了一种三维装箱问题的分支定界算法。实验结果表明，该算法能在合理的时间内找到在盒数为 60 的情况下的最优解。张德富等[145]提出了一种混合的模拟退火（simulated annealing，SA）算法来求解三维装箱问题，在复合块生成和 SA 算法的基础上，通过 SA 算法在解的空间中去找问题的近似最优解。实验结果表明混合 SA 算法的填充率优于现有的相关算法。

国内外对机器人移动货架系统的货位分配问题的研究还不多见。周方圆和李珍萍[146]在货到人拣选模式下，以总拣选成本最小化为目标，建立了货位分配问题的数学模型，根据历史订单构造二进制网络，然后采用二进制网络模块划分算法进行聚类和分组，确定每个货架上摆放商品的种类序号。周佳慧[147]利用关联规则挖掘算法——先验（Apriori）算法对历史销售订单进行频繁项集挖掘，然后根据频繁项集结果对商品 SKU 进行分组。排除已经在商品组中的 SKU，再通过不断地降低支持度的阈值，对剩下订单中的 SKU 进行挖掘，直到大部分 SKU 分配到商品组中。李珍萍和李文玉[148]根据图书在历史订单中出现的频次，定义了图书之间的关联度，将关联度大的图书放置到一个货架当中，建立了以总的拣选成本为目标的数学模型，并设计了求解的启发式算法。袁瑞萍等[149]提出基于货架中商品出入库频次和商品相关性的两阶段货位优化方法：第一阶段，将商品存放到货架上；第二阶段，将现有的货架布局到仓库中有空缺的位置，建立了每个货架上货品相关性总和最大化和搬运机器人完成拣选任务的总拣选路程最大化的数学模型，并设计了两阶段的启发式算法进行求解。Xiang 等[150]主要研究了移动货架系统下的货位分配和订单分配问题，建立了商品存放在货架上的相似程度最大化的数学模型，并设计了启发式算法对模型进行快速求解。

综合国内外的研究内容发现，货位分配研究大多基于固定货架仓库，机器人移动货架系统的相关理论方法的研究成果较少。机器人移动货架系统的货位分配问题与固定货架仓库的货位分配问题差异较大，相关研究成果不能直接运用于求解本书研究的仓储商品选择优化问题。装箱问题的目标虽然与仓储商品选择优化问题相似，即都是将一批货物分成若干个组合，但装箱问题的目标与本书研究问题的移动货架数最小化目标不同。大多数机器人移动货架系统的货位分配问题是以拣货时间、拣货成本或者拣选路径最小化为目标，较少考虑搬运机器人搬运货架次数、每种物品可在多个货架上放置、数量可不同等因素。因此，现有成果还不能直接运用于解决本书的研究问题。

2. 货架存储位置优化

货架存储位置优化问题在一定程度上类似于商品的货位优化问题，可以将货架看作特殊的商品，而商品和货架的货位优化问题一直都是仓储管理领域的研究热点。随着拣货机器人的出现和发展，仓库的拣货模式可分为"货到人"和"人到货"两种模式，其中前者即为机器人移动货架系统的拣货方式，后者即为传统仓库的拣货方式。而在"货到人"模式下，又有以自动化立体仓库和机器人移动货架系统为代表的多种新型仓储系统。本节将从传统"人到货"拣货模式仓库、其他"货到人"拣货模式仓库、机器人移动货架仓库三个方面阐述已有的货架存储位置优化研究成果。

在传统仓库中，货架位置固定不可移动，因此位置优化一般所研究的对象为具体的商品，一般将同种或近似的商品摆放在同一集中的位置，因此传统仓库的位置优化问题是对商品摆放位置的决策优化，由此拣货效率提高。商品的摆放位置优化要根据不同商品的特点进行，因此一部分学者通过分析商品自身的属性来为位置优化提供依据。Heskett[151]提出了基于物料的周转率 COI 来决定物料在仓库中的存储位置，即出入库频率越高的物料摆放在距离出入口越近的位置上。而Hausman 等[152]在同时期提出了分类存储的策略，根据货物的属性对其进行分类分级，同类同级货物存储于同一区域内，类别内的物品则随机摆放在对应区域内。一些学者对存储策略进行了更深层次的研究，Yang 和 Nguyen[153]在物料周转率的基础上，进一步利用成分分析法对物料进行分类，然后根据相应的物料周转率来分配物料的存储区域。其他存储策略方面的研究成果还有随机位置存储策略[154]、停留期（duration-of-stay，DOS）[155]等。另外，一些学者在研究货架存储位置优化时考虑了订单中商品之间的关联属性。例如，Lee[156]利用商品被同时购买的频率来量化商品之间的关联性。Xiao 和 Zheng[157]在先将所有仓储位置分区的基础上，依据关联度对所有物料分类，物料类别数量小于仓储位置的分区数，然后以所有区域的访问次数和最小为目标，进行物料类别和储位类别的匹配。Jane 和 Laih[158]通过分析物料间的关联关系强弱，对物料进行分类，分为同一类的物料统一存储于一块区域，区域内各种物料随机放置。

按照货架和存取设备的不同，自动化立体仓库又可分为利用堆垛机的自动化立体仓库和利用穿梭车的自动化立体仓库。利用堆垛机的自动化立体仓库由立体货架、堆垛机、托盘传送设备组成。堆垛机在预设的巷道轨道上运行，通过自身携带的起重装置对货架不同高度上的商品进行存取。根据该类设备的特点，Deng 和 Cai[159]通过研究货物的出入库频率、搬运所需时间和不同货物之间的关联关系，建立了多目标模型，并利用遗传算法进行求解，最终为医药产品自动化仓库中的储位分配提供方案。Heragu 等[160]提出利用启发式算法对不同存储方式的货物进行储位分配。陈月婷和何芳[161]综合考虑了货架的稳定性与出入库效率，建立了货位优化的多目标模型，利用帕累托（Pareto）最优解的改进粒子群算法来进行模型的求解。陈璐和陆志强[162]通过建立混合整数规划模型并设计了一个基于有向连接图的两阶段优化算法来求出模型的初始解，然后利用禁忌搜索的思想对初始解进行优化，从而对自动化立体仓库中的储位问题和拣选路径问题同时进行决策。汤洪涛等[163]提出了一种基于共享货位和动态拣选策略下的货位分配与调度的集成方法，并通过实验证明该方法使仓库拣选效率提高了 20%，且求解时间与传统的粒子群优化（particle swarm optimization，PSO）算法相比缩短了一半以上。Hachemi 等[164]同时考虑货位分配和拣选路径问题，以单载具堆垛机最短行程时间为目标，设计了一种局部求解优化法，利用已有的存储和检索需求确定待存储和待拣选产品的位置。

与利用堆垛机的自动化立体仓库不同，利用穿梭车的自动化立体仓库不需要预留巷道来安装起重设备运行轨道，搬运设备直接整合在了货架上，节省出来的空间可以摆放更多的货架，提高了空间的利用效率。针对这种自动化立体仓库，方彦军和唐猛[165]模拟了该存储系统的动态排队过程，并建立了一个基于动态排队网络的系统分析与决策模型，通过该模型得出该类仓库中穿梭车和电梯的搭配方式。Yu 和 de Koster[166]采用了传统的设备行驶时间模型，并将不同的仓库配置和设备的加减速效应加入考虑，分析得到了随机存储策略和分类存储策略通常优于全周转率存储策略的结论。邹霞等[167]分析了在单一订单和多个订单情况下，品项的货位变化对出库时间的影响，设计了多层次启发式聚类算法，并得出与全周转率货位分配策略相比，考虑商品价格折扣的品项物流价值的动态储位优化策略可以明显提高出库效率。张思建等[168]以降低仓库总能耗且提升存取效率为目的，以自动小车存取系统（autonomous vehicle storage and retrieval systems，AVS/RS）为研究对象，建立了货位优化模型并利用 SA 算法进行求解。Meneghetti 和 Monti[169]从节约能耗的角度出发，以搬运机器人在搬运期间的能耗最小化为目标进行存储策略的选择。

综上所述，现有研究大多针对传统"人到货"模式下的储位优化展开，但在"人到货"模式中，货架位置固定不动且商品基本按照集中存储的原则进行摆放，因此该存储模式与"货到人"仓储模式有着本质的区别，故该模式下的储位优化方法并不适用于"货到人"仓储模式。而"货到人"仓储模式下储位优化研究主要集中在自动化立体仓库和可移动货架仓库等几类代表性仓库上。这两者的共同点在于，货物的匹配和搬运均由计算机系统指挥机器人完成，提升了货物拣选环节的效率。但前者每次只能搬运一个托盘上的一种商品，而后者则可以一次携带一个货架上的若干种商品，此时在货架的选用上还要考虑同一货架上的商品组合问题，因此这两种"货到人"模式并不完全相同，其储位的优化方法并不能通用。本书所研究的货架摆放位置优化问题是假定在货架上的商品组合已知的前提下，仅对货架的摆放位置进行优化，即仅考虑如何安排组合后的商品存储位置。研究聚焦于机器人在进行移动搬运时的移动距离成本，以降低机器人的行驶距离为目标从而提升仓储系统的效率。

3. 机器人调度

与机器人移动货架仓库的机器人调度问题相关的研究主要包括：搬运货架的选择、搬运机器人路径规划以及搬运机器人调度。本节将从以上三个方面对国内外相关研究进行综述。

针对搬运货架选择问题，相关的研究成果还比较少，大多数学者只是在相应的研究问题上提到了货架。例如，张彩霞[170]以订单拣选过程为研究对象，并对存在的问题进行分析，以小车搬运货架的总次数最小化、行驶总路径最短为目的，建立了数学模型，最后通过仿真得出最佳结果。李晓杰[171]以减少货架搬运次数为优化目标，设计了求解订单分批问题的相似度函数，建立了聚类模型和策略评估模型。刘凯和彭玲玲[172]针对"货到人"拣选模式下的订单分批问题展开研究，建立了数学模型，提出启发式聚类算法进行模型求解，通过与订单随机分批进行对比发现，优化后的策略减少了货架的搬运次数，使得相似性强的订单被分到同一批，有效提高了订单拣选效率。冯爱兰等[173]针对搬运机器人履行系统的动态拣选场景提出求解货架调度次数最少的混合算法。李珍萍等[174]考虑了工作人员从货架上拣取商品的成本和自动导引车（automated guided vehicle，AGV）搬运货架的成本，以总成本极小化为目标建立了订单分批问题的（integer programming，IP）整数规划模型。Boysen 等[175]考虑动态拣选下的订单处理过程，将问题拆分成订单履行顺序和货架调度顺序两个子问题，并对系统机器人的配置数量问题进行分析。Jiao 等[176]以最小化货架访问次数为目标，建立了订单分配和货架选择的混合整数规划模型，并设计一种基于交替决策和订单驱动的启发式算法来求解大规模问题。仿真实验结果显示和现有文献的顺序求解方法相比，通过订单分配和货架选择的联合优化，所提出的启发式算法至少可提升 57%的拣选效率。Valle 和 Beasley[177]针对订单和货架分配问题，提出了两种数学方法，解决了货架排序的问题。

针对搬运机器人路径规划问题，相关研究人员通过数学规划和仿真等方式，对搬运机器人路径问题进行相关研究。此类研究围绕减少搬运机器人行走路径、行走时间、预防碰撞等目标，通过数据实例证明搬运机器人路径问题研究均可达到提高仓储的出货效率和降低运输成本的目的。Frego 等[178]提出了一种用于自动化仓库车辆协调的最小时间–最小冲动组合交通管理系统，该系统通过两个阶段，可在避免碰撞的情况下，优化搬运机器人的行走时间。Nishi 等[179]提出了一种考虑拥挤和动态多物品流路径的有效导引路径优化设计方法，针对搬运机器人系统的导向路径设计问题，提出了基于单元的局部搜索启发式算法，利用仿真软件对导引路径设计的有效性进行了评价，并通过几个实例验证了该导引路径的可行性。Xing 等[180]提出了一种求解多个搬运机器人路径问题的禁忌搜索算法，通过解决多个搬运机器人同时工作时的冲突，提高了搬运机器人在自动仓库中拣选货物的效率。搬运机器人运行过程存在的复杂、死锁、拥挤等问题，一直是研究热点。蔺一帅等[181]通过对智能仓储环节中各部分的关系进行耦合分析，提出了货位和搬运机器人路径协同优化数学模型，将货架优化和路径规划归为一个整体，并使用改进的遗传算法实现了货位路径协同优化。赵雨亭等[182]研究了智能仓储中自动导向车的两种运行方向模式的效率，分别针对两种模型，提出了优化运行策略与方法。最后通过仿真实验，证明了优化的搬运机器人运行策略的有效性和可用性。于赫年等[183]认为搬运机器人间抢占系统资源的相互影响和制约性质，使得多搬运机器人的协同作业会出现死锁、碰撞冲突等问题，并设计了两种算法对此问题进行求解，算法一是对最有效的静态算法进行改进，算法二是设计了一种具备多步前瞻性的主动避障算法，最后通过实验结果表明这两种算法都具有良好的鲁棒性和有效性。也有研究人员融合启发式算法与离散策略来求解搬运机器人路径。焦福明[184]采用粒子群算法，并通过采用适当的离散策略，求解多搬运机器人路径规划问题，并借助类似于甘特图的逻辑思想，解决了路段冲突和路段交叉问题。

为了分析搬运机器人间的相互作用，相关学者针对搬运机器人调度问题进行仿真研究。Chang 等[185]采用混合式田口–遗传算法求解具有最大完工时间的柔性作业车间调度问题。Li 等[186]引入时间窗约束和冲突解决机制，解决多桥加工系统的作业调度和冲突问题。Miyamoto 和 Inoue[187]将容量受限搬运机器人系统的调度问题和无冲突的路径问题（conflict-free routing problem，CFRP）作为一个整数规划，并提出了求解 CFRP 的局部随机搜索方法。Novas 和 Henning[188]处埋了几个关键特性，包括活动调度、零件路径、机器缓冲区调度和搬运机器人调度等方面的问题。Digani 等[189]以搬运机器人在复杂交通模式下的协商时间最小化为目标，提出了一种优化策略来协调一组在特定路线图上行驶的 AGV，最大限度地提高了搬运机器人在自动化仓库中导航的交通吞吐量，以避免与其他搬运机器人发生碰撞。Fazlollahtabar 和 Hassanli[190]研究了搬运机器人的同时调度与路径问题，提出的数学公式首先适用于最小费用流（minimum cost flow，MCF）模型，然后使用改进的网络单纯形算法（network simplex algorithm，NSA）进行优化，数值算例验证了所提出的建模和优化方法，也保证了所提出的 MCF-NSA 求解方法的优越性。Zhao 等[191]从车辆的引导路径中实时提取出车辆的共享资源点，提出了一种基于动态资源预留的多个搬运机器人调度和冲突避免方法，避免碰撞和死锁，提高了时间效率。Yoshitake 等[192]应用一种实时全息排程方法来解决排程问题，以及搬运机器人系统的实时调度问题。Corréa 等[193]提出采用约束规划求解 AGV 的调度和路径的混合问题。el Khayat 等[194]提出采用数学规划和约束规划求解生产和物料搬运的集成优化问题。

综上所述，国内外学者关于货架如何选择问题的研究较少，部分文献仅提及可对货架进行优化，却缺乏货架选择方案的求解方法，而本书将在搬运货架选择方面开展研究。在机器人的调度优化方面，考虑了搬运机器人的路径规划和运输时间，以最大完工时间最小化为目标函数，使用禁忌搜索算法求解搬运机器人调度路径及订单拣选时间。

1.2.6　国内外相关研究小结

综上所述，国内外学者在新兴电子商务发展历程、电子商务零售模式、新兴电子商务零售模式的物流管理等方面开展了众多前沿性研究，研究成果丰富，为后续的同类研究工作提供了依据与借鉴。但是，现有的研究成果仍无法满足新兴电子商务下新型零售模式的物流管理发展的要求，主要原因如下。

（1）对于大型网上超市而言，已有的在电子商务零售模式下对仓库和分拨中心间商品的调拨与合并配送策略为拆分订单合并履行问题的研究提供了借鉴，但是由于缺乏对转运提前期等关键时间因素的考虑，大型网上超市拆分订单合并的需求还无法满足。大型网上超市的订单对配送时间要求严格（以小时为单位）、紧迫、多样化，并且每个订单要合并的种类繁多，为保证大批量订单分解后，商品包裹在履行过程的各个环节中能均衡、平稳、紧凑地运作，有必要结合大型网上超市订单合并作业的新特点和难点，深入研究订单合并优化方法。

（2）对于线上线下融合的新零售模式，保证品类丰富性和配送速度是新零售模式的重要服务，为真正实现线上线下融合的增益和增效，亟须结合线上线下融合的需求特点和新零售模式特征，对新零售模式的即时配送和协同配送问题展开深入研究。线上线下融合的新零售模式的配送优化问题存在许多新的需求约束和具有求解挑战的问题特征，现有的即时配送和协同配送研究成果能够为线上线下融合的新零售模式的配送优化问题提供一定的参考和研究基础，但是现有研究没有充分利用历史数据，无法满足新零售配送的极强的动态性，且没有考虑客户与店铺的一对多关系，无法满足客户对配送时间的个性化要求，因此现有研究成果无法满足线上线下融合的新零售模式的配送需求。线上线下融合的新零售模式的配送问题求解既需要达到实时性要求，又需要给出合理高效的优化方案，已有研究成果在求解时间和问题刻画方面都无法满足上述求解要求。因此，有必要针对线上线下融合的新零售模式中的新特点，设计新的即时配送方案生成方法。

（3）对于农村及农产品电子商务，首先，农产品的易腐性与生产者的分散性对即时集储运提出了更高的要求，为真正打通农村物流的"最先一公里"，亟须对其集储运协同运作模式与体系设计展开深入研究。其次，面对农村物流"最后一公里"需求高度分散、基础设施不健全、主体动力不足等特点，亟须对其共同配送模式、体系设计和协同运营展开深入研究。再次，如何充分利用昂贵的冷链资源、持续发挥市场主体的主导作用、确保集储运所有环节冷链的协同性以及发挥数字技术的作用等问题至今尚未解决，亟须探索数字化背景下农产品冷链集储运一体化运营模式创新与体系设计问题。最后，为满足时间性要求很强的蔬果类商品配送问题快速实时决策的需求，亟须针对有机蔬菜网上直销的"农—宅"（从农场至住宅）配送问题以提高"农—宅"配送车辆路径方案在线生成的实时性为目标进行进一步研究，由此提高求解方法的科学性和普适性。

（4）对于机器人移动货架系统，由于其货位分配问题除了需考虑拣货时间、拣货成本或者拣选路径最小化目标，还需考虑搬运机器人搬运货架次数、物品与货架间的多重关联关系（一种商品可以存放在多个货架，一个货架也可以存放多种不同的商品）等因素。求解综合考虑上述因素的机器人移动货架系统货位分配问题，依然值得探讨。货架存储位置优化问题还需从减少机器人在进行移动搬运时的移动距离成本，提升仓储系统的效率方面开展研究。在机器人调度优化方面，本书将结合搬运货架选择、搬运机器人路径规划及搬运机器人调度三个问题的独特性开展深入研究。

1.3　主要内容及研究工作

本书围绕大型网上超市、线上线下融合的新零售、农村及农产品电子商务等三种新零售模式以及机器人移动货架系统这一仓储物流新模式的若干核心物流管理难题，按照"运作流程分析→优化模型构建→智能求解算法"这一研究步骤，融合知识工程、人工智能、运筹学等理论知识，完成以下研究工作。

1）新兴电子商务模式及其物流运作管理流程分析

首先，针对近年来迅速发展的三种新兴电子商务模式——大型网上超市、线上线下融合的新零售以及农村及农产品电子商务，分析各种模式的特征并深入剖析影响和制约该模式发展的难题。其次，详细阐述大型网上超市订单拆分履行流程和拆分订单合并履行流程，线上线下融合的物流运作管理流程，农产品"最先一公里"集储运协同运作流程、农村物流"最后一公里"共同配送物流体系运作流程、农产品冷链仓储一体化运营运作管理流程，以及机器人移动货架系统的物流运作管理流程（包括机器人移动货架系统仓库布局、机器人移动货架系统硬件设备、机器人移动货架系统工作流程）。

2）大型网上超市物流配送系统优化模型与求解算法

针对大型网上超市面临的一单多品订单拆分履行的物流难题，以降低拆单率、减少零散配送次数、降低成本、提高效率为目标，从订单拆分前和订单拆分后两个角度进行研究，聚焦于"多品类仓关联存储""订单分配""拆分订单合并打包""拆分订单合并配送"四个重点突破口，建立了基于商品相关性的多品类仓商品存储方法、订单分配方法、基于网络流的拆分订单仓库间合并打包方案优化方法、基于分拨中心的合并配送以及基于配送站的合并配送优化方法，形成了两种有效减少拆单数量的策略：一是将仓库从"单品类存储"转变为"高频商品重合的多品类存储"，以及兼顾拆单率和物流配送成本的订单分配，实现了从源头上尽可能减少订单拆分；二是将拆分后订单先转运后合并再配送，在配送网络中选择恰当的节点作为拆分子订单包裹合并的位置，实现合并配送，从而有效地降低包裹配送成本。

上述成果有利于提高大型网上超市订单处理过程的科学性、实时性和智能性，为大型网上超市解决高拆单率所带来的企业高成本、客户高扰动和环境高污染等难题提供了新方案，在尽可能从源头减少订单拆分的前提下，考虑拆分订单合并打包和拆分订单合并配送，在降低拆单数量的同时，提高拆分订单打包配送的效率，可有效地保障订单的时效性，降低零散配送次数，提高客户服务体验，为优化大型网上超市多品订单履行决策提供新思路，有利于促进订单履行全过程的协调优化。

3）线上线下融合的新零售即时协同配送优化方法

针对线上线下融合的新零售模式中面临的即时协同配送物流难题，以加快求解速度、降低配送成本、提高配送效率为目标，聚焦即时配送和协同配送两个研究问题，从"在线调度""实时响应""协同配送"三个方面展开研究，根据需求特点和问题特征构建模型清晰刻画研究问题，并分别设计求解算法解决相关问题。针对线上线下融合的新零售模式的即时配送在线调度问题，建立了基于多预测场景的在线优化调度方法，将带有预测订单的多个场景整合到路线规划过程中，通过每个场景的方案计算，以及多场景方案的整合，得到车辆赖以运行的集成方案，提高了即时配送在线调度方案面对未来不确定需求的适应性。针对线上线下融合的新零售模式的即时配送订单实时响应问题，建立了数学模型，提出了"系统空闲期间事先缓存多样化的优质方案、在新订单进入时基于缓存方案快速生成应对方案"的求解策略，并建立了基于多样化方案池的即时配送订单实时响应方法，该实时响应方法包含三个关键模块：基于适应性大邻域搜索技术的候选方案生成算法、基于方案差异度的缓存方案选择策略及基于方案池的订单实时响应算法。针对线上线下融合的新零售模式中网上药店一单多品订单的协同配送问题，研究订单拆分、子订单分配及订单主体之间的联合配送决策，构建带时间窗的多主体协同订单配送模型，设计定性的控制规则缩减解空间，嵌套克拉克–赖特（Clarke-Wright，CW）节约算法构造改进粒子群算法，有效求解多个子问题联合决策的复杂协同配送问题。针对新零售背景下的药品协同配送优化问题，采用时空网络建模思想，在精准刻画系统决策过程的同时简化模型结构，根据优化问题的两阶段复杂决策特性，设计基于拉格朗日松弛方法的综合优化算法求解问题。

上述成果有利于提高线上线下融合的新零售模式配送优化的科学性和可行性，提高方案制订的实时性和智能性，保证配送策略的有效性和实用性，可有效降低新零售配送成本、提高新零售配送效率、保证客户满意度，有助于推动线上线下融合的新零售模式的高效落地，通过提供优质服务，为保证新零售模式长远发展提供了有效途径，对于促进线上线下融合的新零售模式持续发展具有重要的现实意义。

4）农村及农产品电子商务的物流配送模式与运作优化方法

针对农村及农产品电子商务的物流管理难题，以降低农产品"最先一公里"、"最后一公里"及农产品冷链物流成本为目标，展开相应研究工作。基于数字化信息网络平台，建立政府引导下的"数字化农场+农村合作社+物流企业联盟"的多主体、多种运输方式协同的农产品"最先一公里"集储运协同运作模式。以农村物流"最后一公里"共同配送的"商业模式选择→配送网络体系建设→运营管理策略"为主线，建立村屯基于"农村便利店+智能配送柜+众包"的多主体共同配送网络体系，以解决农村电子商务物流"最先一公里"与"最后一公里"配送方式落后的困境。针对多类型冷链仓储资源网络布局优化、多类型冷链仓储资源网络动态调整两个问题，提出多类型冷链仓储设施布局优化方法及多类型冷链服务资源调度优化方法。基于"物联网+智能配送柜"的有机蔬菜"农—宅"直销的移动商务模式，通过建立社区蔬菜智能配送柜，蔬菜等蔬果类物品的物流配送由

"农一超"对接跃入"农一宅"对接。基于状态空间搜索理论和运筹学建模技术，提出带控制策略的深度优先搜索算法来快速、高效地生成可行的车辆路径方案集合，并运用"混合下料问题"的优化思想求解车辆路径方案的最优组合，开发了"农一宅"配送车辆路径方案智能生成系统，实现由计算机自动完成车辆路径方案的生成、建模和求解全过程。结合西藏自治区电子商务的发展状况以及北京昊宇神鹰农业科技有限公司、京东农场冷链的实际需求及工作难题，进行了应用研究和示范工程建设，构建具有针对性的农产品物流解决方案。

上述成果为我国村镇冷链仓储布局及资源调度和蔬果类物品电子商务"最后一公里"难题提供系统性解决方案，提高了物流配送方案生成的科学性、有效性和及时性，为农村及农产品电子商务的持续健康发展提供了依据，有助于推动农村经济发展，促进城乡生产和消费有效衔接、全面推进乡村振兴。

5）机器人移动货架系统的仓储与调度优化方法

针对机器人移动货架系统的拣选优化问题，以减少固定货架的传统"人到货"拣选区域和机器人移动货架系统"货到人"拣选区域并存的配送中心的合流订单量以及大幅降低订单拣选的移动货架总次数、搬运机器人的行驶距离、系统的拣选成本为目标，从机器人移动货架系统的仓储商品选择决策与优化、货位分配决策与优化、货架存储位置优化、搬运机器人调度优化四大方面展开研究，根据问题特征构建对应的数学模型，分别设计了求解的启发式算法。基于机器人移动货架系统仓储商品选择决策与优化问题，运用关联网络图进行品类划分，将问题转变为最小二分图问题，提出了混合启发式算法，结合大邻域搜索和邻域搜索设计了一种基于品类评价策略的算法改进策略，有效提高了算法的求解效率，显著减少了固定货架的传统"人到货"拣选区域和机器人移动货架系统"货到人"拣选区域并存的配送中心的合流订单量。基于机器人移动货架系统货位分配决策与优化问题，构建了机器人移动货架系统的货位分配模型，设计了面向大规模问题快速求解的启发式 SA 算法，在 SA 算法基本框架的基础上，设计了其求解移动货架仓储系统货位分配问题的关键模块，实现了决策者可以根据客户订单中的商品关联性的大小，灵活调整货架的商品分隔槽的效果；基于机器人移动货架系统的货架存储位置优化问题，构建了货架热度和关联度生成模型，基于禁忌搜索算法框架和 SA 算法思想，设计了一种针对货架位置优化问题的混合启发式算法，大幅降低了订单拣选的移动货架总次数；基于机器人移动货架系统机器人调度优化问题，构建了机器人移动货架系统的货架选择模型和机器人移动货架系统的搬运机器人调度模型，针对货架选择问题实现了一种改进的 SA 算法和搬运机器人调度的禁忌搜索算法，大幅降低了搬运机器人的行驶距离、系统的拣选成本。

上述成果有利于提高机器人移动货架系统订单拣选优化的科学性和智能性，

提高订单拣选效率，可有效降低机器人移动货架系统的运作成本并提高订单履行的及时性，有利于促进智慧仓储与物流的发展。同时，所提出的方法对智能化无人仓库的运作优化管理提供了借鉴，具有重要的参考价值。

1.3.1　研究思路

本书采用理论与实践相结合的研究思路，立足于电子商务环境下物流管理领域的若干重大科学问题，深入研究其物流管理方法，具体思路如图 1.3 所示。针对新兴电子商务环境下涌现的大型网上超市、线上线下融合的新零售、农村及农产品电子商务、机器人移动货架系统等零售模式，分析其商务模式及物流运作问题，提炼出上述零售模式物流管理问题具有"决策规模大、决策时效快"等特征和难点，探讨以缩减解空间为核心思想的新兴电子商务的物流优化方法，包括大型网上超市物流配送系统优化模型与求解算法、线上线下融合的新零售即时协同配送优化方法、农村及农产品电子商务物流配送模式与运作优化方法、机器人移动货架系统仓储与调度优化方法，并结合企业具体实践问题，实现理论方法的实例化应用。

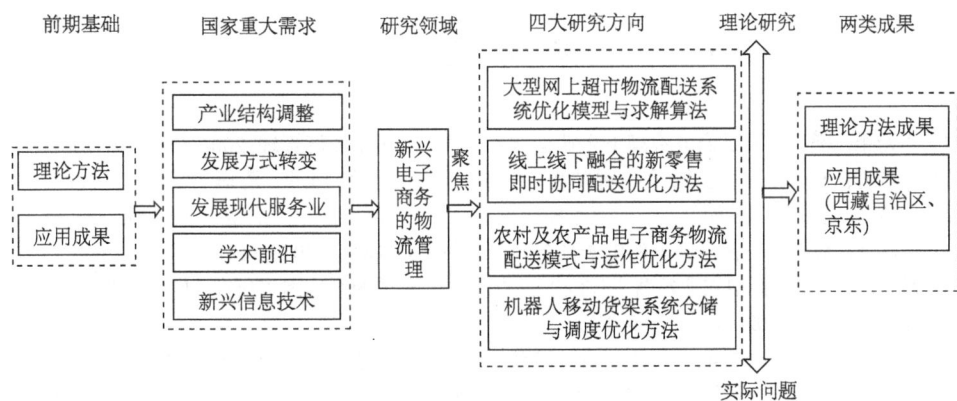

图 1.3　研究思路图

1.3.2　研究意义

新兴电子商务的迅速崛起是当前信息技术快速发展的产物，它结合了移动电子商务和社交电子商务的特点，引领了电子商务领域的新趋势。在这一背景下，研究新兴电子商务对物流管理的影响具有重要的理论和现实意义。

（1）理论意义：新兴电子商务具有移动性、虚拟性、大数据等新特征，这对传统的物流管理模式提出了新的挑战。研究如何应对这些新特征对物流管理的影响，可以丰富物流管理理论，为物流决策提供新的思路和方法。新兴电子商务的发展推动了大数据、物联网、人工智能等新技术在物流领域的应用。研究如何将这些新技术有效地应用于物流管理中，可以推动物流领域的技术创新和发展。

（2）现实意义：新兴电子商务的兴起带来了更多的订单和交易，使得物流需求大幅增加。研究如何优化物流配送、仓储和运作，可以提高物流效率，降低物流成本，为电子商务企业创造更大的商业价值。新兴电子商务模式的多样化发展，如大型网上超市、线上线下融合的新零售、农村及农产品电子商务等，带来了新的物流挑战，如订单合并配送、库存与配送优化、机器人调度等。研究如何解决这些挑战，可以帮助企业更好地应对日益复杂的电子商务物流环境。面对新兴电子商务的发展，传统实体经济正在积极探索数字化转型的道路。研究如何在数字化转型过程中实现物流管理的协同与优化，可以促进企业更好地适应数字化经济的发展。

综上所述，新兴电子商务对物流管理领域产生了深远影响，研究其影响以及应对策略具有重要的理论和现实价值。针对新兴电子商务物流管理领域的研究不仅可以丰富物流管理理论，还可以为企业在快速变化的商业环境中提供切实可行的解决方案，进一步促进电子商务和物流管理快速健康发展。

参 考 文 献

[1] 丁乃鹏. 第三次电子商务浪潮下企业运作环境研究. 华东经济管理, 2004, (3): 119-122.

[2] 陈国青, 王刊良, 郭迅华, 等. 新兴电子商务: 参与者行为. 北京: 清华大学出版社, 2013.

[3] 徐博艺, 杨冬梅, 姜丽红. 电子商务环境下新商务生态系统研究. 决策借鉴, 2002, (2): 45-48.

[4] 谭汉元. 基于经济新常态下的电子商务经济分析. 中国商论, 2020, (13): 24-26.

[5] 吕丹, 张俊飚. 新型农业经营主体农产品电子商务采纳的影响因素研究. 华中农业大学学报(社会科学版), 2020, (3): 72-83, 172.

[6] 吴雪. 新常态下农村电子商务创新发展路径分析. 商业经济研究, 2020, (5): 87-89.

[7] 冯凯, 张昕蔚. 基于移动互联网的跨境电子商务商业模式研究. 国际商务研究, 2020, 41(1): 39-49.

[8] 高琦. 日本跨境电子商务发展的特征及借鉴. 价格理论与实践, 2020, (5): 57-60.

[9] 陆刚, 安海岗. 我国网上超市营销策略研究. 商业时代, 2013, (20): 42-43.

[10] 张琪. 电子商务平台物流供应链服务质量测度基于天猫与京东的比较. 商业经济研究, 2015, (10): 63-65.

[11] 王兴标, 谷斌. 基于信任的移动社交电子商务购买意愿影响因素. 中国流通经济, 2020, 34(4): 21-31.

[12] 张庆亮, 何文君. 我国网上零售发展面临的问题及对策探讨. 财贸研究, 2000, (6): 42-45.

[13] Herrojo C, Paredes F, Mata-Contreras J, et al. Chipless-RFID: a review and recent developments. Sensors, 2019, 19(15): E3385.

[14] Li M, Shao S J, Ye Q W, et al. Blockchain-enabled logistics finance execution platform for

capital-constrained E-commerce retail. Robotics and Computer-Integrated Manufacturing, 2020, 65: 101962.

[15] 周佳. 中国 B2C 网络零售业发展现状分析: 基于 SCP 范式. 呼伦贝尔学院学报, 2019, 27(4): 47-51.

[16] Zhu M Y. The crisis analysis and development suggestion of Chinese traditional retail entity operation in the era of e-commerce. Proceedings of 2020 3rd International Conference on Financial Management, Education and Social Science, 2020.

[17] Chen C M, Zhang K S, Li H. Research on the relationship among electronic word-of-mouth, trust and purchase intention-take JingDong shopping e-commerce platform as an example//Liu Q, Liu X D, Shen T, et al. The 10th International Conference on Computer Engineering and Networks. Singapore: Springer, 2021: 100-104.

[18] Oberoi P, Patel C, Haon C. Technology sourcing for website personalization and social media marketing: a study of e-retailing industry. Journal of Business Research, 2017, 80: 10-23.

[19] Zhen X P, Xu S S. Who should introduce the third-party platform channel under different pricing strategies?. European Journal of Operational Research, 2022, 299(1): 168-182.

[20] 樊一然. 我国电子商务网络零售产业演进竞争态势及发展趋势研究. 现代营销(信息版), 2019, (3): 197.

[21] 韩彩珍, 王宝义. "新零售"的研究现状及趋势. 中国流通经济, 2018, 32(12): 20-30.

[22] 胡永仕. 实体零售与网络零售融合发展: 研究现状与展望. 中国流通经济, 2020, 34(7): 25-33.

[23] Wang J. Retail logistics: e-retail and its distribution mode. ICSSSM'04 国际会议论文集(II), 2004: 231-235.

[24] 高丹, 王义宝, 陈敬文. 面向网络零售平台的合作广告策略研究. 中国管理科学, 2020, 28(9): 176-187.

[25] 徐和, 何燕, 马士华. 基于网络零售平台的激励合同研究. 中国管理科学, 2014, 22(12): 79-84.

[26] 陈钦兰. 基于供应链结构的网络零售模式类型研究. 中国流通经济, 2016, 30(1): 37-43.

[27] 王玉燕, 李帮义, 乐菲菲. 两个闭环供应链的定价模型研究. 预测, 2006, (6): 70-73.

[28] 雷兵. 网络零售生态系统种群成长的系统动力学分析. 管理评论, 2017, 29(6): 152-164.

[29] Catalán A, Fisher M. Assortment allocation to distribution centers to minimize split customer orders. Social Science Research Network, 2012. http://doi:10.2139/ssrn.2166687.

[30] Xu P J, Allgor R, Graves S C. Benefits of reevaluating real-time order fulfillment decisions. Manufacturing & Service Operations Management, 2009, 11(2): 340-355.

[31] Acimovic J, Graves S C. Making better fulfillment decisions on the fly in an online retail environment. Manufacturing & Service Operations Management, 2015, 17(1): 34-51.

[32] Torabi S A, Hassini E, Jeihoonian M. Fulfillment source allocation, inventory transshipment, and customer order transfer in e-tailing. Transportation Research Part E: Logistics and Transportation Review, 2015, 79: 128-144.

[33] Mahar S, Wright P D. The value of postponing online fulfillment decisions in multi-channel retail/e-tail organizations. Computers & Operations Research, 2009, 36(11): 3061-3072.

[34] Acimovic J, Graves S C. Mitigating spillover in online retailing via replenishment. Manufacturing & Service Operations Management, 2017, 19(3): 419-436.

[35] Bebitoglu D. Multi-location assortment optimization under capacity constraints. Ankara: Bilkent University, 2016.

[36] Croxton K L, Gendron B, Magnanti T L. Models and methods for merge-in-transit operations. Transportation Science, 2003, 37(1): 1-22.

[37] Ala-Risku T, Kärkkäinen M, Holmström J. Evaluating the applicability of merge-in-transit. The International Journal of Logistics Management, 2003, 14(2): 67-82.

[38] Song H Q, Hsu V N, Cheung R K. Distribution coordination between suppliers and customers with a consolidation center. Operations Research, 2008, 56(5): 1264-1277.

[39] Shaikh N I, Abril L E, Shaikh N I, et al. A redesigned Benders decomposition approach for large-scale in-transit freight consolidation operations. International Journal of Information Systems and Supply Chain Management, 2018, 11(2): 1-15.

[40] Paterson C, Kiesmüller G, Teunter R, et al. Inventory models with lateral transshipments: a review. European Journal of Operational Research, 2011, 210(2): 125-136.

[41] Axsäter S. Modelling emergency lateral transshipments in inventory systems. Management Science, 1990, 36(11): 1329-1338.

[42] Kranenburg A A, van Houtum G J. A new partial pooling structure for spare parts networks. European Journal of Operational Research, 2009, 199(3): 908-921.

[43] van Utterbeeck F, Wong H, van Oudheusden D, et al. The effects of resupply flexibility on the design of service parts supply systems. Transportation Research Part E: Logistics and Transportation Review, 2009, 45(1): 72-85.

[44] Ramakrishna K S, Sharafali M, Lim Y F. A two-item two-warehouse periodic review inventory model with transshipment. Annals of Operations Research, 2015, 233(1): 365-381.

[45] Torabi S A, Moghaddam M. Multi-site integrated production-distribution planning with trans-shipment: a fuzzy goal programming approach. International Journal of Production Research, 2012, 50(6): 1726-1748.

[46] Ahmadi G, Ali Torabi S, Tavakkoli-Moghaddam R. A bi-objective location-inventory model with capacitated transportation and lateral transshipments. International Journal of Production Research, 2016, 54(7): 2035-2056.

[47] Paterson C, Teunter R, Glazebrook K. Enhanced lateral transshipments in a multi-location inventory system. European Journal of Operational Research, 2012, 221(2): 317-327.

[48] Glazebrook K, Paterson C, Rauscher S, et al. Benefits of hybrid lateral transshipments in multi-item inventory systems under periodic replenishment. Production and Operations Management, 2015, 24(2): 311-324.

[49] Co H C, Miller R H, Xu X. Clustering of skus to reduce split delivery cost and improve on-time delivery in online merchandising. California Journal of Operations Management, 2007, 6(1): 45-51.

[50] Glock C H, Kim T. Shipment consolidation in a multiple-vendor-single-buyer integrated inventory model. Computers & Industrial Engineering, 2014, 70: 31-42.

[51] Nguyen C, Dessouky M, Toriello A. Consolidation strategies for the delivery of perishable products. Transportation Research Part E: Logistics and Transportation Review, 2014, 69: 108-121.

[52] Lei Y M, Jasin S, Sinha A. Joint dynamic pricing and order fulfillment for e-commerce retailers. Manufacturing & Service Operations Management, 2018, 20(2): 269-284.

[53] Çetinkaya S, Bookbinder J H. Stochastic models for the dispatch of consolidated shipments. Transportation Research Part B: Methodological, 2003, 37(8): 747-768.

[54] Mutlu F, Çetinkaya S. An integrated model for stock replenishment and shipment scheduling under common carrier dispatch costs. Transportation Research Part E: Logistics and Transportation Review, 2010, 46(6): 844-854.

[55] Chen J, Dong M, Xu L. A perishable product shipment consolidation model considering freshness-keeping effort. Transportation Research Part E: Logistics and Transportation Review, 2018, 115: 56-86.

[56] Ali Ülkü M. Dare to care: shipment consolidation reduces not only costs, but also environmental damage. International Journal of Production Economics, 2012, 139(2): 438-446.

[57] González-Ramírez R G, Askin R G, Smith N R, et al. Shipment consolidation by terminals and vehicles. Revista de Matemática: Teoría y Aplicaciones, 2009, 16(1): 178-187.

[58] van Heeswijk W J A, Mes M R K, Schutten J M J, et al. Freight consolidation in networks with transshipments. [2024-04-07]. https://ris.utwente.nl/ws/files/5139732/wp_462.pdf.

[59] Hewitt M, Nowak M, Gala L. Consolidating home meal delivery with limited operational disruption. European Journal of Operational Research, 2015, 243(1): 281-291.

[60] Wei L, Jasin S, Kapuscinski R. Shipping consolidation with delivery deadline and expedited shipment options. SSRN Electronic Journal, 2017. http://doi:10.2139/ssrn.2920899.

[61] Zhang Y K, Sun L J, Hu X P, et al. Order consolidation for the last-mile split delivery in online retailing. Transportation Research Part E: Logistics and Transportation Review, 2019, 122: 309-327.

[62] 汪旭晖, 张其林. 电子商务破解生鲜农产品流通困局的内在机理: 基于天猫生鲜与沱沱工社的双案例比较研究. 中国软科学, 2016, (2): 39-55.

[63] Brynjolfsson E, Hu Y J, Rahman M S. Competing in the age of omnichannel retailing. MIT Sloan Management Review, 2013, 54 (4): 23-29.

[64] Lim S F W T, Winkenbach M. Configuring the last-mile in business-to-consumer e-retailing. California Management Review, 2019, 61(2): 132-154.

[65] Ishfaq R, Defee C C, Gibson B J, et al. Realignment of the physical distribution process in omni-channel fulfillment. International Journal of Physical Distribution & Logistics Management, 2016, 46(6/7): 543-561.

[66] Melacini M, Perotti S, Rasini M, et al. E-fulfilment and distribution in omni-channel retailing: a systematic literature review. International Journal of Physical Distribution & Logistics Management, 2018, 48(4): 391-414.

[67] Zhang J R, Onal S, Das R, et al. Fulfilment time performance of online retailers: an empirical analysis. International Journal of Retail & Distribution Management, 2019, 47(5): 493-510.

[68] Wollenburg J, Holzapfel A, Hübner A, et al. Configuring retail fulfillment processes for omni-channel customer steering. International Journal of Electronic Commerce, 2018, 22(4): 540-575.

[69] 王征, 李婷玉, 侯鑫垚. 基于多样化方案池的即时配送订单实时响应方法. 管理科学, 2018, 31(6): 92-103.

[70] Braekers K, Ramaekers K, van Nieuwenhuyse I. The vehicle routing problem: state of the art classification and review. Computers & Industrial Engineering, 2016, 99: 300-313.

[71] Pillac V, Guéret C, Medaglia A L. An event-driven optimization framework for dynamic vehicle routing. Decision Support Systems, 2012, 54(1): 414-423.

[72] Pillac V, Gendreau M, Guéret C, et al. A review of dynamic vehicle routing problems. European Journal of Operational Research, 2013, 225(1): 1-11.

[73] Bent R W, van Hentenryck P. Scenario-based planning for partially dynamic vehicle routing with stochastic customers. Operations Research, 2004, 52(6): 977-987.

[74] Ferrucci F, Bock S. Pro-active real-time routing in applications with multiple request patterns. European Journal of Operational Research, 2016, 253(2): 356-371.

[75] Murfield M, Boone C A, Rutner P, et al. Investigating logistics service quality in omni-channel retailing. International Journal of Physical Distribution & Logistics Management, 2017, 47(4): 263-296.

[76] Kembro J H, Norrman A, Eriksson E. Adapting warehouse operations and design to omni-channel logistics: a literature review and research agenda. International Journal of Physical Distribution & Logistics Management, 2018, 9: 890-912.

[77] Li J, Liu X W. 2024. An agent-based simulation model for analyzing and optimizing omni-channel retailing operation decisions. Journal of Retailing and Consumer Services, 79: 103845.

[78] Mirzabeiki V, Saghiri S S. From ambition to action: how to achieve integration in omni-channel?. Journal of Business Research, 2020, 110: 1-11.

[79] Bayram A, Cesaret B. Order fulfillment policies for ship-from-store implementation in omni-channel retailing. European Journal of Operational Research, 2021, 294(3): 987-1002.

[80] Bijmolt T H A, Broekhuis M, de Leeuw S, et al. Challenges at the marketing–operations interface in omni-channel retail environments. Journal of Business Research, 2021, 122: 864-874.

[81] Jasin S, Sinha A, Uichanco J. Omnichannel operations: challenges, opportunities, and models//Gallino S, Moreno A. Operations in an Omnichannel World. Cham: Springer, 2019: 15-34.

[82] Li R. Reinvent retail supply chain ship-from-store-to-store. Production and Operations Management, 2020, 29(8): 1825-1836.

[83] Larke R, Kilgour M, O'Connor H. Build touchpoints and they will come: transitioning to omnichannel retailing. International Journal of Physical Distribution & Logistics Management, 2018, 48(4): 465-483.

[84] Xu H X, Gong Y M , Chu C B, et al. Dynamic lot-sizing models for retailers with online

channels. International Journal of Production Economics, 2017, 183: 171-184.

[85] 李珍萍, 刘洪伟, 周文峰, 等. 带装卸顺序约束的装载配送联合优化算法研究. 系统工程理论与实践, 2019, 39(12): 3097-3110.

[86] 王新利. 我国现行农村物流模式分析. 经济与管理研究, 2004, (3): 70-72, 80.

[87] 王新利. 论农村逆向物流及其网络模型设计. 中国流通经济, 2007, (2): 19-21.

[88] 郑斌, 杨华龙, 唐法浙. 县域农村物流配送中心选址优化模型及算法. 大连海事大学学报, 2011, 37(1): 95-98, 102.

[89] 孟柯. 电子商务环境下农村物流配送模式选择研究. 农业经济, 2021, (3): 125-127.

[90] 文龙光, 潘立军. 我国农村地区开展 BtoC 电子商务物流配送的新模式: 基于区域客运班车系统的配送解决方案. 运筹与管理, 2011, 20(3): 195-199.

[91] 赵广华. 基于共享物流的农村电子商务共同配送运作模式. 中国流通经济, 2018, 32(7): 36-44.

[92] 武晓钊. 农村电子商务与物流配送运营服务体系建设. 中国流通经济, 2016, 30(8): 99-104.

[93] 毛光烈. 第四方物流平台流程与制度一体化的创新性设计. 管理世界, 2008, (4): 8-14.

[94] 石荣丽. 分享经济视阈下的众包物流信息服务平台模型构建. 华南理工大学学报(社会科学版), 2017, 19(2): 15-21.

[95] 胡玉凤, 丁友强, 孙元欣. 平台模式下农民合作社与供应链协调研究: 以农户主导视角. 中国管理科学, 2021, 29(5): 88-96.

[96] 周永务, 黄香宁, 曹彬, 等. 公司参与扶贫下的订单农业供应链: 生产决策, 社会福利与政府补贴. 系统工程理论与实践, 2022, 42(8): 2174-2195.

[97] 赵泉午, 姚珍珍, 林娅. 面向新零售的生鲜连锁企业城市配送网络优化研究. 中国管理科学, 2021, 29(9): 168-179.

[98] Carlsson J G, Song S Y. Coordinated logistics with a truck and a drone. Management Science, 2018, 64(9): 4052-4069.

[99] 周欣, 霍佳震. 供应物流利益分配机制研究. 管理科学学报, 2011, 14(10): 77-84.

[100] 章德宾, 徐娟, Mitchell P D, 等. 一种农户与经销商合作的市场风险分担模型. 中国管理科学, 2017, 25(7): 93-101.

[101] 饶卫振, 徐丰, 朱庆华, 等. 依托平台协作配送成本分摊的有效方法研究. 管理科学学报, 2021, 24(9): 105-126.

[102] Shi P. Optimal priority-based allocation mechanisms. Management Science, 2022, 68(1): 171-188.

[103] 肖人彬, 王英聪. 面向群体利益分配的蚁群劳动分工建模与仿真. 管理科学学报, 2016, 19(10): 1-15.

[104] 王胜, 屈阳, 王琳, 等. 集中连片贫困山区电商扶贫的探索及启示: 以重庆秦巴山区、武陵山区国家级贫困区县为例. 管理世界, 2021, 37(2): 95-106, 8.

[105] Guajardo M, Jörnsten K, Rönnqvist M. Constructive and blocking power in collaborative transportation. OR Spectrum, 2016, 38(1): 25-50.

[106] 赵海霞, 艾兴政, 唐小我. 链与链基于规模不经济的纵向联盟和利润分享. 管理科学学报, 2014, 17(1): 48-56.

[107] Zhuo X P, Wang F, Niu B Z. Brand-owners' vertical and horizontal alliance strategies facing

dominant retailers: effect of demand substitutability and complementarity. Omega, 2021, 103: 102449.

[108] Padilla Tinoco S V, Creemers S, Boute R N. Collaborative shipping under different cost-sharing agreements. European Journal of Operational Research, 2017, 263(3): 827-837.

[109] Lozano S, Moreno P, Adenso-Díaz B, et al. Cooperative game theory approach to allocating benefits of horizontal cooperation. European Journal of Operational Research, 2013, 229(2): 444-452.

[110] 杨洁, 周赟俊. 贡献度视角下的生鲜农产品共同配送成本协调策略. 农林经济管理学报, 2021, 20(1): 51-58.

[111] 刘勇. 利益分配视角下产学研协同创新激励机制. 系统管理学报, 2016, 25(6): 984-992.

[112] Tokgöz E, Mahjoub S, el Taeib T, et al. Supply network design with uncertain demand: computational cooperative game theory approach using distributed parallel programming. Computers & Industrial Engineering, 2022, 167: 108011.

[113] 刘可, 庞敏, 刘春晖. 四川农村电子商务发展情况调查与思考. 农村经济, 2017, (12): 108-113.

[114] 王可山, 郝裕, 秦如月. 农业高质量发展、交易制度变迁与网购农产品消费促进: 兼论新冠肺炎疫情对生鲜电商发展的影响. 经济与管理研究, 2020, 41(4): 21-31.

[115] 程士国, 胡元清, 朱冬青. 鲜活农产品山地物流多目标优化问题: 以云南鲜切花为例. 系统工程, 2018, 36(7): 134-140.

[116] Huang K C, Ardiansyah M N. A decision model for last-mile delivery planning with crowdsourcing integration. Computers & Industrial Engineering, 2019, 135: 898-912.

[117] Lyu G D, Teo C P. Last mile innovation: the case of the locker alliance network. Manufacturing & Service Operations Management, 2022, 24(5): 2387-2796.

[118] Park H, Park D, Jeong I J. An effects analysis of logistics collaboration in last-mile networks for CEP delivery services. Transport Policy, 2016, 50: 115-125.

[119] Perera S, Dawande M, Janakiraman G, et al. Retail deliveries by drones: how will logistics networks change?. Production and Operations Management, 2020, 29(9): 2019-2034.

[120] 陈义友, 张锦, 罗建强, 等. 顾客有限理性对最后一公里配送服务系统的影响. 系统管理学报, 2020, 29(2): 389-399.

[121] Seghezzi A, Siragusa C, Mangiaracina R. Parcel lockers vs. home delivery: a model to compare last-mile delivery cost in urban and rural areas. International Journal of Physical Distribution & Logistics Management, 2022, 52(3): 213-237.

[122] Belenguer J M, Benavent E, Martínez A, et al. A branch-and-cut algorithm for the single truck and trailer routing problem with satellite depots. Transportation Science, 2016, 50(2): 735-749.

[123] Poikonen S, Golden B, Wasil E A. A branch-and-bound approach to the traveling salesman problem with a drone. INFORMS Journal on Computing, 2019, 31(2): 335-346.

[124] Yang F, Dai Y, Ma Z J. A cooperative rich vehicle routing problem in the last-mile logistics industry in rural areas. Transportation Research Part E: Logistics and Transportation Review, 2020, 141: 102024.

[125] Chen C, Demir E, Huang Y, et al. The adoption of self-driving delivery robots in last mile

logistics. Transportation Research Part E: Logistics and Transportation Review, 2021, 146: 102214.

[126] Ndraha N, Hsiao H I, Vlajic J, et al. Time-temperature abuse in the food cold chain: review of issues, challenges, and recommendations. Food Control, 2018, 89: 12-21.

[127] Fan X M, Zhang Y D, Xue J H, et al. Exploring the path to the sustainable development of cold chain logistics for fresh agricultural products in China. Environmental Impact Assessment Review, 108: 107610.

[128] 熊峰, 彭健, 金鹏, 等. 生鲜农产品供应链关系契约稳定性影响研究: 以冷链设施补贴模式为视角. 中国管理科学, 2015, 23(8): 102-111.

[129] 张喜才. 城市带动贫困地区农产品销售供应链模式及优化研究. 中国软科学, 2021, (5): 79-89.

[130] 马祖军, 王一然. 考虑生鲜农产品"最先一公里"损耗的预冷站布局优化. 中国管理科学, 2024, 32(2): 315-323.

[131] Mejjaouli S, Babiceanu R F. Cold supply chain logistics: system optimization for real-time rerouting transportation solutions. Computers in Industry, 2018, 95: 68-80.

[132] Hu X. Cold chain logistics model of agricultural products based on embedded system and blockchain. Production Planning & Control, 2022: 1-12.

[133] Wu W T, Beretta C, Cronje P, et al. Environmental trade-offs in fresh-fruit cold chains by combining virtual cold chains with life cycle assessment. Applied Energy, 2019, 254: 113586.

[134] Xiao J, Zheng L. A correlated storage location assignment problem in a single-block-multi-aisles warehouse considering BOM information. International Journal of Production Research, 2010, 48(5): 1321-1338.

[135] Larson T N, March H, Kusiak A. A heuristic approach to warehouse layout with class-based storage. IIE Transactions, 1997, 29(4): 337-348.

[136] Fontana M E, Santos Nepomuceno V. Multi-criteria approach for products classification and their storage location assignment. The International Journal of Advanced Manufacturing Technology, 2017, 88: 3205-3216.

[137] 韩彩云. 基于遗传算法的自动化立体仓库的货位优化研究. 太原: 太原科技大学, 2009.

[138] 李明琨, 张杨平. 基于 COI 与作业负荷平衡的多巷道仓库储位分配策略. 工业工程, 2015, 18(1): 37-41.

[139] 朱铖程, 吴兆东, 张建东. 基于关联规则与聚类分析的储位分配问题研究. 物流技术, 2019, 38(7): 96-103.

[140] 孙春玲, 陈智斌, 李建平. 装箱问题的一种新的近似算法. 云南大学学报(自然科学版), 2004, (5): 392-396.

[141] 于洪霞, 张绍武, 张立卫. 二维装箱问题非线性规划模型和算法. 大连理工大学学报, 2008, (2): 308-312.

[142] Pisinger D, Sigurd M. The two-dimensional bin packing problem with variable bin sizes and costs. Discrete Optimization, 2005, 2(2): 154-167.

[143] Bortfeldt A, Mack D. A heuristic for the three-dimensional strip packing problem. European Journal of Operational Research, 2007, 183(3): 1267-1279.

[144] Martello S, Pisinger D, Vigo D. The three-dimensional bin packing problem. Operations Research, 2000, 48(2): 256-267.

[145] 张德富, 彭煜, 朱文兴, 等. 求解三维装箱问题的混合模拟退火算法. 计算机学报, 2009, 32(11): 2147-2156.

[146] 周方圆, 李珍萍. 基于"货到人"拣选模式的储位分配模型与算法. 物流技术, 2015, 34: 242-246.

[147] 周佳慧. 大数据驱动下移动货架的货位优化研究. 商业经济, 2019, (8): 118-119.

[148] 李珍萍, 李文玉. 网上书店智能仓库系统储位优化研究. 物流技术, 2014, 33(23): 340-342.

[149] 袁瑞萍, 王慧玲, 李俊韬, 等. 基于移动机器人的订单拣选系统货位优化模型和算法研究. 系统科学与数学, 2020, 40(6): 1050-1060.

[150] Xiang X, Liu C C, Miao L X. Storage assignment and order batching problem in Kiva mobile fulfilment system. Engineering Optimization, 2018, 50(11): 1941-1962.

[151] Heskett J L. Cube-per-order index: a key to warehouse stock location. Transportation and distribution Management, 1963, 3: 27-31.

[152] Hausman W H, Schwarz L B, Graves S C. Optimal storage assignment in automatic warehousing systems. Management Science, 1976, 22(6): 629-638.

[153] Yang C L, Nguyen T P Q. Constrained clustering method for class-based storage location assignment in warehouse. Industrial Management & Data Systems, 2016, 116(4): 667-689.

[154] Yang M. Analysis and optimization of class-based dedicated storage systems. Atlanta: Georgia Institute of Technology, 1988.

[155] Goetschalckx M, Ratliff H D. Shared storage policies based on the duration stay of unit loads. Management Science, 1990, 36(9): 1120-1132.

[156] Lee M K. A storage assignment policy in a man-on-board automated storage/retrieval system. International Journal of Production Research, 1992, 30(10): 2281-2292.

[157] Xiao J, Zheng L. Correlated storage assignment to minimize zone visits for BOM picking. The International Journal of Advanced Manufacturing Technology, 2012, 61: 797-807.

[158] Jane C C, Laih Y W. A clustering algorithm for item assignment in a synchronized zone order picking system. European Journal of Operational Research, 2005, 166(2): 489-496.

[159] Deng A M, Cai J C. Research on slotting optimization in automated warehouse of pharmaceutical logistics center. Piscataway: 2011 International Conference on Management Science & Engineering 18th Annual Conference Proceedings, 2011.

[160] Heragu S S, Du L, Mantel R J, et al. Mathematical model for warehouse design and product allocation. International Journal of Production Research, 2005, 43(2): 327-338.

[161] 陈月婷, 何芳. 基于改进粒子群算法的立体仓库货位分配优化. 计算机工程与应用, 2008, (11): 229-231, 236.

[162] 陈璐, 陆志强. 自动化立体仓库中的储位分配及存取路径优化. 管理工程学报, 2012, 26(1): 42-47.

[163] 汤洪涛, 闫伟杰, 陈青丰, 等. 自动化立体仓库货位分配与作业调度集成优化. 计算机科学, 2020, 47(5): 204-211.

[164] Hachemi K, Sari Z, Ghouali N. A step-by-step dual cycle sequencing method for unit-load

automated storage and retrieval systems. Computers & Industrial Engineering, 2012, 63(4): 980-984.

[165] 方彦军, 唐猛. AVS/RS 系统动态分析及决策模型. 自动化仪表, 2015, 36(1): 18-22.

[166] Yu Y G, de Koster R B M. On the suboptimality of full turnover-based storage. International Journal of Production Research, 2013, 51(6): 1635-1647.

[167] 邹霞, 吴耀华, 夏德龙, 等. 面向 B2C 电商订单的自动小车存取系统动态储位优化. 计算机集成制造系统, 2019, 25(2): 500-507.

[168] 张思建, 方彦军, 贺瑶, 等. 基于模拟退火算法的 AVS/RS 多批货箱入库货位优化. 武汉大学学报(工学版), 2016, 49(2): 315-320.

[169] Meneghetti A, Monti L. Multiple-weight unit load storage assignment strategies for energy-efficient automated warehouses. International Journal of Logistics Research and Applications, 2014, 17(4): 304-322.

[170] 张彩霞. 基于"货到人"模式的电商订单拣选优化研究. 杭州: 浙江理工大学, 2016.

[171] 李晓杰. 移动货架仓库系统中储位分配和订单分批联合优化研究. 北京: 清华大学, 2016.

[172] 刘凯, 彭玲玲. 基于智能仓储拣选系统的订单分批问题研究. 中国储运, 2019, (8): 147-148.

[173] 冯爱兰, 杨腾, 孔继利. 移动机器人履行系统的订单处理研究. 计算机工程与应用, 2020, 56(20): 243-250.

[174] 李珍萍, 田宇璇, 卜晓奇, 等. 无人仓系统订单分批问题及 K-max 聚类算法. 计算机集成制造系统, 2021, 27(5): 1506-1517.

[175] Boysen N, Briskorn D, Emde S. Parts-to-picker based order processing in a rack-moving mobile robots environment. European Journal of Operational Research, 2017, 262(2): 550-562.

[176] Jiao G S, Li H B, Huang M. Online joint optimization of pick order assignment and pick pod selection in robotic mobile fulfillment systems. Computers & Industrial Engineering, 2023, 175: 108856.

[177] Valle C A, Beasley J E. Order allocation, rack allocation and rack sequencing for pickers in a mobile rack environment. Computers & Operations Research, 2021, 125: 105090.

[178] Frego M, Bevilacqua P, Divan S, et al. Minimum time: minimum jerk optimal traffic management for AGVs. IEEE Robotics and Automation Letters, 2020, 5(4): 5307-5314.

[179] Nishi T, Akiyama S, Higashi T, et al. Cell-based local search heuristics for guide path design of automated guided vehicle systems with dynamic multicommodity flow. IEEE Transactions on Automation Science and Engineering, 2020, 17(2): 966-980.

[180] Xing L N, Liu Y Y, Li H Y, et al. A novel tabu search algorithm for multi-AGV routing problem. Mathematics, 2020, 8(2): 279.

[181] 蔺一帅, 李青山, 陆鹏浩, 等. 智能仓储货位规划与 AGV 路径规划协同优化算法. 软件学报, 2020, 31(9): 2770-2784.

[182] 赵雨亭, 叶峰, 赖乙宗, 等. 面向智能仓储系统的多 AGV 运行策略优化. 自动化与仪表, 2017, 32(11): 67-71.

[183] 于赫年, 白桦, 李超. 仓储式多 AGV 系统的路径规划研究及仿真. 计算机工程与应用, 2020, 56(2): 233-241.

[184] 焦福明. 自动化仓储系统 AGV 调度研究与实现. 济南: 山东大学, 2013.

[185] Chang H C, Chen Y P, Liu T K, et al. Solving the flexible job shop scheduling problem with makespan optimization by using a hybrid taguchi-genetic algorithm. IEEE Access, 2015, 3: 1740-1754.

[186] Li J, Meng X H, Dai X. Collision-free scheduling of multi-bridge machining systems: a colored traveling salesman problem-based approach. IEEE/CAA Journal of Automatica Sinica, 2018, 5(1): 139-147.

[187] Miyamoto T, Inoue K. Local and random searches for dispatch and conflict-free routing problem of capacitated AGV systems. Computers & Industrial Engineering, 2016, 91: 1-9.

[188] Novas J M, Henning G P. Integrated scheduling of resource-constrained flexible manufacturing systems using constraint programming. Expert Systems with Applications, 2014, 41(5): 2286-2299.

[189] Digani V, Hsieh M A, Sabattini L, et al. Coordination of multiple AGVs: a quadratic optimization method. Autonomous Robots, 2019, 43(3): 539-555.

[190] Fazlollahtabar H, Hassanli S. Hybrid cost and time path planning for multiple autonomous guided vehicles. Applied Intelligence, 2018, 48(2): 482-498.

[191] Zhao Y L, Liu X P, Wang G, et al. Dynamic resource reservation based collision and deadlock prevention for multi-AGVs. IEEE Access, 2020, 8: 82120-82130.

[192] Yoshitake H, Kamoshida R, Nagashima Y. New automated guided vehicle system using real-time holonic scheduling for warehouse picking. IEEE Robotics and Automation Letters, 2019, 4(2): 1045-1052.

[193] Corréa A I, Langevin A, Rousseau L M. Scheduling and routing of automated guided vehicles: a hybrid approach. Computers & Operations Research, 2007, 34(6): 1688-1707.

[194] el Khayat G, Langevin A, Riopel D. Integrated production and material handling scheduling using mathematical programming and constraint programming. European Journal of Operational Research, 2006, 175(3): 1818-1832.

第 2 章　新兴电子商务模式及其物流运作管理流程分析

2.1　新兴电子商务的模式及特征分析

电子商务零售，又称为网络零售[1]，是指交易双方以互联网为媒介进行的商品交易活动，即通过互联网进行的信息的组织和传递，实现了有形商品和无形商品所有权的转移或服务的消费，它是移动通信、个人计算机（personal computer，PC）与互联网三者融合的信息化成果。电子商务零售是新兴电子商务中最主要的交易活动方式。新兴电子商务零售模式有多种，本节将重点阐述近年来迅速发展并成为主流消费渠道的三种模式：大型网上超市、线上线下融合的新零售以及农村及农产品电子商务。

2.1.1　大型网上超市

大型网上超市（如京东超市、亚马逊等）主要销售使用频率高的日常快消品，这一新型的零售模式极大地方便了都市居民的日常生活，逐渐成为主流的商品零售方式之一。大型网上超市销售的商品种类往往多达数百万种，如京东销售的 SKU 种类数多达 240 万种。和一般的 B2C 电子商务零售模式相比，大型网上超市单个订单所包含的商品品项较多，通常是普通网购订单商品平均数的 8~10 倍[2]。经调研确知，大型网上超市订单包含的商品平均种类数达 7~8 种、商品平均数高达 16.7 件，且日均订单量巨大。

相较于传统零售商，大型网上超市具有海量商品、一单多品订单、一地多仓或多地多仓库存结构等特性[3]，导致实际运营中订单拆分率高、订单履行成本居高不下，给线上客户订单的履行带来很大挑战。

1. 海量商品

大型网上超市追求"一站式"购物平台体验，即商家和客户都希望在一个平台网站上就可以买到几乎所有日常所需的各种商品，因此大型网上超市在线销售的商品类型越来越多样化和全面化，海量商品 SKU 特性凸显，主要表现在 SKU 品类多、数量多、重量体积各异、装箱要求差异大等。这些 SKU 特点给 SKU 的仓库存储、订单的处理、SKU 的拣选包装处理等带来极大挑战，这也是导致大型网上超市具有一单多品订单、一地或者多地多仓存储特点的主要原因之一。

（1）SKU 品类多。不同于传统网上零售主要销售单一品类或者少数若干个品类的 SKU，大型网上超市通常销售很多种类的 SKU（如京东销售超过 240 万种 SKU），并且 SKU 之间的品类差异大，如京东超市，既销售牙膏、牙刷等日用品，还销售猫粮、狗粮等宠物食品。不同种类的 SKU 所需要的存储条件不同，因此网上超市通常采用分品类仓储的模式对 SKU 进行管理存储，而客户一个订单中通常包括多个品类的 SKU，这也就造成必须用多个分品类仓对一个订单进行履行的问题。网上超市需要考虑不同仓库品类间的差异，以及品类间的相容相斥关系确定采取适合的合并打包策略。

（2）SKU 数量多。由于大型网上超市销售的大部分 SKU 具有快消品的特点，因此每种 SKU 的销售量较大、周转速率较快，这就造成网上超市针对这些 SKU 必须存储足够的库存，否则就很容易出现缺货等问题。大型网上超市 SKU 具有品类多、数量大等特点，导致很难用一个超大仓库对 SKU 进行存储。当然网上超市可以采用多级库存系统，如母子仓的库存系统架构，这样子仓可以存储大部分 SKU 品类但是每种品类的数量不多，子仓缺货后可以通过母仓进行履行。另外，不同于传统零售中 SKU 销售量主要是数量较少的企业用户订购大量的 SKU；对于网上超市而言，每个客户订单中仅包含很少数量的 SKU，但是客户订单的个性化极强，而且客户数量巨大，这就给订单的处理带来了极大挑战。

（3）SKU 重量体积差异大。大型网上超市通常销售的 SKU 种类众多，每种 SKU 自身特点不同导致不同 SKU 之间的重量、体积差异较大，如桶装食用油 SKU 和牙刷 SKU 之间的重量差异，以及护手霜 SKU 和手提卫生纸 SKU 之间的体积差异。SKU 重量与体积的差异给合并打包带来了极大挑战，需要结合包装箱的重量、体积约束以及每个 SKU 及 SKU 组合的重量、体积，决定使用包装箱的数量，以及每个包装箱中需要装的 SKU 的集合；进一步，包装箱数量以及待装 SKU 集合的决策又影响合并打包的决策。

（4）SKU 装箱要求差异大。大型网上超市不同 SKU 对装箱要求不同。例如，有的 SKU 无需额外装箱，可以直接进行出库，而有的 SKU（如洗衣液等）还需要额外的装箱材料进行包装。同时，有的 SKU 之间由于存在污染等风险不能进行一起装箱合并，如日用品（洗衣液）和食品（饼干）不适宜放到一个包装箱内。这些装箱要求的差异不仅使得原来的装箱决策更加复杂，而且加大了合并打包决策的难度。

2. 一单多品

传统网上零售的客户订单主要是一单一品，以淘宝类电商平台的线上订单为主，其订单处理简单易行。大型网上超市这种"全品类"平台的客户订单具有"一单多品少量"的特点，且不同商品的 SKU 可能存储在不同的仓库中，导致订单拆分现象显著。另外，订单配送时效性、个性化等特点大大增加了订单履行作业的难度。

（1）"一单多品少量"。与一般网上零售商相比，大型网上超市的订单具有"一单多品少量"的特点。一般网上零售主要是一单一品订单，其订单处理比较容易。对于大型网上超市的一单多品订单，由于订单中包含的 SKU 品类较多，而每个 SKU 品类订购的数量较少，不同的 SKU 品类有可能存储在不同区域的不同仓库中，其订单处理的复杂程度大大提升。一单多品订单形成的原因是多方面的，一个是 SKU 快消品自身属性及 SKU 之间的关联关系，一个是满额包邮的配送策略，还有一个是商家的促销策略等。另外，订单一单多品的特征也是造成拆分订单的主要原因。

（2）拆分订单。一单多品订单带来的另外一个特征就是订单拆分。拆分订单划分为如下三类：品类拆单、数量拆单和标记拆单。品类拆单，主要是一个客户订单中包含多个品类的 SKU，这些 SKU 没有存储在单个仓库中而是存储在多个不同仓库中，因此需要将订单拆分成多个子订单履行；数量拆单，主要是客户订购了多件某个 SKU，而单个仓库中存储该 SKU 的库存不足，或者该 SKU 在仓库发生缺货，则将订单拆分成不同子订单履行；标记拆单，主要是订单中有些商品需要特殊的上门服务或者某些商品属于预售商品，则对订单拆分履行。网上超市尽管可以通过优化 SKU 在多个仓库的库存以及订单的分配减少拆分订单情况，但是仍然存在大量拆分订单，这主要是海量 SKU 的特点以及单个仓库存储容量有限决定的。如何围绕拆分订单的特点造成的高成本、高扰动、高污染，进行合并打包或者合并配送的优化？这是当前面临的挑战性难题。另外，订单的拆单数与合并打包决策的难易程度有很大关联。通常而言，拆单数越多，需要的转运次数越多，而相应的仓库间转运关系也更复杂，造成拆分订单合并打包的决策也更加困难。

（3）订单的时效性。订单的时效关系着电商对客户的承诺、客户的满意度，也是影响订单履行非常重要的要素。大型网上超市订单的时效性要求一般都比较强，但是不同订单也有时效的差异性，而这些差异对于实施合并打包策略影响很大。比如，京东的"211"时效，即当日上午 11 时前下达的订单需要在当日送达，当日晚上 11 时前下达的订单需要在次日 15 时前送达。除了"211"时效以外，京东还有次日达、隔日达、极速达（3 小时送达）等时效。因此，对于拆分订单的处理，需要结合不同订单的时效要求。例如，对于特别紧急的订单会直接进行拆分配送，而不进行合并。

（4）订单的个性化。个性化订单是大型网上超市订单很明显的一个特征，同时也给订单处理造成极大的挑战。由于网上超市销售的商品 SKU 具有上百万种，而客户的订单可以是任意选择其中的一件或者多件商品 SKU，这就会造成订单可能有超大规模的 SKU 自由组合方式。个性化订单导致传统针对批量 SKU 的订单履行理论很难发挥作用，需要结合每个订单的特征进行分析和决策。尤其是拆分订单的合并打包方法需要有很强的适应性，能够处理各种具有不同结构特征的个性化订单。

　　3. 一地多仓或者多地多仓库存结构

　　由于单个仓库的存储容量有限，大型网上超市需在同城区内或者城市间建造多个仓库来解决自营商品的仓储问题。网上超市的仓库布局可以划分为一地一仓、一地多仓和多地多仓。这里的"地"通常指以大城市为中心的都市圈，包括大城市本身及其周边地区，如北京及其周边地区。有些小型网上超市会设置一个仓库或者物流配送中心履行当地订单甚至全国订单，这种属于一地一仓。一地多仓的分布主要有同一物流园区集聚分布、同一子区域内集聚分布、同一区域内零散分布或几种分布的组合。多地多仓是一地多仓仓库布局在多地乃至全国的拓展。每个仓库既可以有效服务当地订单，又可以通过与其他仓库的协同，履行全国其他区域的订单。大型网上超市一地多仓和多地多仓的仓储布局导致客户的一单多品型订单被拆分成若干个独立的订单在不同仓库分别拣货和打包，然后分别独立配送给客户，订单中包含的商品种类和数量、客户要求的配送时间等需求信息对订单的履行作业有很重要的影响。

　　大型网上超市这一新型的网上零售模式所具有的海量商品、一单多品订单、一地多仓或多地多仓库存结构的特点，导致实际运营中订单拆分率很高，而高拆单率导致的多次零散配送问题所带来的高成本、高扰动、高污染等难题已经给大型网上超市的经营者、客户、政府管理部门带来了很大困扰。它不仅给订单履行带来极大难度，导致高昂的配送成本，降低客户满意度，也大大增加了环境中的碳排放、包装物的消耗。显然，一单多品订单的履行问题成为拥有海量商品的大型网上超市面临的一大难题。

2.1.2　线上线下融合的新零售

　　随着传统电子商务零售模式的不断普及和渗透发展，网购增速不断下降，线上流量红利接近饱和，线上互联网零售发展进入增长瓶颈期。随着人们生活方式的转变，消费者对购物过程中的可视性、可听性、可触性、可感性、可用性等直观过程体验的要求越来越高，并且消费者对高品质、异质化、可获得性、即时性、体验式消费的需求日益增长，能够提供丰富的消费触点、充分的购物信息、真实的体验场景，成为提高购物满意度和消费黏性的关键点。在这一时代背景下，将线上传统电商和线下经济实体结合起来的线上线下融合的新零售模式应运而生，致力于升级消费者购物体验、推进互联网零售运作模式的变革、构造新的互联网零售生态格局（商业业态），为互联网零售行业创造新的增长点。线上线下融合的新零售模式是将线上交易平台的虚拟场景和线下实体场景结合起来的商务运作模式，能够充分利用线上平台成本低、产品多样、信息丰富、突破时空限制等优势，并借助实体店铺提供即时获得的购买服务和贴合实际生活的真实体验，满足消费者的多样化需求，丰富消费者的购物体验。

线上线下融合的新零售模式是线上零售充分发展后的新产物，我国商务部对新零售模式的概念阐述为以消费者为核心，以提升效率、降低成本为目的，以技术创新为驱动，要素全面革新进化的商品交易方式。新零售模式具有如下五个新特点。

（1）零售主体的新角色。在传统线上零售模式中，线上平台只是作为中间商、信息平台的角色参与商务活动，不直接参与商务活动的履约服务过程。在线上线下融合的新零售模式中，线上平台需要作为"组织者"参与整个商品交易活动，并作为"服务者"为产业链中的商务关系提供保障工作和服务。

（2）零售组织的新内容。新零售模式不仅是进行商品的简单交易，更是在商品交易过程中为各个参与方提供交易服务。新零售模式情境下，线上平台通过大数据分析支撑线上线下融合的购物新场景，为供应方提供消费者洞察等数据服务新内容，为消费者提供商品选择、互补商品介绍等推荐服务，成为线上线下融合的核心价值。

（3）零售组织的新形态。新零售模式下的消费需求是复合型、集合型需求，除了对商品的获得性需求，还有对获得商品的即时购买需求。为了满足复合多样的消费者购物需求，线上平台通过大数据分析对新零售商务业态的各要素再次进行边际调整，从而形成了新的零售组织经营形态。

（4）零售组织的新关系。线上线下融合的新零售模式给零售活动的供需关系带来新变化，线上平台能够为供应方赋能，将商业触角延伸至需求端，将消费者需求链纳入供应方零售体系中，通过供应方与消费端的深度互动，形成供需一体化的社群关系。

（5）零售经营的新理念。新零售模式是以消费者为中心，满足消费者需求成为新零售商务的价值起点，各项技术的应用、零售要素的变革都是为了更好地洞察消费者的生活方式、更精准地满足消费者需求，顺应消费升级的趋势，以消费者为中心创造价值，是消费者主权时代下零售商务的新理念。

学术界对新零售模式界定如下：新零售模式是企业以互联网为依托，在大数据、人工智能、物联网、区块链等先进技术的助力下，对零售系统的资金流、物流和信息流不断优化与升级改造，通过构建快速反应的柔性供应链和全渠道等，将以消费者的体验为中心，实现运营转型升级，呈现出交互性、协同性、继承性、智能性和数字化的线上线下深度融合的运营管理新模式，以满足消费升级的需求，达到多利益主体协同优化和降本增效的目标，并为消费者提供极致的消费体验。

　　面对新零售模式这一新的增长点，各行各业对新零售模式展开了相应的探索，目前中国零售行业形成了"阿里巴巴的新零售""苏宁的智慧零售""腾讯的新零售""京东的无界零售"等四个典型新零售商务业态。总的来看，新零售商业模式的发展路径主要有四类：线上向线下拓展（如小米）、线上赋能线下（京东健康）、线下向线上拓展（苏宁易购）和线上线下一体化（店仓一体化，如盒马鲜生）。

　　（1）线上向线下拓展。传统互联网零售公司发展自有线下实体业务是传统互联网零售公司转型线上线下融合的新零售的主要发展路径之一。通过布局线下实体店网点搭建场景体系，结合大数据分析等互联网的工具和方法利用线下消费场景提供的真实感受来提高用户流量，彻底打通线上交易平台和线下体验中心，实现无缝对接、彻底融合，避免消费者进行线上和线下模式的切换，提供顺畅、方便、快捷的购物过程，提升消费者购物体验，进而提升零售效率。这类新零售商务的发展路径能够发挥商品品类协同效益，将低频消费转为高频消费，提高客单价、转化率和复购率，并且可以通过打通渠道信息流为线上平台提高流量。

　　（2）线上赋能线下。发展自有线下实体店铺意味着更高的投资成本和更大的布局压力，因此传统互联网零售公司可以通过与现存线下实体经济进行合作来满足布局线下的需要，这种发展路径能够充分利用已有的线下实体的布局，避免过高的投资和过长的建设时间，以较短的时间开展新零售商务运作，将线上的信息优势和供应链优势与线下的体验优势和即得优势充分结合，在为线下赋能提高供应效率和拓展零售业务的同时，能够为线上平台提供流量和更优质的配送服务，并且可以将零售终端纳入供应链中进行整合和合理配置，增加平台和实体的可信度，培养消费者黏性，提升整体利润。

　　（3）线下向线上拓展。传统线下实体借助门店优势开拓自有线上渠道是传统实体经济转型线上线下融合的新零售的主要发展路径之一。通过向线上拓展渠道打造全场景互联、多业态并发的零售模式，以立体网络进行线上线下双向导流，整合线上线下资源，拓展零售新内容，将服务产品、内容产品纳入零售体系中，发展不同业态，注重体验式消费，由需求终端逆向推动产品设计和服务提供的高质量发展，提升消费体验和零售服务水平，打造多元化、多业态的零售生态圈。同时引入人工智能、大数据等数字化新技术，推进智慧零售战略，促进"线上+线下+物流"深度融合，提高零售链条中各个环节的协同效应，提升零售效率。

　　（4）线上线下一体化（店仓一体化）。线上线下一体化是指实体店同时承担着线上平台角色和线上订单的履约仓库角色，这类新零售模式主要是针对生鲜、餐饮等储运条件苛刻、时效要求严格的商品类型，构造以"店仓一体（含前置微仓）"为核心的点对点物流配送模式，以实现"点对点、分钟级"的"即时配送"。在这类新零售模式下，实体店同时承担仓库的分拨拣选打包等综合功能，省去了传统仓库的入仓、出仓、装卸等烦琐环节，减少货品的损耗。利用实体店虚拟货架，让客户对购物环境、商品品类和品质、服务质量有更真切的感受，同时前置仓的设置便于建立接近消费者的分散库存，实现商品的极速配送，多样化的购物渠道和丰富的购物体验能够增强客户的信任感。通过将用户引导至线上平台，保证较高的用户留存率，辅以数字化新技术，保证高效的仓库作业和零售服务。

2.1.3　农村及农产品电子商务

　　作为推动农村经济发展、提高农民收入的重要力量，农村及农产品电子商务的持续健康发展意义重大。发展农村及农产品电子商务，实现电子商务扶贫，已经成为我国解决"三农"问题的重要手段和重点工作，也是我国新兴电子商务的重要组成部分。在这一过程中，物流是制约农村及农产品电子商务生存与发展的重要环节，它不仅涉及物流配送的"最后一公里"问题，而且还涉及农产品上行的"最先一公里"问题，以及农产品冷链物流问题。农村物流是农产品上行、工业品下行的重要保障，影响着亿万农民的生产生活方式，关系着城乡经济的一体化发展，备受党和国家重视。发展和完善农村及农产品电子商务物流已成为促进城乡生产和消费有效衔接、全面推进乡村振兴、实现共同富裕的重要举措。

　　对于农村及农产品电子商务物流配送的"最后一公里"问题以及农产品上行的"最先一公里"，本节提出了农村及农产品首末"一公里"运营模式和农产品冷链物流集储运一体化运营模式。

　　1. 农村及农产品首末"一公里"运营模式

　　1）农产品"最先一公里"集储运协同运营模式

　　农产品"最先一公里"物流通常指从田间地头到仓储间的物流，是农产品供应链的源头。针对农产品"最先一公里"物流通常存在着农村物流产业组织方式落后、规模较小且专业化水平较低等特点和问题，本书作者提出基于数字化信息网络平台，建立政府引导下的"数字化农场+农村合作社+物流企业联盟"的多主体、多种运输方式协同的农产品"最先一公里"集储运协同运作模式。

　　在该模式中，构建一种农产品"最先一公里"集储运协同运作的商业模式，发挥政府的引导和扶持作用，组织农户建立农村合作社（公司+农户模式），引入京东、阿里和腾讯等龙头企业运用物联网、大数据和人工智能等技术与农村合作社合作，共同创建"智慧农场"（如京东在 15 个省市创建的 80 多个"京东农场"），构建多物流企业参与共同配送的多主体协同方式，利用数字化技术重构平台模式下的物流、资金流和信息流。

　　针对农户分散经营，物流需求分散、物流参与主体众多等农产品"最先一公里"物流特点，可以采用政府引导、"农村合作社+智慧农场"组织农户生产、多种物流企业参与共同配送的多主体协同方式，利用数字化技术重构平台模式下的物流、资金流、信息流运行体系，构建农产品"最先一公里"集储运协同运作商业模式。

　　2）农村物流"最后一公里"共同配送运营模式

　　"最后一公里"物流是指物品从当地分拣中心到客户的物流，是整个配送链条的最后一环，长期受到高成本、高不确定性、低效率的困扰。农村物流"最后一公里"是促进农产品销售、加强城乡贸易往来、实现乡村振兴的重要手段。近年来，虽然我国农村电子商务物流体系建设蓬勃发展、配送效率快速提升，但在"最后一公里"物流中仍存在配送成本较高、配送时效性不强、客户满意度较低等突出问题。这主要是由于农村物流"最后一公里"面临着点多面广、客户分散、配送距离远等特征。在农村，尤其是在西部偏远地区的农村，山高路险，天路漫漫，客户分布比较分散，采用城市物流通用的多级物流配送模式，往往存在配送辐射范围有限、配送效率低、配送产品损坏率高等诸多挑战。与此同时，农村地区订单量少，很难形成规模效应，而且配送距离较长，往往导致配送成本高、时效性差。

　　为了解决农村物流"最后一公里"配送的困境，以农村物流"最后一公里"共同配送的"商业模式选择→配送网络体系建设→运营管理策略"为主线，建立村屯基于"农村便利店+智能配送柜+众包"的多主体共同配送网络体系，如图2.1所示。在该体系中，首先，将目前农村村屯普遍存在的零售店（食杂店、小卖店、夫妻店）改造升级为大型电子商务企业的线下实体店（如京东农村便利店、天猫农村便利店等），融入大型电子商务企业营销体系，并把农村便利店改造升级为大型电子商务企业的前置仓，使这个农村便利店既具有零售店的营销功能又具有农村"最后一公里"的物流配送功能。同时，又使京东等大型电子商务企业通过线上线下融合实现全域电子商务服务，这有利于推动乡村振兴。其次，多个快递公司也可以合作成立县城至农村物流的共同配送联盟，这样大型电子商务企业或农村物流共同配送联盟就可以实现将农村客户购买的工业品由县城配送至农村便利店的物流服务，将相同村屯的末端物流配送任务合并，实现时空维度共同配送，降本增效。此外，还可以将基于移动终端和物联网技术的智能配送柜安装在村头、公交车站等人员密集区域，实现农村客户无接触式物流自取。同时，也可以利用乡村公交车、社会车辆（私家车、摩托车等）采用众包模式通过农村物流共同配送平台实现"空车配货"，形成农村物流"最后一公里"共同配送网络。最后，基于数字化管理平台、预测、数据分析、运筹优化等技术方法实现共同配送运作策略的优化，保障系统高效益、低成本的平稳运营。

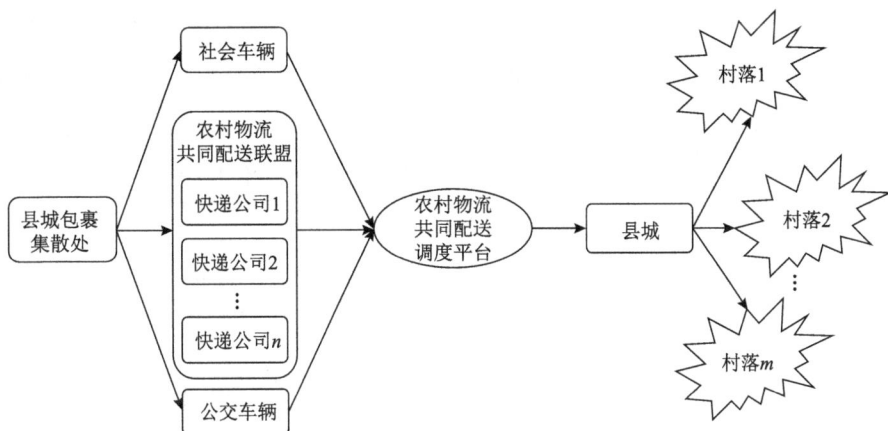

图 2.1 农村物流"最后一公里"共同配送模式

3）农村物流"最后一公里"共同配送商业模式

针对农村物流"最后一公里"需求密度低、配送成本高、效率低下及村落之间各有特色等问题，以京东、阿里、顺丰等龙头企业为主干，利用数字化平台实现信息共享，通过众包、智能配送柜、农村便利店、第三方物流企业联盟，建立多主体共同配送商业模式，重构农村物流。

2. 农产品冷链物流集储运一体化运营模式

农村及农产品电子商务上行的首要关键就是农产品冷链物流问题。产地预冷是村镇农产品冷链物流的开端，对农产品品质产生重要影响，还可以延长农产品的贮藏期和货架期，从而方便后续的运输和销售。考虑到我国村镇农产品生产分散、交通条件有限等实际国情，结合农产品的产量不确定性等产品特征，本书作者带领团队开展了农产品冷链物流集储运一体化运营模式研究，以"运营模式→网络布局优化→网络动态调整"为主线，构建农产品冷链物流集储运一体化运营模式。具体以村镇农产品多类型预冷设施为切入点，开展村镇农产品多类型预冷设施仓储网络布局与运作管理分析研究，主要包括农产品冷链仓储一体化运营模式、农产品冷链仓储资源网络布局优化方法、农产品冷链仓储资源网络动态调整方法三个方面，这些研究将有助于解决我国小农户预冷难题，提高农产品流通效率，降低农产品采后质量损失。

根据在西藏、河北、大连、北京等地开展的实地调研，分析各类冷链仓储的运营成本，提出农产品多类型冷链仓储一体化运营模式和系统性解决方案（图 2.2）。

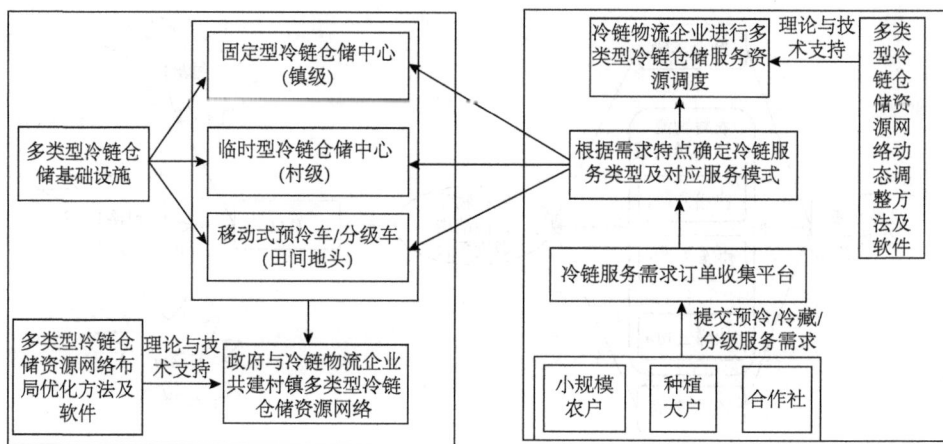

图 2.2 农产品多类型冷链仓储一体化运营模式和系统性解决方案

2.2 大型网上超市的物流运作管理流程分析

2.2.1 大型网上超市订单拆分履行流程

在对京东超市、天猫超市等国内多家大型网上超市实际订单履行流程调研的基础上，本书作者总结了一地多仓型或多地多仓型大型网上超市的订单履行流程[4]，如图 2.3 所示。

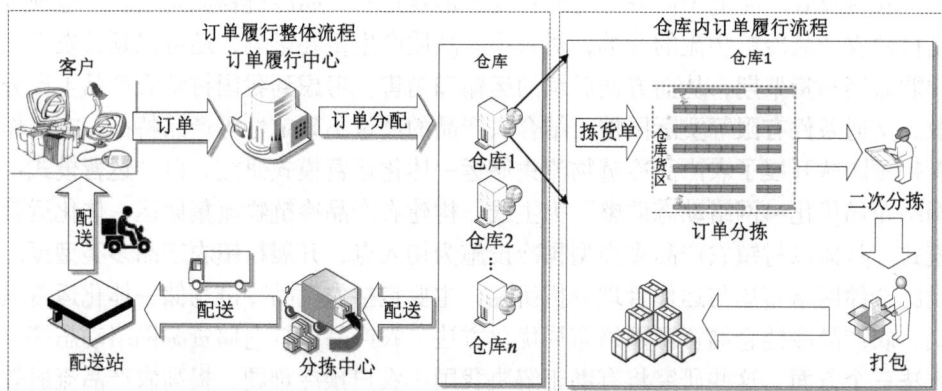

图 2.3 一地多仓型或多地多仓型大型网上超市的订单履行流程

首先，客户通过网上商城下订单，由于受网上超市快消品的商品属性以及满额包邮等营销策略的吸引，其订单中通常包含多件商品。订单履行中心接收客户订单后，在满足订单履行时间等约束下，根据仓库的库存结构以及订单中包含的商品将订单拆解并恰当地分配至一个或多个仓库。然后，拆解的订单在各个仓库分别完成分批拣选、复核（二次分拣）、打包等作业环节，并经分拣中心送至配送站，最后再配送给客户。在订单拆分策略下，每个仓库单独履行拆分订单的相关作业（拣选、复核、打包、配送等）。

在订单拆分策略[5]下，网上超市根据一单多品订单中商品在多个仓库的存储情况，将一个订单拆分成若干个子订单，每个子订单在对应的仓库进行拣选、复核、打包等履行作业。然后，形成的多个包裹经过多次配送到达客户手中。如图 2.4 所示，订单 i-k 表示订单 i 拆分到 k 仓库的子订单，包裹 i-k-p 表示子订单 i-k 生成的第 p 个包裹。假设订单 1 被拆分为 5 个子订单（订单 1-1，订单 1-2，…,订单 1-5），并分配到相应的 5 个仓库（W_1, W_2, …, W_5），同时每个子订单都打包成 1 个包裹,则对于订单 1,共有 5 个包裹(包裹 1-1-1, 包裹 1-2-1, …, 包裹 1-5-1),分 5 次进行配送。

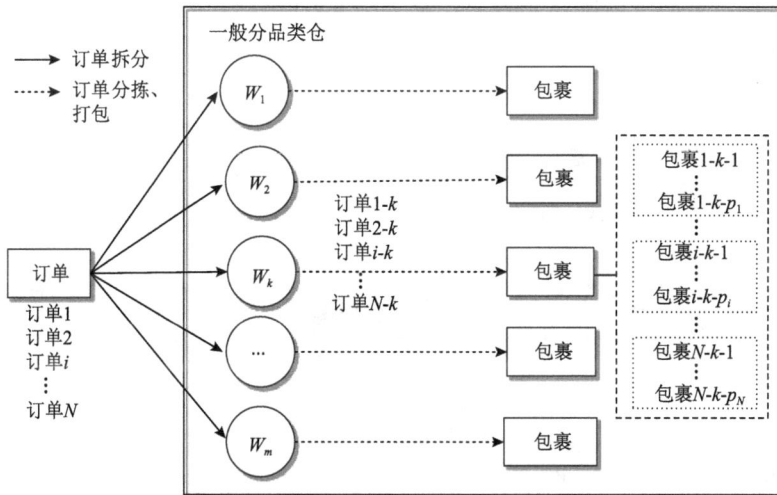

图 2.4　大型网上超市订单拆分履行流程

2.2.2　大型网上超市拆分订单合并履行流程

大型网上超市在实际运作中通常采用"将难题分解并分别求解"的作业方法，即采用对一单多品订单在多个仓库间进行分解处理并独立拣选和配送的订单履行方式，使电商处理多品订单成为可能，但却给客户带来了极大的扰动，对环境造成污染。经调研，国内某大型网上零售商已尝试推出可供客户选择的部分订单合并配送服务，未来势必会引发大规模一单多品订单需一次性送至客户的需求[3]。若在一地多仓或多地多仓库存结构下对拆分订单进行合并履行，将使大型网上超市面临新的作业模式和订单处理流程。对于大规模需被拆分的一单多品订单，考虑仓库布局、多个仓库之间的配置结构（平行仓、分类仓）、仓库专业化程度、分拨中心和配送站的功能配置情况、订单商品分类等因素，将有三种订单合并策略：基于仓库间横向转载的合并打包策略[2,5]、基于分拨中心的订单合并配送策略[3]、基于配送站的订单合并配送策略[6]。

1. 基于仓库间横向转载的合并打包策略

合并打包策略是仓库间的商品调拨作业，比较适用于一般商品的大批量订单的合单作业。在仓库间就实现拆分订单中商品的合并，不仅能应对大规模的商品合并需求，而且可以从商品流的起点尽可能减少由订单分割引起的发货包裹，从而有效降低物流总成本。在该策略下，一单多品订单仍然会拆分到不同的仓库进行拣选，但是拣选后的商品会转运到合并打包仓库（可以是一个也可以是多个，一般选取仓储容量较大、配置合流设备的仓库），然后将同一订单的多件商品进行合并打包，最后一起配送到客户。基于单个合并打包仓库的订单履行示意图如图 2.5 所示，其中包裹 $i\text{-}p'$ 表示订单 i 生成的第 p' 个包裹，通过合并会大大减少包裹的数量。

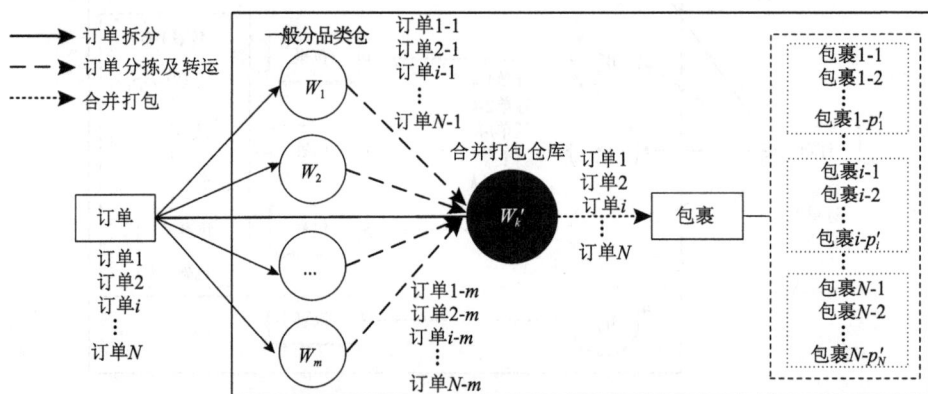

图 2.5 基于单个合并打包仓库的订单履行示意图

通过上面的对比可以发现，合并打包策略的订单履行流程主要是增加了仓库间转运的过程，如图 2.6 所示。转运的过程不仅影响到下游打包的过程，还影响到配送环节。通过转运，单个客户多个商品的订单可以用更少的包裹进行打包，而合并打包后更少的包裹将大大简化后续"分拣中心—配送站—客户"配送环节的工作量，从而大大减少企业的配送成本。通过合并打包，可以采用更少的包裹包装材料进行打包，也能以较少的配送次数将客户订购的商品送达客户，可以大大降低环境污染，提升客户满意度。但是，转运环节同时也会带来额外的转运成本，而网上超市的决策目标是最小化总的订单履行成本，因此，需要权衡增加的转运成本和降低的配送成本。但是由于影响转运成本、配送成本的因素众多，影响网上超市是否采用合并打包策略、如何采用合并打包策略的关键要素的关联关系复杂，给合并打包策略的应用带来很大挑战。下面会结合网上超市合并打包策略的关键影响要素进行分析。

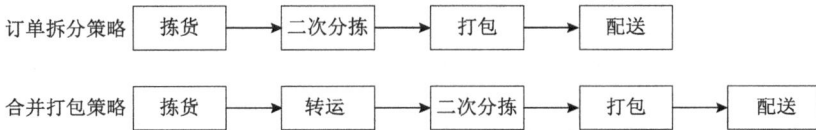

图 2.6　订单拆分策略和合并打包策略的订单履行作业对比

2. 基于分拨中心的订单合并配送策略

大型网上超市在大规模城市往往会建立较完备的商品品类存储体系，以减少城市间长距离的商品调拨，并建立由仓库（分拣中心）至分拨中心、分拨中心至配送站、配送站至客户的三级配送网络。由于大城市对城区道路中运输工具的限制，各分品类仓库被设置在郊区，分拨中心被设置在城市核心区域外。从经济性角度考虑，电商也会在各级配送活动中采用不同的运输工具。例如，在北京，每天 6 时至 23 时，五环路（不含）以内道路禁止载货汽车通行，五环路主路禁止核定载重量 8 吨（含）以上载货汽车通行。因此，某大型电商将分拨中心设置在五环外，便于在仓库与分拨中心间实现大批货物的运输，再由其他小型车通过五环这一快速路实现分拨中心间商品的转运。基于上述情况，提出基于分拨中心的合并配送策略。在该策略下，大型网上超市订单履行物流作业流程如图 2.7 所示。大型网上超市根据某个决策周期内产生的订单，将订单拆分、分配到各仓库，各仓库将一定时间段内到达的订单或拆分后的子订单作为一个波次进行拣货、打包，并通过与仓库相邻的分拣中心的自动传送带分拣至相应的发车位置，然后采用大

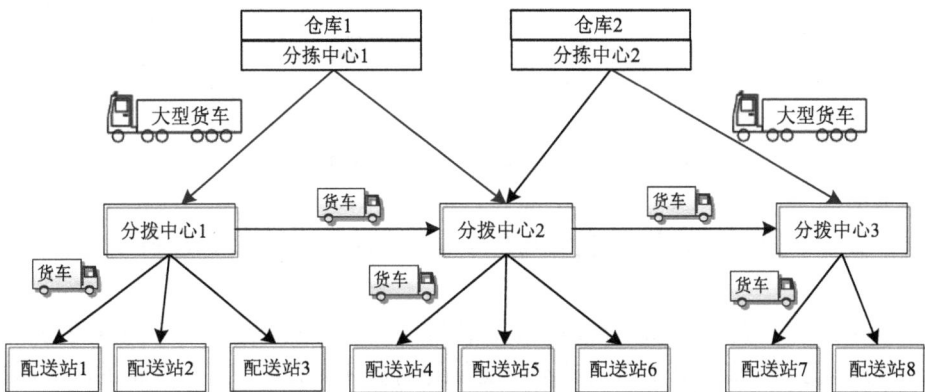

图 2.7　大型网上超市订单履行物流作业流程

型货车将包裹由分拣中心送至对应的一个或多个分拨中心，再由分拨中心派小型货车将货物送至所属的若干个配送站，最后通过三轮车将配送站货物送达客户。由于各仓库与分拨中心之间不完备的对应关系，部分客户的订单拆分后的子包裹需通过分拨中心之间的调拨才能配送至客户。

3. 基于配送站的订单合并配送策略

基于配送站的合并配送策略可以看作大型网上超市拆分订单"最后一公里"合并配送问题，即在配送站实现拆分订单合并，使得同一客户的多个包裹在满足配送时间的情况下尽量少次配送给客户。大型网上超市通常采用仓库→分拨中心→配送站→客户物流网络的模式进行订单履行服务。在该系统中，仓库的作用是订单拣选打包，并将货物运送到相应的配送站，而配送站的作用是接收和合并来自不同仓库/配送中心的货物，然后把货物送到相应配送区域内的客户。大型网上超市拆分订单基于配送站的合并配送过程如图 2.8 所示，虚线框内为"最后一公里"配送部分。同一客户的多个包裹可能在不同的时间到达配送站，也可能有不同的配送时间要求。对同一个客户的多个包裹进行合并配送，可在满足每次配送截止时间的前提下，减少同一个客户的配送次数，从而降低"最后一公里"的配送成本。

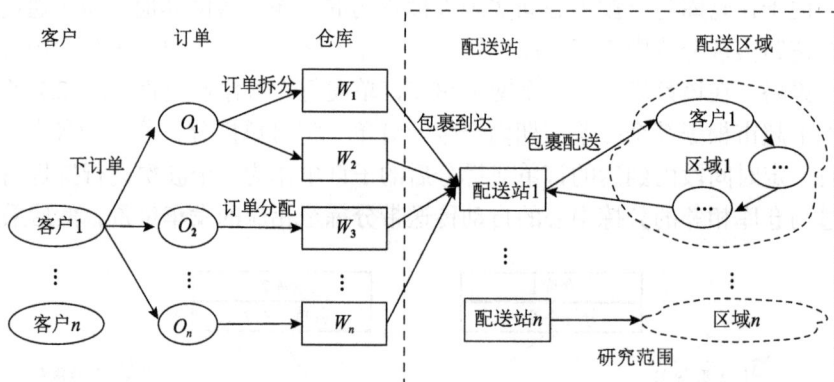

图 2.8　"最后一公里"合并配送问题示意图

2.3　线上线下融合的新零售物流运作管理流程分析

在线上线下融合的新零售模式下，传统的单一物流配送模式（如自建物流和第三方物流）已难以满足消费者不断变化的消费种类需求、日益严格的商品质量追求，以及愈发紧迫的送达时限等多样性服务需求。图 2.9 所示的新零售模式物流配送策略要求物流服务提供商必须具备即时性、精确性、可靠性等多维度的配送属性，以及点对多、点对面和多对面的物流配送辐射能力。点对多要求实体店能够快速满足某些特定属性消费者的购买需求，实现订单的即时配送。点对面要求在消费者端合理布局线下门店与配送站（或集线下门店与配送站于一体的配送商店），满足消费者线下购买需求和实现"最后一公里"的精确配送。多对面则要求在实体店履行线上订单的层面，对多实体店进行协同集货，在满足即时配送要求的基础上，最大限度地利用配送资源和配送能力保证订单的高效履行，为消费者提供可靠的购物服务体验的同时，降低同城配送成本[7]。

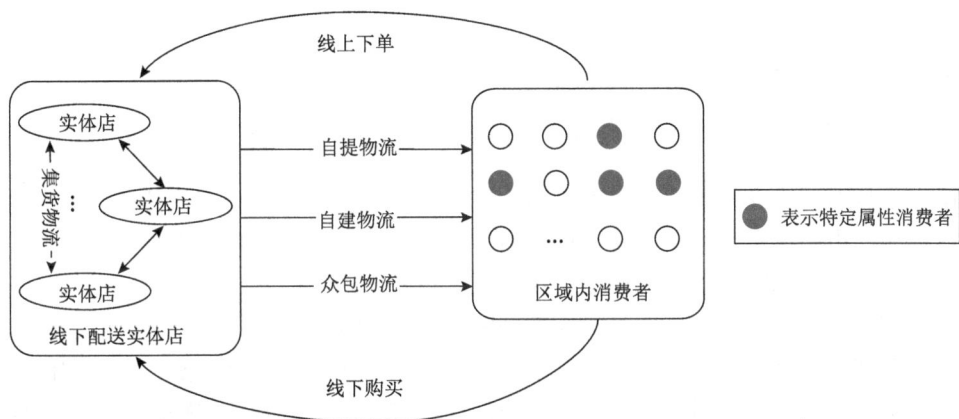

图 2.9　新零售模式下的"最后一公里"物流配送

2.3.1　线上线下融合的新零售模式的即时配送流程

在线上线下融合的新零售模式下，"最后一公里"的同城即时配送模式是新零售物流运作的主要表现形式。即时配送同实体店配送对接，包括商超宅配、外卖配送等零售末端配送领域，以满足消费者日益提升的配送时效要求，通过科学的配送需求响应机制，以较高的配送质量和较低的末端配送成本实现快速、及时、即得的消费服务。线上线下融合的新零售模式下的即时配送运作流程如图 2.10 所示，以消费者的订单需求数据为基础，在识别顾客需求情景的情况下，通过在线建模及求解技术来实现顾客需求订单即时分配、人员优化配置及配送人员的配送路径在线生成，进一步提升新零售模式下即时配送服务质量，并尽可能地降低配送成本。

在新零售模式下的即时配送过程中，针对不同线下实体店的消费者订单是随时间的推移不断到达的。首先，消费者根据线上平台的展示选择实体店及订单中的商品内容，通过线上平台提交订单信息，并选择送货上门或店内取货等订单履行模式。每个订单具有具体的商品需求和时效要求，且对应于一个"取货—送货"

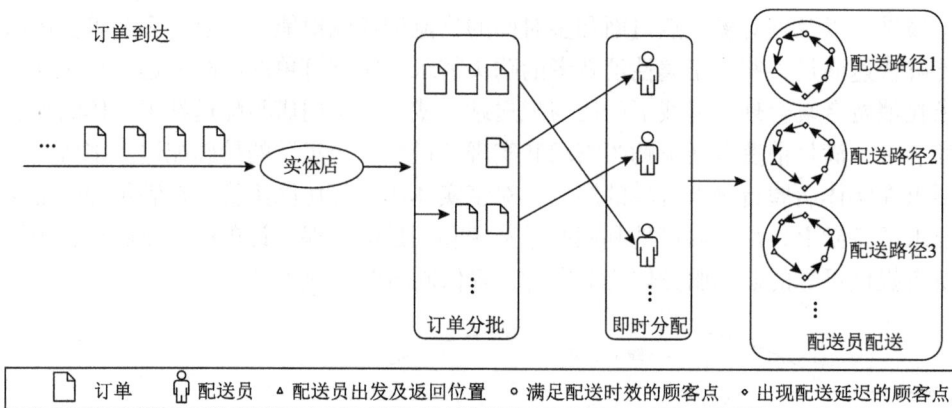

图 2.10　线上线下融合的新零售模式下的即时配送运作流程

配送信息对。消费者完成订单提交与在线支付后，订单信息会直接传递到相应的实体店，由门店进行订单备货。同时所有的订单信息会传送到配送信息系统中，进行任务分配和配送规划，根据订单的取货位置、送货位置、时间窗，以及系统中的配送员状态进行订单取送货任务分配，将订单的"取货—送货"配送信息对、取货时间、送货时间、配送路径规划方案传递给相应的配送员。配送员按照配送路径方案，在规定的时间去路径中相应的店铺进行取货，并送往路径中相应的消费者所在位置。在配送员进行取送货服务的同时，订单会不断到达，订单池实时更新，需要对订单进行即时响应，因而必须对实体店和配送员进行在线调度，实时更新实体店备货任务和配送员取送任务。

2.3.2　线上线下融合的新零售模式的协同配送流程

在线上线下融合的新零售模式下，分散的实体店导致地理上分散的库存形式，线上线下的融合运作使得分散的库存内容在订单履行中呈现逻辑上共享的特点。在繁多的产品种类和逐渐丰富的消费需求的背景下，仓储空间的限制催生了多仓配送协同的需求，结合多种配送方式，根据订单需求协同调度实体网络中的分散库存和运输网络中的配送员，满足订单中的多样化商品需求，在订单精确配送的基础上实现物流运输成本的优化，以较高的订单履行质量实现全面、完整、多样化的消费服务。线上线下融合的新零售模式下的协同配送运作流程如图 2.11 所示[8]，以消费者订单需求数据为基础，结合实体店的当前库存情况，将订单内的不同商品需求分配给持有相应商品库存的实体店进行备货，若订单出现拆分情况，则在将订单配送给消费者位置之前需完成所有子订单的取货任务，保证订单的完整性，避免多次访问消费者，在保证满意的购物体验的基础上实现需求的合理分配和高效的配送资源调度。

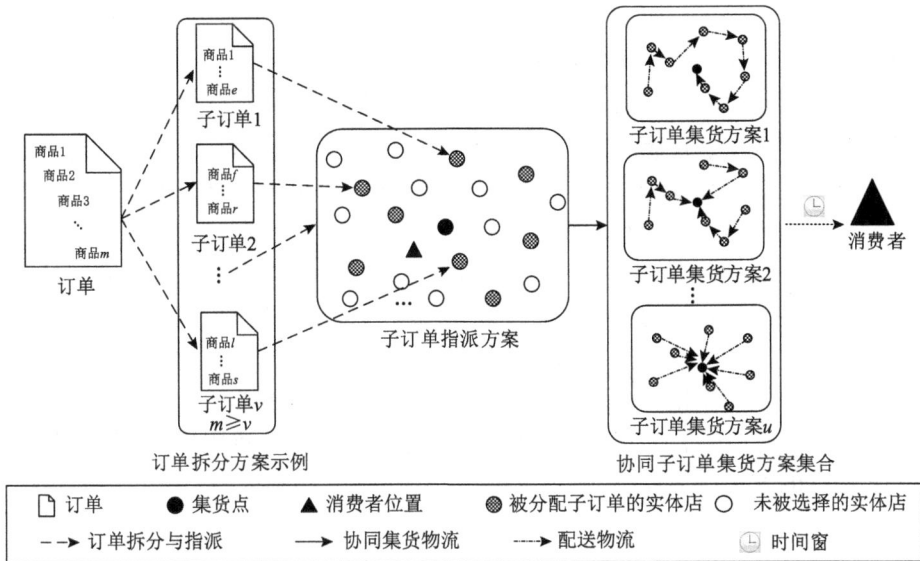

图 2.11　线上线下融合的新零售模式下的协同配送运作流程

首先，消费者产生商品需求，确定选购商品种类和数量，然后通过线上平台提交订单信息，并选择送货上门或店内取货等物流配送模式，通过在线支付等操作完成线上交易，订单信息传递到线上平台及订单处理系统，然后信息管理中心下载订单信息，开始进行订单处理过程。订单时效性属性由需求配送时间来确定，按照订单商品需求、订单时效性、订单履行成本等相关规则来决定是否交由实体店来履行订单。若不需要实体店来完成订单，则订单直接流转到仓库备货系统，由仓库负责订单备货及配送。若订单时效性要求实体店来履行订单，则需要根据订单属性、实体店库存情况、时空距离等因素进行订单在实体店网络中的分配与配送调度，某些订单需要多个实体店的库存来共同完成，则存在实体店之间的库存转运与整合。完成订单备货之后，通知配送团队进行提货、发货，按照订单选择的物流配送模式将完整订单准时交到消费者手中，消费者检查包裹情况，完成订单签收。在该运作过程中，订单处理中心可以通过一定的规则和优化方法为配送团队进行订单合并配送的决策，提高订单履行的经济性。

2.4　农村及农产品电子商务的物流运作管理流程分析

2.4.1　农产品"最先一公里"集储运协同运作流程分析及其研究思路

1. 农产品"最先一公里"集储运协同运作物流网络构建

基于构建的集储运协同运作商业模式，结合国家相关扶持、优惠政策，通过投融资渠道提出一种多主体共有的股份所有制的基础设施建设方案，并从基础设施选址和布局的角度提出物流网络的集约化布局方案。

基于集储运协同运作商业模式特点，构建"村—镇—县"三级物流运输网络。结合相关国家扶持、优惠政策，通过投融资渠道建设包含数字农场、产地仓、初加工/集配中心、县级物流中心等在内的多级物流设施网络（图2.12），并针对特定待建设施提出多主体共有的股份所有制建设方案。与此同时，针对农产品上行"最先一公里"难题，采用村镇设立冷库就地存储农产品的思路，提出农产品供应链基于多类型冷链仓储的"集—储—运"一体化物流模式，可以有效克服单一冷链仓储模式难以适应鲜果种类、种植规模及成熟周期多元化的挑战，同时，可以有效解决多源异构数据驱动致多类型资源网络优化模型的非结构化以及典型干扰情景难以监测等难题，为解决农产品上行"最先一公里"难题提供一种兼具科学性与实用性的方法与工具。

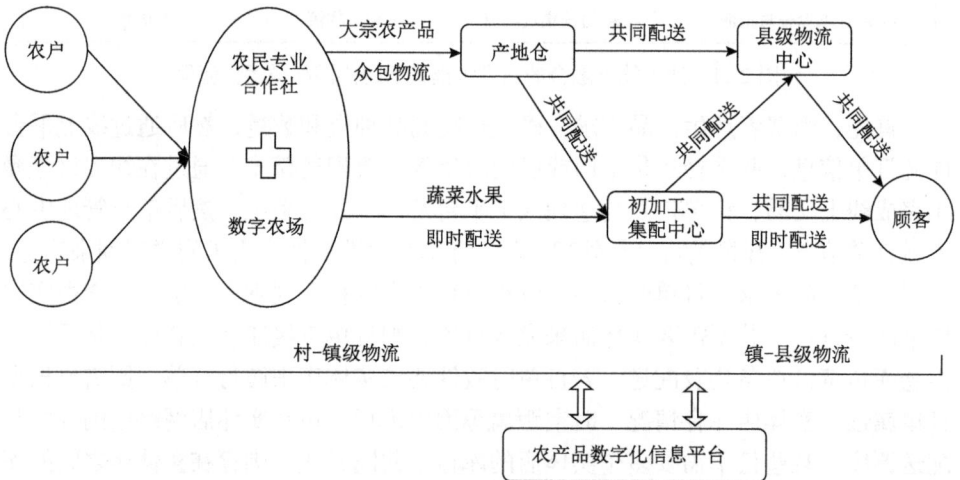

图 2.12　农产品"最先一公里"集储运协同运作物流网络体系

2. 农产品"最先一公里"集储运协同运作运营管理策略

基于商业模式的特点以及物流网络结构特征，提出农产品"最先一公里"集储运协同运作管理策略，包括"村—镇"两级的集货策略，果蔬农产品的即时配送策略、大宗农产品的多级存储策略以及多主体共同配送策略等。

基于商业模式多主体协同特点以及物流网络结构特征，制定"村—镇"两级集货策略，实现对分散式农产品供给的高效协同聚集。针对蔬菜水果等具有季节性、易腐性的农产品，借助时空网络方法制定多主体时空协同的即时配送策略。针对大宗农产品，制定多级存储策略以及基于时空网络的多主体共同配送策略。

2.4.2　农村物流"最后一公里"共同配送物流体系运作流程及其研究思路

　　基于农村物流共同配送商业模式，由政府引导对县域内的"仓—运—配"资源进行配置整合，利用投融资建设农村物流数字化平台、智能配送柜和便利店，提供末端物流中心合并选址和配送村落规划方案，建设农村物流末端配送物流体系[9,10]。

　　利用大数据及人工智能技术为农村便利店（前置仓）的存储需求进行预测，基于农村便利店和智能配送柜实现时间维度共同配送。针对农村"最后一公里"配送难题，提出一种线上线下融合的基于农村便利店的新商务模式，如图 2.13 所示。该模式将传统农村夫妻店升级为前置仓、物流配送站，可以有效解决农村"最后一公里"配送面临的点多面广、配送成本高等特征带来的挑战，同时可以结合线上电子商务的优势激活农村消费升级，振兴乡村经济。

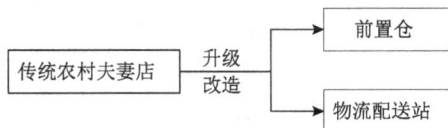

图 2.13　"最后一公里"配送的新商务模式

　　建立第三方物流企业联盟，将各公司覆盖相同村落的末端配送中心合并，实现空间维度共同配送。农村物流共同配送联盟通过农村便利店形成多主体共同配送网络，互补协作，借助多目标优化和动态规划制定多主体共同配送策略。对于个性化需求，通过众包模式进行多种交通工具共同配送。运营过程中通过农村合作社和"星点式云仓"与农产品"最先一公里"上下协同。

2.4.3　农产品冷链仓储一体化运营运作管理流程分析及其研究思路

　　农产品冷链仓储一体化运营的农产品冷链仓储资源网络布局如图 2.14 所示[11,12]，该布局形成了以镇级固定型冷链仓储中心、村级临时型冷链仓储中心、田间地头移动型预冷车/分级车为主的村镇多类型冷链仓储设施三级服务网络。首先，冷链物流企业在政府资助下进行村镇多类型冷链仓储资源网络布局，综合考虑交通运输、区域环境、地形地质、电力供应等因素，结合农产品历年产量数据，确定在镇、村、田间地头需要布局的冷链仓储资源位置、数量、服务能力等，形成农产品多类型冷链仓储资源网络布局优化方法。其次，在确定村镇冷链仓储资源网络后，进行多类型冷链仓储资源调度，以满足不同类型农业经营主体的多样化冷链服务需求。小规模果农、种植大户、合作社等通过冷链服务需求订单平台提交冷链服务需求，包括预冷、分级、包装、冷藏服务等。最后，冷链物流企业根据需求特点，确定冷链服务类型及服务模式，并形成多类型冷链仓储资源网络动态调整方法，输出运作成本最小的车辆调度及路径规划方案。

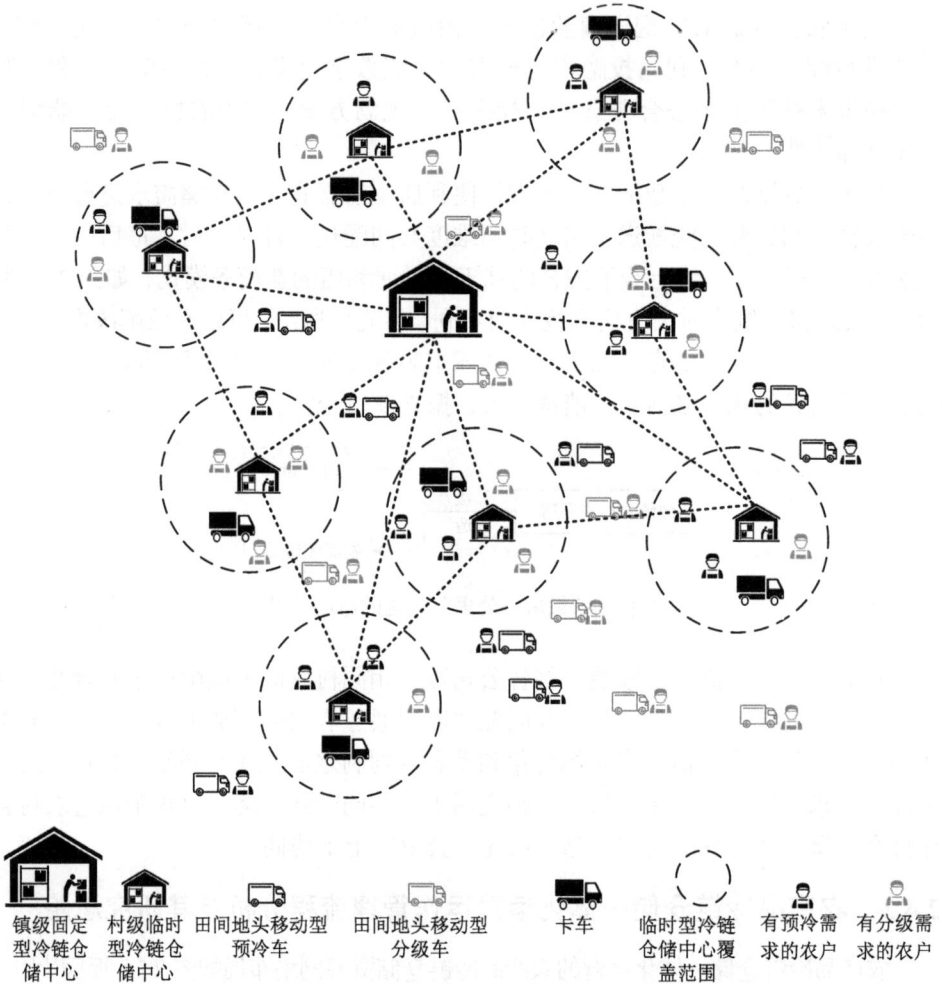

镇级固定型冷链仓储中心　村级临时型冷链仓储中心　田间地头移动型预冷车　田间地头移动型分级车　卡车　临时型冷链仓储中心覆盖范围　有预冷需求的农户　有分级需求的农户

图 2.14　村镇多类型冷链仓储设施三级服务网络示意图

2.5　机器人移动货架系统的物流运作管理流程分析

相比于传统仓库的拣选模式，机器人移动货架系统实现了"人到货"向"货到人"拣选方式的转变，该系统面向电子商务订单中的中小件商品，将体积庞大的重型高位货架替换为小巧易于搬运的轻型货架，有利于根据客户的订单特征来安排商品的存储位置，并动态调整货架的存储位置以提高拣选效率[13,14]。此外，搬运机器人的引入使得拣货员不需要耗费大量体力在整个仓库内行走以拣选需要的商品，大幅降低了拣货员的劳动强度。凭借高效的拣选效率、灵活的货架位置调整等优势，国内外众多电子商务企业纷纷引入该系统来优化仓库的拣选效率和仓储管理。本节基于机器人移动货架系统的背景，将详细介绍机器人移动货架系统的仓库布局、硬件设备和运作管理流程[15]。

2.5.1　机器人移动货架系统仓库布局

根据机器人移动货架仓库内各部分区域的主要职能，可以将机器人移动货架仓库中进行订单拣选作业的区域大致分为四个区域，拣货台区域、存储区域、巷道和 AGV 充电区域，图 2.15 所示为其中一种典型的布局方式。

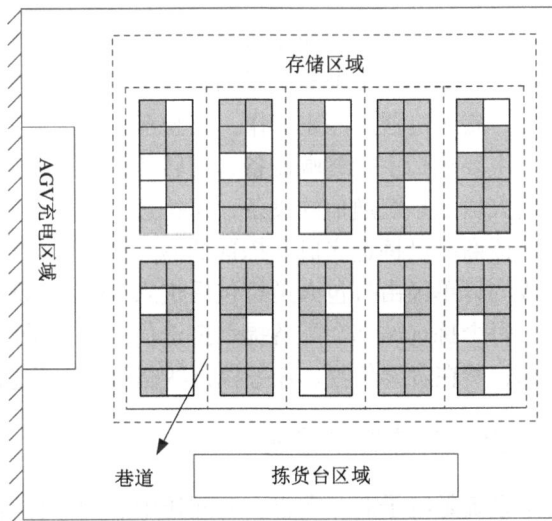

图 2.15　机器人移动货架系统的仓库布局图

图 2.15 中最底部的区域是拣货台区域，拣货台是连接存储区域和出库区域的重要节点，一般设置于巷道某一端的位置，以方便后续的订单出库工作。中部存放可移动货架的区域为存储区域，存储区域占用了仓储区域的绝大部分面积。移动货架之间供 AGV 通行的过道即为巷道，AGV 通过扫描巷道上粘贴的二维码标签获得位置信息，从而将货架搬运至拣货台。存储区域左侧的部分区域为机器人移动货架系统 AGV 充电区域，当 AGV 电量低于系统预设的最低电量时，AGV 将自动行驶至 AGV 充电区域补充电量，在充电完成后继续执行新的货架搬运任务。

2.5.2　机器人移动货架系统硬件设备

机器人移动货架系统的硬件设备按照用途大致可划分为以下三大类。

（1）存储设备，即用来存储商品的可移动货架。由于可移动货架需要搬运机器人搬运且要求在货架间的通道正常通行，货架的长度、高度、宽度、重量具有严格的限制，其尺寸需与搬运机器人匹配。为了便于拣货人员的拣选操作，货架高度设计成与人的身高大致相同，如此，拣货人员就能轻松获取所需商品。在可移动货架的底部预留了足够的空间，搬运机器人能够从底部将货架抬升。此外，整个货架以及商品的总重量不能超过搬运机器人所能够承载的最大重量。

（2）搬运设备，即搬运机器人，其主要作用为搬运可移动货架，一般是比较小巧的器械，通过扫描地上粘贴的条码定位，并按照系统规划的路径在通道中穿梭。搬运机器人主要由升降装置、避障系统、充电设备等组成，当搬运机器人行驶到需搬运货架下方时，升降装置将货架抬起后执行货架搬运任务。搬运机器人配备有无线装置来感应外界设备，并使用避障系统以规避行走过程中与其他设备的碰撞。充电设备是给搬运机器人补充电量的装置，当搬运机器人的电量低于系统的最低电量标准时，搬运机器人停止工作，行驶至充电区域进行充电。

（3）拣选设备，主要包括手持终端设备、周转货架、电子看板等。扫描枪等手持终端设备是拣货人员与系统通信的设备，每拣选一件商品都需要扫描商品上的二维码以提示系统该商品已拣选完成。拣选的商品会被暂时存放于周转货架，周转货架上拣选完成的订单经由打包人员打包后进入分拣配送环节。为了便于拣货人员的拣选操作，每个拣选站都会配备提示拣选信息的电子看板，用于展示拣选商品的数量、名称、所在货架位置、任务执行状态等相关信息。

2.5.3　机器人移动货架系统工作流程

机器人移动货架系统是电子商务零售企业配送中心的一种新运作模式，机器人移动货架系统的拣货流程和传统的"人到货"仓库拣选流程不同。在机器人移动货架系统中，拣货人员无需在整个仓库内行走拣选商品，装有所需商品的货架会由搬运机器人运送到拣选站，拣货人员再从货架上取出所需的货物，然后货架由搬运机器人运送到某个空闲的货架存储位置。机器人移动货架系统的详细工作流程如下。

（1）当机器人移动货架系统接收到订单拣选任务时，系统按照订单的客户购买需求确定商品所在的货架，然后定位需要搬运的货架。

（2）在确定待搬运货架的存储位置后，基于一定的分配规则或优化算法，货架搬运任务被分配给空闲的搬运机器人。

（3）搬运机器人接收到货架搬运任务后，将行驶至待搬运目标货架的底部，然后搬运机器人将目标货架抬升，使货架处于悬空的状态。

（4）搬运机器人托举待拣选货架按照指定的路线将货架搬运至拣选站。

（5）货架到达拣选站后，由拣货人员按照系统指示取出订单中所需的商品。

（6）待拣货员完成拣选作业后，搬运机器人将货架搬运至指定的货架存储位置，该存储位置可能不是货架之前存储的位置，然后等待下一个搬运指令。

2.6　小　　结

本章首先针对近年来迅速发展的三种新兴电子商务模式——大型网上超市、线上线下融合的新零售以及农村及农产品电子商务，分析各种模式的特征并深入剖析影响和制约该模式发展的难题。其次，详细阐述大型网上超市订单拆分履行流程和拆分订单合并履行流程，线上线下融合的新零售物流运作管理流程，农产品"最先一公里"集储运协同运作流程、农村物流"最后一公里"共同配送物流体系运作流程、农产品冷链仓储一体化运营运作管理流程，以及机器人移动货架系统的物流运作管理流程（包括机器人移动货架系统仓库布局、机器人移动货架系统硬件设备、机器人移动货架系统工作流程）。上述分析工作为后续章节内容的研究提供了基础。

参 考 文 献

[1] 刘小峰, 陈国华, 李真. 零售网络的结构建模与演化分析. 管理科学, 2009, 22(4): 23-30.

[2] Zhang Y K, Huang M F, Hu X P, et al. Package consolidation approach to the split-order fulfillment problem of online supermarkets. Journal of the Operational Research Society, 2018, 69(1): 127-141.

[3] 黄敏芳, 李鲁迪, 胡祥培. 大型网上超市拆分订单基于分拨中心的合并配送时空网络优化方法. 管理工程学报, 2021, 35(5): 163-172.

[4] 张源凯. "多地多仓型"网上超市拆分订单合并打包方法. 大连: 大连理工大学, 2020.

[5] Zhang Y K, Lin W H, Huang M F, et al. Multi-warehouse package consolidation for split orders in online retailing. European Journal of Operational Research, 2021, 289(3): 1040-1055.

[6] Zhang Y K, Sun L J, Hu X P, et al. Order consolidation for the last-mile split delivery in online retailing. Transportation Research Part E: Logistics and Transportation Review, 2019, 122: 309-327.

[7] 于梦琦. 线上线下融合的药品零售模式及协同配送优化方法. 大连: 大连理工大学, 2019.

[8] 于梦琦, 胡祥培, 黄敏芳. 网上药店"一单多品"订单的协同配送优化方法. 系统工程理论与实践, 2020, 40(10): 2658-2668.

[9] 都牧, 胡祥培, 周宽久, 等. 基于物联网的蔬果网上直销"农—宅"配送系统. 系统工程学报, 2014, 29(2): 215-222.

[10] 黄敏芳, 张源凯, 胡祥培. 有机蔬菜 B2C 直销的配送方案智能生成方法. 系统工程学报, 2013, 28(5): 600-607.

[11] 李娅, 王旭坪, 林娜, 等. 村镇农产品多类型预冷设施选址-路径优化模型及算法. 系统工程理论与实践, 2022, 42(11): 3016-3029.

[12] Lin N, Akkerman R, Kanellopoulos A, et al. Vehicle routing with heterogeneous service types: optimizing post-harvest preprocessing operations for fruits and vegetables in short food supply chains. Transportation Research Part E: Logistics and Transportation Review, 2023, 172: 103084.

[13] 丁天蓉, 张源凯, 王玉英, 等. 基于关联网络的 "人–机" 双拣选系统仓储商品选择方法. 中国管理科学, 2023, 31(3): 26-37.

[14] 胡祥培, 丁天蓉, 张源凯, 等. 基于关联网络的机器人移动货架系统货位分配方法. 工程管理科技前沿, 2022, 41(1): 56-64.

[15] 张晓娟. 移动货架仓库拣选员与搬运机器人的优化配置研究. 大连: 大连海事大学, 2021.

第3章　大型网上超市物流配送系统优化模型
与求解算法

中国作为新兴电子商务迅速崛起的领头羊，独具代表性的网上零售模式——大型网上超市异军突起。大型网上超市通常销售使用频率最高的日常快消品，在给消费者带来巨大便利的同时，却面临着严重的订单拆分（拆单）问题，诱发了企业高成本、客户高扰动、环境高污染等严重的"三高"难题。这不仅给订单履行带来极大难度，导致高昂的配送成本，降低客户满意度，也大大增加了环境中的碳排放、包装物的消耗。显然，一单多品订单的履行问题已成为拥有海量商品的大型网上超市面临的难题。以减少零散配送次数为目标的订单合并工作已成为大型网上超市生存和发展的关键环节和急迫任务。本章针对大型网上超市面临的一单多品订单拆分履行的物流难题，以降低拆单率、降本增效为目标，从订单拆分前和订单拆分后两个角度出发，聚焦"多品类仓关联存储""订单分配""拆分订单合并打包""拆分订单合并配送"四个重点突破口，建立基于商品相关性的多品类仓商品存储方法、订单分配方法、基于网络流的拆分订单仓库间合并打包方案优化方法、基于分拨中心的合并配送以及基于配送站的合并配送优化方法，形成两种可以有效减少拆单的策略。①将仓库从"单品类存储"转变为"高频商品重合的多品类存储"，以及兼顾拆单率和物流配送成本的订单分配，由此实现从源头尽可能减少拆单；②将拆分后订单先转运后合并再配送，在配送网络中选择恰当的节点作为拆分子订单包裹合并的位置，实现合并配送，为解决拆单的"三高"难题建立新的途径。

3.1　大型网上超市品类关联存储优化方法

3.1.1　问题描述与分析

电子商务零售环境下线上订单的履行流程，是指将指定数量的商品 SKU 以最低的成本、在承诺的时间内确保货物完好无损地交付给客户的过程。仓库作为线上客户订单线下履约的基础设施，有效的仓库存储管理对于其后续订单履行作业（包括拣货、分拣、打包、配送等）的成功至关重要。仓储就是在订单履行之前，将合适的商品以合适的数量存储在合适的仓库中，以便后续能够更好、更快地履行客户订单，从而降低总的订单履行成本。现有针对订单拆分问题的研究主要从订单拆分后如何履行的角度出发，即基于既定的仓库库存结构和客户订单，如何恰当地拆分订单或选择合适的物流合并节点以实现合并配送，以降低订单履行成本，这都未从源头上解决分品类仓布局下网上超市的订单拆分难题。因此，本节立足于大型网上超市一单多品和一地多仓的特点，从订单拆分前的角度研究如何优化商品在多个仓库之间的存储摆放问题，为大型网上超市解决高拆单率带来的多次零散配送难题提供新的解决问题的角度[1]。

本节将优化多个仓库存储的商品品类，而不考虑单种商品 SKU 在单个仓库中的具体存储与分配情况。网上超市的客户订单中通常包含多个商品品类，这些订单将根据仓库中商品的品类分布和具体库存情况被拆分并分配至相应仓库，形成一个或多个子订单。每一个子订单对应一个包裹，在对应的仓库中完成拣货、打包等流程后装车配送至客户。相较于传统零售，在线零售的库存管理由于其多个仓库之间的相互依存关系，决策问题的规模更大，优化更复杂，因此亟须开发能应对上述难题的优化模型和方法。

图 3.1 展示了大型网上超市多仓分品类关联存储决策下订单拆分履行流程示意图。假设某个在线零售商销售的商品主要包含 9 种品类$(c_1,c_2,c_3,c_4,c_5,c_6,c_7,c_8,c_9)$，这些品类不重复地存储在 3 个仓库$(w_1,w_2,w_3)$中，一时刻收到一个客户订单$o$，订

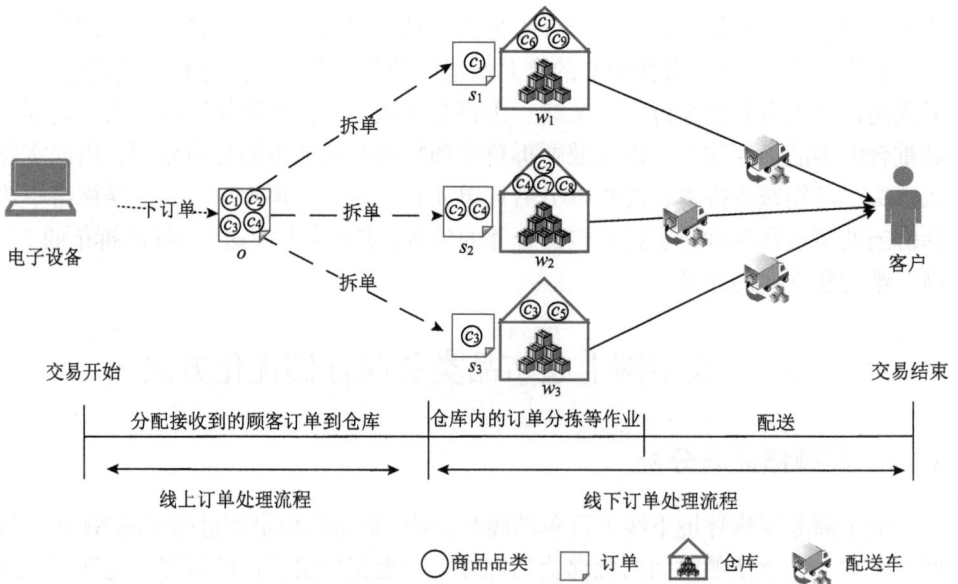

图3.1　多仓分品类关联存储决策下订单拆分履行流程示意图

购了四种商品，对应的品类为 (c_1,c_2,c_3,c_4)。假设仓库中每种商品品类的库存无限大（即不允许缺货），客户订单中所需商品数量都假设为 1 个。这些商品品类存储在三个不同的仓库中 (w_1,w_2,w_3)，因此在线零售商必须将原始客户订单 o 拆分为三个子订单 (s_1,s_2,s_3) 分三次配送完成履行。但是，如果将品类 c_1 存储在仓库 w_3，那么只需要将订单拆分为两个子订单 (s_2,s_3) 即可。当面临海量多品订单时，以减少订单拆分数为目标的商品品类在多个仓库之间的分布优化，将大大减少拆分订单履行的成本。

3.1.2　模型构建

结合实际情况，为了清晰界定问题，做出如下假设。

（1）仓库中的商品通过唯一 SKU 进行标识，但按照商品品类进行存储管理。

（2）每个仓库可独立运作，均具有订单分拣、打包、配送等订单履约功能，若订单中订购的商品在某个仓库有库存，该订单就可由该仓库来履行。

（3）每个仓库容量有限，且没有一个仓库能容纳所有商品品类，每个仓库只能存储有限数量的商品品类。

（4）本章研究仅考虑包含多个商品品类的客户订单，即可能被拆分的订单。

（5）在订单处理时段内，仓库中每个商品品类都有足够的库存量来满足客户订单，不考虑库存短缺或即时补货情况。

变量定义如下。

W：仓库集合，$W=\{w_k\}$，$k=1,2,\cdots,K$。

O：客户订单集合，$O=\{o_i\}$，$i=1,2,\cdots,I$。

C：商品品类集合，$C=\{c_j\}$，$j=1,2,\cdots,J$。

C_i：表示客户订单 o_i 中所包含的商品品类集合。

$o_i(c_j)$：判断订单 o_i 中是否包含商品品类 c_j，是的话，$o_i(c_j)=1$；否则，$o_i(c_j)=0$。

$K_{\max}$：每个仓库中最多能够存储的商品品类数。

$K_{\min}$：每个仓库中最少能够存储的商品品类数。

决策变量说明如下。

x_{jk}：0-1 变量，表示商品 c_j 是否被存储在仓库 w_k。

y_{ik}：0-1 变量，表示是否从仓库 w_k 到订单 o_i 进行了一次运输。

本章考虑拥有 K 个仓库的大型网上超市的库存系统，服务履行 I 个客户订单，销售 J 种商品，以最小化拆单数为目标，决策哪个仓库存储哪种商品（y_{ik}），使得客户订单最终能以最少拆单数被履行。对于给定的一组客户订单，已知订单所包含的商品品类集合 C_i，每当给定仓库配置 x_{jk}，则可以得到 $y_{ik} = x_{jk}o_i(c_j)$，进一步可计算履行订单 o_i 的仓库数 $\sum_{k=1}^{K} y_{ik}$，以及履行订单 o_i 的拆分子订单数 $\sum_{k=1}^{K} y_{ik} - 1$。因此，最小化拆单数的多仓分品类关联存储决策问题可以描述如下：找到一组合适的商品品类在多个仓库分布的解（x_{jk}），使得所有订单履行时总拆单数最小。具体模型构建如下：

$$\min Z = \sum_{i=1}^{I} \sum_{k=1}^{K} (y_{ik} - 1) \tag{3.1}$$

$$\sum_{k=1}^{K} x_{jk} = 1, \forall j \tag{3.2}$$

$$K_{\min} \leqslant \sum_{j=1}^{J} x_{jk} \leqslant K_{\max}, \forall k \tag{3.3}$$

$$y_{ik} = x_{jk}o_i(c_j), \forall i \in I, k \in K, j \in J \tag{3.4}$$

$$x_{jk} \in \{0,1\}, \quad \forall j,k \tag{3.5}$$

$$y_{ik} \in \{0,1\}, \quad \forall i,k \tag{3.6}$$

其中，式（3.1）表示目标函数，表示最小化拆单数。约束（3.2）表示每个商品品类只能存储在一个仓库中。约束（3.3）为每个仓库的容量限制，任何仓库都不可能容纳所有类别，即每个仓库必须至少容纳的品类数为 $K_{\min}$，且每个仓库中包含的品类数不超过 $K_{\max}$，且 $K_{\max} < J$。约束（3.4）确保订单将由存储了相应商品品类的仓库来履行。约束（3.5）和约束（3.6）表示决策变量的取值范围。通过已知的最小二分图这一 NP[①]困难（NP-hard）问题可证明，最小化拆单数的多仓分品类存储问题是一个 NP-hard 问题[2,3]。

3.1.3 求解方法

针对大规模多仓分品类关联存储决策问题的整数规划模型，以高效求解为目标，基于聚类思想和网络图等理论，本节提出了一种基于商品相关性的多仓商品分品类存储的 K-links 聚类算法（K-links clustering algorithm，K-LCA），其求解思路如图 3.2 所示。针对海量商品 SKU 之间关联关系复杂这一难点，K-LCA 算法首先基于聚类思想，基于客户订单和商品品类的数据分析，挖掘商品之间的相关

---

① NP 表示 non-deterministic polynomial（非定常多项式）。

性，以降低问题复杂性。利用网络图理论，在网络图 G_1 和 G_2 中用节点表示商品（c_j），节点之间的连线表示商品之间的相关性（link）。通过定义商品相关性"link"构建商品相关性矩阵 $\text{Link}(C)$，将问题中的目标函数"最小化拆单数"等价转化为算法中的评判标准"最小化外部链接值"（LW）。基于人工经验提出两种启发式规则移动商品到不同仓库，迭代改进仓库间外部链接值 LW。设计的 K-LCA 启发式聚类算法快速生成令零售商满意的商品在多个仓库之间的分品类关联存储方案，为提高新型网上零售环境下电子商务企业决策的科学性提供了重要的理论依据。

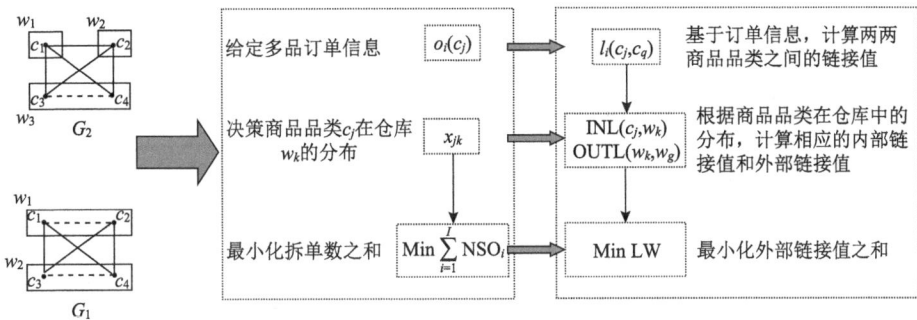

图 3.2　多仓分品类关联存储 K-LCA 求解思想

　　首先，用 link 表示订单 o_i 中品类 c_j 和品类 c_q 之间的关系，数学表示为 $l_i(c_j,c_q)=o_i(c_j)o_i(c_q)$。如果品类 c_j 和品类 c_q 同时出现在订单 o_i 中，$l_i(c_j,c_q)=o_i(c_j)o_i(c_q)=1$，否则 $l_i(c_j,c_q)=0$。然后，进一步研究 link 和订单拆分之间的关系。如果品类 c_j 和品类 c_q 被存储在同一个仓库中，定义它们之间的关系为 in-link，如图 3.2 左侧网络图 G_1 和 G_2 中的虚线所示。反之，如果品类 c_j 和品类 c_q 存储在不同的仓库中，定义它们之间的关系为 out-link，如图 3.2 左侧网络图 G_1 和 G_2 中的实线所示。in-link 并不会引起订单拆分，但是 out-link 会导致订单拆分。

　　3.1.2 节模型中所提到的决策变量 x_{jk}，也是本章算法需要解决的关键问题，即品类 c_j 应该存储到哪个仓库 w_k 中。对于一个给定的品类–仓库分布，基于下述公式可以计算出每一个品类对应的内部链接值 in-link 和外部链接值 out-link。对于一个给定的品类 c_j，它被存储在仓库 w_k 中，可以得到 $x_{jk}=1$。定义仓库的内部链接值 in-link 为 $\text{inlink}(c_j,c_q,w_k)$，它表示仓库 w_k 中品类 c_j 和品类 c_q 的 link 值，$\text{inlink}(c_j,c_q,w_k)=L(c_j,c_q)x_{jk}x_{qk}$，其中 $x_{qk}=1$。采用相同的方式定义品类 c_j 的外部链接值为 $\text{outlink}(c_j,c_q,w_k,w_g)$，它表示存储在仓库 w_k 中品类 c_j 和仓库 w_g 中品类

c_q 的 link 值，$\text{outlink}\left(c_j, c_q, w_k, w_g\right) = L\left(c_j, c_q\right) x_{jk} x_{qg}$，其中 $x_{qg} = 1$。

K-LCA 中的变量定义表示如表 3.1 所示。

表 3.1　K-LCA 中变量表示

变量	含义
$C\left(w_k\right)$	w_k 表示仓库中存储的所有商品的品类集合；$C\left(w_k\right) = \left\{c_j\right\}$，对任意的品类 c_j，$x_{jk} = 1$
INL_k^j	表示与存储在仓库 w_k 中的品类 c_j 有关的所有内部链接组成的集合，$\text{INL}_k^j = \left\{\text{inlink}\left(c_j, c_q, w_k\right)\right\}, \forall c_q, j \neq q, c_q \in C\left(w_k\right)$
OUTL_g^j	表示仓库 w_k 和仓库 w_g 之间和品类 c_j 有关的所有外部链接组成的集合，$\text{OUTL}_g^j = \left\{\text{outlink}\left(c_j, c_q, w_k, w_g\right)\right\}, \forall c_q, j \neq q, c_q \in C\left(w_g\right)$
NCO_i	表示订单 o_i 包含的商品品类数，$\text{NCO}_i = \sum\limits_{j=1}^{J} o_i\left(c_j\right)$
NCW_k	表示仓库 w_k 存储的商品品类数，$\text{NCW}_k = \sum\limits_{j=1}^{J} x_{jk}$
NSO_i	表示订单 o_i 实际的拆单数，$\text{NSO}_i = \sum\limits_{k=1}^{K} y_{ik} - 1$

对于给定的品类 c_j，若它被存储在某个仓库 w_k 中，则 $x_{jk} = 1$，由此可以得到和它有关的所有内部链接值组成的集合，表示为 INL_k^j。定义 $\text{INL}\left(c_j, w_k\right)$ 表示所有存储在仓库 w_k 中和品类有关的内部链接值之和，它表示仓库和品类之间的内部链接关系。计算公式如下：

$$\text{INL}\left(c_j, w_k\right) = \sum_{q=j+1}^{J} \text{inlink}\left(c_j, c_q, w_k\right), \forall q \neq j, c_q \in C\left(w_k\right)$$

相同地，定义 $\text{OUTL}\left(c_j, w_k, w_g\right)$，表示所有存储在仓库 w_g 中跟品类 c_j 有关的外部链接值之和，它表示仓库和品类之间的外部链接关系。计算公式如下：

$$\text{OUTL}\left(c_j, w_k, w_g\right) = \sum_{q=j+1}^{J} \text{outlink}\left(c_j, c_q, w_k, w_g\right), \forall q \neq j, c_q \in C\left(w_g\right)$$

对于给定的两个仓库 w_k 和 w_g，两者之间的外部链接值计算如下：

$$\text{OUTL}\left(w_k, w_g\right) = \sum_{j=1}^{J-1} \sum_{q=j+1}^{J} \text{OUTL}\left(c_j, w_k, w_g\right), \forall j \neq q, c_j \in C\left(w_k\right), c_q \in C\left(w_g\right)$$

用 LW 表示所有仓库之间的外部链接值之和。因此，最小化多个仓库之间的外部链接值之和的目标公式如下：

$$\text{Min}\,LW = \sum_{k=1}^{K-1}\sum_{g=k+1}^{K}\text{OUTL}\left(w_k,w_g\right)$$

K-LCA 流程如图 3.3 所示。每一次迭代，随机设置商品品类在多个仓库之间的初始分布，为了便于计算，用一个二进制 0/1 矩阵表示，标记为 $CW=\left\{x_{jk}\right\}$。

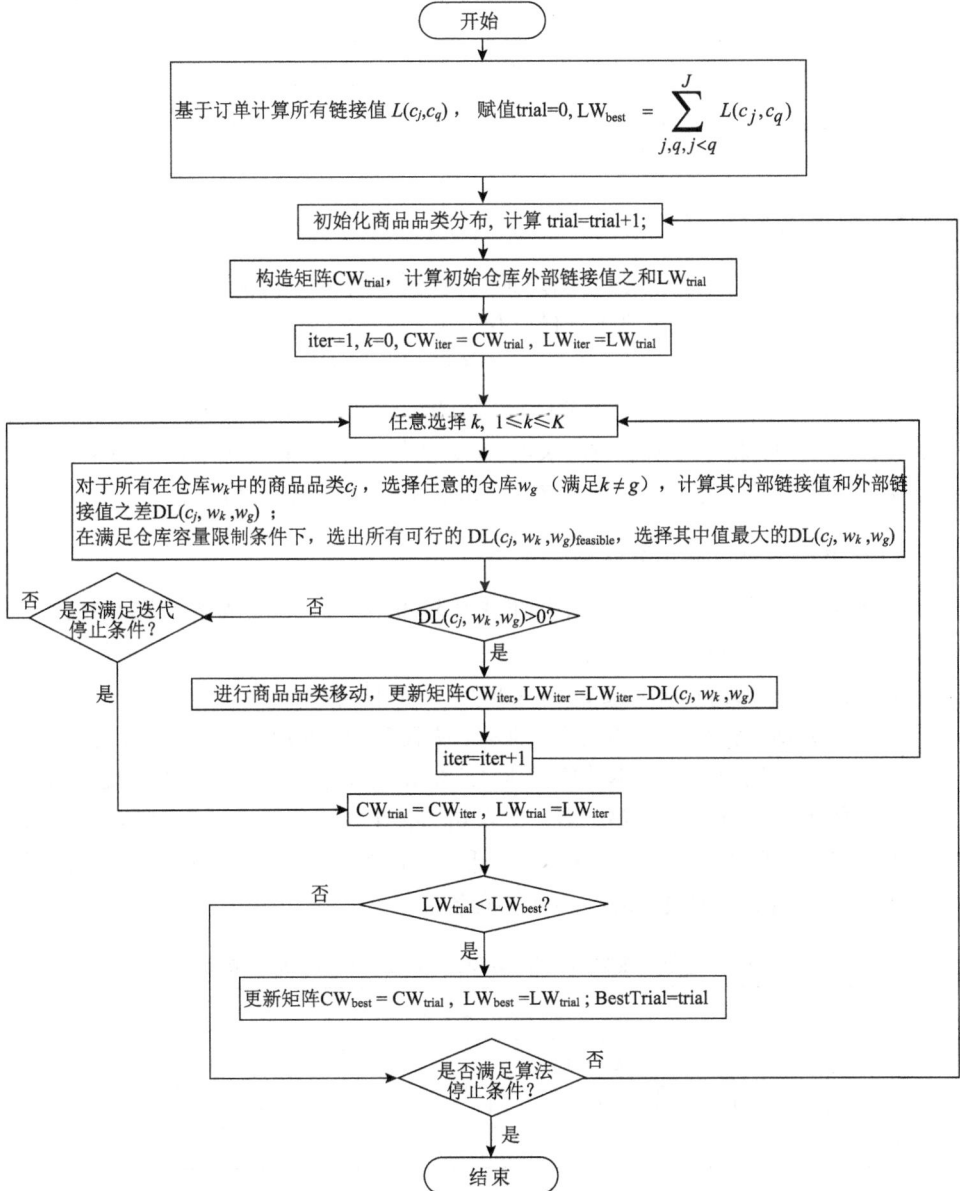

图 3.3　K-LCA 流程图

迭代过程在满足条件 $\mathrm{DL}\left(c_j, w_k, w_g\right) > 0$ 前提下，计算仓库容量约束下所有可能的品类在仓库间的有效移动，然后开始迭代。每次迭代，即每次商品品类的有效移动，都将使目标函数多个仓库之间所有外部链接值之和 LW 减少。迭代过程是否结束由算法停止标准决定，即检查所有仓库中所有类别是否已不存在有效、可行的移动。K-LCA 算法设置了两种停止标准用于不同的实验目的。第一种是设置最大运行次数 $\mathrm{Trial}_{\max}$。当满足运行次数大于最大运行次数，即 $\mathrm{trial} > \mathrm{Trial}_{\max}$ 时，算法停止。另一种是目标函数连续没有改进的运行次数 $\mathrm{Trial}_{\text{continuous}}^{\text{non-improved}}$。当目标函数达到一个次优解时，继续运行了 $\mathrm{Trial}_{\text{continuous}}^{\text{non-improved}}$ 次（即 $\mathrm{trial} - \mathrm{BestTrial} > \mathrm{Trial}_{\text{continuous}}^{\text{non-improved}}$）后目标函数仍没有改进，算法停止。

3.1.4　数值实验

在上述研究的基础上，结合国内某大型网上零售商的实际运营背景和相关数据，来验证本节所提多仓分品类存储优化方法的有效性和实用性。根据实际调研获得的订单规模、商品仓储配置、销售商品等情况，在小规模事例中，将本书所提方法 K-LCA 算法与优化求解器 CPLEX 所得解的结果进行比较，以验证方法的有效性；在大规模实验中，将本节所提方法 K-LCA 算法与文献[2]中 BESTSELLERS 方法以及实际仓库中商品存储方法进行比较，以验证方法的优越性和适用性。

1. 小规模数据集验证有效性

对于小规模数据集，基于两个标准来比较本节所提 K-LCA 算法和 CPLEX 求解器的性能：所有仓库间的外部链接值之和 LW（拆单数最少）与获得最优解的中央处理器（central processing unit，CPU）运行时间。

小规模数据集计算结果如表 3.2 所示。从表 3.2 中可知，在求解最小化订单拆分问题的整数规划模型时，本节所提 K-LCA 算法仅用 CPLEX 所耗 CPU 时间的近一半即能生成接近最优的解。对于外部链接值 LW，K-LCA 算法与 CPLEX 求解器所得结果之间的平均差距（Gap[①]）低于 1.177%。实验结果证明了 K-LCA 算法在小规模算例上求解模型的准确性和有效性。

表 3.2　基于小规模数据集 K-LCA 算法与 CPLEX 结果比较

$I = 900,\ J = 20,\ K = 4,\ 5 \leqslant N_{\max} \leqslant 17$

$N_{\max}$	最优解（LW）			CPU 时间/秒	
	CPLEX	K-LCA	Gap	CPLEX	K-LCA
17	64.00	64.00	0.00%	3.93	3.18

---

① A 和 B 的 Gap=$(A-B)/B$。

续表

N_{max}	最优解（LW）			CPU 时间/秒	
	CPLEX	K-LCA	Gap	CPLEX	K-LCA
16	91.83	91.83	0.00%	4.44	2.08
15	121.17	121.17	0.00%	4.68	3.05
14	149.83	149.83	0.00%	4.58	2.48
13	184.67	184.67	0.00%	5.19	2.32
12	217.17	217.17	0.00%	4.81	2.82
11	262.83	265.17	0.89%	5.33	2.75
10	305.67	311.50	1.91%	5.12	2.51
9	357.17	359.83	0.76%	5.00	2.65
8	410.83	429.50	4.54%	5.76	2.48
7	493.67	513.00	3.92%	6.64	2.26
6	572.67	581.00	1.46%	7.80	2.47
5	651.83	663.67	1.82%	14.04	3.27

表头说明：$I = 900$, $J = 20$, $K = 4$, $5 \leqslant N_{max} \leqslant 17$

　　通过进一步分析发现，随着最大仓库容量限制 N_{max} 的减少，最优 LW 值反而会劣化。因为随着 N_{max} 值的变小，每个仓库接收相关商品品类以减少外部链接值之和 LW 的能力将变弱。特别是最小值 $N_{max} = 5$，这是本次小规模实验中最严格的仓库最大容量约束。换句话说，在 $N_{max} = 5$ 实例中，必须最多找到 5 个最相关的品类放在同一个仓库中。相反，在 $N_{max} = 17$ 实例中，有一个仓库可以容纳 17 个最相关的品类，即仓库接收移动商品品类的能力很大。这与之前描述的仓库存储的理想状态是一致的，即假设存在一个超级大的仓库，在这个仓库中没有订单拆分，并且由于其能够容纳所有商品品类的能力（实际中不可能），外部链接的总和 LW 将为零。

2. 大规模数据集验证实用性

　　本节将所提 K-LCA 算法应用于实际大规模数据集，数据共涉及 31 551 个客户订单和 96 种商品品类。首先基于实际的多仓分品类存储分布，计算所有仓库外部链接之和 LW = 3253.20。将客户订单的数据集分为两个子集：用于模型构建的训练数据集 1（Training Dataset 1）和用于模型验证的验证数据集 2（Validation Dataset 2），其随机占比分别为 60% 和 40%。所得结果如表 3.3 所示，使用 Training Dataset 1，通过 K-LCA 算法获得最佳多仓分品类关联存储方案。基于最佳多仓分品类关联存储方案，计算所得 LW = 37.67 要比实际外部链接 LW = 3253.20 小得多，减少率达 98.84%。然后，将从 Training Dataset 1 获得的最佳多仓分品类关联存储方案应用于 Validation Dataset 2，将外部链接 LW 从 1366.80 降低到了 12.50，降幅为 99.09%，几乎与 Training Dataset 1 所得结果一样好。因此，K-LCA 算法性能非常好、实用性高，能大幅度降低拆单数。

表 3.3　基于实际大规模数据 K-LCA 算法有效性验证

训练数据集 1（Training Dataset 1）总共 18 757 个订单，包括 93 种商品品类		验证数据集 2（Validation Dataset 2）总共 12 794 个订单，包括 81 种商品品类	
实际商品品类分布：LW=3253.20（订单拆分数：3108）	LW 减少率：98.84%	实际商品品类分布：LW=1366.80（订单拆分数：1342）	LW 减少率：99.09%
K-LCA 算法最优商品品类分布：LW=37.67（订单拆分数：36）		将从训练数据集 1 获得的最优商品品类分布应用于验证数据集 2：LW=12.50（订单拆分数：11）	

　　然后将本节所提 K-LCA 算法与文献[2]中的 BESTSELLERS 方法进行比较。在 BESTSELLERS 方法中，首先将销售数量最多的前 B 种商品分配存储在所有仓库中（$B = \left\lceil \dfrac{\left| \sum\limits_{d} k_d - S \right|}{D-1} \right\rceil$，其中 k_d 表示仓库 d 的容量限制，S 表示商品品类数，D 表示仓库数），然后根据每个仓库所剩容量按照商品销售排名依次分配，直至所有商品都存储完成。相应地，根据本书的实验参数设置，采用 BESTSELLERS 方法计算所得最终的外部链接值 LW = 2100.6。以此多仓商品分品类存储方案作为初始解，继续采用 K-LCA 算法，进一步迭代改进得到最终的最优外部链接值为 LW = 1347.63，此解要比 BESTSELLERS 方法所得结果更小、更好，如图 3.4 所示。

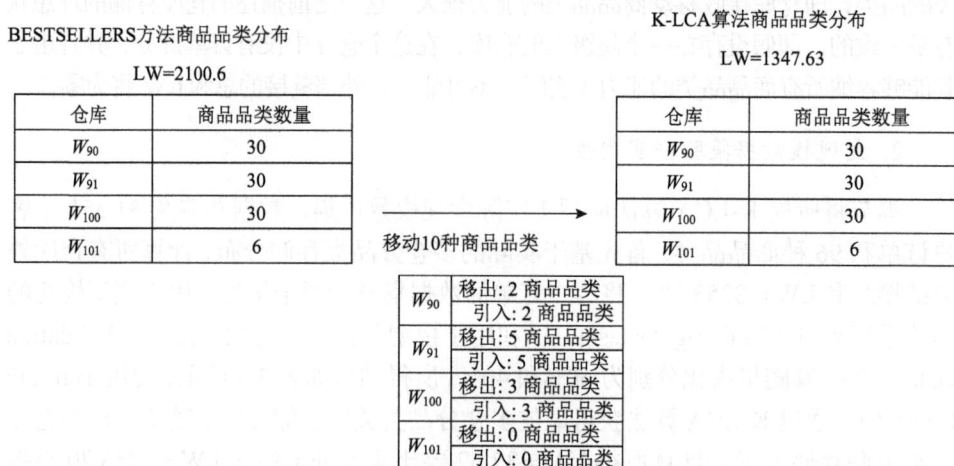

BESTSELLERS方法商品品类分布

LW=2100.6

仓库	商品品类数量
W_{90}	30
W_{91}	30
W_{100}	30
W_{101}	6

移动10种商品品类 →

K-LCA算法商品品类分布

LW=1347.63

仓库	商品品类数量
W_{90}	30
W_{91}	30
W_{100}	30
W_{101}	6

W_{90}	移出：2 商品品类
	引入：2 商品品类
W_{91}	移出：5 商品品类
	引入：5 商品品类
W_{100}	移出：3 商品品类
	引入：3 商品品类
W_{101}	移出：0 商品品类
	引入：0 商品品类

图 3.4　K-LCA 算法相较于 BESTSELLERS 方法的改进结果

　　本节对解决大型网上超市订单拆分履行问题做出的主要贡献体现在订单"拆分前"的仓储管理领域：首先，通过优化商品在多个仓库之间的存储分布来建立最小化拆分订单数的整数规划问题。与以往商品 SKU 在仓库间配置问题的研究不同，本节基于商品品类进行研究，将问题规模从数百万种商品 SKU 减少到近百种商品品类，显著降低了问题的规模。其次，本节引入了基于多品客户订单数据分析的商品品类间链接（link）的概念，将最小化拆单数问题转化为最小化仓库之间的外部链接之和（LW）问题，降低了问题求解的复杂性。再次，本书提出了一种 K-LCA 算法，根据给定的商品品类链接来迭代改进多个仓库之间的初始类别分布。最后，基于不同的数据集，本书进行了数值实验，验证了所提方法的有效性。实验结果表明，基于小规模数据集，本节所提 K-LCA 算法在大多数情况下都可以达到或非常接近 CPLEX 求解器获得的绝对最优解的结果；基于实际大规模数据集，本节所提算法要比文献[2]中的 BESTSELLERS 方法更好，且与国内某大型网上零售商实际中的多仓分品类存储方法相比，本节所提 K-LCA 算法在此基础上可以取得显著的改进。

　　此外，本节研究对大型网上零售商也具有一定的现实意义。首先，考虑商品品类而不是商品 SKU 可以使库存放置问题更符合实际的仓库操作，允许仓库管理员根据实际情况灵活地调整和控制商品分类的大小或粒度。其次，本节提出的 K-LCA 算法是一种自适应改进方法，可以从任何初始设置开始。基于企业现有的多个仓库之间商品存储方案布局，这种自适应方法使仓库经理能够不断地改进和调整商品品类分配，以适应不断变化的市场形势和客户购买模式。

　　本节结合大型网上超市所面临的订单拆分难题，提出 K-LCA 多仓分品类关联存储方法，为解决新兴电子商务环境下的订单拆分履行优化进行了有益的探索性研究。但是该领域仍有很多工作有待进一步的深入研究，具体包括以下方面：①模型与算法的进一步拓展与深入。尽管本节的模型和算法一定程度上已经能够取得较好的优化效果，但是仍然可以结合网上超市更多的实际问题特征进一步进行完善。首先，在模型构建方面，可以从全过程角度进一步刻画订单拆分履行的生产、配送各个环节，探寻订单履行过程中联系紧密环节的协同优化模型，结合对未来订单需求的预测，提供更精准的仓储策略。其次，在求解方法方面，可以采取其他的启发式算法与精确算法相结合的方式，或结合机器学习的方法，进一步提高求解问题的效率。②新兴人工智能技术的应用。随着机器人拣货全自动仓库、5G 智能物流园区、物联网射频识别（radio frequency identification，RFID）技术、无人机送货等人工智能技术的应用，原来订单履行过程中的作业流程大大改进，这在带来机遇的同时也会出现一些新的挑战，如兼有人工拣货区和机器人拣货区的仓库该如何存储分配商品以提高整体的订单履行效率等问题，这些都需要结合人工智能技术落地的实际应用特点，以进一步研究如何更好地进行订单拆分履行。

3.2 大型网上超市的订单分配方法

3.2.1 问题描述与分析

订单分配是网上超市订单处理中的关键工作，它直接关系后续整个订单履行流程的有效实施，在多个仓库之间进行合理拆分与分配是降低物流成本的重要环节和有效手段之一，以实现订单科学拆分为目标的订单分配问题研究已成为网上零售这一新兴零售模式发展的关键任务。大型网上超市订单呈现出小批量、多品种、多频次、短周期和送货时间严格等特点。面对客户数量多、位置分散且订单品项数多、差异大等特点，如何根据客户订单快速高效地完成订单的拆分、分配及配送等活动成为大型网上超市需解决的难题之一。

订单分配问题的相关研究可分为两大类，即传统订单分配问题和电子商务环境下的订单分配（简称电商订单分配）问题，如图 3.5 所示。传统订单分配是订单在多供应商、多工厂或多车间之间的分配，以便企业能够更好地安排采购计划或生产计划。电商订单分配是将电子商务订单中的商品与仓库或者实体店相匹配的过程，该决策过程必须考虑订单履行的后续环节的服务水平和成本因素。电商订单分配问题分为基于仓库的订单分配问题、基于实体店的订单分配问题和基于仓库或实体店的订单分配问题。

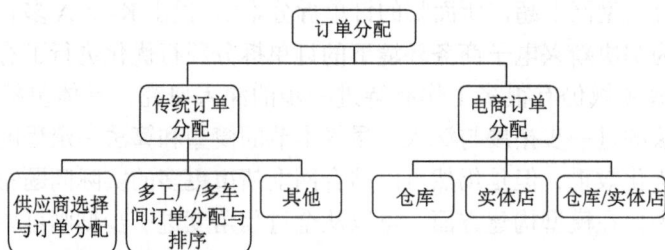

图 3.5 订单分配问题分类

与一般电商相比，网上超市具有一地多仓或多地多仓的特点，即在一个城市或者多个城市设立多个仓库用于订单履行。目前，大型网上超市通常采用如图 3.6 所示的三级物流配送网络（仓库—分拨中心—配送站—客户）完成订单包裹的配送。

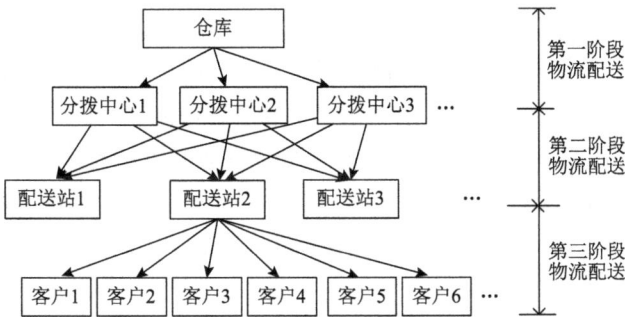

图 3.6　一地多仓型网上超市订单分配问题示意图

通过分析可以发现，有一些关键要素影响着大型网上超市订单的分配，如一单多品订单、一地多仓或多地多仓仓库布局。这些要素使得网上超市订单处理的难度远远大于一般电子商务企业。图 3.7 总结概括了一地多仓型网上超市订单分配问题的关键影响要素。下面将从订单、仓库、配送站、车辆四大影响要素进行阐述。

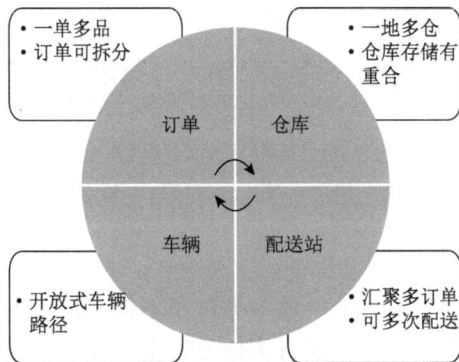

图 3.7　一地多仓型网上超市订单分配问题的关键影响要素

1. 订单

1）一单多品

网上超市与一般零售模式的根本区别在于订单中包含 SKU 的种类和件数。网上超市订单包含 SKU 数量是普通网上零售商订单的 8~10 倍。例如，一号店平均每个订单包含 7~8 种 SKU，约 16.7 件商品。这不仅与网上超市主要销售快速消费品有关，还与商家的满额包邮等促销以及物流配送策略有很大的关系，如一号店推出的满 68 元免运费、京东超市推出的满 79 元免运费等。

与一单一品订单相比，一单多品订单的处理难度呈指数级增长。假设有 n 个仓库，对于一单一品订单而言，该订单只能分配到 n 个仓库中的一个仓库中，因

此可能有 n 种订单分配方案，一单一品订单分配方案如图 3.8（a）所示；而对于一单多品订单，假设订单中包含 m 种商品，由于该订单不仅可以由一个仓库单独履行，也可以由若干个仓库的组合来履行订单，即可能有（ $C_n^1 + C_n^2 + C_n^3 + \cdots + C_n^m$ ）（ $\gg n$ ）种仓库组合方案，对于每种仓库组合方案又可能有多种分配方案，一单多品订单分配方案如图 3.8（b）所示。物流配送方案取决于订单分配方案，每一种订单分配方案都对应多种物流配送车辆路径方案，因此一单多品订单履行中的物流配送决策也是一个难题。

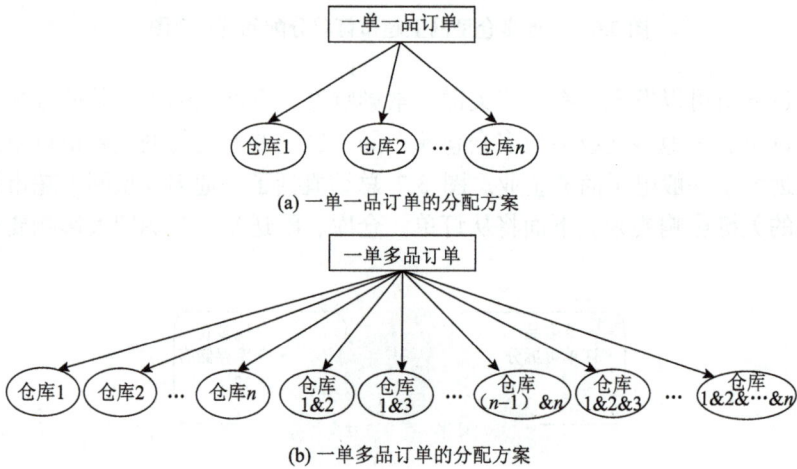

(a) 一单一品订单的分配方案

(b) 一单多品订单的分配方案

图 3.8　一地多仓型网上超市一单一品订单与一单多品订单分配方案对比

2）订单可拆分

对于传统电商，比较常见的一单一品订单不存在订单拆分现象。对于网上超市，一单多品订单的特点和一地或者多地设置多个仓库存储商品的特点经常会造成订单被拆分的现象。网上超市订单被拆分（拆单）可以分为三种情况[4]：品类拆单、数量拆单和标记拆单。由于单一仓库不能摆放所有的 SKU，当一个订单中包含多种 SKU 时，就会发生品类拆单。数量拆单指的是尽管某个仓库摆放了该订单订购的所有种类 SKU，但是该仓库发生缺货或库存水平不足以满足订单的需求。标记拆单是由于商品属性不同，不能同时进行处理而进行了自动拆分。品类拆分的情况是网上超市所独有的特点，也是导致其物流居高不下的主要原因，因此，从实际运营的角度出发，主要关注品类拆单的情况。拆单增加了网上超市分配订单的复杂性，并给后续订单的物流配送环节带来了很大的麻烦，增加了订单履行的总成本。因此，在订单可拆分的情形下，对订单的处理需要综合分析订单的特点、仓库的特点，减少订单的拆分，在对订单进行分配的时候考虑后续物流配送环节，在后续订单履行环节要考虑订单的合并，最小化总的订单履行成本。

2. 仓库

1）一地多仓

网上超市的商品种类异常丰富，如一号店销售超过 90 万种 SKU。由于单个仓库的存储容量有限，网上超市通常需在一个大型城市设立多个仓库来存储海量商品。另外，一地多仓的库存布局为网上超市高效快速地履行订单、满足客户对快消品时效性的需求提供了基本的物流保障。

与一地一仓相比，基于一地多仓的布局对订单进行处理的难度会复杂得多。由于订购的商品在多个仓库间都有存储，就产生了订单分配的需求，而订单分配不仅要考虑订单中订购的商品、仓库中商品的存储等因素，还必须考虑合库的订单处理能力、地理位置及后续配送环节等因素。

2）仓库存储的商品有重合

仓库存储的商品有重合，即各个仓库存储的商品有一部分是所有仓库共有的品类，有一部分是各仓库独有的品类。如图 3.9 所示，图中的两个圆代表有两个不同的仓库，每个仓库存储着其独有的 SKU，圆和圆区域重合的部分表示仓库存储的 SKU 之间有重合，即共同的 SKU 品类。这样的库存结构可保证仓库能够存储海量的商品，也能保证一地多仓型网上超市处理订单的灵活性。但是仓库存储的商品有重合的库存结构也给订单的处理带来很大的难度。相比于分品类仓的库存结构下订单可以直接分配到仓库而言，在这种仓库存储的商品有重合的库存结构下，订单的分配需要首先将订单中订购的特殊品类商品分配到具有该品类商品的仓库中，接着要分析订单中重合品类的商品在多个仓库的组合分配方案以及后续的物流配送车辆路径方案，最后要综合考虑特殊品类商品的分配方案以及重合品类商品的分配方案，得到订单的分配方案。

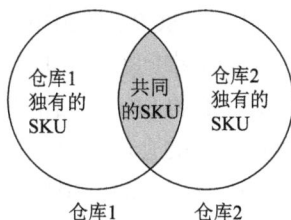

图 3.9　一地多仓型网上超市两个仓库商品仓储关系图

3. 配送站

每个配送站负责一个固定的配送区域，根据客户订单的配送地址可将订单划分给相应的配送站，配送站将汇集该配送区域内的多个订单包裹，一个配送站可能被多个车辆访问。订单规模较大，而且一个订单中的商品可能来自不同仓库，会产生一个订单被拆分成多个包裹，分多次送达配送站。因此在对订单进行拆分的时候，可以考虑拆分后的订单需要在配送站汇集的情况，对于相同目的地的订单进行分配的时候，也可以考虑后续物流配送环节，从而从整个订单履行流程上来优化订单的履行成本。

4. 车辆

考虑车辆以最短的时间将订单从仓库配送到配送站，车辆在配送结束后不必立刻返回仓库，该路径优化问题属于开放式车辆路径问题。车辆有行车时间及装载容量的限制。订单分配方案直接决定车辆路径方案，反之，车辆路径成本也决定订单分配方案的优劣，因此，订单分配与车辆路径问题需联合优化才能获得最佳物流成本的订单分配方案。

3.2.2　大型网上超市订单分配策略

目前，在订单分配理论研究以及企业实际作业中常见的订单分配策略有以下三种。

1. "距离最近"的精确分配策略

该策略采用的匹配规则是一种近似的贪婪法，具体过程是订单系统接收到客户订单后，选择距离包含该订单商品最近的仓库进行匹配，订单中其余商品分配到次近的仓库，以此类推，直到订单中的商品全部被分配。

2. 最小集合覆盖策略

经典最小集合覆盖问题（classical minimum set covering problem，CMSCP）是集合覆盖问题（set covering problem，SCP）中最重要的组合优化问题之一。应用到订单分配问题中可解决最小化拆单率问题，其应用过程是将订单中的商品集合视为原集合，每个仓库存储若干数量的 SKU，目的是在所有仓库组合集合中找到能覆盖原集合且集合中元素数量最小的仓库集合，即以最少数量的仓库来满足订单[5]。此外，集合覆盖问题除在订单方面的应用外，还在人员调动、资源分配、运输车辆路径等问题上有广泛应用。

3. 在线延迟订单集中分配策略

在线延迟订单集中分配是针对网上零售商履行在线订单提出的策略，它考虑了线上订单持续不断到达这一特点，以整体效益最优为目标。电子商务平台对已到达订单的分配结果会影响仓库的商品库存水平，进而影响到后续到达订单的分配。订单从下达到出库通常需耗费几分钟甚至几小时，因此可利用该段时间累积订单再做统一分配。有研究提出，预测未来到达的订单并将其纳入当前分配的订单集合，也可实现降低拆单率的目的[3]。

以上三种分配策略的对比和适用情况如表 3.4 所示。

表 3.4　常用分配策略的对比和适用情况

分配方法	优点	缺点	适用类型
"距离最近"的精确分配策略	求解效率高，准确度高	拆单率高	密集且数量多而杂
最小集合覆盖策略	适用于结合其他条件的情况，拆单率低	计算量大，满足条件的仓库组合可能为多个	仓库间差异不大
在线延迟订单集中分配策略	适用于全局优化，拆单率低，准确度高	求解效率低，收敛慢	仓库数较少

3.2.3　大型网上超市订单分配的解决思路

利用缩小问题解空间的思想，首先对订单分配情况进行分类，然后针对可按规则进行分配的订单采用定性方法处理，针对其余订单的分配问题建立运筹学优化模型，采用定性与定量相结合的启发式算法进行求解。

大型网上超市的订单可以分为一单一品订单和一单多品订单，其中以一单多品订单居多。根据订单分配的情况进行分类（图 3.10），每个类别的订单处理思路如下。

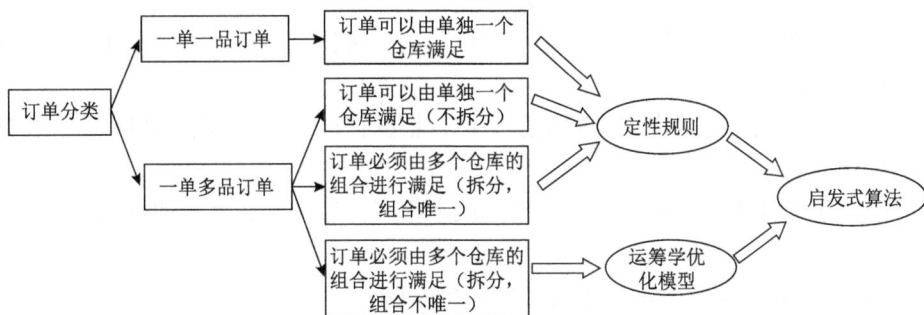

图 3.10　一地多仓型网上超市订单分类及解决思路

（1）对于一单一品订单而言，按仓库到配送站距离最短的规则进行分配。

（2）对于一单多品订单，如果订单不需要拆分，包含商品可由一个仓库满足，则按一单一品订单的处理方式来分配。

（3）对于需拆分的一单多品订单，如果拆分方案唯一，即只能由一个仓库组合满足该订单，则处理方法仍采用定性规则的方式。

（4）如果一单多品订单需拆分，且满足该订单的仓库组合不唯一，由于该情形将涉及订单如何拆分以及拆分的配送成本计算等问题，其订单分配更复杂，按照简单的规则难以有效分配订单，必须借助运筹学优化模型这一定量优化工具进行建模再求解。

对部分订单采用基于仓库到配送站距离最短的定性规则进行决策，可有效降低问题求解规模和求解难度，然而对于需先采用运筹学优化模型，再按定性规则与定量计算相结合的启发式算法处理的订单仍面临着很大难题：如何建模？如何将多个既相互促进又相互制约的决策变量间的关系约束在建模中表示？如何设计启发式算法融合定性规则与定量模型的求解并且在短时间内得到较优的解？针对这些难题，下面将阐述大型网上超市订单分配优化模型的建立以及启发式求解算法的设计。

3.2.4 大型网上超市订单分配优化模型与求解算法

在问题分析的基础上，提出模型的基本假设和参数变量的定义。问题假设如下。

（1）大型网上超市采取一地多仓或者多地多仓的库存结构。

（2）每个仓库存储多种商品 SKU，各个仓库存储的商品有一部分是所有仓库共有的品类，有一部分是各仓库独有的品类，即多个仓库存储的商品 SKU 之间有重合。

（3）每个仓库均具备订单分拣、打包等功能。

（4）每个订单中包含一种或多种商品。

（5）每个订单可拆分的子订单数有限制。

（6）按波次对批量订单进行订单分配和配送的决策。

（7）企业自建"仓库—配送站—客户"的二级物流配送网络，车辆配送考虑从仓库到配送站的物流。

（8）每个配送站负责固定的配送区域，根据订单的配送地址可以确定订单所属的配送站。

（9）车辆都为同一车型，固定派车成本相同，考虑装载能力和行车时间两个约束。

（10）车辆从仓库出发，完成配送后不必返回。

变量定义如下。

$W = \{w \mid w = 1, 2, \cdots, R\}$ 表示仓库集合。

$S = \{s \mid s = 1, 2, \cdots, G\}$ 表示配送站集合。

$V = S \cup W$ 表示仓库和配送站节点的集合。

$M = \{m \mid m = 1, 2, \cdots, H\}$ 表示商品集合。

$O = \{o \mid o = 1, 2, \cdots, A\}$ 表示订单集合。

$K = \{k \mid k = 1, 2, \cdots, B\}$ 表示车辆集合。

O_{ws} 表示由仓库 w（$w \in W$）配送到配送站 s（$s \in S$）的订单集合，每个订单集合只能由一辆车配送。

n_{ws} 表示订单集合 O_{ws} 中订单的数量。

Q 表示车辆的装载能力约束。

F 表示车辆固定派车成本。

T 表示车辆的行车时间限制。

D 表示最大允许的拆单数。

c_{ij} 表示节点 i 到节点 j（$i, j \in V, i \neq j$）之间的路径成本。

t_{ij} 表示节点 i 到节点 j（$i, j \in V, i \neq j$）之间的配送时间。

a_{os} 为 0-1 变量，表示如果订单 o（$o \in O$）被分配到配送站 s（$s \in S$），那么 $a_{os} = 1$，否则 $a_{os} = 0$。

决策变量定义如下。

b_{ow} 为 0-1 变量，表示如果订单 o（$o \in O$）被分配到仓库 w（$w \in W$），那么 $b_{ow} = 1$，否则 $b_{ow} = 0$。

y_k 为 0-1 变量，表示如果车辆 k（$k \in K$）被使用，那么 $y_k = 1$，否则 $y_k = 0$。

x_{kij} 为 0-1 变量，表示如果车辆 k（$k \in K$）从节点 i 到节点 j（$i, j \in V, i \neq j$），那么 $x_{kij} = 1$，否则 $x_{kij} = 0$。

由于一地多仓型网上超市订单分配问题需要将后续物流配送车辆路径融合到订单分配模型的构建中，因此，一地多仓型网上超市订单分配问题的建模应结合网上超市订单、仓库、车辆等具体问题特征，针对优化建模的目标以及决策变量间的关系约束两方面进行分析。

大型网上超市订单分配问题多以最小化物流配送成本为目标。图 3.11 表述了订单分配与物流配送车辆路径安排之间的相互关系，订单分配方案影响后续物流配送车辆路径的安排，车辆调度结果也将影响订单分配。物流配送成本的差异主要体现在派车数量、行车路径的不同带来的物流成本的不同上。因此，该问题的物流配送成本由派车成本和路径成本构成。

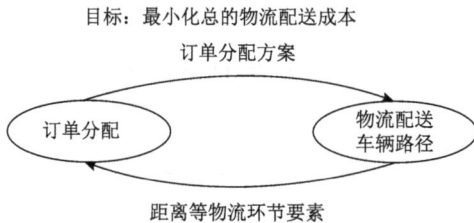

目标：最小化总的物流配送成本

订单分配方案

订单分配　　　物流配送车辆路径

距离等物流环节要素

图 3.11　订单分配与物流配送车辆路径之间的关系

　　一地多仓型网上超市订单分配问题需要对每个订单是否拆分、分配到哪个仓库进行决策，同时还需对每个仓库分别派多少辆车、每辆车的行车路线等进行决策。决策变量间关系约束的表示是建立一地多仓型网上超市订单分配优化模型的难点。采取的思路是，先单独分析订单拆分、订单分配及车辆安排等变量需要考虑的约束，再分析影响订单拆分、订单分配及车辆安排等的输入输出因素，最后结合输入输出之间的联系，表示出决策变量间的相互关系。具体阐述如下。

　　首先，用 b_{ow} 表示订单 o（$o \in O$）是否被分配到仓库 w（$w \in W$），这是订单分配的决策变量。对于订单是否拆分，通过调研发现，企业通常有一个订单最大拆分数 D 的限制，因此订单实际被拆分的子订单数只要满足最大拆分数的约束即可。

　　其次，考虑物流配送车辆路径安排的决策，派车的决策与车辆行驶路径的决策，分别可以用 y_k 和 x_{kij} 表示。车辆的派遣与路径规划有载重约束和行车时间约束这两大约束。同时，要保证每个配送站的订单集合 O_{ws} 都要进行配送，而每一辆车访问同一个配送站最多访问一次。

　　最后，通过对拆分、分配及车辆安排分别进行分析，发现拆分、分配及车辆安排主要通过订单集合 O_{ws} 相互关联。根据之前的假设可知，订单集合 O_{ws} 是由前面的订单分配变量 b_{ow} 决定的，并作为一个整体进行配送。另一个与 O_{ws} 相关联的变量是 a_{os}，a_{os} 是关于订单最终配送到哪个配送站的变量，是一个已知变量，通过对 a_{os} 和 b_{ow} 的乘积进行求和可以得到由仓库 w（$w \in W$）配送到配送站 s（$s \in S$）的订单数量 $\sum\limits_{o \in O} a_{os} b_{ow} = n_{ws}$，即分配到仓库 w（$w \in W$）并且配送到配送站 s（$s \in S$）的总订单数。

　　从上述对目标以及对决策变量间的关系约束的分析可以看出，该优化模型的建立，能够充分考虑到订单分配对后续物流配送车辆路径方案的影响，将车辆路径安排融入一地多仓型网上超市订单分配优化模型中，为进一步设计算法对该问题进行有效求解奠定了坚实的基础。

　　根据上述建模思路可建立如下优化模型：

$$\text{Min } z = \sum_{k \in K} F y_k + \sum_{k \in K} \sum_{i \in V} \sum_{j \in V} c_{ij} x_{kij} \tag{3.7}$$

$$1 \leqslant \sum_{w \in W} b_{ow} \leqslant D, \ \forall o \in O \tag{3.8}$$

$$\sum_{o \in O} \sum_{w \in W} b_{ow} = \sum_{w \in W} \sum_{s \in S} n_{ws} \tag{3.9}$$

$$n_{ws} = \sum_{o \in O} a_{os} b_{ow}, \ \forall w \in W, s \in S \tag{3.10}$$

$$\sum_{i \in V} x_{kij} = \sum_{i \in S} x_{kji}, \forall j \in S, k \in K \tag{3.11}$$

$$\sum_{i \in V} \sum_{j \in V} n_{ws} x_{kij} \leqslant Q, \quad \forall k \in K \tag{3.12}$$

$$\sum_{i \in V} \sum_{j \in V} t_{ij} x_{kij} \leqslant T, \forall k \in K \tag{3.13}$$

$$\sum_{i \in V} \sum_{k \in K} x_{kij} \geqslant 1, \forall j \in S \tag{3.14}$$

$$\sum_{i \in V} x_{kij} \leqslant 1, \forall k \in K, j \in S \tag{3.15}$$

$$b_{ow} = \{0,1\}, \forall o \in O, w \in W \tag{3.16}$$

$$y_k = \{0,1\}, \forall k \in K \tag{3.17}$$

$$x_{kij} = \{0,1\}, \forall i, j \in V, i \neq j, k \in K \tag{3.18}$$

$$n_{ws} \geqslant 0, \forall w \in W, s \in S \tag{3.19}$$

目标函数表示一地多仓型网上超市订单分配问题优化的目标是最小化的物流配送成本,它是派车成本和路径成本的总和,其中 $\sum_{k \in K} F y_k$ 表示总的派车成本,$\sum_{k \in K} \sum_{i \in V} \sum_{j \in V} c_{ij} x_{kij}$ 表示总的路径成本;约束(3.8)表示每个订单最少分配到一个仓库,最多被拆分至 D 个仓库,$1 \leqslant \sum_{w \in W} b_{ow}$ 这个约束保证每个订单都能得到处理并且有一个订单分配方案,而 $\sum_{w \in W} b_{ow} \leqslant D$ 这个约束表示生成订单分配方案时对订单拆分有一个上限,能够避免订单无限制拆分,从而去除一些履行成本高、履行效率低的订单分配方案,缩小问题的求解空间;约束(3.9)表示订单被拆分后的订单数相等,等式左边表示所有订单经过拆分后,分配到各个仓库后的总的订单数,而等式右边 $\sum_{w \in W} \sum_{s \in S} n_{ws}$ 表示从所有仓库出发配送到所有配送站的总的订单数,这个约束同时连接了订单分配决策变量和物流配送决策变量,是订单分配优化模型中最关键的关系约束;约束(3.10)表示由仓库 w 配送到配送站 s 的订单个数,该订单集合将由同一车辆进行配送,这个约束保证了通过订单分配得到可以用于后续物流配送环节的订单集合 O_{ws};约束(3.11)表示到达配送站和离开配送站的车辆数相等,等式左边 $\sum_{i \in V} x_{kij}$ 表示从仓库或配送站出发到达配送站 j 的车辆,等式右边 $\sum_{i \in S} x_{kji}$ 表示从配送站 j 出发的车辆;约束(3.12)表示车辆装载能力的约束,车辆所装载

的订单数 $\sum\limits_{i \in V} \sum\limits_{j \in V} n_{ws} x_{kij}$ 不超过车辆的最大装载能力 Q；约束（3.13）表示车辆行车时间的约束，$\sum\limits_{i \in V} \sum\limits_{j \in V} t_{ij} x_{kij}$ 表示车辆 k 的总行车时间，它不超过车辆的最大行车时间限制 T；约束（3.14）表示每个配送站至少被访问一次，即每个订单集合都要进行配送，能保证每个订单都有物流配送方案；约束（3.15）表示每个配送站被同一辆车访问不能超过一次；约束（3.16）到约束（3.19）表示变量为 0-1 变量或者整数变量的约束。在上述模型中，有一些非线性约束如约束（3.10）$n_{ws} = \sum\limits_{o \in O} a_{os} b_{ow}$，同时这个模型中既有 0-1 变量又有一般整数变量，因此上述模型属于非线性混合整数规划模型。

针对非线性混合整数规划模型，已有的求解算法包括确定性算法和启发式算法两大类[6]。已有的确定性算法（如分支定界算法、广义 Benders 分解算法、外逼近算法、扩展割平面算法等）通常只能对小规模的问题进行求解，很难在较短时间内求解大规模的网上超市订单分配问题。已有的启发式算法通常根据问题特征构建初始解与迭代改进策略，很难直接应用到如网上超市这类订单、仓库等均具有鲜明特点的订单分配问题中。因此，需结合网上超市一单多品、一地多仓或多地多仓等问题特征，设计特定的启发式算法进行求解。

该问题的解空间巨大，所以采用基于缩减问题解空间的思想设计算法进行求解。结合对问题的分析以及建模的思路，可发现从订单履行的流程上来看，订单分配与配送路径方案生成其实是先"分"后"合"的过程，"分"指的是订单需要拆分并分配到各个仓库，"合"指的是拆分的多个订单通过车辆运输最后再到配送站进行汇合。因此，考虑后续配送路径的订单分配问题具有先"分"后"合"的特点。借鉴人们处理复杂问题时先将问题分解为若干个子问题进行求解，然后再综合所有子问题对整个问题进行求解的思路，首先通过"分"，对多品订单在多个仓库的拆分及匹配方案进行定性分析与决策，由此缩减问题的求解空间；然后通过"合"，将与订单分配方案相对应的物流配送车辆路径的计算结果纳入订单分配的决策中；最后对已生成的订单分配方案进行优化，提出"分—合—优化"的启发式算法，为一地多仓型或者多地多仓型网上超市订单分配问题生成优化的订单分配方案。

结合一地多仓型网上超市订单分配问题，该"分—合—优化"的启发式算法将后续物流配送阶段中影响配送成本的关键因素作为制定订单分配规则的依据，根据物流配送方案来调整订单的分配，按照"订单分配方案生成—物流配送车辆路径方案生成—订单分配方案调整—物流配送车辆路径方案调整"流程不断迭代、调整、优化。该启发式算法求解流程如图 3.12 所示。

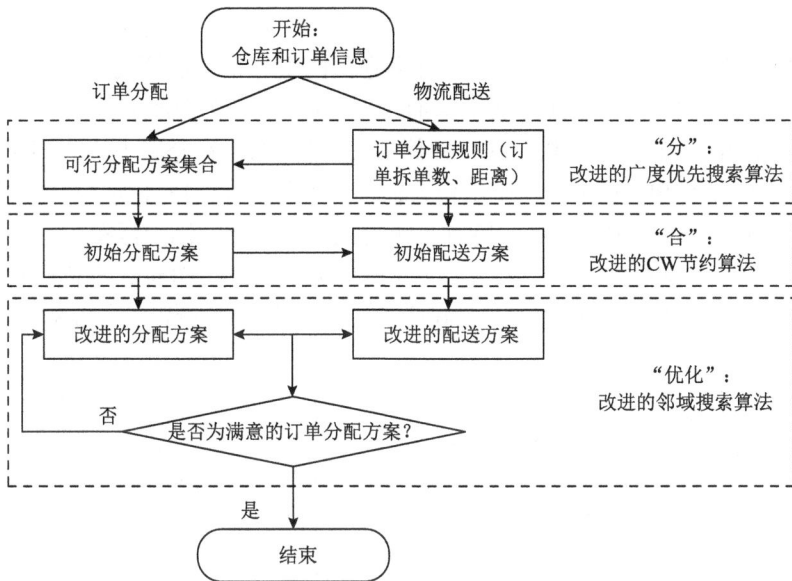

图 3.12　求解算法的流程图

　　具体而言，"分"对应初始的订单分配阶段，采用人工智能状态空间搜索理论改进的广度优先搜索算法，根据仓库和订单信息，选择订单拆单数及仓库与配送站之间的距离作为订单分配规则生成可行的订单分配方案集合，并确定初始订单分配方案。该阶段可剔除部分不可行解或较差的解，由此缩减问题的求解空间。"合"对应初始的物流配送车辆路径方案生成阶段，采用改进的 CW 节约算法。它考虑配送时间和车载容量，基于初始订单分配方案，改进 CW 节约算法的合并规则生成初始的物流配送车辆路径方案。"优化"对应迭代优化阶段，采用改进的邻域搜索算法。它基于当前订单分配方案和物流配送车辆路径方案，以最小化总配送成本为目标，不断改进配送方案，并调整对应的订单分配方案，直到输出满意解。

3.2.5　订单分配问题的数值实验

　　考虑到一地多仓型网上超市订单具有一单多品、订单可拆分等特点，结合一地多仓型网上超市的特征构造用于验证模型与算法的算例。通过访谈调研国内某网上超市，获得关于网上超市订单履行优化中一些基本特征，如考虑到城市内仓库的租金成本较高，仓库一般设立在郊区，而配送站开设在市内等。但企业基于保密等因素的考虑，无法调研到更为详细的订单等数据。因此假设网上超市在某城市设立了 4 个仓库，20 个配送站，仓库和配送站的坐标在[100,100]公里范围内随机生成。在 $X \in [20,80]$ 公里、$Y \in [20,80]$ 公里的范围内（即中心区域），随机生成配送站的坐标；在其他区域（即周围一圈），随机生成仓库的坐标，生成的分布图如图 3.13 所示。根据调研，一地多仓型网上超市一般情况下最大拆单数为 3 个，即 $D=3$。假设商品 SKU 种类共有 10 000 种，每个仓库存储一部分 SKU，仓库存储的 SKU 的种类随机生成，并保证每一种 SKU 在仓库中均有存储。算例中包含 2000 个订单，每个订单中所包含的商品种类为 1～15 不等。订单所属配送站也在算例生成时确定。另外，所有车辆为同一种车型，固定派车成本为 50 元/车次，行车可变成本为 0.7 元/公里，行车时间限制为 120 分钟，车辆载重包裹限制为 200 个，车辆平均行驶速度为 60 公里/时。具体参数设置见表 3.5。

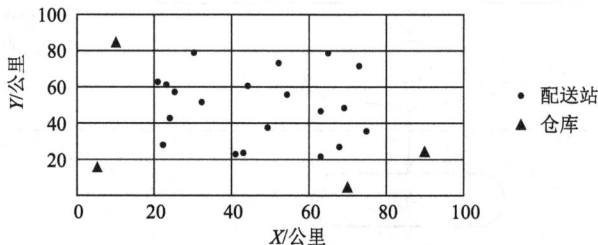

图 3.13　网上超市仓库和配送站分布图

表 3.5　算例的参数设置

参数分类	参数名称	参数值
仓库及配送站	仓库数/个	4
	配送站数/个	20
订单及商品	商品 SKU 种类/种	10 000
	订单数/个	2 000
	每个订单所含商品种类/种	$U(1,15)$
	最大拆单数/个	3
车辆	固定派车成本/（元/车次）	50
	行车可变成本/（元/公里）	0.7
	行车时间限制/分钟	120
	车辆载重包裹限制/个	200
	车辆平均行驶速度/（公里/时）	60

　　首先，利用上述方法生成的具体算例来测试模型与算法的有效性。由于数据规模太大，仅表述该算例的主要特征：基本的仓库、配送站布局和图 3.13 一致，基本的参数设置与表 3.5 一致，如 4 个仓库，20 个配送站，10 000 种商品 SKU，

2000 个订单等，其中平均每种 SKU 存放在 2.457 个仓库，平均每个订单中包含 8.31 件商品，具体方案结果如表 3.6 所示。共需派 16 辆车才能完成配送任务，派车成本为 800 元，总的路径成本 576.81 元，因此总成本为 1376.81 元。表中序号表示每条配送路径的编号，车辆路径信息表示每个车辆访问的仓库、配送站及它们的访问顺序，路径成本表示每条路径的行车路径成本。由于订单规模太大很难一一罗列，订单个数一列仅罗列每条路径对应的订单个数。例如，序号为 R_1 的方案，共分配了 140 个子订单，车辆从仓库 W_4 出发，经过仓库 W_1，然后按照配送站为"S_{17}—S_2—S_{18}—S_{15}—S_7"的顺序进行配送，路径成本为 68.32 元。

表 3.6　算例的计算结果

序号	分配的订单数/个	车辆路径信息	路径成本/元	总成本/元
R_1	140	W_4—W_1—S_{17}—S_2—S_{18}—S_{15}—S_7	68.32	
R_2	45	W_3—S_{16}—S_{13}—S_4—S_5—S_{14}—S_1	54.05	
R_3	96	W_2—S_{13}—S_{16}—S_1—S_{14}—S_5—S_4	48.86	
R_4	77	W_2—S_8—S_{10}—S_{11}—S_{12}—S_{19}—S_6	55.25	
R_5	72	W_3—S_6—S_{19}—S_{12}—S_{11}—S_{10}—S_8	57.87	
R_6	175	W_4—W_1—S_{12}—S_{19}—S_6	36.25	
R_7	173	W_4—W_1—S_{11}—S_{10}—S_9—S_3—S_{20}	65.24	
R_8	108	W_1—S_{11}—S_{12}	21.05	
R_9	170	W_4—W_1—S_1—S_{16}—S_8	30.5	1376.81
R_{10}	111	W_4—S_4—S_5—S_{14}—S_{13}	18.84	
R_{11}	188	W_3—S_9—S_7—S_{15}—S_{17}—S_2—S_{18}	35.63	
R_{12}	125	W_1—S_5—S_4	12.64	
R_{13}	199	W_2—S_{15}—S_7—S_9—S_3—S_{20}	28.41	
R_{14}	124	W_3—S_{20}—S_3	12.07	
R_{15}	173	W_1—S_1—S_{14}—S_{13}	19.57	
R_{16}	179	W_2—S_{18}—S_2—S_{17}	12.26	
总的路径成本			576.81	
派车成本			800	

分析表 3.6 可以发现，有 R_1、R_6、R_7 和 R_9 四条路径都同时包含了仓库 W_1 和 W_4（图 3.13 右下角两个仓库），由于仓库 W_1 和 W_4 在距离上比较接近，订单的配

送如果同时访问这两个仓库，能够有效降低物流配送成本，这也验证了求解算法中改进的 CW 节约算法的有效性。另外，算例中包含 10 000 种商品 SKU，2000个订单，利用所提模型与算法仅需一分钟就可以得到有效的订单分配方案，可见模型与算法的高效性。

此外，采取与企业现有订单分配方法进行比较来验证所提订单分配优化方法的高效性。通过网上超市运营人士访谈，总结出企业现有订单分配方法——"订单选择就近仓库分配"，用方法 A 表示。订单分配优化方法用方法 B 表示。利用算法生成 10 个算例，分别命名为算例 1 至算例 10，对比企业现有订单分配方法（方法 A）和订单分配优化方法（方法 B）的计算结果。

对比结果如表 3.7 所示，以算例 2 为例，采用企业现有订单分配方法需要花费派车成本 950 元，车辆行驶的路径成本为 1125.87 元，共花费 2075.87 元。采用订单分配优化方法，派车成本为 800 元，车辆行驶的路径成本为 975.21 元，共花费仅 1775.21 元。和企业现有订单分配方法相比，订单分配优化方法能够减少派车数 3 辆，节省总成本高达 14.48%。从算例 1 至算例 10 来看，订单分配方法能够为网上超市节省 8.19% 到 17.71% 的成本，减少的派车数量从 1 辆到 4 辆，可以看出节省的总成本的变化幅度与减少的派车数量正相关，即订单分配优化方法，能够在订单分配的时候充分考虑后续物流配送阶段的车辆安排，从而减少派车数量，减少总的物流成本。

表 3.7　两种方法计算 10 个算例的结果对比情况

算例	方法	派车成本/元	路径成本/元	总成本/元	减少的派车数/辆	节省的总成本比例	节省的总成本比例平均值
1	A	850	925.64	1775.64	1	8.54%	13.59%
	B	800	824.02	1624.02			
2	A	950	1125.87	2075.87	3	14.48%	
	B	800	975.21	1775.21			
3	A	850	1251.99	2101.99	3	14.22%	
	B	700	1103.13	1803.13			
4	A	800	1163.34	1963.34	2	13.97%	
	B	700	989.12	1689.12			
5	A	900	1226.19	2126.19	3	17.32%	
	B	750	1007.90	1757.90			
6	A	800	1163.94	1963.94	2	13.74%	
	B	700	994.05	1694.05			

续表

算例	方法	派车成本/元	路径成本/元	总成本/元	减少的派车数/辆	节省的总成本比例	节省的总成本比例平均值
7	A	850	925.64	1775.64	1	8.19%	
	B	800	830.25	1630.25			
8	A	800	1229.99	2029.99	1	10.96%	
	B	750	1057.60	1807.60			
9	A	950	1145.67	2095.67	4	16.74%	
	B	750	994.85	1744.85			
10	A	850	1228.15	2078.15	3	17.71%	
	B	700	1010.20	1710.20			

注：节省的总成本比例=（A总成本–B总成本）/A总成本×100%

其次，从派车成本和路径成本两个维度对两种订单分配方法做进一步对比分析。如图 3.14 和图 3.15 所示，对于算例 1 至算例 10，可以看出不管是在派车成本上，还是在路径成本上，订单分配优化方法都优于企业现有订单分配方法。究其原因，主要是企业现有订单分配方法大大忽略了物流配送的关键环节，尽管考虑了距离的因素作为订单分配的准则，但是物流配送车辆路径方案不仅要考虑距离，还要考虑车辆的容量、车辆的行车时间等限制，这就造成许多看似考虑后续距离等因素的订单分配方案在车辆路径方案生成环节不可行。可能由于车辆容量限制不得不多派送车辆，从而增加了派车成本；也可能是由于行车时间限制，物流配送环节生成的路径方案成本过高，从而使路径成本增加。然而，订单分配优化方法始终以最小化总的物流配送成本为目标，在订单分配的环节就能够将物流配送环节车辆路径因素考虑进来，因此能够较大幅度地降低派车成本和路径成本。综上所述，相比于企业现有订单分配方法，订单分配优化方法具有很大的优越性，能够较大幅度地减少物流配送成本。

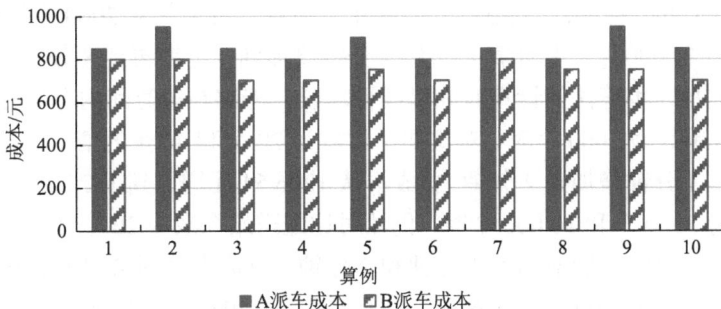

图 3.14　两种方法派车成本比较

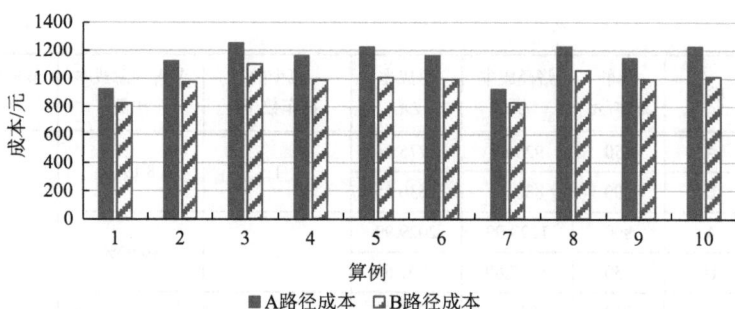

图 3.15 两种方法路径成本比较

最后，由于一地多仓型网上超市订单分配问题具有规模大（订单、配送范围）等特点，需要分别将订单数和配送站的数量大幅增加，进一步验证求解模型与算法在应对大规模问题方面的处理能力。将订单数从 2000 个增加到 10 000 个，配送站数从 20 个增加到 40 个（可以覆盖某大型城市的所有城区），生成算例并利用订单分配优化方法的模型和算法进行计算，计算结果如表 3.8 所示。

表 3.8 不同条件下的计算结果

订单数/个	配送站数/个	车辆载重包裹限制/个	总成本/元	计算时间/分钟
2 000	20	200	1206.54	1
	40	200	1825.27	2
5 000	20	200	2218.24	4
		400	1271.91	4
	40	200	2458.59	5
		400	1891.21	5
10 000	20	400	2514.16	8
	40	400	2738.31	10

从表 3.8 可以看出，当配送站为 20 个的时候，订单数从 2000 个增加到 5000 个再增加到 10 000 个，其计算时间从 1 分钟增加到 4 分钟再到 8 分钟，可见随着订单数的增加，本算法的计算时间呈线性增长，能够在短时间内有效处理大规模订单。当订单数为 2000 个时，对比配送站数为 20 个和 40 个的情形，可以发现其计算时间从 1 分钟增加到 2 分钟，总成本从 1206.54 元增加到 1825.27 元。同样地，当订单数为 5000 个和 10 000 个时，仍然对比配送站个数为 20 个和 40 个的情形，可以发现计算时间分别增加了 1 分钟和 2 分钟，总成本分别增加了 240.35 元（车辆载重包裹限制为 200 个）、619.3 元（车辆载重包裹限制为 400 个）和 224.15 元。可以总结出配送站数的增加对算法求解的时间影响不是特别大，当配送站数

增长时，算法的计算时间仅有略微的增长。并且可以看出，同样的订单规模，当配送站数增加时，总成本也会增加，这主要是由于随着配送站数的增加，配送的距离增加带来了成本的增加。另外，从表中可以看出，当订单数为 5000 个时，订单规模和配送站规模达到一定量时，适当增大车型（增加车辆载重包裹限制），可以有效降低总的物流成本。总的来看，不管是增加订单个数，还是增加仓库个数，算例的计算时间均不超过 10 分钟，可见算法能够高效求解一地多仓型网上超市大规模订单分配问题。

本节为一地多仓型网上超市的订单拆分履行问题中的订单分配问题提出了相应的解决策略。首先，建立了一地多仓型网上超市订单分配优化模型，以物流配送成本最小化为目标，充分考虑决策变量间的关系约束，为大规模定性定量相结合决策问题的建模与求解提供新的思路。其次，基于缩减问题求解空间的思想，运用人工智能状态空间搜索理论和邻域搜索技术，提出了"分—合—优化"启发式算法，该启发式算法通过剔除较差的订单分配方案大大缩小求解空间，并通过改进 CW 节约算法中路径合并的规则，提高生成物流配送方案的效率，为解决一地多仓型网上超市订单分配问题进行了探索，有利于提高网上超市订单履行作业的科学性与实用性。最后，在实践上，本书的理论成果可用来指导一地多仓型网上超市订单履行中心人员的实际作业，降低订单物流配送成本，提高企业物流作业的效率，有助于提高网上超市这类订单分配作业难度突显的 B2C 电子商务企业的服务质量和竞争优势，有利于发展网上超市这一电子商务模式。

网上超市这种新型的电子商务模式，面临着诸多困难与挑战，未来有待突破的研究方向如下：首先，本节研究了同城区内多品订单基于仓库的拆分及分配，在实际问题中，网上超市还存在城市间货物的调配问题，因此，多地多仓的订单分配问题有待进一步研究。其次，对于网上超市这一特殊的电子商务模式，订单的拆分是影响物流配送成本的重要因素，因此有必要研究恰当的拆单与合单的策略。最后，订单分配是客户需求（订单）在仓库和配送站之间的定性匹配过程，目前尚未考虑客户行为特征，为了进一步提高成果的实用性，还需研究如何在订单分配决策中融入客户行为特征。

3.3　大型网上超市订单仓库间合并打包方法

在一地多仓或者多地多仓的仓储环境下，大型网上超市的一单多品订单往往被拆分成若干个子订单并由不同仓库履行。多个包裹的多次零散配送造成了电商高成本、环境高污染、客户高扰动等"三高"难题。合并打包方法，通过将拆分订单的商品调拨转运到合并打包仓库进行一起打包，以减少拆分订单的包裹数，从而有效降低物流配送成本、减少包裹包装材料对环境的污染，并且减少包裹配送对客户的扰动，为解决网上超市拆单难题提供了新契机。然而，为了实现电子商务高度个性化订单的精细化、高效化履行，拆分订单的合并打包优化，需要快速建模求解由于对多个多维决策变量进行耦合而呈块对角特征的复杂 NP-hard 问题，要实现此目的还面临着极大的挑战。本节将综合运用成本效益分析、组合优化、多商品网络流、Benders 分解算法等理论方法，针对合并打包决策方案优化问题，建立基于合并打包的多商品网络流模型，并基于缩减问题解空间的思想，设计基于逻辑的 Benders 分解（logic-based Benders decomposition，LBBD）算法，为一地多仓型或者多地多仓型网上超市合并打包策略的应用提供近似最优决策方案[7]。

3.3.1 问题描述与分析

1. 问题描述

考虑一个多地多仓型网上超市履行一单多品拆分订单，每个仓库均可以作为合并打包仓库。客户订购的多品订单会根据订单中商品在多个仓库的存储被拆分为若干个子订单，并分配到相应的仓库内。每个仓库均可以独立履行订单，具有拣货、复核、打包等功能。每个 SKU 均可以在自身分配的仓库进行打包后配送至客户，或者通过转运到其他仓库进行合并打包后一起配送到客户。合并打包可能降低配送成本，但也会增加转运成本，因此合并打包决策的目标是最小化转运成本和配送成本之和。具体而言，以最小化总的订单履行成本（转运成本和配送成本）为目标，合并打包决策方案优化需要回答如下三个子问题。

子问题一：对于每个拆分子订单的 SKU，进行拆分履行还是合并打包？

子问题二：如果对一个订单的多个拆分子订单进行合并打包，选择哪个或哪几个仓库作为合并打包仓库？哪个 SKU 应该转运到哪个合并打包仓库？

子问题三：哪些 SKU 应该被打包成同一个包裹？

接下来，通过简单的例子分别阐述分析每个子问题。首先对子问题一（订单 SKU 的合并决策）进行分析，选择其中一个仓库为合并打包仓库。假设共有三个仓库，W_0 为合并打包仓库，每个包裹的配送成本为 8 元，仓库间每个 SKU 的转运成本为 3 元。如图 3.16 所示，订单 O_1 包含 5 个 SKU，即 $O_1(S_1, S_2, S_3, S_3, S_4)$，被拆分为 3 个子订单 $O_{1-1}(S_1, S_2)$、$O_{1-2}(S_3, S_3)$ 和 $O_{1-3}(S_4)$，分别对应仓库 W_1、W_0、W_2。假设每个包裹的重量限制为 10 单位重量，而 $S_1 \sim S_4$ 的重量分别为 3 单位重量、9 单位重量、1 单位重量、2 单位重量。考虑拆分订单的三种合并决策方案：完全拆分、完全合并和合并优化。

（1）在完全拆分的情况下，如图 3.16（a）所示，共有 4 个包裹分别从 3 个仓库进行配送，其成本为 8×4=32 元。

（2）在完全合并的情况下，如图 3.16（b）所示，订单 O_1 中订购的 SKU 都会转运到合并打包仓库 W_0，则总成本为 3×3+2×8=25 元。

（3）在合并优化的情况下，如图 3.16（c）所示，仅对 S_1 和 S_4 进行转运，则总的履行成本为 3×2+8×2=22 元。

其中合并优化方案的总履行成本最小。通过上述三个方案的对比分析，可以发现合并优化方案主要是通过权衡降低的配送成本和增加的转运成本，使得总的订单履行成本最小。

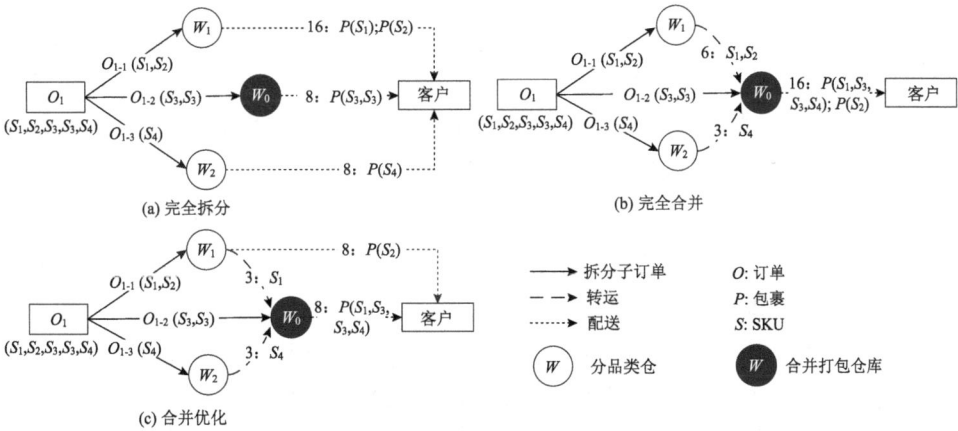

图 3.16　拆分订单合并打包决策子问题一示意图

接下来，通过一个例子来阐述子问题二（合并打包仓库的决策）。如图 3.17 所示，假设有三个合并打包仓库——k_1、k_2 和 k_3。SKU_1 只存储在仓库 k_1，SKU_2 只

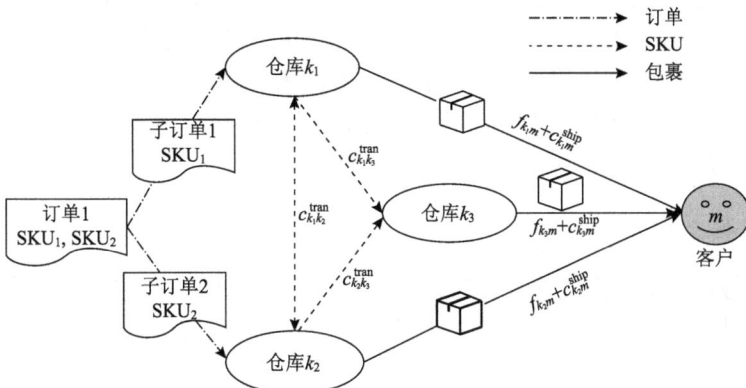

图 3.17　拆分订单合并打包决策子问题二示意图

存储在仓库 k_2。客户 m 订购了订单 1，其中包括两个 SKU：SKU_1 和 SKU_2。订单 1 被拆分为两个子订单，子订单 1（SKU_1）和子订单 2（SKU_2），分别分配到仓库 k_1 和 k_2。考虑最小化总的履行成本——配送成本和转运成本之和。假设仓库间的单位 SKU 转运成本为 $c_{k_1k_2}^{tran} = c_{k_2k_1}^{tran} = 3$ 元，$c_{k_1k_3}^{tran} = c_{k_3k_1}^{tran} = 2$ 元，$c_{k_2k_3}^{tran} = c_{k_3k_2}^{tran} = 1.5$ 元。配送成本分为两部分：固定配送成本（ $f_{k_1m} = 9$ 元，$f_{k_2m} = 11$ 元，$f_{k_3m} = 10$ 元）和变动成本（单位 SKU 配送成本）（ $c_{k_1m}^{ship} = 1$ 元，$c_{k_2m}^{ship} = 1$ 元，$c_{k_3m}^{ship} = 1$ 元）。

根据现有的订单拆分履行策略，SKU_1 和 SKU_2 将会在仓库 1 和仓库 2 中分别履行，则其相应的总成本为 $f_{k_1m} + c_{k_1m}^{ship} + f_{k_2m} + c_{k_2m}^{ship} = 22$ 元。如果利用合并打包履行策略，根据合并打包仓库的选择，可以有三种合并打包方案。①仓库 1 合并：SKU_2 被转运到仓库 k_1，然后和 SKU_1 合并为一个包裹，从仓库 k_1 配送至客户，其对应的总成本为 $f_{k_1m} + 2c_{k_1m}^{ship} + c_{k_2k_1}^{tran} = 14$ 元。②仓库 2 合并：SKU_1 被转运到仓库 k_2，然后和 SKU_2 合并为一个包裹，从仓库 k_2 配送至客户，其对应的总成本为 $f_{k_2m} + 2c_{k_2m}^{ship} + c_{k_1k_2}^{tran} = 16$ 元。③仓库 3 合并：SKU_1 和 SKU_2 都被转运到仓库 k_3，然后合并为一个包裹，从仓库 k_3 配送至客户，其对应的总成本为 $c_{k_1k_3}^{tran} + c_{k_2k_3}^{tran} + f_{k_3m} + 2c_{k_3m}^{ship} = 15.5$ 元。

可以看出，其中成本最低的合并方案为在仓库 1 合并。合并打包仓库的决策也是通过权衡转运成本和配送成本，以取得总成本最低的订单履行方案。

合并打包决策还要考虑 SKU 的冲突关系对包裹生成的影响。子问题三的核心问题是装箱问题，而包裹数是配送成本衡量的关键影响因素。但是这里的装箱问题不仅要考虑订单中 SKU 的重量、体积，还要考虑 SKU 之间的冲突关系。冲突关系用于表示有些 SKU 不能一起进行打包（如洗衣液不能和食品一起打包等约束），这种约束条件是基于对网上超市仓库实际运作调研得来的（具体见 2.2 节对 SKU 的分析）。如图 3.18 所示，如果没有 SKU 冲突关系的存在，则子订单 1 和子订单 2 可以打包成一个包裹，而由于 SKU_1 和 SKU_5 之间存在冲突关系，不能一起进行打包，则两个子订单需要打包成至少两个包裹。由于这种约束条件的存在，原有的拆分订单合并打包决策变得更加困难。

2. 问题分析

合并打包决策方案优化的复杂性主要体现在解空间巨大、决策空间结构复杂、订单处理时间要求高等几个方面，如图 3.19 所示。接下来将围绕这三个方面进行详细阐述。

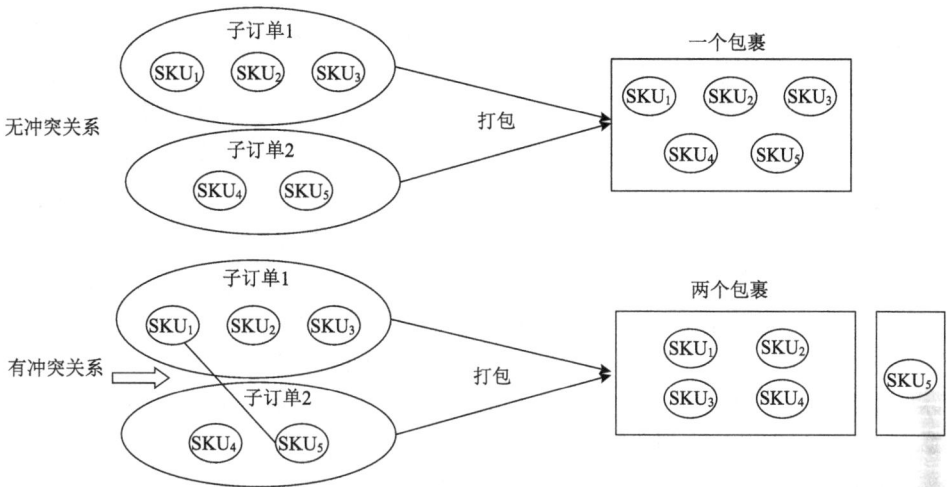

图 3.18　待装箱 SKU 冲突关系示意图

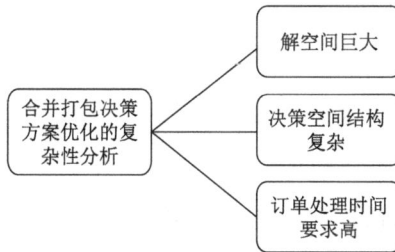

图 3.19　合并打包决策方案优化的复杂性分析

A. 解空间巨大

网上超市拆分订单合并打包决策问题是复杂的 NP-hard 问题，其求解空间随着订单 SKU 种类数及仓库数呈指数级增长。例如，一个包含 10 个 SKU 的订单被拆分到 10 个仓库，而且 10 个仓库都可以进行合并，其合并打包方案会超过 99 亿种。大型网上超市的订单具有一单多品的特点，每个订单中包含的 SKU 种类数往往是传统电商的 8～10 倍；同时，在多地多仓环境下，网上超市为了满足区域订单配送的时效性以及海量 SKU 的仓储空间，其仓库数量会非常多（如京东在东北地区的仓库就超过 20 个）。一单多品的订单特点和多地多仓的仓库特点，会使得网上超市拆分订单合并打包决策问题的解空间巨大、求解难度巨大。

B. 决策空间结构复杂

网上超市拆分订单的合并打包决策问题包含多个决策变量，它们相互关联，给该问题的建模带来了很大的挑战。网上超市主要需要决策三个变量：每个拆分订单的 SKU 是否合并，转运到哪个仓库以及如何打包。决策每个拆分订单的 SKU

是否合并，直接关系着 SKU 转运的决策，然后根据 SKU 合并决策和转运决策才能决定需要一起打包的 SKU 集合；同样，SKU 转运到不同仓库的决策直接关系合并打包方案的履行成本的差异，其又会反过来影响是否对该 SKU 进行合并的决策；另外，SKU 集合的打包装箱方案关系后续订单如何配送的问题，配送成本的差异也会反过来影响 SKU 是否需要合并以及 SKU 转运到该仓库是否合理的决策。可以看出，多个决策变量之间相互关联，决策空间结构复杂，如何围绕这些决策变量之间的相互关系进行建模，是解决拆分订单合并打包方案决策的难点之一。

另外，SKU 间的冲突关系会影响打包装箱决策，进而影响 SKU 合并与转运的决策，从而大大增加该问题的复杂性。SKU 间的冲突关系主要是 2.2 节中提到的 SKU 装箱要求差异大这一特点带来的。有的 SKU 不能一起打包，有的体积或重量过大需单独配送。如图 3.20 所示，多个 SKU 的冲突关系可以用 SKU 冲突网络关系图进行表示。例如，SKU_3 与 SKU_5 不能一起打包，则相应的包裹履行成本就会产生很大差异，因此需要在生成拆分订单合并打包决策方案时考虑 SKU 间的冲突关系。

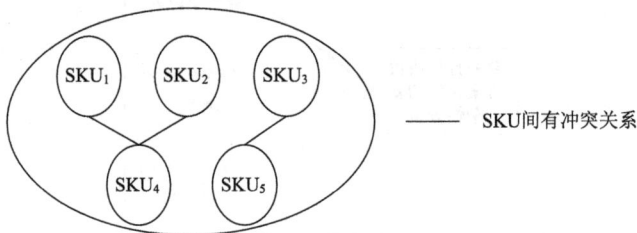

图 3.20　SKU 冲突关系图

另外，采用多商品网络流的思想对该问题的模型进行刻画，但是又面临着如何将合并打包过程用商品流进行刻画的难题。该模型的建立不仅需要考虑多商品网络流的边，还要考虑其节点。更重要的是，打包的过程往往发生在节点上，很难直接应用传统的多商品网络流模型。另外，如何结合合并打包的特点，去度量多商品网络流的转运成本和配送成本，也是建模遇到的一大挑战。这主要是因为合并打包过程的存在会使得网络中既存在 SKU 商品流，也存在包裹流，而不同流的成本度量方式也不同。

C. 订单处理时间要求高

订单被拆分后，需要在短时间内生成合并打包方案用于实施。网上超市订单履行时效性要求比较高，如京东的"211"活动，即当日上午 11 时前提交的现货订单当日送达；当日 23 时前提交的现货订单次日 15 时前送达。这要求网上超市在接收客户订单之后迅速对订单进行处理（比较紧迫的订单处理时间），这也对拆分订单的合并打包决策问题的快速求解提出了新的挑战。另外，在短时间内大型网上超市需要处理大量的订单（如京东的上百万个订单），这就需要对拆分订单的合并打包优化方案进行快速生成。求解时间的限制，使得合并打包决策方案优化问题的求解难度更加突出。

3. 多商品网络流分析与建模思路

针对网上超市拆分订单合并打包决策方案优化问题，本节采用多商品网络流理论进行分析建模。该问题中订单中多个 SKU 从仓库至客户的流程，和多商品网络流问题中多商品从源节点到目标节点流动的过程类似，因此可以将 SKU 流类比为商品流，仓库为源节点，客户为目标节点。根据 SKU 在网络流弧段上表现形式的不同，可以将其网络流划分为两部分进行度量：SKU 转运网络流（一般多商品网络流模型）和包裹配送网络流（带有路径约束的多商品网络流模型）。

SKU 转运网络流：如图 3.21（a）所示，SKU 自由流动于各个仓库间，对应于一般多商品网络流模型。该网络流表示 SKU 的转运决策，其成本衡量与其网络流弧段上流过的 SKU 总流量相关。

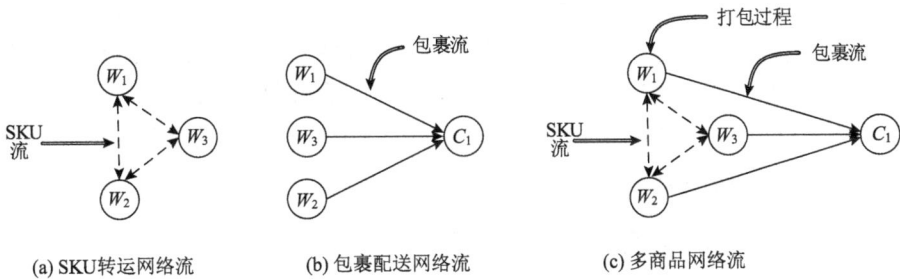

图 3.21 多商品网络流分析

包裹配送网络流：如图 3.21（b）所示，SKU 以包裹的形式从各个仓库流动到客户，对应于带有路径约束的多商品网络流模型。其成本由两部分构成：弧段的固定成本和弧段的变动成本。固定成本取决于弧段是否使用，变动成本取决于弧段上的流量。

网上超市拆分订单合并打包决策方案优化问题对应的多商品网络流是以上两种多商品网络流的一种集成，如图 3.21（c）所示。两种多商品网络流的表现形式不同，其中间存在一个形式的转换——打包过程。因此，本节的多商品网络流主要包含三部分：SKU 转运网络流、打包过程（SKU 流转化为包裹流）、包裹配送网络流。在 SKU 转运网络中，SKU 可以独立、自由流动于网络流中；而在包裹配送网络流中，多个 SKU 以捆绑组合的形式（单个包裹中包含若干个 SKU，这些 SKU 流动方向一致）在路径上进行流动，其呈现出一定的约束。位于合并打包仓库的打包过程将以 SKU 形式流动的网络流转换为以包裹形式（SKU 捆绑组合的形式）流动的网络流。

相比于传统的多商品网络流理论，本节提出的基于合并打包的多商品网络流有如下几个特征。

（1）在多商品网络流弧段上，没有针对 SKU 种类数的容量限制。本节研究的合并打包决策方案优化问题中存在一个打包过程，这个打包过程已经考虑了包裹的重量、体积等约束。然而，如何将打包过程在多商品网络流模型上进行表示是一个新的挑战。

（2）不同于传统的多商品网络流，本节提出的 SKU 流可能存在 SKU 冲突约束，这使得有些 SKU 不能在同一个包裹流中流动。这种 SKU 的冲突约束导致拆分订单的合并打包决策更加复杂。

（3）和一般的带有路径约束的多商品网络流模型相比较，多商品网络流弧段的固定成本不仅取决于其是否使用，还取决于弧段上流过的包裹数量。

基于上述多商品网络流的分析，本节的建模思路主要是：将每个 SKU 看作一个商品，将仓库和客户看作网络上的节点，将转运和配送路径看作网络上的边。针对一个订单，决策其 SKU 的订单履行方案等同于寻找这些 SKU 在网络上合适的流动路径。合并打包过程发生在合并打包仓库的节点上，可以将 SKU 转化为包裹的形式。因此，下面将结合上述分析，建立基于合并打包的多商品网络流模型，该模型包括一个一般多商品网络流模型、一个带有路径约束的多商品网络流模型以及一个打包装箱模型。

3.3.2　合并打包的多商品网络流模型

1. 变量定义

设 $G = (Z, A')$ 是一个有向网络，其中 Z 是顶点的集合，A' 是弧的集合。A 是转运弧的集合，B 是运输弧的集合，则有 $A' = A \cup B$。$K = \left\{ k_1, k_2, \cdots, k_{|K|} \right\}$ 表示仓库集合，$S = \left\{ s_1, s_2, \cdots, s_{|S|} \right\}$ 是由客户 m 订购的 SKU 的集合，则有 $A = \left\{ (k_1, k_2), (k_2, k_1), \cdots, (k_1, k_{|K|}), (k_{|K|}, k_1) \right\}$，$B = \left\{ (k_1, m), (k_2, m), \cdots, (k_{|K|}, m) \right\}$ 和 $Z = k \cup \{m\}$。每个 SKU_s 由一个源点 $a_s \in K$ 和一个目标点 $e_s = m$ 指定，其中点 j 和 SKU_s 的关系表示为 $d_{sj} = \begin{cases} 1, & j = a_s \\ -1, & j = e_s \\ 0, & 其他 \end{cases}$。

w_s 和 v_s 分别表示 SKU_s 的重量和体积，W 和 V 分别表示包裹的重量和体积限制。c_{jk}^{tran} 表示单位 SKU 从仓库 j 到仓库 k 的转运成本。f_{jk} 和 c_{jk}^{ship} 分别表示包裹从

仓库 j 到仓库 k 的固定运输成本和可变运输成本。α（$0 < \alpha < 1$）表示一次配送多个包裹的成本参数。$S_{jk} = \left\{ s \mid s \in S, x_{sjk} = 1 \right\}$（$\forall (j,k) \in B$）表示在仓库 j 打包运输到仓库 k 的 SKU 的集合。$n = \left| S_{jk} \right|$ 表示集合 S_{jk} 中的 SKU 种类数。$E = \left\{ (s_1, s_2) \mid s_1, s_2 \in S, h_{s_1 s_2} = 1 \right\}$ 表示 SKU 的冲突关系图，其中 $h_{s_1 s_2} = 1$，$s_1, s_2 \in S$ 表示具有冲突约束的 SKU_{s_1} 和 SKU_{s_2} 不能打包在同一个包裹中。

定义决策变量如下。

$x_{sjk} \in \{0,1\}$，如果 $x_{sjk} = 1$，则 SKU_s 从节点 j 运输到节点 k，$(j,k) \in A'$。

$y_{jk} \in \{0,1\}$，如果 $y_{jk} = 1$，至少有一个包裹从仓库 j 流向客户 k。

$b_{rjk} \in \{0,1\}$，如果 $b_{rjk} = 1$，包裹 r 将从仓库 j 流向客户 k。

$p_{srjk} \in \{0,1\}$，如果 $p_{srjk} = 1$，SKU_s 打包在包裹 r 中，并从仓库 j 流向客户 k。

2. 多商品网络流模型

针对拆分订单合并打包问题，提出一个多商品网络流模型用于建模表示，其中，网络图中的弧表示 SKU_s（每个 SKU 代表一个商品）的转运，网络图中的节点代表仓库和客户节点。确定 SKU_s 从仓库节点到客户节点的合并打包履行方案，就是在网络图中找到这些 SKU_s 的流动路径。与转运阶段不同，在配送阶段，SKU_s 是一个或多个 SKU_s 组合在一起的包裹的形式。在仓库节点，可以将 SKU 流转化为包裹流，在转化包裹流时要考虑重量、体积和 SKU 冲突关系等约束。基于多商品网络流理论，构建合并打包的多商品网络流模型如下：

$$\text{Min} \left(\sum_{s \in S} \sum_{(j,k) \in A} c_{jk}^{\text{tran}} x_{sjk} + \sum_{(j,k) \in B} f_{jk} \left((1-\alpha) y_{jk} + \alpha \sum_{r=1}^{n} b_{rjk} \right) + \sum_{s \in S} \sum_{(j,k) \in B} c_{jk}^{\text{ship}} x_{sjk} \right) \quad (3.20)$$

$$x_{sjk} \leqslant d_{sj}, \quad \forall s \in S, (j,k) \in A \quad (3.21)$$

$$x_{sjk} \leqslant y_{jk}, \quad \forall s \in S, (j,k) \in B \quad (3.22)$$

$$\sum_{(j,k) \in A'} x_{sjk} - \sum_{(k,j) \in A'} x_{skj} = d_{sj}, \quad \forall s \in S, j \in Z \quad (3.23)$$

$$\sum_{r=1}^{n} p_{srjk} \leqslant x_{sjk}, \quad \forall s \in S, (j,k) \in B \quad (3.24)$$

$$\sum_{r=1}^{n} \sum_{(j,k) \in B} p_{srjk} = 1, \forall s \in S \quad (3.25)$$

$$\sum_{s \in S} p_{srjk} w_s \leqslant b_{rjk} W, \quad \forall 1 \leqslant r \leqslant n, (j,k) \in B \qquad (3.26)$$

$$\sum_{s \in S} p_{srjk} v_s \leqslant b_{rjk} V, \quad \forall 1 \leqslant r \leqslant n, (j,k) \in B \qquad (3.27)$$

$$p_{s_1 rjk} + p_{s_2 rjk} \leqslant b_{rjk}, \quad \forall (s_1, s_2) \in E, 1 \leqslant r \leqslant n, (j,k) \in B \qquad (3.28)$$

$$p_{s_1 rjk}, b_{rjk} \in \{0,1\}, \quad \forall s \in S, 1 \leqslant r \leqslant n, (j,k) \in B \qquad (3.29)$$

$$x_{sjk} \in \{0,1\}, \quad \forall s \in S, (j,k) \in A' \qquad (3.30)$$

$$y_{jk} \in \{0,1\}, \quad \forall (j,k) \in B \qquad (3.31)$$

其中，目标函数包括两部分：在转运网络中的转运成本 $\sum_{s \in S} \sum_{(j,k) \in A} c_{jk}^{\text{tran}} x_{sjk}$ 和配送网络中的配送成本 $\sum_{(j,k) \in B} f_{jk} \left((1-\alpha) y_{jk} + \alpha \sum_{r=1}^{n} b_{rjk} \right) + \sum_{s \in S} \sum_{(j,k) \in B} c_{jk}^{\text{ship}} x_{sjk}$。约束（3.21）保证 SKU 从所存储的仓库进行转运，即 SKU 进行转运的起点为存储该 SKU 的仓库。如果 SKU 不进行转运，则 SKU 由存储的仓库流动至客户；如果 SKU 进行转运，则从存储的仓库转运到合并打包仓库进行打包后流动至客户。约束（3.22）表示配送路径的使用和 SKU 在配送路径上流动的关系。当 SKU 流量在某个路径 $(j,k) \in B$ 上进行流动时，配送路径 $(j,k) \in B$，$y_{jk}=1$ 才进行使用。约束（3.23）确保网络上所有节点的流量流入和流量流出都满足供给与需求的约束。根据 d_{sj} 的不同，节点可以划分为三种：流出节点、流入节点及其他一般节点。流出节点中，要求 SKU 总流出量为该节点存在的 SKU 种类数；流入节点中，最终送达客户节点的 SKU 流量是从各个仓库出发经由各个路径流入客户节点的流量总和；其他一般节点中，主要承担转运任务，即需要流入的 SKU 流量和流出的 SKU 流量要一致，达到流量均衡。约束（3.24）确保在配送网络中包裹流量和其相应的 SKU 流一致。在配送网络中，SKU 以包裹的形式进行流动，即以多个 SKU 捆绑组合的形式流动，此时，包裹流如果存在的话，相应包裹中的 SKU 流一定存在。约束（3.25）保证每个 SKU 只能被打包到一个包裹中。这个是 SKU 装箱的约束，即将 SKU 流在合并打包仓库通过打包过程转化成相应的包裹流。约束（3.26）和约束（3.27）分别表示包裹的重量和体积约束。这两个约束与一般装箱模型的约束一致，但是网上超市商品 SKU 的重量和体积各异，因此需要同时考虑重量和体积这两个约束。约束（3.28）表示带有冲突约束的 SKU 不能打包到同一个包裹中。该约束在带有冲突约束的装箱模型中是非常重要的约束，通过将不能一起打包的 SKU 刻画成 SKU 的冲突关系图，然后添加为装箱的冲突约束，将企业中实际中操作的装箱规则限制添加到模型中。约束（3.29）～约束（3.31）为变量约束。

拆分订单的合并打包问题已经被证明是一个 NP-hard 问题[8]。拆分订单合并打包方案的数量将随着订单中 SKU 种类数的增加而呈指数级增长。直接利用商业求解器（如 CPLEX）求解该模型通常需要耗费大量的时间，这对于时效性要求极高的大型网上超市是不可行的，尤其是针对大规模问题时更是如此。幸运的是，该模型具有块对角结构，这使得可以通过求解一系列更小的解耦问题来求解原问题模型。下面将探索求解该模型的分解算法。

3.3.3　合并打包的 LBBD 算法

针对合并打包的多商品网络流模型具有的块对角特征，提出了一种改进的 LBBD 算法进行求解。已有研究结果表明 Benders 分解算法用于求解多商品网络流模型具有高效性[9]。遗憾的是，经典的 Benders 分解方法不能用于求解 0-1 整数规划模型[10,11]。幸运的是，LBBD 算法拓展了经典的 Benders 分解方法[12,13]，使得其子问题原则上可以是任何优化或约束满足问题，而不是仅仅限定其为线性规划问题。LBBD 算法已成功应用于各种场景问题中[14-17]。但是针对拆分订单合并打包的多商品网络流模型的求解，开发相对应的高效 LBBD 算法仍然存在一些挑战[17]：①在主问题模型中引入子问题模型的下界（松弛）；②结合问题特征提出 Benders cut（Benders 切割）；③求解子问题的频率。

针对这些挑战性问题，提出一种适合求解合并打包多商品网络流模型的 LBBD 算法，其流程图如图 3.22 所示。该模型将原模型分解为一个主问题模型——多商品网络流模型和多个子问题模型——带有冲突约束的装箱模型。该分解方法利用了原模型的块对角结构，使分解后的模型更容易求解。在求解子问题模型后生成 Benders cut，并在每次迭代中将其添加到主问题模型中，获得最优值。通过提出两个新的 Benders cut 可以保证该 LBBD 算法收敛到最优。另外，在 LBBD 中采用了两种策略（两个 cut 复制机制和一个启发式算法），以减少迭代次数，提高求解效率。

1. 多商品网络流模型

主问题模型主要决策哪些仓库用来合并拆分子订单，以及哪些子订单中 SKU 转运到合并仓库。装箱的决策将在子问题模型中求解，主问题模型中只需计算每个订单在每个仓库装箱的包裹数量的下界。该主问题模型是通过松弛 0-1 整数规划模型得到的，将三索引变量 b_{rjk} 转化为二索引策变量 b_{jk}（$b_{jk} = \sum_{r=1}^{n} b_{rjk}$），并将二元变量用于决定将哪个 SKU 包装到哪个包裹 p_{srjk} 中。b_{jk} 是一个变量，它反映

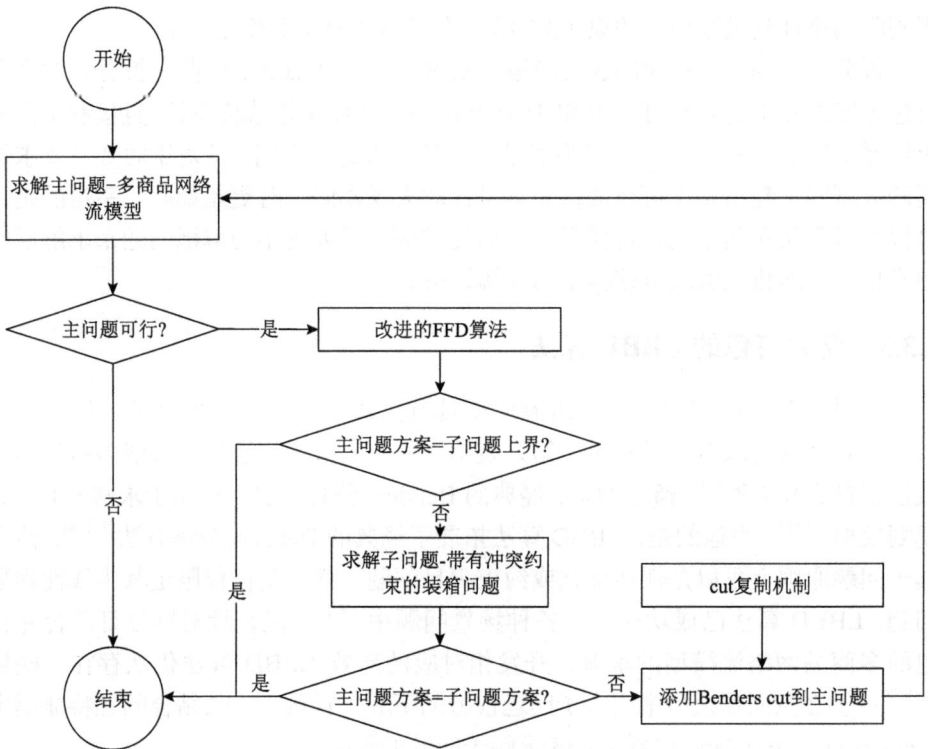

图 3.22　LBBD 算法流程图

FFD 表示 first fit decreasing（首次适应递减）

了从仓库 j 流向客户 k 的包裹数量的下界。主问题模型在没有变量 p_{srjk} 的情况下更容易求解。可以使用多个子问题模型 s 为每个仓库中的每个 SKU 分别做出包裹中 SKU 的包装决策。多商品网络流主问题模型如下：

$$\sum_{s\in S}\sum_{(j,k)\in A} c_{jk}^{\text{tran}} x_{sjk} + \sum_{(j,k)\in B} f_{jk}\left((1-\alpha)y_{jk}+\alpha b_{rjk}\right) + \sum_{s\in S}\sum_{(j,k)\in B} c_{jk}^{\text{ship}} x_{sjk} \quad (3.32)$$

$$\text{s.t.} \quad b_{jk} \geqslant \left\{ \frac{\sum\limits_{s\in S} w_s x_{sjk}}{W}, \frac{\sum\limits_{s\in S} v_s x_{sjk}}{V} \right\}, \quad \forall (j,k)\in B \quad (3.33)$$

$$b_{jk} \geqslant 0, \quad b_{jk} \in N, \forall (j,k)\in B \quad (3.34)$$

$$(3.21)\sim(3.23), \quad (3.30)\sim(3.31)$$

$$\text{Cuts} \quad (3.35)$$

主问题模型的目标是最小化总的成本（包裹配送成本和 SKU 转运成本之和）。约束（3.33）是对子问题模型的一种松弛，表示每个仓库中包裹数的下界值。此时，忽略了 SKU 的冲突关系，考虑包裹的重量约束 $\dfrac{\sum_{s\in S} w_s x_{sjk}}{W}$ 和体积约束 $\dfrac{\sum_{s\in S} v_s x_{sjk}}{V}$ 对包裹数的下界进行估计。约束（3.34）表示变量约束，即包裹数量为非负数。约束（3.35）表示每次迭代后主问题模型的决策变量与子问题模型的决策变量不匹配时，将生成的 Benders cut 添加到主问题模型中。

2. 带有冲突约束的装箱模型

基于在仓库 j 中合并打包并配送给客户 k 的 SKU 的集合 S_{jk}，子问题模型主要是在满足包装的重量、容量和 SKU 冲突约束的情况下，将 SKU 装箱到包裹中，以最小化包裹的数量。S_{jk} 集合的冲突关系图可以从原始冲突关系图 E 中提取：$E_{jk}=\left\{(s_1,s_2)\mid s_1,s_2\in S_{jk},(s_1,s_2)\in E\right\}$。主问题模型与多个子问题模型之间的关系如图 3.23 所示。每个仓库的子问题模型都是一个带有冲突约束的装箱问题（bin packing problem with conflicts，BPPC），子问题模型可建模为 BPPC_j。

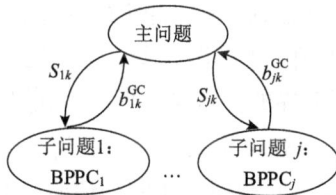

图 3.23　主问题和多个子问题之间的关系

定义 $b_r\in\{0,1\}$，$1\leqslant r\leqslant n$。如果 $b_r=1$，则表示包裹 r 被使用；定义 $p_{sr}\in\{0,1\}$，如果 $p_{sr}=1$，则表示 SKU$_s$ 被打包在包裹 r 中；b_{jk} 表示在主问题模型中生成的包裹数；b_{jk}^{GC} 表示在弧 $(j,k)\in B$ 中所需要的最小包裹数，b_{jk}^{LF} 则是相应的上界。则 BPPC_j 可建模表示为

$$\text{Min } b_{jk}^{\text{GC}}=\sum_{r=1}^{n} b_r \tag{3.36}$$

$$\text{s.t. } \sum_{r=1}^{n} p_{sr}=1,\forall s\in S_{jk} \tag{3.37}$$

$$\sum_{s\in S_{jk}} p_{sr}w_s\leqslant b_r W,\forall 1\leqslant r\leqslant n \tag{3.38}$$

$$\sum_{s \in S_{jk}} p_{sr} v_s \leqslant b_r V, \forall 1 \leqslant r \leqslant n \tag{3.39}$$

$$p_{s_1 r} + p_{s_2 r} \leqslant b_r, \quad \forall (s_1, s_2) \in E_{jk}, 1 \leqslant r \leqslant n \tag{3.40}$$

$$p_{sr}, \ b_r \in \{0,1\}, \quad \forall s \in S_{jk}, 1 \leqslant r \leqslant n \tag{3.41}$$

$$b_{jk} \leqslant b_{jk}^{GC} \leqslant b_{jk}^{LF} \tag{3.42}$$

子问题模型的目标是最小化 SKU 装箱的包裹数。约束（3.37）确保每个 SKU 只能装箱到一个包裹中。约束（3.38）和约束（3.39）分别表示包裹的重量约束和体积约束。约束（3.40）保证有冲突约束的 SKU 不能装箱到同一个包裹中。约束（3.41）表示变量的约束。包裹数的上下界用约束（3.42）表示。

3. 子问题的上界

因为每个订单在不同仓库的装箱问题都可以分解成几个装箱问题，通过分解，可能需要解决很多子问题模型。在求解子问题模型之前，可以得到每个子问题模型所需的最小包裹数的一个上界 b_{jk}^{LF}，这可以直接减少求解子问题模型的次数，加快算法的求解效率。这里为了解决 SKU 冲突的问题，使用改进的 FFD 算法计算上界，算法详细步骤见文献[8]。主问题模型、子问题模型、FFD 算法的解之间存在 $b_{jk} \leqslant b_{jk}^{GC} \leqslant b_{jk}^{LF}$ 关系，利用上界的优点是，当 $b_{jk} = b_{jk}^{LF}$ 时，可以不需要求解它们而找到最优的子问题模型，如果要快速求解许多分解的子问题模型，上界的好处可能更大。当 FFD 没有找到与主问题模型相同的值时，上界也可以添加到 BPPC 模型中，提高子问题的求解效率。

4. Benders cut

Benders cut 的产生是该 LBBD 算法的一个重要组成部分。不像经典的 Benders 分解，它依赖于其子问题模型对偶的解来推导 Benders cut，LBBD 没有提供标准的生成 Benders cut 的方案，因此必须针对拆分订单合并打包问题设计独特的 cuts。在 LBBD 算法的每次迭代中，对于任何 b_{jk} 和 b_{jk}^{GC} 不匹配的子问题模型，Benders cut 会被添加到主问题模型中。基于配送网络与转运网络，本节提出两种类型的 Benders cut 生成方法，考虑将不匹配的信息整合到主问题模型中，以引导主搜索向全局最优的方向发展。

假设在一个特定的迭代 h 中，主问题模型的解决方案将一组 SKU $S_{jkh} = \{s | x_{sjk}^h = 1\}$ 打包到 b_{jk} 数量的包裹中，并将包裹从仓库 j 运送至客户 k。子问

题模型的解表明，考虑到重量、体积和冲突的约束，S_{jkh} 个 SKU 至少需要 b_{jkh}^{*} 个包裹，$b_{jkh}^{*} > b_{jk}(S_{jkh})$。这种情况下应该明确 cut，如果 S_{jkh} 或 S_{jk} 的集合再次在仓库 j 打包并运至客户 k，包裹的数量必须大于或等于 b_{jkh}^{*}。因此，会分别在 SKU 的转运网络流和运输网络流中生成两种 cut 来保证它。

1）配送网络 cut

配送网络 cut 是从配送网络流中生成的。迭代 h 次后的 cut 为

$$b_{jk} \geqslant b_{jkh}^{*} - \sum_{s \in S_{jk}} (1 - x_{sjk}), \forall (j,k) \in B_h$$

B_h 是迭代过程中 BPPC 和主问题模型之间差距的弧集，b_{jkh}^{*} 是 SKU 集合 S_{jkh} 所需的最小包裹数。

Benders cut 1 可以保证收敛到最优解（见定理 3.1）。在 LBBD 算法中，Benders cut 收敛需要满足以下两种性质[12]。

性质 1：如果当前的主问题方案不是全局最优解，cut 必须能够移除该方案。

性质 2：cut 不能移除任何全局最优解。

如果 Benders cut 能满足性质 1 和性质 2，由于 b_{jk} 有一个有限的可行域，则带有该 Benders cut 的 LBBD 算法可以在有限的步骤内收敛到最优解。

定理 3.1　Benders cut 1——配送网络 cut 可以保证 LBBD 算法收敛到最优解。

证明：定理 3.1 主要是通过证明 Benders cut 1 满足性质 1 和性质 2 来实现。

首先，证明 Benders cut 1 满足性质 1。用 b_{jkh} 表示在迭代次数 h 中主问题生成的包裹数。如之前所述，S_{jkh} 指的是在迭代 h 次的过程中在仓库 j 配送到客户 k 的 SKU 的集合，而 b_{jkh}^{*} 是在迭代 h 次的过程中对于 S_{jkh} 集合中的 SKU 进行合并打包能够得到的最小包裹数。如果主问题生成的方案在子问题模型中不可行，即 $b_{jkh} < b_{jkh}^{*}$，则就会生成 Benders cut 1：$b_{jk} \geqslant b_{jkh}^{*} - \sum_{s \in S_{jkh}} (1 - x_{sjk})$。如果同样的 SKU 集合再一次在仓库 j 合并打包并配送至客户 k，则 $\sum_{s \in S_{jkh}} (1 - x_{sjk}) = 0$。此时存在 $b_{jk} \geqslant b_{jkh}^{*} > b_{jkh}$，意味着如果同样的 SKU 再一次在主问题中出现时，就必须生成更多的包裹数才能满足；或者，包裹数不发生变化，但是其相应的 SKU 集合中的元素发生了调整。同时，Benders cut 1 可以避免该主问题方案在以后迭代的主问题中再次出现。因此，Benders cut 1 满足性质 1。

接下来，证明 Benders cut 1 满足性质 2。假设在迭代次数 $t > h$ 的过程中，全局最优解被找到。S_{jkt} 是迭代次数 t 中从仓库 j 打包配送到客户 k 的 SKU 的集合，b_{jkt} 是相应的所需包裹数。考虑集合 $S_{jkt} \cup S_{jkh}$，则假设 $b_{jk}^{(S_{jkt} \cup S_{jkh})}$ 是该集合 SKU 打

包所需的最小包裹数。由于 b_{jkh}^* 是 SKU 集合 S_{jkh} 的最小包裹数，则可以得到：

$$b_{jk}^{(S_{jkt} \cup S_{jkh})} \geqslant b_{jkh}^*$$

同理，考虑 $S_{jkt} \cup S_{jkh}$ 是集合 S_{jkt} 和 $S_{jkh} \setminus S_{jkt}$ 的并集，可以得到：

$$b_{jk}^{(S_{jkt} \cup S_{jkh})} \leqslant b_{jkt} + \sum_{s \in \{S_{jkh} \setminus S_{jkt}\}} (1 - x_{sjk})$$

联合上述两个公式可以得到：

$$b_{jkh}^* \leqslant b_{jkt} + \sum_{s \in \{S_{jkh} \setminus S_{jkt}\}} (1 - x_{sjk})$$

由于 SKU $s \in \{S_{jkh} \cap S_{jkt}\}$ 在迭代 h 次和 t 次的过程中并没有发生变化，则 $\sum_{s \in \{S_{jkh} \cap S_{jkt}\}} (1 - x_{sjk}) = 0$。因此，容易得到 $b_{jkt} \geqslant b_{jkh}^* - \sum_{s \in S_{jkh}} (1 - x_{sjk})$，性质 2 得证。

因此，定理 3.1 得证。

2）转运网络 cut

第二个 cut 产生于转运网络流。迭代 h 次后的 cut 为

$$b_{jk} \geqslant b_{jkh}^* - \sum_{s \in S_{jkh}, (j', j) \in A} (1 - x_{sj'j}) - \sum_{s \in S_{jkh}, (j', j) \in A} x_{sjj'}, \forall (j, k) \in B_h$$

根据 SKU 存储在一般仓库还是合并打包仓库，相应 SKU 的集合表示有所不同。对于存储在其他仓库转运到仓库 j 的 SKU，用 $s \in S_{jkh}, (j', j) \in A, d_{sj'} = 1$ 表示，而对于自身存储在仓库 j 的 SKU，用 $s \in S_{jkh}, (j, j') \in A, d_{sj} = 1$ 表示。

与 Benders cut 1 类似，可以根据 Benders cut 2 得到定理 3.2。

定理 3.2 Benders cut 2——转运网络 cut 可以保证 LBBD 算法收敛到最优解。

证明： 同样地，需要证明 Benders cut 2 满足性质 1 和性质 2。

首先，证明 Benders cut 2 满足性质 1。根据之前的假设，S_{jkh} 指的是在迭代 h 次的过程中在仓库 j 打包，并配送至客户 k 的 SKU 的集合，相应的主问题生成的方案在子问题模型中不成立。对于在仓库中进行存储和打包的 SKU，存在 $x_{sjj'} = 0, \forall (j, j') \in A, s \in S_{jkh}, d_{sj} = 1$。对于转运到仓库 j 并进行打包的 SKU，存在 $1 - x_{sj'j} = 0, \forall (j', j) \in A, s \in S_{jkh}, d_{sj'} = 1$。因此，可以得到 $\sum_{\substack{s \in S_{jkh}, (j', j) \in A \\ d_{sj'} = 1}} (1 - x_{sj'j}) +$

$\sum_{\substack{s \in S_{jkh}, (j, j') \in A \\ d_{sj} = 1}} x_{sjj'} = 0, \forall (j, k) \in B_h$。由于 Benders cut 2 要求至少增加一个额外的包裹

（b_{jk}），或者从集合 S_{jkh} 中至少去除一个 SKU，当前的主问题方案可以被排除（即性质 1）。

接下来，证明 Benders cut 2 满足性质 2。假设在迭代次数 $t > h$ 时，找到一个全局可行解。S_{jkt} 是迭代次数 t 中从仓库 j 打包配送到客户 k 的 SKU 的集合，b_{jkt} 是相应的所需包裹数。考虑集合 $S_{jkt} \cup S_{jkh}$，则假设 $b_{jk}^{(S_{jkt} \cup S_{jkh})}$ 是该集合 SKU 打包所需的最小包裹数。由于 b_{jkh}^* 是 SKU 集合 S_{jkh} 的最小包裹数，则可以得到：

$$b_{jk}^{(S_{jkt} \cup S_{jkh})} \geqslant b_{jkh}^*$$

同理，考虑 $S_{jkt} \cup S_{jkh}$ 是集合 S_{jkt} 和 $S_{jkh} \setminus S_{jkt}$ 的并集，可以得到：

$$b_{jk}^{(S_{jkt} \cup S_{jkh})} \leqslant b_{jkt} + \sum_{\substack{s \in \{S_{jkh} \setminus S_{jkt}\}, (j',j) \in A \\ d_{sj'}=1}} (1 - x_{sj'j}) + \sum_{\substack{s \in \{S_{jkh} \setminus S_{jkt}\}, (j,j') \in A \\ d_{sj}=1}} x_{sjj'}$$

联合上述两个公式可以得到：

$$b_{jkh}^* \leqslant b_{jkt} + \sum_{\substack{s \in \{S_{jkh} \setminus S_{jkt}\}, (j',j) \in A \\ d_{sj'}=1}} (1 - x_{sj'j}) + \sum_{\substack{s \in \{S_{jkh} \setminus S_{jkt}\}, (j,j') \in A \\ d_{sj}=1}} x_{sjj'}$$

由于 SKU $s \in \{S_{jkh} \cap S_{jkt}\}$ 在迭代次数 h 和 t 中并没有发生变化，则：

$$\sum_{\substack{s \in \{S_{jkh} \cap S_{jkt}\}, (j',j) \in A \\ d_{sj'}=1}} (1 - x_{sj'j}) + \sum_{\substack{s \in \{S_{jkh} \cap S_{jkt}\}, (j,j') \in A \\ d_{sj}=1}} x_{sjj'} = 0$$

可以得到 $b_{jkt} \geqslant b_{jkh}^* - \sum_{\substack{s \in S_{jkh}, (j',j) \in A \\ d_{sj'}=1}} (1 - x_{sj'j}) - \sum_{\substack{s \in S_{jkh}, (j,j') \in A \\ d_{sj}=1}} x_{sjj'}$，性质 2 得证。

因此，定理 3.2 得证。

5. cut 复制机制

Benders cut 复制机制可以通过添加更多类似的 Benders cut，从而去除更多不可行方案，并且减少得到最优解的迭代次数。具体而言，如果一个 SKU 集合 S_{jkh} 不能用 b_{jk} 个包裹在仓库 j 中打包，那么，也不能用 b_{jk} 个包裹在其他仓库对 SKU 集合 S_{jkh} 进行打包。根据这种复制机制，如果主问题生成方案在一个子问题中不可行的话，便可以生成 $|K|$ 个 Benders cut。同时，尽管这种复制机制通过添加较多的 Benders cut 有可能移除更多的不可行解，但是也可能造成主问题求解难度的增加。因此，如何添加合适的 Benders cut 是 Benders cut 复制机制中比较重要的一部

分。本书设计了两种 Benders cut 复制机制：Benders cut 复制机制 1 和 Benders cut 复制机制 2，如图 3.24 所示。

Benders cut 复制机制 1：针对所有其他仓库($j \in K$)均生成类似的 cut。

Benders cut 复制机制 2：仅对该 SKU 集合中包含 SKU 所对应的仓库集合（$j \in K, d_{sj} = 1, s \in S_{jkh}$)中的仓库生成类似的 cut。

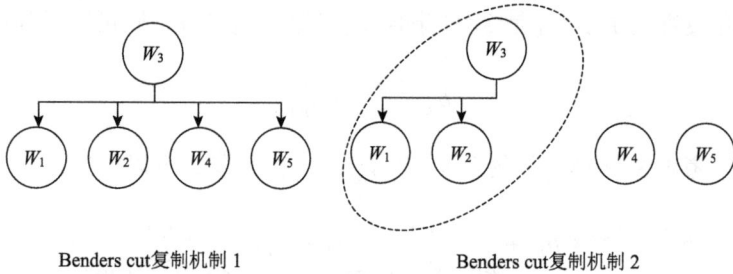

Benders cut复制机制 1　　　　　　　　　Benders cut复制机制 2

图 3.24　两种 Benders cut 复制机制

3.3.4　应用研究与方法验证

本节将基于国内某大型网上超市拆分订单履行的实际背景，结合实际订单特征通过数值实验验证本节所提出的合并打包方法的有效性。本节首先对应用问题背景进行描述，在此基础上对所提出的合并打包方法进行多角度、多方面验证，并结合灵敏度分析等为大型网上超市等企业提供管理启示和决策建议。

1. 数据生成

本节研究的问题来源于国内某大型网上超市。该大型网上超市通过自营平台销售超过 200 万种 SKU，拥有家居日用品、食品饮料、个人护理、3C、母婴、医药保健等全品类商品。由于单个仓库存储容量有限而且客户群体覆盖全国，为了实现客户订单即时履行，采用多地多仓、分品类的仓储模式，拥有北京、上海、广州、沈阳等七大区域配送中心，在全国运营超过 650 个大型仓库，物流设施占地面积约 1600 万平方米，订单履行范围覆盖全国 99%的人口。根据调研，该网上超市仅一个区域物流配送中心每日履行的订单就超过 50 万单，由于快消品 SKU 品类相关性及免邮策略等营销因素的影响，多品订单的比例已经占到了 50%以上，而多品订单的履行难度远远大于一品订单。客户订购订单中的多种商品存储在不同仓库，必然会导致订单拆分的问题。该网上超市订单拆分的比例已经高达 20%左右，订单拆分意味着一个订单被看作多个订单在多个仓库履行，这大大增加了订单的履行成本，更使得本来毛利率就较低的网上超市更加步履维艰。如何有效解决拆单难题，已经成为网上超市在激烈的市场竞争中能否生存下来的一道不可逾越的鸿沟。

　　由于实际网上超市数据的保密性要求，本节基于调研获得的仓库、SKU、订单实际数据特征的分析，生成数值实验所需的数据。

　　结合调研的订单信息，分析如下。

　　（1）订单根据拆分情况可以分为三类，一单一品订单、一单多品不拆分订单、一单多品拆分订单。本节实验验证主要是针对拆分订单的情况，因此主要考虑第三类订单，不考虑一单一品和一单多品订单不拆分的情况。

　　（2）大型网上超市每日处理的订单规模达到上百万个，而且订单处理的时效性要求很高。由于订单逐个处理，很容易进行并行计算，并且本节主要考虑多个拆分子订单的合并打包决策优化，设定订单数为 100 个，并设定订单的最大运行时间为 108 秒。在企业并行计算环境下，这种测试很容易拓展到实际应用面临的上百万个订单的规模。

　　（3）通过分析数据发现，拆分订单可以根据订单包含的 SKU 种类数和订单的拆分子订单数进行划分。因此，本节测试的数据集主要根据这两个指标进行区分（本节的大规模测试也是基于这两个指标）。考虑到订单的拆分子订单数的差异（即订单拆分的严重程度），将数据集中拆分子订单数取值{2, 5, 10}，分别对应于低拆单、中等拆单、高拆单三种情况。同时，在拆分子订单数一致的情况下仍会发现每个订单中包含的 SKU 种类数有差异，这会导致每个拆分子订单中的 SKU 种类数也会有差异。因此，将每个订单中包含的 SKU 种类数在 2 种到 20 种中进行取值。这个取值同时涵盖了同一个订单的同一种 SKU 订购多件的情况，但是可以划归为不同的 SKU 进行处理。值得注意的是，该取值会被拓展到 100 个以验证算法在处理复杂大规模订单的履行情况。

　　（4）网上超市销售超过 200 万种 SKU，涉及各个商品品类，但是由于每个订单单独处理，而每个订单中包含的 SKU 种类非常有限，结合该特征，本节设定总的 SKU 种类数为 1000 种（也可以拓展为上百万种，但是对合并打包计算结果没有影响）。

　　（5）网上超市销售 SKU 的重量和体积各不相同，而对重量和体积较大的 SKU 一般需要独立包装进行配送，不会进行合并打包。因此，本节 SKU 重量和体积信息主要基于网上超市小件商品的信息进行估计，同时为了方便处理，对这些重量和体积信息进行等比例的缩小，分别生成于 $U(0.1, 2)$ 和 $U(0.1, 0.5)$。如果 SKU 的重量或体积太大，则会设定其与其他 SKU 之间有冲突关系。

　　（6）SKU 打包通常有一定的打包规则限制，即有些商品 SKU 不能进行一起打包，本节用 SKU 间的冲突关系进行表示。由于商品是按照分品类存放，即仓库内各个 SKU 的冲突关系和仓库间 SKU 的冲突关系的比率不同，如食品仓的各种食品 SKU 可以一起打包，而食品仓与日用品仓的商品 SKU 就不一定能够一起打包。因此，根据 SKU 间的冲突关系在同一仓库和不同仓库间有区别，其生成概率分别为 0.2 和 0.4。后续会针对该参数进行灵敏度分析。

（7）网上超市拥有超过 650 个仓库，但是由于订单单独处理，每个订单涉及的仓库数较少（一般与订单的拆分子订单数一致），本节设定 10 个仓库进行测试，并在处理大规模问题（单个订单的拆分子订单数较大）时拓展至 20 个仓库。

（8）成本参数的估算。配送成本根据一般第三方物流的成本进行估计，固定配送成本和变动配送成本分别生成于 $U(6, 8)$ 和 $U(1, 2)$。转运成本基于仓库间的距离进行估计，这里采用转运成本和固定配送成本的比例值，生成于 $U(0.25, 0.38)$。这些参数的取值同样会进行灵敏度分析。

最后，如表 3.9 所示，共生成 10 个数据集，数据集主要通过订单 SKU 种类数和拆分子订单数进行划分。每个数据集有 10 个算例，共计 100 个算例。另外，生成 4 个大规模数据集，数据集也是通过订单 SKU 种类数和拆分子订单数进行划分，每个数据集有 5 个算例，共计 20 个大规模算例，见表 3.10。

表 3.9 多地多仓型网上超市拆分订单合并打包问题数据集

数据集	订单拆分率	转运比率	固定配送成本/元	变动配送成本/元	α（$0 < \alpha < 1$）	SKU冲突	订单 SKU 种类数/种	拆分子订单数/个
1							2	2
2							5	2
3							5	5
4							10	2
5	1	0.25～0.38	6～8	1～2	0.8	0.2～0.4	10	5
6							10	10
7							15	5
8							15	10
9							20	5
10							20	10

表 3.10 Large LBBD 算法对于一般数据集的求解结果

数据集	Large LBBD（平均）		LBBD（平均）		成本差值百分比	CPU 时间百分比
	成本/元	CPU 时间/s	成本/元	CPU 时间/s		
1	1175.86	0.62	1166.82	0.80	0.77%	77.50%
2	2012.50	1.50	2007.87	3.85	0.23%	38.96%
3	2403.30	4.75	2396.50	10.26	0.28%	46.33%

续表

数据集	Large LBBD（平均）		LBBD（平均）		成本差值百分比	CPU 时间百分比
	成本/元	CPU 时间/s	成本/元	CPU 时间/s		
4	3361.18	2.70	3333.23	19.21	0.84%	14.06%
5	3929.73	6.48	3908.40	17.04	0.55%	38.03%
6	4450.01	138.82	4423.76	179.14	0.59%	77.49%
7	5395.91	10.89	5359.96	45.97	0.67%	23.69%
8	6017.98	117.28	5990.13	158.83	0.46%	73.84%
9	6811.16	16.59	6734.70	163.83	1.14%	10.13%
10	7577.69	105.32	7523.93	195.62	0.71%	53.84%

注：成本差值百分比=（Large LBBD–LBBD）/LBBD×100%；CPU 时间百分比= Large LBBD/LBBD×100%

算法的测试环境为：Windows 10 操作系统，Intel Core i5-5200U 2.2 兆赫兹处理器，4 GB 内存。精确算法求解软件采用 CPLEX 12.6.2，算法代码采用 C#编写，并采用 Visual Studio 2017 进行调用。每个算例设置最大运行时间为 3 小时，其中每个订单的最大运行时间为 108 秒。算法的结果均采用 10 个算例的平均值。

2. 合并打包方法的数据实验结果

将本节提出的基于合并打包的多商品网络流模型和 LBBD 算法应用到上述大型网上超市拆分订单合并打包方案优化问题的数值实验中，验证本节所提方法的有效性。具体通过以下四方面进行验证：首先，通过与企业实际中采用的订单拆分方法对比，验证合并打包方法的优越性；其次，通过与整数规划模型（利用精确算法求解软件）对比，验证 LBBD 算法的高效性和精确性；再次，利用大规模测试算例，验证本节多商品网络流模型算法的可扩展性；最后，从订单履行时间的角度分析本节所提出的合并打包方法。

1）合并打包方法的优越性

以网上超市现有的订单拆分方法为基准，从订单履行总成本、包裹数、配送次数等三个方面验证本节提出的合并打包方法的优越性，结果如表 3.11 所示。

表 3.11　订单拆分和合并打包方法的比较

数据集	订单拆分方法			合并打包方法			总成本节约百分比	平均每个订单节省包裹数/个	平均每个订单减少配送次数/次
	总成本/元	包裹数/个	配送次数/次	总成本/元	包裹数/个	配送次数/次			
1	1689.33	200.0	200	1166.82	100.5	100.3	30.93%	1.00	1.00
2	2182.27	208.2	200	2007.87	154.3	147.1	7.99%	0.54	0.53
3	4220.84	500.0	500	2396.50	153.7	149.1	43.22%	3.46	3.51

续表

数据集	订单拆分方法			合并打包方法			总成本节约百分比	平均每个订单节省包裹数/个	平均每个订单减少配送次数/次
	总成本/元	包裹数/个	配送次数/次	总成本/元	包裹数/个	配送次数/次			
4	3432.51	299.9	200	3333.23	264.2	193.9	2.89%	0.36	0.06
5	5011.69	509.4	500	3908.40	253.5	246.2	22.01%	2.56	2.54
6	8449.80	1000.0	1000	4423.76	249.6	247.5	47.65%	7.50	7.53
7	6061.46	562.6	500	5359.96	361.1	333.1	11.57%	2.02	1.67
8	9203.78	1003.1	1000	5990.13	349.2	342.2	34.92%	6.54	6.58
9	7274.84	651.4	500	6734.70	471.6	399.5	7.42%	1.80	1.01
10	10060.25	1024.2	1000	7523.93	453.9	440.0	25.21%	5.70	5.60

在订单履行总成本方面，合并打包方法可以节省大约 2.89% 到 47.65% 的总成本。本节的合并打包方法是一种综合考虑订单完全拆分、订单完全合并以及部分订单进行合并等多种履行方案的优化方法，因此，相比于订单拆分方法，合并打包方法总能节省订单履行成本。另外，合并打包方法节省成本的规模与数据集中订单 SKU 的数量和拆分子订单的数量相关，进一步采用这两个数值的比例（每个子订单中的 SKU 种类数）进行分析。如图 3.25 所示，合并打包方法节约的成本随着子订单 SKU 种类数的增加而降低。这主要是由于子订单 SKU 种类数越少越难达到单个包裹配送的经济性。因此，一个子订单 SKU 种类数越少，合并打包方法越经济。主要有两种情景：一种是订单中 SKU 种类数是确定的，拆分子订单数较高；一种是拆分子订单数是确定的，而订单中 SKU 种类数较少。

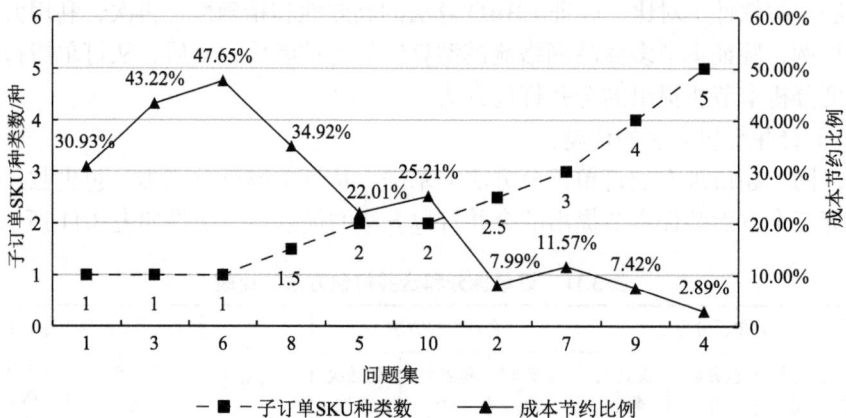

图 3.25　成本节约与子订单 SKU 种类数的关系

在包裹数方面，对于每个订单，合并打包方法可以节约 0.36～7.50 个包裹。

考虑到包装材料在生产、使用和处置过程中对环境造成很大的污染，节约的包裹数越多越有利于保护环境。以数据集 3 举例，假设每天处理 10 000 个订单，那么每年可以节约大概超过 1200 万个包裹及包装材料，大约减少 828 吨碳排放（600吨包装材料×1.38 单位碳排放）。

在包裹配送次数方面，合并打包方法平均每个订单可以减少配送 0.06～7.53次。包裹配送次数是反映客户服务满意度的一个重要指标。在理想情况下，客户一个订单只希望配送一个包裹、一次送到。现实情况中，客户的订单被拆分，分多次履行，多次配送，但是较优的一种方式是减少配送次数。可以发现，合并打包可以起到这个作用，而且订单被拆分的子订单越多，可减少的配送次数越明显。

2）LBBD 算法的表现分析

本节主要通过与 CPLEX 直接求解原整数规划模型（IP 模型）相比，验证 LBBD算法的有效性。根据提出 Benders cut 类型的不同以及 Benders cut 复制机制的不同，LBBD 算法主要有六种组合方式。它们与原整数规划模型的比较结果见表 3.12。可以看出，六种 LBBD 算法表现类似，它们的求解效率远远优于原模型。LBBD算法可以得到近似精确的结果（LBBD 算法可以求得精确解，但是考虑电子商务订单处理的需求，设置了最大求解时间仅得到近似最优解），却平均只需要求解模型时间的 25.84%（从 25.33%变化到 26.82%）。LBBD 算法所得到的结果与最优解之间的差值比例小于 0.005%。对于两种 Benders cut 的比较，Benders cut 2 的平均 CPU 消耗时间要略低于 Benders cut 1 的平均 CPU 消耗时间，它们之间的平均差值比例为 0.92%。两种 Benders cut 的结果类似，这是由于在多商品网络流模型中，转运网络与配送网络通过仓库节点密切连接着，而转运网络对应于 Benderscut 2，配送网络对应于 Benders cut 1。

表 3.12　LBBD 算法与原模型求解的比较

类别	数据集	cut 1	cut 1+pro 1	cut 1+pro 2	cut 2	cut 2+pro 1	cut 2+pro 2	IP
平均 CPU 时间/秒	1	0.92	0.80	0.83	0.80	0.75	0.77	1.28
	2	3.95	3.85	3.78	3.92	3.88	3.83	15.62
	3	11.53	10.26	10.64	11.43	10.18	10.91	38.47
	4	18.15	19.21	18.29	18.88	19.99	19.07	67.25
	5	17.20	17.04	17.05	17.17	16.80	17.10	114.02
	6	199.20	179.14	188.28	198.90	178.57	188.86	631.53
	7	44.02	45.97	43.36	43.93	44.06	43.86	263.05
	8	157.71	158.83	158.85	159.43	160.11	161.68	1206.36
	9	155.25	163.83	163.04	161.08	170.17	168.31	562.07
	10	198.17	195.62	198.69	192.39	196.28	195.66	1969.44
占 IP 的平均比例		26.82%	25.56%	25.73%	26.01%	25.33%	25.61%	

类别	数据集	cut 1	cut 1+pro 1	cut 1+pro 2	cut 2	cut 2+pro 1	cut 2+pro 2	IP
平均子问题所占时间比例	1	1.20%	0.20%	0.76%	1.18%	0.42%	1.24%	
	2	0.56%	0.58%	0.51%	0.69%	0.37%	0.54%	
	3	0.79%	0.46%	0.46%	0.88%	0.40%	0.56%	
	4	12.85%	12.58%	12.35%	12.30%	12.47%	12.46%	
	5	0.80%	0.77%	0.77%	0.80%	0.85%	0.85%	
	6	0.53%	0.31%	0.31%	0.53%	0.33%	0.31%	
	7	3.83%	3.35%	3.64%	4.05%	3.72%	3.92%	
	8	0.34%	0.36%	0.39%	0.35%	0.38%	0.36%	
	9	7.51%	6.63%	6.73%	6.94%	6.28%	6.34%	
	10	0.66%	0.67%	0.66%	0.70%	0.65%	0.67%	
	平均	2.91%	2.59%	2.66%	2.84%	2.59%	2.72%	
平均迭代次数/次	1	1.04	1.01	1.04	1.04	1.01	1.04	
	2	1.03	1.02	1.03	1.03	1.02	1.03	
	3	1.12	1.04	1.07	1.12	1.04	1.07	
	4	1.40	1.39	1.39	1.39	1.39	1.39	
	5	1.11	1.11	1.11	1.11	1.10	1.11	
	6	1.25	1.18	1.20	1.25	1.18	1.20	
	7	1.39	1.38	1.36	1.39	1.37	1.37	
	8	1.22	1.22	1.22	1.22	1.23	1.22	
	9	2.77	2.67	2.68	2.74	2.63	2.66	
	10	1.51	1.51	1.51	1.50	1.50	1.50	
	平均	1.38	1.35	1.36	1.38	1.35	1.36	
与最优值平均差值	1	0.000%	0.000%	0.000%	0.000%	0.000%	0.000%	
	2	0.000%	0.000%	0.000%	0.000%	0.000%	0.000%	
	3	0.000%	0.000%	0.000%	0.000%	0.000%	0.000%	
	4	0.000%	0.000%	0.000%	0.000%	0.000%	0.000%	
	5	0.000%	0.000%	0.000%	0.000%	0.000%	0.000%	
	6	0.003%	0.000%	0.000%	0.003%	0.000%	0.003%	
	7	0.002%	0.002%	0.002%	0.002%	0.002%	0.002%	
	8	0.000%	0.000%	0.000%	0.000%	0.000%	0.000%	
	9	0.019%	0.029%	0.029%	0.019%	0.029%	0.029%	
	10	0.014%	0.014%	0.014%	0.008%	0.014%	0.014%	
	平均	0.004%	0.005%	0.005%	0.003%	0.005%	0.005%	

注：表中平均数据根据各数据集的原始数据计算所得。cut 1 表示 Benders cut 1；cut 2 表示 Benders cut 2。pro 1 表示 Benders cut 复制机制 1；pro 2 表示 Benders cut 复制机制 2。IP 表示利用 CPLEX 求解的原 0-1 整数规划模型。LBBD 算法为一种精确求解算法，但由于设置了最大求解时间，结果为近似最优解。

根据表 3.12，Benders cut 复制机制 1 和 Benders cut 复制机制 2 平均能够节省 1.71% 的 CPU 时间。然而，这种改进的比例较小，这主要是由于平均迭代次数较低的缘故。因此，当使用 Benders cut 复制机制时，还需注意权衡 Benders cut 带来的额外复杂性和减少的迭代次数之间的关系。

对于求解主问题和求解子问题的对比，从表 3.12 可以看出求解主问题占据了求解 LBBD 算法的大部分求解时间。具体而言，平均求解子问题所占据的 LBBD 算法求解时间的百分比为 2.59%~2.91%，这也说明未来的 LBBD 算法可以通过减少求解主问题的时间来进一步提高算法的效率。

3）处理大规模拆分订单合并打包问题的高效性

首先，比较 Large LBBD 算法与 LBBD 算法在 10 个数据集的求解结果。平均而言，Large LBBD 算法可以得到的结果与 LBBD 算法之间的结果差值仅有 0.61%，而 Large LBBD 算法的求解时间仅仅不到 LBBD 算法的一半（44.37%）。

接下来，利用大规模数据集对 Large LBBD 算法进行测试。大规模主要体现在订单的 SKU 种类数以及拆分子订单数两个方面，而非订单数。将仓库数量拓展到 20，根据每个订单 SKU 种类数和拆分子订单数生成四组数据集。由于订单中包含的 SKU 种类数已经远远超过其平均值，该数据集的规模已经足够大。同时，直接利用 CPLEX 软件对大规模数据集进行求解的话，会由于内存不足而无法求解。因此利用 LBBD 算法运行三个小时来作为测试 Large LBBD 算法的基准。

如表 3.13 所示，针对大规模数据集，Large LBBD 算法与 LBBD 算法之间的差值为 0.53% 到 1.67%，而消耗的 CPU 时间为 237.44 秒到 2716.85 秒，仅为 LBBD 算法运行时间的 2.20%~25.16%。Large LBBD 算法的表现见图 3.26，随着运行时间的增加，LBBD 算法会在开始阶段有大幅度的下降而在接下来的运行时间内保持着较小的下降幅度。

表 3.13　Large LBBD 算法对于大规模数据集的求解结果

大规模数据集	仓库数/个	SKU 种类数/种	拆分子订单数/个	平均最优差值	平均 CPU 时间/秒
Large1	20	50	10	1.67%	237.44
Large2	20	50	20	0.59%	1698.11
Large3	20	100	10	0.58%	751.02
Large4	20	100	20	0.53%	2716.85

注：最优差值指的是 Large LBBD 和运行 3 小时 LBBD 输出方案的差值比例

4）订单履行时间的比较分析

合并打包方式增加了转运环节，因此其订单履行时间相比于传统订单拆分的方式可能要增加。本节研究主要是为了解答以下两个问题。

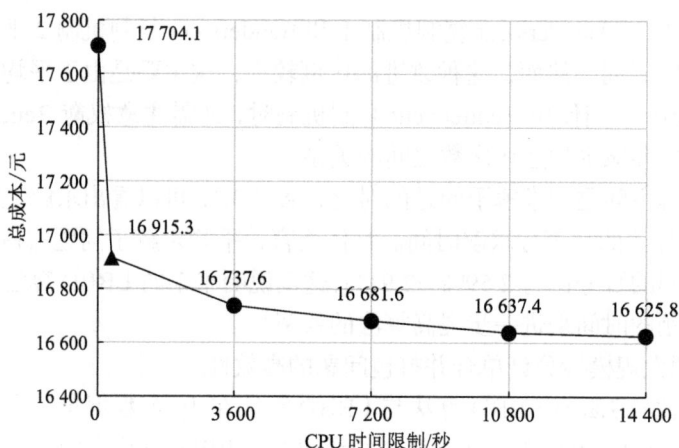

图 3.26　不同运行时间限制下 LBBD 算法的表现

（1）相比于订单拆分，合并打包会增加多少订单履行时间？

（2）合并打包增加的履行时间，是否在网上超市订单履行时间限制范围之内？

　　实验结果如表 3.14 所示。可以看出，相对于订单拆分，合并打包会平均增加 44.55 分钟的订单履行时间。这个结果表示对于紧急订单而言，合并打包方法并不合适，因为它不一定满足其订单履行时间的要求。对于一般订单而言，作如下分析。根据对网上超市实际运作的调研，每天从仓库出发的配送车辆通常是有一个固定的派车时间，如早上 8 时，下午 1 时，下午 6 时等。这就意味着如果拆分订单的合并打包能够在这些时间节点进行完成的话，则合并打包对于订单实际履行时间的影响可以忽略，从客户而言感受不到履行时间的差别。然而，如果拆分订单的合并打包在这些派车时间节点才刚刚开始，则很明显这些订单的履行时间将会延长到下一个派车批次，客户将会抱怨订单配送变慢。所以，对于这些临近派车时间节点的订单是不适合进行合并打包的，可以作为紧急订单处理。因此，对于紧急订单而言，合并打包方法不合适；而对于一般订单而言，其订单履行时间能够被网上超市所接受，不会影响订单的履行时效。

表 3.14　订单拆分和合并打包的订单履行时间对比分析（单位：分钟）

数据集	平均订单履行时间		差值
	订单拆分	合并打包	
1	127.55	179.30	51.75
2	129.23	157.04	27.81

数据集	平均订单履行时间		差值
	订单拆分	合并打包	
3	129.11	179.95	50.84
4	131.88	146.98	15.10
5	130.33	181.11	50.78
6	129.66	180.04	50.38
7	131.55	181.26	49.71
8	130.44	181.08	50.64
9	132.72	180.64	47.92
10	131.14	181.76	50.62

注：差值=合并打包时间–订单拆分时间

3. 管理启示

接下来，通过对影响合并打包方法和LBBD算法的关键要素进行灵敏度数据实验分析，得出在多因素影响下本节所提方法对目标影响的变化趋势。主要分析仓库间转运成本、SKU冲突关系、拆分子订单数等的影响分析。

1）转运成本的影响分析

基于数据集5，将单位转运成本的成本系数从$U(0,0.13)$到$U(1.25,1.38)$，分析单位转运成本的变化对总的包裹数和成本节约比例的影响。如图3.27所示，和订单拆分相比，合并打包节约的成本随着单位转运成本的增加而降低，而总包裹

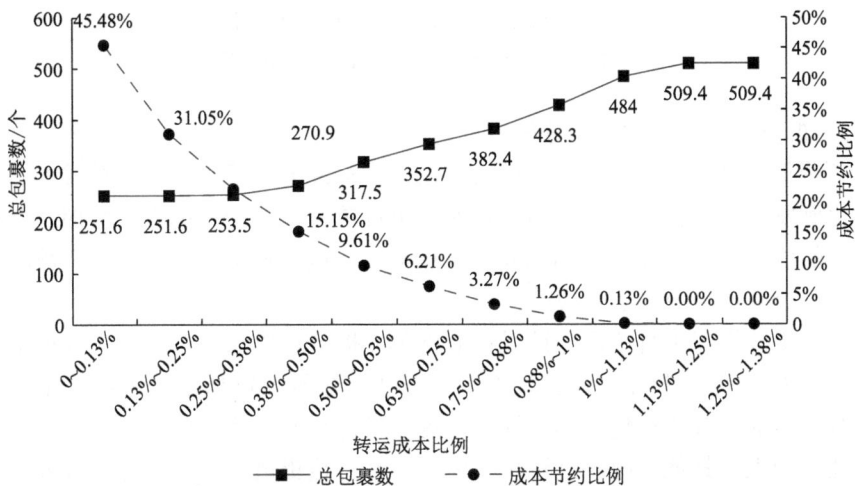

图3.27　不同转运成本比例下成本节约比例和总包裹数的变化

数会随着单位转运成本的增加，先呈增加趋势，然后在达到某个临界值后呈现平稳的状态。这意味着单位转运成本存在一个临界值，这个临界值为包裹的固定配送成本，当单位转运成本超过该临界值之后，相对于订单拆分，合并打包不会降低总成本，包裹数也不会发生变化。因此，采用合并打包的条件之一便是单位转运成本要小于固定配送成本。

2）SKU 冲突关系的影响分析

将仓库内 SKU 冲突关系比例系数从 0.1 增加到 0.4，将仓库间 SKU 冲突关系比例系数从 0.4 增加到 0.9，分析相应的总成本的变化情况。图 3.28 表明，随着仓库内 SKU 冲突关系的增加，订单履行成本几乎不变，而随着仓库间 SKU 冲突关系的增加，订单履行成本呈现一种大幅度增长的趋势。从这里可以分析出，当仓库间 SKU 冲突关系较大，则不适合进行合并打包。对应到现实中情况，如有一个食品仓库和一个日用品仓库，食品和洗衣液等 SKU 总是存在 SKU 冲突关系而不能一起打包，因此较合理的做法便是不对这两个仓库进行合并打包。

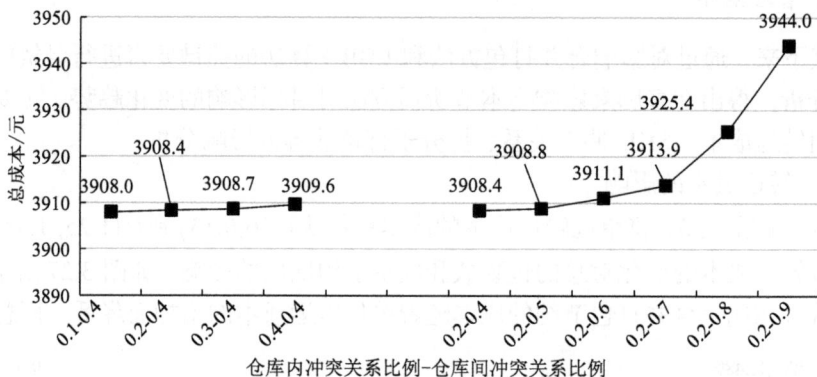

图 3.28　不同 SKU 冲突关系下总成本的变化

3）拆分子订单数的影响分析

随着每个订单中拆分子订单数的变化，图 3.29 显示了其相应的总成本和成本节约比例发生的变化。可以看出，随着每个订单中拆分子订单数的增加，合并打包节约的成本增加，同时，其总成本也在增加。这反映了在拆分子订单数较高的情况下，合并打包更加适合履行拆分订单。

进一步分析三种订单拆分情况：低拆单（拆分订单数为 2）、中等拆单（拆分订单数为 5）、高拆单（拆分订单数为 10）。如图 3.30 所示，随着子订单 SKU 种类数的增加，合并打包成本节约比例逐渐降低，而高拆单情况下成本节约的比例往往要稍大于其他情况。这再次验证了合并打包更适合于平均每个拆分子订单中 SKU 种类数较少的情况。

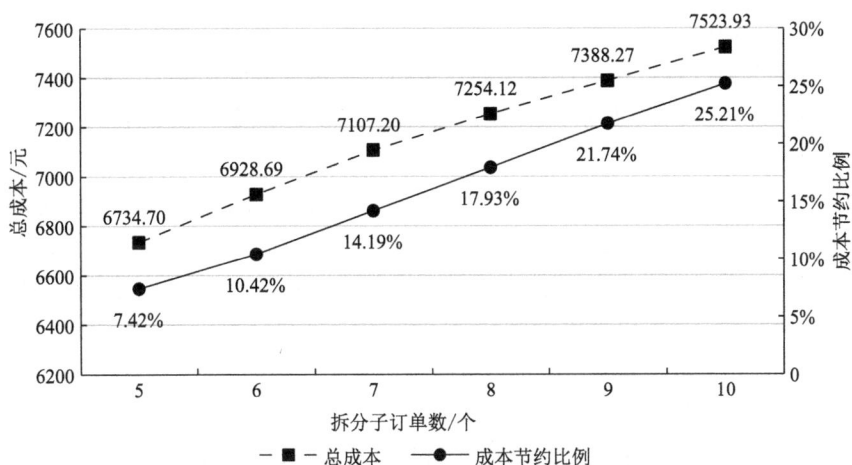

图 3.29　不同拆分子订单数的成本节约情况

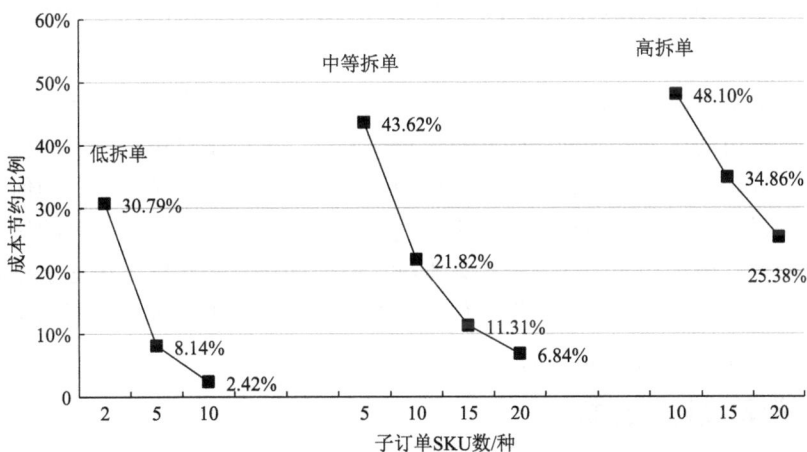

图 3.30　不同订单拆分情况下成本节约比例的变化

本节围绕多地多仓环境下网上超市拆分订单合并打包问题进行研究，针对多地多仓型网上超市拆分订单的合并打包决策方案优化难题，建立多商品网络流模型。通过利用多商品网络流理论刻画拆分订单 SKU 从转运网络通过打包过程进入包裹的配送网络这一流程，构建基于合并打包决策的多商品网络流模型。通过对该模型的 NP-hard 复杂性及块对角特征进行分析，提出分解算法的求解思路。然后，提出 LBBD 算法，求解基于合并打包的多商品网络流模型。考虑到多商品网络流模型的块对角特征，该 LBBD 算法可以对原模型进行分解，得到一个主问题模型和多个子问题模型进行迭代求解，并基于转运和配送网络特征，提出新的 Benders cut 和 cut 复制机制对模型进行高效求解，快速生成多地多仓环境下网上超市拆分订单的合并打包优化方案。最后，结合某大型网上超市订单履行的实际背景，基于实地调研的订单规模、商品仓储配置、订购商品情况等实际特点，验证了本节提出的合并打包方法在降低订单履行成本、减少包裹数、提高客户满意度等方面的优越性，以及对于解决我国普遍存在的多地多仓背景下的订单拆分问题的适用性。

未来可进一步深入研究的内容有如下几个方面：①LBBD 算法仍然可以通过添加新的 Benders cut、子问题模型松弛等启发式策略进行改进，在使用 LBBD 算法之前，可以通过一些预处理技术对模型进行进一步的改进；②现有研究是基于多个分品类仓库，还可以考虑这些仓库之间的 SKU 存储有重叠，这可能需要订单分配和合并打包的联合优化；③通过解决多个客户之间的合并打包方案，可以进一步探讨具有有限仓库容量的多个客户的合并打包问题；④针对不同类型的顾客，提出一个更好的订单履行策略，既能降低成本，又能提高客户的满意度。

3.4　大型网上超市拆分订单基于分拨中心的合并配送方法

大型网上超市拆分订单的合并决策的关键问题是何时合并、在哪合并，由于大型网上超市的客户对于配送时间有严格的要求，大批量订单拆分后的包裹需在由仓库、分拨中心、配送站组成的网络中流动并需被准时送至客户。如何高效、准确地获得拆分订单子包裹在分拨中心间的调度方案，合理组织包裹的流动，将是复杂的定性定量相结合的管理决策难题。时空网络这一建模方法适于刻画出网络中每个订单包裹随着时间在地理位置上的变化信息，可实现大型网上超市订单包裹在时间和空间上的规划与控制[19]。

3.4.1　问题描述与分析

本节研究基于分拨中心的订单合并策略，研究的是各拆分包裹从其初始分拨中心（包裹从仓库出发到达的首个分拨中心）到达该订单对应的目标分拨中心（订单的各子包裹合并的分拨中心）进行合流后，再一次性送至配送站这一过程。一个分拨中心给固定的几个配送站送货，客户订单所属配送站固定，因此，一个订单对应的合并子包裹的分拨中心确定。大型网上超市拆分订单基于分拨中心的拆分订单合并作业流程如图 3.31 所示。在图 3.31 中，订单 1 拆分后的三个子订单（分别对应子包裹 1-1、子包裹 1-2、子包裹 1-3）经过各自仓库拣选后运达相应的分拨中心，随后通过各分拨中心间的循环调度在目标分拨中心 3 实现合并，再集中送至配送站与客户手中。该策略适用于商品构成复杂、拆分包裹数较大的订单需合并的情况。将客户订购的商品准确、准时送达是网上超市的核心目标，因此本节以客户送货时间为基准来管理和控制订单包裹在各个物理位置的全程流动。为了更清晰地描述本节研究的拆分订单的子包裹在分拨中心间的合并问题，将仓库

（分拣中心）至分拨中心的运输线路简化为单向单条，来描述两者之间包裹的输入关系。

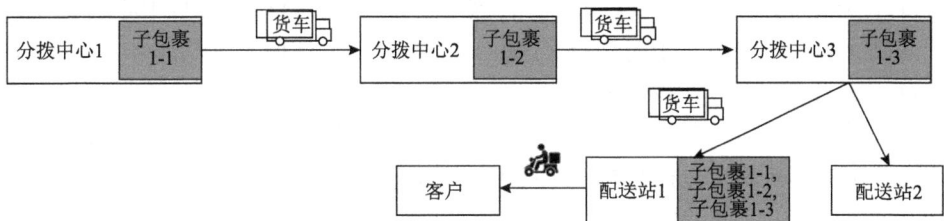

图 3.31 基于分拨中心合并策略的大型网上超市拆分订单合并作业示例

在图 3.31 描述的大型网上超市订单处理流程下，各分拨中心之间循环发车，对各包裹进行有策略的横向转载，按照客户规定的期限将属于同一客户的包裹合并后从分拨中心同时发出，以保证包裹一次性到达客户对应的配送站。现需决策：如何优化订单合并次序，即确定所有拆分订单的子包裹在分拨中心之间进行转载的时间及次序，由此实现在订单送货期限范围内，以最小的订单合并成本（包括车辆调度成本、运输成本和库存成本）实现所有拆分订单包裹的合并配送。

3.4.2 大型网上超市拆分订单基于分拨中心合并问题的时空网络

令 n 为时间范围的长度（如一天 8 个时间段），t 为所有时间段的指标 $t \in T, T = \{0, 1, \cdots, n\}$。在分拨中心有 O 个订单的拆分包裹要配送。为保证客户满意度，同属于 i 订单的多个子包裹都有一个最后发货期限 $t_i^{\text{end}} \in T$。在分拨中心间进行横向转载以及合并的过程中，分拨中心有存储容量限制 D^{station}，因合并需在分拨中心存储而延迟发货的包裹将占据储存空间而产生库存成本。在各分拨中心间循环进行横向转载的车辆有一定的载重限制 W^{vehicle}。

根据现实问题的场景，模型具有如下特征。

（1）仓库与分拨中心一一对应，发车时间固定。

（2）多个分拨中心间同时发车，且有固定的发车间隔。

（3）各分拨中心与对应的配送站间按固定时间间隔发车。

（4）当一个订单的所有子包裹都到达相应的分拨中心，才可以在发车时将这些包裹装车送至配送站。

（5）各个包裹无体积、重量差异。

（6）一个订单拆分至一个仓库后的商品仅有一个包裹。

采用时空网络技术来描述订单拆分后的各子包裹在分拨中心的合并过程。时空网络中横轴对应时间节点，纵轴表示包裹所处的位置（各个分拨中心与配送站）。时空网络图中的一个节点的含义为某时刻某子订单包裹所处的位置，弧表示包裹位置的转移和滞留状态。

在图 3.32 所示的时空网络结构图中，包含 3 个分拨中心 (D_1, D_2, D_3)，3 个配送站 (P_1, P_2, P_3)，3 个订单 (O_1, O_2, O_3)，这三个订单的目标合并分拨中心均为 D_1。订单 O_1 无拆分，只有一个包裹 O_{12} 分配至 D_2；订单 O_2 被拆分成 O_{21}、O_{22}，分别位于 D_1、D_2；订单 O_3 被拆分成 O_{31}、O_{32}、O_{33}，分别位于 D_1、D_2、D_3。各分拨中心之间循环发车，即由 D_1 到 D_2、D_2 到 D_3、D_3 到 D_1，且车载容量上限为 2，各包裹体积相同为 1；在时间轴上均匀划成了三个时间段且间隔为 T，分拨中心每单位包裹单位时间的库存成本为 c。

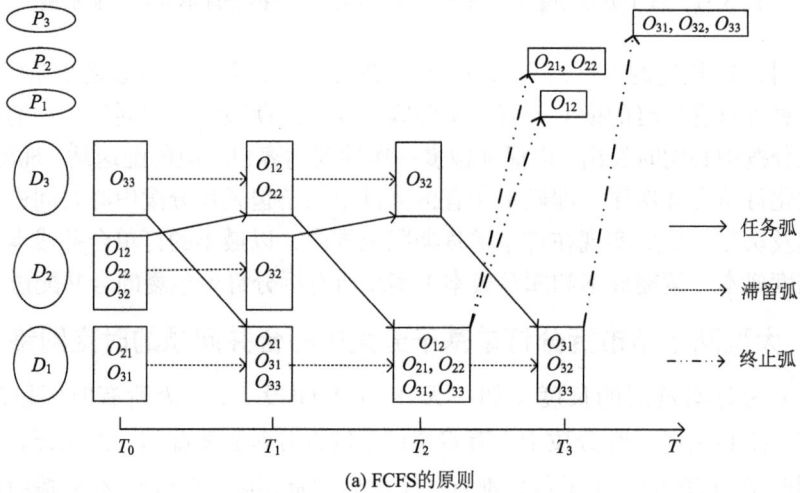

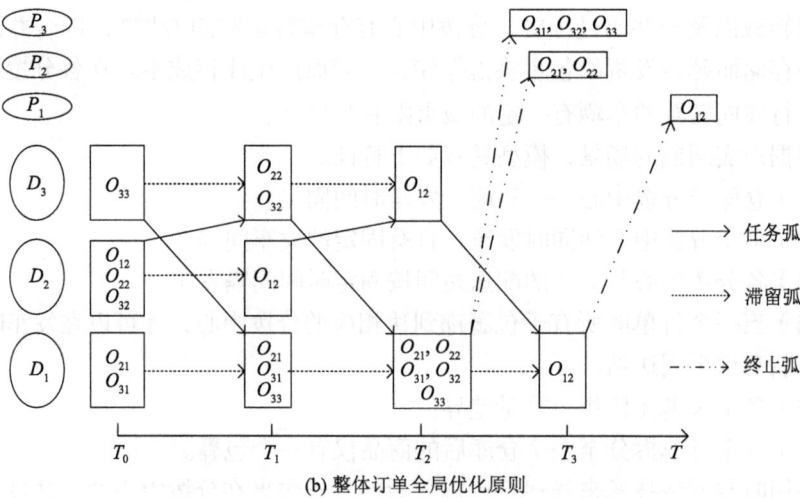

(a) FCFS的原则

(b) 整体订单全局优化原则

图 3.32　拆分订单分拨中心合并的时空网络结构图

FCFS 表示 first come first service（先到先服务）

空间网络是时空网络模型的基础，因此首先定义空间有向图 $P = (S, D)$，其中 S 为分拨中心集合，用 s、r 表示分拨中心的序号。D 为各分拨中心之间以及分拨中心到配送站的路径集合，用 (s, r) 表示路径序号。其次，定义时间戳序号集合 T，将有效作业时长进行等间隔划分，用 t、t' 表示两个时间节点。基于以上定义，构造时空网络为 $G = (V, A)$，其中 V 为时空节点集合，由位置节点 s 和时间节点 t 的组合 (s, t) 表示一个时空节点。网络中的弧可用四元组 (s, t, r, t') 表示，每个弧连接了一个时空起点 (s, t) 和一个时空终点 (r, t')。弧可分为任务弧、滞留弧和终止弧三种。其中，任务弧表示包裹在两个分拨中心之间的横向转载。滞留弧表示包裹在某一分拨中心滞留了一段时间，未发生位置移动，其中 s 和 r 是相同的。终止弧表示各包裹从分拨中心合并完成后发往配送站。

图 3.32（a）描绘了拆分订单包裹按 FCFS 的原则通过横向转载对所有需要合并的包裹以仓库到货卸货的顺序进行合并的时空网络结构图。该合并方式仅按时间先后顺序决策拆分订单包裹的合并次序，这样会导致库存积压，转运效率低。图 3.32（b）所示的整体订单全局优化原则是将一批拆分订单的所有子包裹作为一个整体考虑，按全局优化的思想调整包裹被转运的先后顺序，使拆分子订单尽快尽早合并，实现更高效率的横向转载，并降低库存成本。

订单合并流程中的成本包括车辆调度成本、运输成本和库存成本。其中，运输成本=包裹重量×运输距离×单位距离单位重量的运输成本。库存成本是由分拨中心货物的滞留造成的，可由单位时间内每单位货物的库存成本来衡量。图 3.32 示例中假定了车辆数量并且所有订单均要合并，因此图 3.32（a）与图 3.32（b）中的派车成本和包裹在分拨中心之间横向转载的运输成本相同。因此这里仅对比两者的库存持有成本。图 3.32（a）中 T_2 时刻订单 1 和订单 2 到达指定分拨中心，订单 2 合并完毕，订单 1 和订单 2 均在 T_2 时刻发货。订单 3 则在 T_3 时刻发货。因此所产生的库存成本为 $(2T + 6T) \times c$。图 3.32（b）中订单 1 则在 T_3 时刻发货，订单 2 和订单 3 均在 T_2 时刻发货。因此所产生的库存成本为 $(T + 2T + 3T) \times c$。计算可知图 3.32（b）比图 3.32（a）节省了 $2T \times c$ 的库存成本。节省的 $2T$ 时间的单位库存空间可用于接收后续由仓库运送来的包裹。由此可见，拆分订单子包裹的合并顺序的优化是有必要的。

3.4.3　基于时空网络的数学模型

定义参数如下。

O 表示订单集合。

Q_i 表示第 i 个订单的子包裹集合。

Z_i 表示订单 i 的拆分子订单对应的目标分拨中心，$Z_i \in \{1, 2, 3, \cdots, d\}$。

D 表示分拨中心集合 $\{1,2,3,\cdots,d\}$ 。

M 表示分拨中心数量。

D^{station} 表示分拨中心的库存限制。

W^{vehicle} 表示货车的载重上限。

C^{vehicle} 表示车辆调度成本。

t_i^{end} 表示订单 i 的最后发货期限，即该订单所有包裹合并完成并离开分拨中心的时间。

t、t' 表示时间节点，t、$t' \in \{1,2,3,\cdots,T\}$ 。

s、r 表示地点节点，代表分拨中心，s、$r \in \{1,2,3,\cdots,d\}$ 。

V 表示所有时空节点集合 (s,t) 。

A 表示所有弧集合。

A^m 表示任务弧集合，由四元组 (s,t,r,t') 形成。

A^r 表示滞留弧集合，由四元组 (s,t,r,t') 形成；其中 s 与 r 相等。

$C_{(s,t,r,t')}^{\text{ship}}$ 表示任务弧上单位包裹所产生的运输成本。

C^{hold} 表示单位包裹单位时间所产生的库存成本。

I_{st} 表示 t 时刻 s 分拨中心的库存水平。

(s_0,t_0) 表示虚拟源点。由于在时空网络图中，各包裹初始状态所处位置不同，引入虚拟源点作为图中一个统一的起点来保证流量平衡约束且无成本产生。

(s_f,t_e) 表示虚拟终点。所有订单子包裹均应从虚拟时空源点出发，经过所有时空网络节点后最终到达虚拟终点，形成完整的时空网络。

决策变量：

$x_{strt'}^{ij}$ 表示为 0-1 变量，如果第 i 个订单的初始分拨中心为 j 的包裹流经弧 (s,t,r,t') 则 $x_{strt'}^{ij}$ 为 1，否则 $x_{strt'}^{ij}$ 为 0。

K 表示每个分拨中心投入的车辆数，最大投入数量 $\geqslant K > 0$ 。

t_i^{ship} 表示订单 i 的所有拆分子包裹在目标分拨中心合并后的发货时间。

建立的数学模型如下：

$$\min \sum_{i \in O} \sum_{j \in Q_i} \sum_{(s,t,r,t') \in A^m} x_{strt'}^{ij} C_{(s,t,r,t')}^{\text{ship}} + \sum_{i \in O} \sum_{j \in Q_i} \left(t_i^{\text{ship}} - \sum_{(s,t,r,t') \in A^m} (t'-t) x_{strt'}^{ij} \right) C^{\text{hold}} + KMC^{\text{vehicle}}$$

$$(3.43)$$

$$\text{s.t.} \sum_{(r,t') \in V} x_{strt'}^{ij} - \sum_{(r,t') \in V} x_{rt'st}^{ij} = \begin{cases} 1, & (s,t) = (s_0,t_0) \\ -1, & (s,t) = (s_f,t_e) \\ 0, & \text{其他} \end{cases} , \quad \forall i \in O, \forall j \in Q_i \quad (3.44)$$

$$\sum_{(s,t,r,t')\in A^m} x_{strt'}^{ij} = \begin{cases} Z_i - j, & j < Z_i \\ M - (Z_i - j), & j > Z_i \\ 0, & \text{其他} \end{cases} , \forall i \in O , \forall j \in Q_i \qquad (3.45)$$

$$\sum_{i\in O, j\in Q_i} x_{strt'}^{ij} \leqslant KW^{\text{vehicle}} , \forall (s,t,r,t') \in A^m \qquad (3.46)$$

$$t_i^{\text{ship}} = \max\{ t' \cdot x_{strt'}^{ij} \} , \forall i \in O \qquad (3.47)$$

$$I_{st} + \left(\sum_{(s,t,r,t')\in A^m} x_{strt'}^{ij} - \sum_{(r,t',s,t)\in A^m} x_{rt'st}^{ij} \right) \leqslant D^{\text{station}} , \forall s \in D , \forall t \in \{0,1,2,3,\cdots,T\} \qquad (3.48)$$

$$t_i^{\text{ship}} \leqslant t_i^{\text{end}} , \forall i \in O \qquad (3.49)$$

$$x_{strt'}^{ij}, x_{rt'st}^{ij} \in \{0,1\} , \forall i \in O , \forall j \in Q_i \qquad (3.50)$$

目标函数（3.43）表示最小化总成本，第一项运输成本与第二项库存成本均根据时空网络中弧的定义来计算。约束条件（3.44）表示各包裹的时空轨迹应满足的流量平衡约束。其中，虚拟节点到达各时空节点的时间和距离均为 0。约束条件（3.45）确保了子包裹到达指定的目标分拨中心所经过的运动弧的数量。约束条件（3.46）是车辆载重约束。约束条件（3.47）是订单发货时间和各子包裹任务弧之间的关系，即该订单所有子包裹的取值非零的任务弧最大的终止时间为订单发货时间。约束条件（3.48）为分拨中心的库存约束，任一时刻保证库存量低于库存上限。约束条件（3.49）为发货时间约束，即所有订单包裹的发货时间 t_i^{ship} 不得大于最迟发货 t_i^{end} 时间，并且确保发货时间为合并结束的时间即同一订单的所有包裹都到达目标分拨中心。约束条件（3.50）表示变量取值约束。

由于上述数学模型的目标函数中的 $\sum\limits_{(s,t,r,t')\in A^m} (t'-t)x_{strt'}^{ij}$ 以及约束条件中的 $t_i^{\text{ship}} = \max\{ t' \cdot x_{strt'}^{ij} \}$ 均为非线性情况，需要附加大量变量才能换成线性模型，其求解空间极为庞大。并且在时空网络中，变量与约束个数将随时间间隔的划定、订单数量的增多而呈指数级增加，问题的规模越大，模型越发复杂，求解将越困难，因而有必要提出一套启发式求解方法来解决该问题。

3.4.4　求解方法

大规模的拆分订单合并问题，包含的分段约束与变量的规模非常庞大，因此构建的求解方法需以缩减解空间为前提，由此提出按照两个阶段对问题进行求解。第一个阶段，依据目标分拨中心、拆分子订单的包裹在目标分拨中心的最迟发货时间、包裹在各初始分拨中心的分配情况三个因素对订单进行归类处理，由此减少参与算法求解的对象的数量，以在有效计算时间内获得满意解。第二个阶段，考虑遗传算法进化算子的各态历经性使得遗传算法能够非常有效地进行概率意义的全局搜索，遗传算法可依据订单的时间属性（即在目标分拨中心的最迟发货时间）来采用分段整数编码的染色体编码方式，在算法寻优的过程中也可采用分段交叉算子和变异算子作用于不同区段上来完成染色体的交叉变异，并且第一阶段的订单归类工作可使染色体中由每个订单作为一个基因变为每类订单作为一个基因，基因数量大大缩减，可加快算法的寻优速度。因此，采用分段整数编码的遗传算法[20]对拆分子订单的包裹进行合并次序的优化。

第一阶段的订单归类的具体工作：对于 M 个分拨中心，订单合并后的最迟发货时间点 t_i^{end} 有 n 个，一个订单在分拨中心的分配情况可用 $M+2$ 维数组 $(M_1, M_2, \cdots, M_j, \cdots, M, Z_i, t_i^{\text{end}})$ 来描述，前 M 维数值为 0-1 变量，M_j 表示该订单在第 j 个分拨中心是否分配包裹，1 表示有，0 表示无。一个订单可能存在的包裹分配方案共有 $nM(2^M-1)$ 种。例如，有 4 个分拨中心，数组 $(1,0,1,0,4,3)$ 表示该订单仅在分拨中心 1 和分拨中心 3 有拆分子包裹，而目标分拨中心为分拨中心 4，从目标分拨中心发往配送站的时间最迟时间点是 3。因此，根据 $M+2$ 维数组中的具体数值，可将具有相同的目标分拨中心，其拆分子订单的包裹在同一目标分拨中心的最迟发货时间相同，且拆分子订单的包裹在各分拨中心的分配情况相同的订单归为一类。归类后的订单将形成一个带顺序号的列表，订单以该顺序号作为标记再参与后续的合并次序优化工作。

在第二阶段中，提出分段整数编码的遗传算法。传统的遗传算法会在染色体中任意基因位置选择交叉和变异点，无法保证是同一时间区段的基因参与交叉变异，不适宜直接用于求解具有时间参数的拆分包裹合并问题。因此本节提出对传统的遗传算法进行改进，改进后的遗传算法会依据订单的时间属性即在目标分拨中心的最迟发货时间采用分段整数编码，并且将分拨中心投入的车辆数变量 K 置于染色体首位。各段编码之间独立进行交叉变异，在算法寻优的过程中也会采用分段交叉算子和变异算子作用于不同区段上，保证算法在求解问题上的有效性和正确性。

分段整数编码的遗传算法具体步骤如下。

1. 编码设计

遗传算法的编码方式有二进制编码、格雷码编码及自然数编码。本节采用应用较为普遍的自然数编码，每条染色体首位为变量 K 的自然数整数编码（最大车辆供给数 $\geq K > 0$）。染色体剩余部位按照订单最迟发货期限 t_i^{end} 进行分段，每个基因数值对应订单归类后相应的顺序号。一条完整的染色体为一个求解方案，包括分拨中心投入车辆数量和订单处理次序。

2. 适应度函数

具体适应度函数设置如下：

$$Z = \sum_{i \in O} \sum_{j \in Q_i} \sum_{(s,t,r,t') \in A^m} x^{ij}_{strt'} C^{\text{ship}}_{(s,t,r,t')} + \sum_{i \in O} \sum_{j \in Q_i} \left(t^{\text{ship}}_i - \sum_{(s,t,r,t') \in A^m} (t'-t) x^{ij}_{strt'} \right) C^{\text{hold}} + KMC^{\text{vehicle}}$$

$$(3.51)$$

$$fit = \rho(1/Z) \tag{3.52}$$

3. 选择

在选择过程中采用轮盘赌的方式。计算所有初代染色体的适应度，生成一个随机数，根据选择概率判断是否进行选择操作，若满足条件，则选择适应度大的两条染色体作为父代染色体，否则，不进行选择操作。此外，在选择算子的设计中考虑了优势染色体的保留问题，即按照一定比例在种群中进行优势染色体的选择。剩余染色体不参与交叉变异计算。

4. 分段交叉算子

因为染色体的分段，所以交叉算子要考虑其分段形式。选择了部分映射交叉（partial-mapped crossover，PMX）的方式进行交叉，算法设计中采用循环形式实现染色体分段交叉，使得各分段间的交叉点并不相同。具体步骤如下。

步骤 1：从两个父代染色体 A、B 中在每个区段随机选择两个交叉点。

步骤 2：对染色体 A、B 对应区段交叉点之间进行交叉段的交换，得到新的染色体。

步骤 3：对新得到的染色体进行冲突性检查，对每个染色体的重复基因，则用交叉段内的重复节点对应另一染色体相应位置的节点去置换交叉段外的节点。反复进行，直至不再有重复的基因后，得到子代 A' 和 B'。

上述分段交叉过程如图 3.33 所示，交叉算子作用在不同的时间区段上。

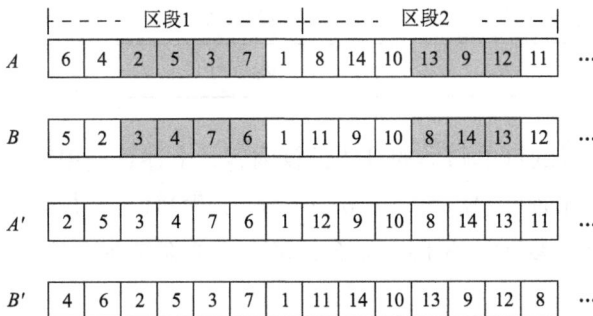

图 3.33　染色体分段交叉过程

5. 分段变异算子

变异算子也要考虑分段进行，即在父代染色体上每个区段随机选择 2 个变异点，两个变异点之间的基因进行倒序排列，形成新染色体。再将变异后的染色体重新插入子代中去。

根据上述两阶段求解方法的原理可知，本节以一个订单拆分子包裹的合并为研究重点。其中，问题的求解不考虑各订单拆分子包裹在重量与体积上的差异，而仅考虑订单子包裹在分拨中心的分配情况，这极大地降低了问题的解空间，减少了模型的求解时间。

3.4.5　数值实验

随机生成包含 4 个分拨中心（编号为 1、2、3、4）的五个不同规模（分别取 5000、10 000、20 000、40 000、100 000）的算例来验证求解算法的有效性。经与企业规划部门咨询，目前一个车所能装载的包裹数量大约为 800 个。相关参数设置如表 3.15 所示。

表 3.15　初始参数设置

参数	数值
O	分别取 5 000 个、10 000 个、20 000 个、40 000 个、100 000 个
D^{station}	200 000 件
W^{vehicle}	800 件
M	4
t	$t \in \{0,1,2,3,4,\cdots,8\}$
t_i^{end}	$t_i^{\text{end}} \in \{3,6,8\}$
C^{vehicle}	450 元
C^{hold}	0.22 元/个
C^{ship}	0.2 元/个

根据第一阶段的订单归类的具体计算内容，上述算例中所有订单在 4 个分拨中心的拆分情况通过 $(M_1, M_2, \cdots, M_j, \cdots, M, Z_i, t_i^{\text{end}})$ 计算，共有 180 种订单类别，具体数值表示形式参见表 3.16。那么，每个订单都是在这些拆分情况中随机选一个。

表 3.16 订单归类结果显示

M_1	M_2	M_3	M_4	Z_i	t_i^{end}
0	0	1	0	3	6
1	0	0	0	4	3
1	0	1	1	3	8
0	1	0	1	4	3
0	0	1	1	2	3

......

采用 MATLAB 语言编写第二阶段的遗传算法求解程序，在处理器为 Intel(R)Core(TM)i5-8300H CPU 2.3 兆赫兹，内存为 8 GB 的笔记本上运行，交叉和变异概率分别为 0.9 和 0.05。图 3.34（a）与图 3.34（b）分别展示了订单量为 10 000 个和 20 000 个时的算法寻优过程。

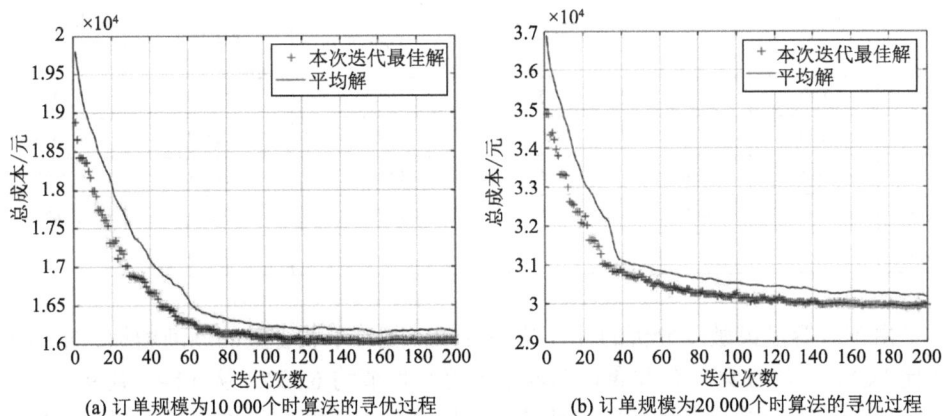

(a) 订单规模为10 000个时算法的寻优过程 (b) 订单规模为20 000个时算法的寻优过程

图 3.34 遗传算法的寻优过程图

大型网上超市或者其他网上零售商在订单合并过程中常用 FCFS 方法，因此在数值实验中将采取 FCFS 方法作为对比研究对象。如表 3.17 中计算数据显示，通过与 FCFS 方法的比较，验证了所提出的调整拆分子订单包裹的合并次序的方法的性能。与 FCFS 订单处理顺序相比，本节提出的优化订单合并次序方法可平均减少成本 6.49%（从 4.34%到 7.48%）。在表 3.17 中，根据 FCFS 策略实施的订单合并，未涉及优化计算，因此计算时间很短。本节采用的方法因采用了遗传算法的计算，需消耗一定的计算时间。

表 3.17　数值计算对比分析

问题	订单数/个	FCFS 方法		本节方法		对比结果（成本节约比例）
		成本/元	时间/秒	成本/元	时间/秒	
1	5 000	7 514.6	0.344	7 188.6	124.2	4.34%
2	10 000	17 178.2	0.516	16 022.4	217.6	6.73%
3	20 000	32 043.2	1.016	29 915.4	377.4	6.64%
4	40 000	66 375.3	1.645	61 540.9	646.4	7.28%
5	100 000	167 270.4	2.753	154 755.4	1 057.8	7.48%

　　考虑到车载容量是订单合并效率和转运成本的主要影响因素，因此选取该因素开展灵敏度分析。选取订单规模为 10 000 个的算例对车载容量进行灵敏度分析，得到如表 3.18 所示的成本和计算时间的数据。

表 3.18　车载容量灵敏度分析

问题	车载容量/件	FCFS 方法		本节方法		对比结果（成本节约比例）
		成本/元	时间/秒	成本/元	时间/秒	
1	800	17 178.2	0.516	16 022.4	217.6	6.73%
2	900	15 114.8	0.523	14 534.6	266.7	3.84%
3	1 000	15 927.5	0.613	14 988.2	207.1	5.90%
4	1 100	14 465.2	0.501	13 576.7	237.3	6.14%
5	1 200	15 069.6	0.491	13 709.4	198.6	9.03%

　　由车载容量灵敏度分析的计算结果可知，随着车载容量的逐渐增加，本节方法比 FCFS 方法在订单合并履行总成本上可平均节约 6.33%（从 3.84% 到 9.03%）。但订单合并履行总成本呈现出波动情况，原因是在车载容量增大的情况下，所需投入的车辆数变少，车辆投入成本减少，而总车载量的减少导致转运效率变低，库存成本有所上升。当车载容量为 1100 件时，采用本节方法实现成本最低，为 13 576.7 元。总体数据显示，即使车载容量增加，本节方法依然优于 FCFS 方法，体现出了订单合并次序优化方法的优越性。

　　本节结合大型网上超市订单数量庞大、订单品项多、分类仓导致订单拆单率较高以及客户的订单会以多包裹多批次的形式履行等特征，针对大型网上超市各分拨中心之间循环发车进行拆分订单包裹的横向转载合并这一作业流程，建立了大型网上超市基于分拨中心的订单合并时空网络优化模型，并提出了基于分段整数编码的遗传算法来求解该问题。研究成果为拆分子订单合并履行的优化决策提供了一种新的建模方法，提高了订单合并方法的实用性和普适性，有利于发展网上超市这一新型电子商务模式。在实践上，理论成果可为指导大型网上超市或其他拆单现象显著的 B2C 电子商务企业的分拨中心业务操作人员的实际作业提供借鉴，有助于电子商务企业实现效率与客户服务水平的综合提升。

所取得的成果及创新之处归纳如下：①针对商品构成复杂、拆分包裹数较大情况下的拆分订单合并问题，提出了拆分订单在多个分拨中心之间通过横向转载实现合并的策略。该策略是对多个仓库之间大批量一般商品订单的合单作业以及适用于在配送站对客户紧急订单合并策略的补充。可为解决订单高拆单率导致的多次零散配送难题提供一种新的订单履行方式。②将时空网络这一高效的建模手段应用于大型网上超市订单合并优化，在时间维度上对拆分订单包裹的物流网络进行二维扩展，将传统规划模型中与时间相关的约束纳入决策变量中，以增加决策变量的代价来减少约束条件，进而简化数学模型，给大规模拆分订单子包裹合并的复杂动态网络流规划问题的建模和求解带来了便利。③在问题求解上为了缩减解空间，将拆分订单依据分拨中心的分配情况以及订单最迟发货时间进行归类，将大规模拆分订单子包裹合并次序的优化简化为分类订单合并次序的优化，进而可利用分段整数编码的遗传算法进行求解，使得求解结果在时间和质量上都呈现出比较好的结果。

未来的研究方向如下：①在多分拨中心之间进行拆分订单子包裹的横向转载、合并这一作业流程下，如何确定动态发车时派车的数量及路径问题；②考虑各拆分子订单的包裹存在重量与体积差异情况下的订单合并问题；③考虑订单拆分至各仓库后，仓库拣选打包商品的效率以及到达对应的分拨中心的时间可调整的情况下，拆分子订单在分拨中心的合并问题。

3.5　大型网上超市拆分订单基于配送站的合并配送方法

3.5.1　问题描述与分析

1. 问题描述

本节阐述了大型网上超市拆分订单"最后一公里"合并配送问题，即在配送站实现拆分订单合并，使得在满足配送时间下同一客户的多个包裹尽量少次配送给客户[21]。该订单合并方法将相同客户的货物在配送站进行合并，从而减少后续配送成本。针对拆分订单，"最后一公里"合并配送问题主要包含两个特征：①同一客户的多个包裹在不同时间到达一个配送站；②配送站会向同一客户进行多次配送。这两个特征一般都发生在较短时间内，如可将时间长度设定为 1 天。

对于第一个特征，有三种实际情况。第一种情况是订单拆分，这主要是由一个订单中的多个库存单元是由多个仓库分别拣选打包完成导致的[8]，而订单拆分问题对于具有一单多品订单特性的大型网上超市尤为显著，如根据已有研究对大型网上超市 1 号店（被京东收购）做过的统计分析，其平均每个订单高达 16.7 件商品，由此导致拆单率大大提高。与此同时，订单拆分会导致为同一客户进行多次配送的现实问题。例如，Xu 等[22]发现一家大型网上零售商由于订单拆单率达 10%～15%，其包裹数量增加了 3.75%～6%。对于特定的配送站，由于不同仓库订单处理时间不同，以及从仓库到配送站的运输时间不同，同一客户的包裹往往会在不同的时间到达配送站，从而进行分批次配送到达客户。第二种情况是客户可能在不同的时间段里从同一家网上零售商下多个订单，从而导致多次配送的情况。已有网上零售商开始探索以订单合并模式减少包裹配送数量，如亚马逊的"合并配送"和"一键订单合并"等服务。但是，这些合并服务通常限制在单个仓库中，且合并时间通常很短（如亚马逊为 30 分钟），所以仍然存在同一客户有多个包裹多次配送的情形。第三种情况是客户可能会在不同电子商务平台分别订购订单，但包裹会到达同一个配送站，并且"最后一公里"配送将由同一个配送公司完成。

对于第二个特征，由于配送站每天配送包裹数量巨大且每个配送车辆的车载容量有限，同时，每个客户要求的配送时间又有差异，需从配送站向客户进行多次配送。另外，大型网上超市提供的当日和次日配送服务选择，如京东"211"等，也要求配送员每天多次送货。

为了最小化总成本，将决策以下问题。

（1）是否对同一客户的多个包裹进行合并配送？

（2）如果采用合并配送，每个包裹需要等待多长时间进行合并？

将一个城市的配送区域划分为多个子区域，每个配送站服务一个子区域内的客户。本书聚焦于某一特定配送站所服务的某一配送区域。各仓库完成包裹的作业时间不同，从仓库到配送站的配送时间也会有所不同，因此同一客户的多件包裹可能会在不同的时间到达配送站。考虑到客户下订单和包裹到达配送站之间的处理时间通常比"最后一公里"配送的决策时段要长，可在决策时段之初假设配送站获取到所有即将到来的订单信息。

令 n 为配送时间段的长度（如一天 3 个时间段），t 为所有时间段的指标 $T=0,\cdots,t,\cdots,n$，有 m 个包裹要配送。对于每个包裹 i，由于可以通过诸如 GPS 和其他物联网传感器实时监控每批包裹的配送状态，可以精确获得每个包裹到达配送站的时间为 t_i^{start}（$t_i^{start} \in T$）。例如，京东使用的青龙系统，为每个配送站监控每个订单/包裹从仓库到客户的状态提供了强有力的保障[23]，其他基于 IOT 的物流系统可以参考文献[24]和文献[25]。每个包裹都有一个配送期限 t_i^{end}（$t_i^{\text{end}} \in T$），是由客户要求或由网上超市保证的最晚配送时间。每个包裹的配送时间 $t_i^{\text{ship}} \in T$，必须满足 $t_i^{\text{start}} < t_i^{\text{ship}} < t_i^{\text{end}}$ 这个条件，这主要是由于在配送之前，卸货、分拣和装货都需要时间，而且所有的包裹都必须在最后期限之前配送给客户。配送站有存储容量限制 Q^{station}，可存储延迟配送的包裹，这将导致额外的库存成本。此外，配送站内的车辆是同一种车型，具有一定的载重能力 W^{vehicle}。各时段派出车辆数量由总装车重量决定，由于其对合并决策的影响较小，此处忽略配送车辆的装载决策。在网上零售环境中，由于"最后一公里"的配送是整个物流链的最昂贵的部分[26]，本书的目标是最小化总成本，进行合并配送决策主要是在配送成本和库存成本之间进行权衡。配送成本的计算将在成本分析部分进行介绍。为了使车辆使用成本、配送成本和库存成本的总和最小，关键问题是对每个包裹的配送时间进行决策。

2. 问题分析

1）包裹配送方式

"最后一公里"配送中主要有两种包裹配送方式，先进先出（first in first out, FIFO）的配送方式和基于配送站的订单合并配送方式。这两种方式的具体介绍如下。

先进先出：是一种以当前包裹到货时间为基础的配送方式，所有到达配送站的包裹都在下一波次配送时从配送站发出。这种配送方式是在固定的时间点而不是在整个时间范围内进行合并和配送的。对于同一客户的多个包裹，如果它们在同一时间到达配送站，则可以进行合并然后一次性配送至客户。在企业"最后一公里"配送实践中，先进先出是一种广泛使用的配送策略。然而，随着网上零售中订单拆分问题的出现，先进先出方法也存在着缺陷，多个包裹可能会多次配送给同一客户，降低了配送效率，带来了较高的配送成本。因此，下面提出了一种新的包裹合并配送方式，就是对于同一客户将多次包裹配送合并为一次配送完成订单履行。

订单合并：是一种将客户的多个包裹在配送站合并配送的新方式。在这种方式下，一些包裹以先进先出的方式配送，而其他包裹则有可能在配送站延迟配送，延迟配送的包裹与后续到达的包裹合并为一次配送，以更少的时间和配送次数配送到客户。与先进先出方式相比，订单合并具有通过合并多个包裹来减少配送次数从而降低配送成本的潜力，但合并配送会给配送站带来额外的库存成本。因此，在订单合并方式中，决策的关键是必须在增加的库存成本和降低的配送成本之间进行权衡。

2）成本分析

基于国内多家大型网上超市的实际调研，"最后一公里"配送成本主要包括车辆使用成本、配送成本和库存成本三部分。

车辆使用成本是指驾驶员的固定费用、装车作业费用和其他相关车辆调度费用之和。总车辆使用成本是用单位使用车辆的成本乘以使用车辆的数量来计算的，如果在一定时间内没有配送，那么车辆使用成本为零。

配送成本包括固定配送成本和可变配送成本。每个客户的每次送货都会产生送货操作带来的固定成本，如与客户制订送货计划、车辆路径、等待客户签字等。可变配送成本只有在一次配送的包裹重量高于临界重量时才会发生，它是由单位可变配送成本乘以包裹超重重量来衡量的。总配送成本是每次配送的成本之和，其中一次配送代表一次客户访问。如果多个配送同时配送给同一个客户，可以将它们视为单个合并配送，因为客户的相关配送操作只履行一次。因此，使用以下公式来衡量配送成本：单个客户单次配送成本=固定配送成本+可变配送成本=固定配送成本+单位可变配送成本×包裹的超重。

库存成本是由包裹在配送站等待产生的，它代表了配送站的租用成本。此外，配送成本和库存持有成本之间的权衡一直是合并配送文献中的关注点[25,27]。根据对一家大型网上超市的几位运营员工的实际调研，库存成本是通过单位时间内每单位包裹的库存成本来衡量的，它通过延迟配送的包裹数量和延迟的时间段进行计算。

3）一个例子

现通过如图 3.35 所示的实例来详细阐述两种不同的配送方式：先进先出和订单合并。

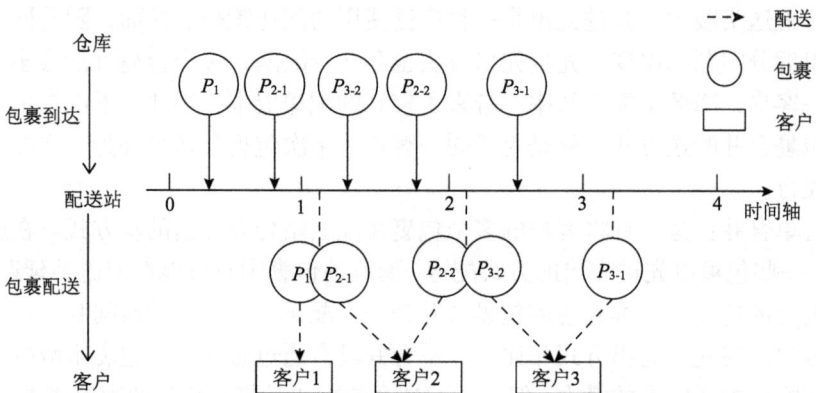

(a) 先进先出

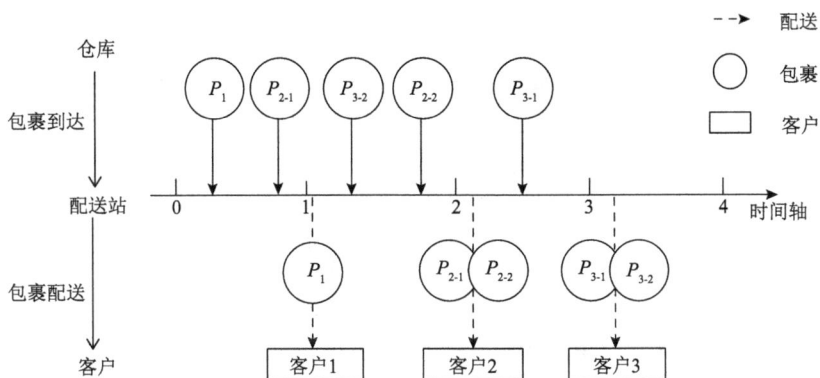

(b) 订单合并

图 3.35　先进先出和订单合并的示意图

在该实例中，假设配送时间段 $n=4$，包裹数 $m=5$ 以及有 3 个客户，忽略车辆的使用成本，其他成本参数设置如下：固定配送成本 1.5，配送包裹的临界重量为 20，可变配送成本为 0.5，单位库存成本为 0.2。包裹 P_1、P_{2-1}、P_{2-2}、P_{3-1}、P_{3-2} 的配送重量分别为 5、3、10、8、6。假设 P_1、P_{2-1}、P_{2-2}、P_{3-1} 和 P_{3-2} 的到达配送站时间和配送截止时间分别为（0，1）、（0，2）、（1，3）、（2，3）和（1，4）。如图 3.35（a）所示，在先进先出的方式下，有 5 个包裹单独配送，没有发生任何库存成本，其总成本为 $1.5 \times 5 = 7.5$。如果采用订单合并方式进行配送，如图 3.35（b）所示，则 P_{2-1} 和 P_{3-1} 延迟一段时间配送，然后将 P_{2-1} 和 P_{2-2} 合并在时间段 2 配送给客户 2，将 P_{3-1} 和 P_{3-2} 合并在时间段 3 配送给客户 3，则订单合并的总成本为 $1.5 \times 3 + 0.2 \times 2 = 4.9$。可以发现，订单合并方式可节约订单配送总成本。

3.5.2　基于配送站的合并配送整数规划模型

1. 变量说明

$J = \{1, \cdots, j, \cdots, u\}$，客户集合。

$M = \{1, \cdots, i, \cdots, m\}$，配送包裹集合。

$T = \{0, \cdots, t, \cdots, n\}$，配送时间段集合。

w_i，单个包裹 i 的配送重量。

h_{ij}（$h_{ij} = \{0,1\}$），第 i 个包裹是否配送给客户 j 的，若是，h_{ij} 为 1，若不是，h_{ij} 为 0。

W^{vehicle}，单辆车的装载能力。

Q^{station}，配送站的存储容量限制。

c^{vehicle}，单位车辆的调度成本。

c^{fship}，每次配送的固定配送成本。

c^{vship}，每次配送的可变配送成本。

c_{jt}^{ship}，客户 j 在 t 时间段的配送成本。

W，单次配送的包裹重量临界值。

c^{hold}，每单位时间延迟配送的单位存货成本。

t_i^{start}（$t_i^{\text{start}} \in T$），包裹 i 到达配送站开始的时间 t_i^{start}，$t_i^{\text{start}} < n$。

t_i^{end}（$t_i^{\text{end}} \in T$），包裹 i 的配送截止时间。

决策变量如下。

x_{it}（$x_{it} = \{0,1\}$），如果包裹 i 在 t 时间内配送，取 1，否则取 0。

t_i^{ship}（$t_i^{\text{ship}} \in T$），包裹 i 配送期，$t_i^{\text{ship}} = \sum_t x_{it} t$。

$y_t \geqslant 0, y_t \in N$，$t$ 时间内调度车辆的数量。

$z_{jt} = \{0,1\}$，客户 j 在时间 t 内得到服务就取 1，反之，取 0。

2. 合并配送整数规划模型建立

模型可以表示为

$$\text{Min} \sum_i y_t c^{\text{vehicle}} + \sum_{j,t} c_{jt}^{\text{ship}} + \sum_i c^{\text{hold}} \left(t_i^{\text{ship}} - t_i^{\text{start}} - 1 \right) \tag{3.53}$$

s.t.

$$c_{jt}^{\text{ship}} = \begin{cases} c^{\text{fship}} z_{jt}, & \sum_i x_{it} h_{ij} w_i \leqslant W, \quad \forall j,t \\ c^{\text{fship}} z_{jt} + c^{\text{fship}} \left(\sum_i x_{it} h_{ij} w_i - W \right), \text{其他}, \quad \forall j,t \end{cases} \tag{3.54}$$

$$\sum_t x_{it} = 1, \forall i \tag{3.55}$$

$$t_i^{\text{start}} + 1 \leqslant t_i^{\text{ship}} \leqslant t_i^{\text{end}}, \quad \forall i \tag{3.56}$$

$$\sum_i x_{it} w_i \leqslant y_i W^{\text{vehicle}}, \quad \forall t \tag{3.57}$$

$$\sum_{i,\, t_i^{\text{start}} + 1 \leqslant t \leqslant t_i^{\text{ship}}} x_{it} \leqslant Q^{\text{station}}, \quad \forall t \tag{3.58}$$

$$z_{jt} \geqslant x_{it} h_{ij}, \quad \forall i,j,t \tag{3.59}$$

$$y_t \geqslant x_{it}, \quad \forall i,t \tag{3.60}$$

$$t_i^{\text{ship}} = \sum_t x_{it}t, \forall i \tag{3.61}$$

$$x_{it}, z_{jt} = \{0,1\}, y_t \geqslant 0, y_t \in N, \forall i, j, t \tag{3.62}$$

其目标是最小化总成本，即车辆使用成本 $\sum_i y_t c^{\text{vehicle}}$ 、配送成本 $\sum_{j,t} c_{jt}^{\text{ship}}$ 以及库存成本 $\sum_i c^{\text{hold}}\left(t_i^{\text{ship}} - t_i^{\text{start}} - 1\right)$ 的总和。c_{jt}^{ship} 包含固定配送成本和可变配送成本，而后者只有当配送重量的临界值 $\sum_i x_{it}h_{ij}w_i > W$ 时发生。约束（3.54）表明，每批包裹应该在某一个时间段内配送。约束（3.55）表示包裹 i 只能在一个时间段内配送。约束（3.56）确保每批包裹的配送时间应该满足包裹到达配送站时间和配送截止时间。约束（3.57）和约束（3.58）分别表示配送时段车辆的装载重量和配送站容量的约束条件。约束（3.59）表示只有在为客户至少配送一个包裹时才为客户服务。约束（3.60）确保车辆只有在至少有一次配送任务时才被分派。约束（3.61）表示变量 x_{it} 与 t_i^{ship} 之间的关系。约束（3.62）表示变量取值范围。

该模型求解的复杂性主要体现在两个方面：庞大的求解空间和分段整数函数结构。首先，由于这是一个 NP-hard 问题，解空间随着包裹配送数量和总配送时间段的增加而呈指数级增长，证明如下。

命题 3.1　大型网上超市"最后一公里"拆分订单合并配送问题是一个 NP-hard 问题。

证明：通过一个已知的 NP-hard 问题进行证明。如果 $c^{\text{vship}} = 1$ ，$c^{\text{fship}} = 0$ ，$c^{\text{vehicle}} = 0$ ，$c^{\text{hold}} = 0$ ，$Q^{\text{station}} = +\infty$ ，$\sum_i x_{it}h_{ij}w_i > W$ ，$y_t = 1$

则模型转换如下：

$$\min \sum_{t,i} x_{it}w_i \tag{3.63}$$

s.t.

$$\sum_t x_{it} = 1, \forall i \tag{3.64}$$

$$\sum_t x_{it}w_i \leqslant W^{\text{vehicle}}, \forall t \tag{3.65}$$

$$x_{it} = 1, \forall i, t \tag{3.66}$$

这意味着找到一种可行的装箱方式，将物品放入箱子中，使总成本最小化。假设有 n 个箱子，每个箱子 t 的容量是 W^{vehicle} ，有 m 个商品，当放在箱子 t 中每个

商品的大小为 w_i 时，其收益/成本为 w_i。这属于广义分配问题，是一个众所周知的 NP-hard 问题[28]。此外，这种变换可以在多项式时间内完成。因此，拆分订单合并配送问题也是 NP-hard 问题。

目标函数中的分段整数结构大大增加了该整数组合优化模型的复杂性。假设 $f(x_{1t}, \cdots, x_{it}, \cdots, x_{mn})$ 是每次配送给客户的包裹重量。$f(x_{1t}, \cdots, x_{it}, \cdots, x_{mn})$ 随着决策变量 x_{it} 的任意整数组合而变化，如图 3.36 所示，如果 $f(x_{1t}, \cdots x_{it}, \cdots, x_{mn})$ 不大于 W 时运费稳定在 c^{fship}，当 $f(x_{1t}, \cdots, x_{it}, \cdots, x_{mn})$ 大于 W 时，配送成本线性增加。

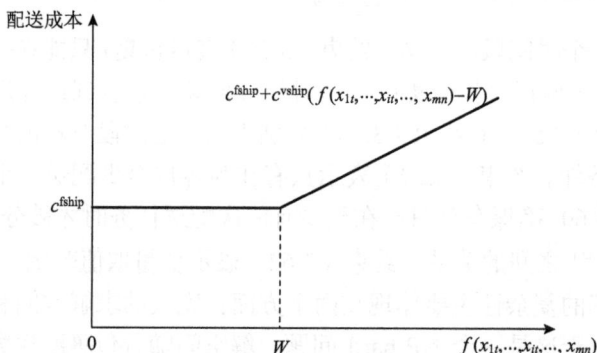

图 3.36　配送成本函数结构

已有成果研究了如何通过添加额外变量来求解分段线性优化模型。但是，由于多个整数决策变量的组合性质，现有的方法不能解决分段整数结构问题。该带有分段整数结构的模型也难以直接用商业软件（如 CPLEX）求解。本节也尝试过用大 M 方法来解决式（3.54）中的不等式约束，却发现转换后的模型是非线性模型，仍然不容易求解。考虑到该模型的复杂性，提出了一种基于状态空间搜索的算法进行求解。

在设计算法之前，通过对 $c^{\text{vehicle}} = 0$ 模型的分析，发现了一些初步的性质，这对模型的求解是非常有帮助的。

性质 3.1　假设 $\delta = \left[\dfrac{c^{\text{fship}}}{c^{\text{hold}}}\right]$，则　　$t_i^{\text{ship}} \leqslant \min\left\{t_i^{\text{start}} + 1 + \delta, t_i^{\text{end}}\right\}$

证明： 任意两个包裹进行合并配送的最大成本节约是 c^{fship}（忽略车辆使用成本），且一个延迟时间段内可能增加的成本为 c^{hold}，最大延迟时间为 $\delta = \left[\dfrac{c^{\text{fship}}}{c^{\text{hold}}}\right]$。因此，可以利用 $t_i^{\text{ship}} \leqslant t_i^{\text{start}} + \delta$，由于 $t_i^{\text{ship}} < t_i^{\text{end}}$，则 $t_i^{\text{ship}} \leqslant \min\left\{t_i^{\text{start}} + 1 + \delta, t_i^{\text{end}}\right\}$。

利用性质 3.1 可以大大缩减算法第二阶段的初始搜索解空间，从而提高算法的效率。

性质 3.2　只有满足约束 $c^{hold} < c^{fship}$ 时，包裹才能延迟等待进行合并配送。

性质 3.2 需要满足 $t_i^{start} + 1 < t_i^{ship}$ 和 $t_i^{ship} \leqslant \min\left\{t_i^{start} + 1 + \delta, t_i^{end}\right\}$。它是合并配送的必要条件，是实践中应用合并配送方法的基本前提。也就是说，订单合并只能在单位库存成本低于固定配送成本的情况下进行。通过性质 3.2 还可以推断出，当 $c^{hold} > c^{fship}$ 时，最优的策略是先进先出策略，而只有 $c^{hold} < c^{fship}$，合并配送才是有利的。

性质 3.3　如果 $t_i^{end} = t_i^{start} + 1$，那么 $t_i^{ship} = t_i^{end}$。

由 $t_i^{start} + 1 \leqslant t_i^{ship} \leqslant t_i^{end}$，可得到性质 3.3。满足此约束条件，应立即配送给客户，而不需要进行订单合并。在状态空间搜索算法的迭代过程中，可以剔除部分这种类型的包裹，从而提高算法的效率。

3.5.3　基于状态空间搜索的求解算法设计

首先提出一个基于状态空间搜索的三阶段算法来求解所提出的模型，然后，提出一种枚举算法求解该问题的下界，该下界可以验证三阶段算法的精确性和求解效率。

1. 基于状态空间搜索的三阶段求解算法

如图 3.37 所示，该算法包含三个部分：阶段一——初始拆分配送方案生成算

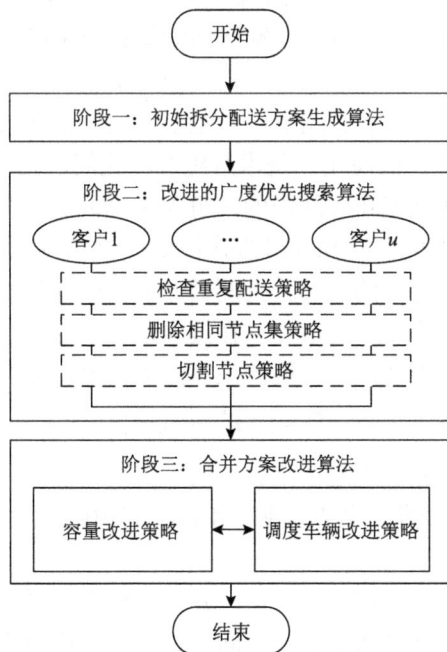

图 3.37　基于状态空间搜索的三阶段算法的框架

法，阶段二——改进的广度优先搜索算法，阶段三——合并方案改进算法。初始拆分配送方案生成算法即按照包裹到达的时间采取先进先出的方式生成配送方案；然后，在阶段二中，使用基于广度优先搜索的算法可以为每个客户生成最佳的订单合并方案，该算法结合了检查重复配送策略、删除相同节点集策略和切割节点策略三种策略，可以大大缩减问题的搜索空间，提高问题求解效率。阶段三的算法主要通过两方面改进，一是容量改进策略，检查配送站的容量可行性，二是调度车辆改进策略，优化使用车辆的数量，从而优化所有客户的订单合并方案。

1）阶段一：初始拆分配送方案生成算法

初始拆分配送方案是先进先出方法产生的方案，也是订单合并方案的基础。假设 I_{j0} 是客户 j 的初始配送方案，I_{j0} 是由包裹 i 以及 $t_i^{ship} = t_i^{start} + 1$ 产生的。根据性质 3.3，所有配送分为两种，一种可以延迟配送，另一种不能立即配送。第二种配送只有一个解决方案，不会改变，因此，只需要在第一种情况中使用以下两个算法阶段来优化配送作业方案。同样，参考 3.5.1 节中的例子，第一个集合是 $\{P_1, P_{2-2}, P_{3-1}\}$，第二个集合是 $\{P_1, P_{3-1}\}$。以下步骤主要是改进配送 $(P_{2-1}, P_{2-2}, P_{3-2})$ 的解决方案，先进先出方法的初始解为 $\{P_{1-1-1}, P_{2-1-1}, P_{2-2-2}, P_{3-1-3}, P_{3-2-2}\}$。

2）阶段二：改进的广度优先搜索算法

订单合并方案生成的难点主要体现在以下几个方面。

（1）对于单个客户，配送方案的生成需要考虑多个配送时间段内的多个包裹。

（2）每个包裹都有其特定的到达配送站时间和配送截止时间。

（3）分段整数结构下，配送成本的计算会由于包裹决策组合的不同而不同。

为了生成订单合并方案，提出了一种基于广度优先搜索的算法，该算法在状态空间搜索中得到了广泛的应用，是求解组合优化问题的一种有效的算法[6,29]。订单合并方案可以看作在截止时间内的一组配送决策变量，即一种订单合并方案形成了一个状态空间，其中一个配送时间周期的一个配送（x_{it}）是一个搜索节点，初始状态对应于第一步生成的初始分批配送方案。成本最优的方案是能够使配送成本和库存成本之和最小的一组节点。在搜索过程中，对于已知订单合并配送组合的扩展节点会计算其配送成本，因此该算法可以很容易地处理目标函数中的分段整数结构。根据其状态空间 $t_i^{start} + 1 \leqslant t_i^{ship} \leqslant \min\{t_i^{start} + 1 + \delta, t_i^{end}\}$，每个包裹的可能扩展节点随其到达时间和配送截止日期的不同而变化。基于此，首先为每个客户 j 生成可能的扩展节点集，节点按照 i 和 t 的升序排序，在算法过程中对该集合不断进行调整。

广度优先搜索可能会生成重复节点，并扩展到成本更高的节点，这会消耗额外的内存空间，并且增加算法的运行时间。为了避免这种情况，提出以下三种策略提高算法的效率。

A. 检查重复配送策略

根据模型中的约束（3.56），一次配送只能分配一个配送时间段。因此，如果算法已经扩展了某个节点（一个具有特定配送时间段的包裹），那么具有相同配送时间和不同配送时间的其他节点将不会在相同的路径中进行扩展。

B. 删除相同节点集策略

广度优先搜索算法可能生成不同的扩展路径，但节点集相同，浪费了搜索时间，因此，这个策略的提出就是为了防止在节点集已经扩展的情况下再次访问相同的节点集。

C. 切割节点策略

对于每个扩展节点，都会计算相应省的成本。如果节点产生负的成本节约，则切割节点策略就会将该节点从扩展路径中删除。假设 I_{j0} 和 I_{jh} 分别用扩展节点表示原方案和新方案，基于目标函数 $g\left(x_{it}, \forall i, t\right) = \sum_{j,t} c_{jt}^{\mathrm{ship}} + \sum_{i,s} c^{\mathrm{hold}}\left(t_i^{\mathrm{ship}} - t_i^{\mathrm{start}} - 1\right) d_{is}$，则计算成本节约公式为 $g\left(x_{it} \in I_{j0}\right) - g\left(x_{it} \in I_{jh}\right)$。

改进的广度优先搜索算法具体步骤如下：

步骤 1：对于客户 j，根据性质 3.1 和性质 3.2 生成可能的节点列表 $\Omega = \left[x_{it} \| h_{ij} = 1, t_i^{\mathrm{start}} + 2 \leqslant t_i^{\mathrm{ship}} \leqslant \min\left\{t_i^{\mathrm{start}} + 1 + \delta, t_i^{\mathrm{end}}\right\}\right]$，初始化集合列表 Ω_2，将拆分配送方案添加到 Ω_2。

步骤 2：从列表 Ω 扩展每个可能的节点。如果扩展路径中的节点违反了每个包裹一个配送时间段的约束（策略 A），则该节点不会被扩展；如果扩展路径中的节点集与列表 Ω_2 中的任何节点集相同（策略 B），则该节点将不会被扩展。

步骤 3：如果扩展路径中节点的新方案的成本节约为负（策略 C），则节点不会被扩展；否则，节点将被扩展，该路径中的节点将被添加到列表 Ω_2 中。

步骤 4：重复步骤 2～步骤 3 的扩展过程，直到不会有其他可能的方案生成。

步骤 5：找出路径在 Ω_2 中节省的最大成本，作为客户 j 的最佳合并配送方案。

步骤 6：假设 I_{j1} 是最佳路径下的节点列表，则将合并配送方案 I_{j1} 与初始方案 I_{j0} 结合生成客户 j 的配送方案列表。

如图 3.38 所示，继续使用 3.5.1 节中的例子来说明提出的广度优先搜索算法是如何生成方案的。首先，生成一组可能的节点 $\{P_{\text{2-1-2}}, P_{\text{2-2-3}}, P_{\text{3-2-3}}, P_{\text{3-2-4}}\}$，其中，节点 $P_{\text{2-1-2}}$ 表示在时间段 2 对包裹 $P_{\text{2-1}}$ 的配送。算法将搜索树扩展到第一层，包含所有可能的节点，如图 3.38（a）所示。根据切割节点策略，由于与初始的拆分配送方案相比，$P_{\text{2-2-3}}$ 和 $P_{\text{3-2-4}}$ 产生负成本节约，分支将会被削减。然后继续扩展到

下一层 [图 3.38（b）]，由于 $P_{2\text{-}2\text{-}3}$ 的成本节约是负的，该节点所在的分支也会被停止搜索。在 $P_{3\text{-}2\text{-}3}$ 的分支中，根据删除相同路径策略节点 $P_{2\text{-}1\text{-}2}$ 不会扩展，根据检查重复配送策略节点 $P_{3\text{-}2\text{-}4}$ 不会扩展。接下来，继续将节点扩展到最后一层 [图 3.38（c）]。最后，比较所有扩展路径节省的成本，这些路径分别为 $(P_{2\text{-}1\text{-}2})$，$\{P_{3\text{-}2\text{-}3}\}$，$(P_{2\text{-}1\text{-}2}, P_{3\text{-}2\text{-}3})$，$(P_{2\text{-}1\text{-}2}, P_{3\text{-}2\text{-}4})$，$(P_{3\text{-}2\text{-}3}, P_{2\text{-}2\text{-}3})$ 和 $(P_{2\text{-}1\text{-}2}, P_{3\text{-}2\text{-}3}, P_{2\text{-}2\text{-}3})$，其中 $(P_{2\text{-}1\text{-}2}, P_{3\text{-}2\text{-}3})$ 成本节约最低，然后将初始解 $(P_{1\text{-}1\text{-}1}, P_{2\text{-}1\text{-}1}, P_{2\text{-}2\text{-}2}, P_{3\text{-}1\text{-}3}, P_{3\text{-}2\text{-}2})$ 与其结合，得到的成本最优方案为 $\{P_{1\text{-}1\text{-}1}, P_{2\text{-}1\text{-}2}, P_{2\text{-}2\text{-}2}, P_{3\text{-}1\text{-}3}, P_{3\text{-}2\text{-}3}\}$。

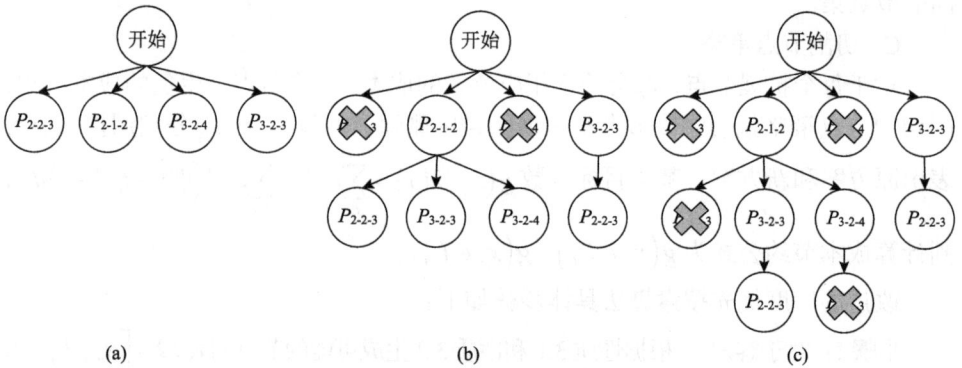

图 3.38　改进的广度优先搜索算法的实例

3）阶段三：合并方案改进算法

上述生成的合并配送方案没有考虑到不同客户之间的配送协调，这主要受限于配送站和配送车辆的能力。基于检查配送站的容量和改进配送车辆的数量两个方面，设计算法解决向多个客户配送的问题。在阶段三设计了"容量改进—调度车辆改进—容量改进"的合并方案改进顺序，基本思路主要是：首先，用"容量改进"约束使得之前的解可行，因为阶段二得到的解可能超过了配送站的容量而不可行。其次，在可行解的基础上，"调度车辆改进"可以减少调度车辆数量，提高车辆装载率；最后，再次使用"容量改进"，以确保解决方案的可行性，因为"调度车辆改进"可能会由于不符合配送站的容量而造成解决方案不可行。

A. 容量改进策略：检查配送站容量可行性

如果客户配送的包裹方案是逐个生成，可能会违反配送站在一段时间内的容量限制，这意味着配送站在这段时间内有一些包裹不能延迟配送，因此，此部分改进主要涉及哪些包裹的配送需要调整，以及这些包裹的配送需要调整哪些时间段。该策略的具体步骤如下。

步骤 1：对于时间段 t，如果延迟配送的数量 $\sum\limits_{i, t_i^{\text{start}} + 1 \leqslant t < t_i^{\text{ship}}} x_{it}$ 大于容量 Q^{station}，则转到步骤 2；否则，$t \leftarrow t+1$，返回步骤 1。

步骤 2：根据配送成本和库存成本的权衡，按增加成本升序对延迟配送的包裹进行排序。增加成本= $g(x_{it} \in I_{jh'})-g(x_{it} \in I_{jh})$，其中 I_{jh} 表示当前方案，$I_{jh'}$ 表示新调整方案，并将延迟配送 i 分配给 $t_i^{\text{start}}+1$。

步骤 3：在已排序列表中选择 $\left(\sum\limits_{i,\, t_i^{\text{start}}+1\le t<t_i^{\text{ship}}} x_{it}\right)-Q^{\text{station}}$ 的包裹量，用 $t_i^{\text{ship}}=t_i^{\text{start}}+1$ 进行调整。

步骤 4：设置 $t\leftarrow t+1$，返回到步骤 1，直到所有时间段都被访问过。

B. 调度车辆改进策略：减少使用车辆

这个策略的目的是进一步减少使用车辆的数量，提高每个时间段内车辆的装载率。T 时段的装载率为 $r_t=\left(\sum\limits_i x_{it}w_i-(y_t-1)W^{\text{vehicle}}\right)/W^{\text{vehicle}}$，其中 $\sum\limits_i x_{it}w_i-(y_t-1)W^{\text{vehicle}}$ 是实际装载量，W^{vehicle} 为车辆装载能力。该策略的具体步骤如下。

步骤 1：计算车辆在时间 t 时的装载率 r_t，如果 $0<r_t<\varepsilon$（一个极限），转步骤 2；否则，$t\leftarrow t+1$ 返回步骤 1。

步骤 2：对于时间段 t 内的每个节点（目前的方案 I_{jh}），将包裹调整到不同的时间段 t'（新的方案 $I_{jh'}$），用公式 $g(x_{it}\in I_{jh'})-g(x_{it}\in I_{jh})$ 计算增加的配送成本和库存成本之和。如果对应的包裹满足 $t_i^{\text{end}}>t_i^{\text{start}}+1$，则将带有 t' 的节点添加到候选节点列表中，候选节点列表中包含了需要进一步改进的候选节点。

步骤 3：将候选节点列表中的候选节点按照增加成本上升顺序进行排序。

步骤 4：在候选节点列表中逐个从时间段 t 中删除配送节点，直到删除的总重小于 $\sum\limits_i x_{it}w_i-(y_t-1)W^{\text{vehicle}}$。记录每个时间段 $W_{t'}$（$t'\ne t$）所增加的重量，以及负责节点列表 L 中删除的节点，并对这些节点增加的成本进行求和。对于每个时间段 $t'\ne t$，如果 $\sum\limits_i x_{it}w_i-(y_t-1)W^{\text{vehicle}}+W_{t'}>W^{\text{vehicle}}$ 则 $t\leftarrow t+1$，返回步骤 1。

步骤 5：如果增加的成本之和大于减少的车辆使用费用之和，则 $t\leftarrow t+1$，返回步骤 1；用节点列表 L 调整方案。

步骤 6：设置 $t\leftarrow t+1$，返回到步骤 1，直到所有时间段都被访问过。

2. 下界：枚举算法

现有的精确算法或商用软件（如 CPLEX）无法直接求解所提出的模型以求得最优解，因此，为了验证三阶段算法的精确性，设计了一个枚举算法来计算模型的下界，下界由原模型中松弛约束（3.57）和松弛约束（3.58）后生成的新模型得到。松弛模型中不存在与不同客户的关联关系，因此可以通过单独考虑每个客户来求解。对于每个客户，多个包裹的配送方案是由所提出的枚举算法生成的，派出的车辆数量等于配送重量除以车辆容量的总和。算法的具体步骤如下。

步骤 1：设置 $Q^{\text{station}} = +\infty$，使用车辆数量为 $\sum_t y_t = \left\lceil \sum_i w_i / W^{\text{vehicle}} \right\rceil$。

步骤 2：对于客户 j，根据节点 θ 的数量生成可能的节点列表。

步骤 3：枚举客户 j 的方案，方案中的节点数从 1 到 θ 不等。

步骤 4：为客户 j 选择库存成本和配送成本之和最小的方案。

步骤 5：为其他客户迭代步骤 2～步骤 4 并输出解决方案。

命题 3.2　有 $\phi_2 < \phi_1 < \phi_3$，其中 ϕ_1、ϕ_2、ϕ_3 分别表示成本最优的方案成本、枚举算法的下界以及三阶段算法得到的方案成本。

证明：首先，通过对原模型的松弛，证明 ϕ_2 是问题的下界 $(\phi_2 \leqslant \phi_1)$。由于配送站的容量限制了多个客户的合并配送，可以假设配送站的容量是无限的，从而放宽了模型中的约束（3.58）。此时无论是否进行订单合并，车辆使用成本都不能低于 $\sum_i w_i / W^{\text{vehicle}}$，约束（3.57）也可以松弛。

松弛模型如下：

$$\min\left[\sum_i w_i / W^{\text{vehicle}} \right] + \sum_{j,t} c_{jt}^{\text{ship}} + \sum_i c^{\text{hold}} \left(t_i^{\text{ship}} - t_i^{\text{start}} - 1 \right) \tag{3.67}$$

$$x_{it}, z_{jt} = \{0,1\}, \quad \forall i,t \tag{3.68}$$

s.t.　（3.54）～（3.56），（3.59），（3.61）

因此，可以得出下界 ϕ_2，$\phi_2 \leqslant \phi_1$。同时，由于在所有约束中 ϕ_1 总是可行的，总有 $\phi_1 \leqslant \phi_3$，然后就可以得到 $\phi_2 < \phi_1 < \phi_3$。

利用命题 3.2 可以验证所提三阶段算法的准确性，在接下来的数值实验中，使用差值 $\text{Gap} = (\phi_3 - \phi_2) / \phi_2$ 来验证它。

3.5.4　数值实验

数值实验部分主要对所提出的三阶段算法和订单合并方法的性能进行评价与分析。其中，算法是用 C#实现的，实验是在 Windows 10 系统下的 Intel Core i5-5200U 2.2 兆赫兹处理器和 4 GB RAM 上进行的。

1. 实例生成

考虑一个配送区域有一个配送站，设置客户的数量 $u = 300$ 个，之后将其扩展到 2000 个。考虑到该问题的复杂性取决于每个客户的包裹数量和总时间段数量这两个影响因素，因此依据每个客户的包裹数量（选择服从 $\lambda = 2$ 到 $\lambda = 5$ 的泊松分布）以及总时间段（从 3 到 5）生成 12 个实例（表 3.19）。大部分参数是基于对几家我国"最后一公里"配送的企业调研得来的：在我国的"最后一公里"配送中，大部分包裹都是电动三轮车辆配送的，因此车辆的承载能力是基于电动三轮车辆来考虑的。车辆使用成本是根据配送站一个月的总使用费用（包括司机固定工资、装车费用等）和一个配送站一个月的车辆发车次数估算的。另外，对配送站的库存能力、库存成本估计参考智能包裹储物柜在"最后一公里"的配送成本。随着配送站规模的变化，单位库存成本和库存能力可能会发生很大的变化。配送成本，包括固定配送成本和基于计件工资的可变配送成本，司机一次固定配送运费约为 1.5 元人民币，超过 20 千克的额外重量按照可变运费（约 0.5 元/千克）计算。由于不同公司之间的配送成本可能略有不同，后续对这些参数进行了灵敏度分析。这些参数的默认值设置为，$W^{vehicle} = 50$ 千克，$Q^{station} = 50$ 个，$c^{vehicle} = 20$ 元，$c^{fship} = 1.5$ 元，$c^{vship} = 0.5$ 元，$W = 20$ 千克，$c^{hold} = 0.2$ 元。t_i^{start} 和 t_i^{end} 由 $U = (0, n)$ 随机生成，满足 $t_i^{end} > t_i^{start}$。根据泊松分布 $\lambda_2 = 5$ 随机确定每个包裹的重量。

表 3.19　数据测试集及其参数

实例	λ_1	n	λ_2	$W^{vehicle}$/千克	$c^{vehicle}$/元	c^{fship}/元	c^{vship}/元	W/千克	c^{hold}/元
1	2	3	5	50	20	1.5	0.5	20	0.2
2	3	3	5	50	20	1.5	0.5	20	0.2
3	4	3	5	50	20	1.5	0.5	20	0.2
4	5	3	5	50	20	1.5	0.5	20	0.2
5	2	4	5	50	20	1.5	0.5	20	0.2
6	3	4	5	50	20	1.5	0.5	20	0.2
7	4	4	5	50	20	1.5	0.5	20	0.2
8	5	4	5	50	20	1.5	0.5	20	0.2
9	2	5	5	50	20	1.5	0.5	20	0.2
10	3	5	5	50	20	1.5	0.5	20	0.2
11	4	5	5	50	20	1.5	0.5	20	0.2
12	5	5	5	50	20	1.5	0.5	20	0.2

2. 实验结果

1）三阶段算法的有效性

通过与枚举算法得到的下界进行比较，验证该三阶段算法的有效性。由表 3.20 可知，三阶段算法的解与下界的差值从 0.76% 到 2.50%，表明三阶段算法的性能接近最优。同时，枚举算法的履行时间随着实例的复杂性而增加，并且由于内存不足，枚举算法无法获得三个实例的解；然而，三阶段算法可以很容易地在 2 秒内对 12 个实例解出接近最优的结果，验证了该算法的高效性。

表 3.20 三阶段算法与下界的对比分析

实例	下界		三阶段算法		总成本 Gap
	总成本/元	CPU 时间/秒	总成本/元	CPU 时间/秒	
1	2106.20	0.01	2122.30	0.02	0.76%
2	2694.10	0.02	2743.20	0.03	1.82%
3	3344.90	4.31	3398.90	0.06	1.61%
4	4102.70	1.00	4143.00	0.05	0.98%
5	2039.60	0.91	2055.10	0.02	0.76%
6	2850.80	1181.97	2898.30	0.05	1.67%
7	3451.40	268.58	3537.80	0.06	2.50%
8	N/A	N/A	4349.70	1.95	—
9	2179.00	2.02	2217.10	0.03	1.75%
10	2802.20	3809.56	2834.60	0.06	1.16%
11	N/A	N/A	3624.60	1.16	—
12	N/A	N/A	4259.90	0.42	—

注：N/A 表示由于内存不足无法获得结果

2）订单合并方法与先进先出方法的比较

通过与先进先出方法的比较,验证所提出的订单合并方法的优越性。如表 3.21 所示，与先进先出方法相比，订单合并方法平均减少 5.09%的总成本（从 3.28% 到 7.03%），这主要是由于配送成本大幅度降低（平均 178.67 元），而库存成本略有增加（平均 27.25 元），显示出订单合并方法的优势。

表 3.21 订单合并与先进先出方法的结果对比

实例	订单合并/元			先进先出/元		订单合并节约总成本
	配送成本	库存成本	总成本	配送成本	总成本	
1	664.50	17.80	2122.30	783.00	2243.00	5.38%
2	806.00	17.20	2743.20	931.00	2851.00	3.78%
3	959.50	19.40	3398.90	1111.00	3551.00	4.28%
4	1084.00	19.00	4143.00	1223.50	4283.50	3.28%
5	669.50	25.60	2055.10	804.50	2184.50	5.92%
6	870.50	27.80	2898.30	1041.50	3061.50	5.33%
7	1030.00	27.80	3537.80	1228.50	3708.50	4.60%
8	1180.50	29.20	4349.70	1404.00	4544.00	4.28%
9	702.50	34.60	2217.10	882.50	2362.50	6.15%
10	879.00	35.60	2834.60	1089.00	3049.00	7.03%

续表

实例	订单合并/元			先进先出/元		订单合并节约总成本
	配送成本	库存成本	总成本	配送成本	总成本	
11	1089.00	35.60	3624.60	1324.00	3844.00	5.71%
12	1242.50	37.40	4259.90	1499.00	4499.00	5.31%

注：节约的总成本=（先进先出方法总成本-订单合并总成本）/先进先出方法总成本

3. 管理决策建议

采用数值方法研究了各种参数（如单位库存成本因素）以及较大的问题规模（如客户数量）的影响。灵敏度分析将为订单合并方法的应用提供一些管理启示。

1）客户数量的影响

随着客户数量从 100 个扩大到 2000 个，与先进先出方法相比，订单合并方法节约的成本先增加后保持稳定，如图 3.39 所示。这一现象可以用类似的趋势来解释，即库存成本受配送站容量的限制，当延迟的配送数量达到配送站的最大存储容量时，只能通过先进先出方法来完成配送，这样通过合并订单就很难节省更多的配送成本。另外，根据 2000 个客户的情况，对配送站的容量进行了额外的测试分析。如图 3.40 所示，订单合并节省的成本仍然可以随着配送站容量的增加而增加，这表明配送站的容量是影响订单合并成本效益的重要因素之一。

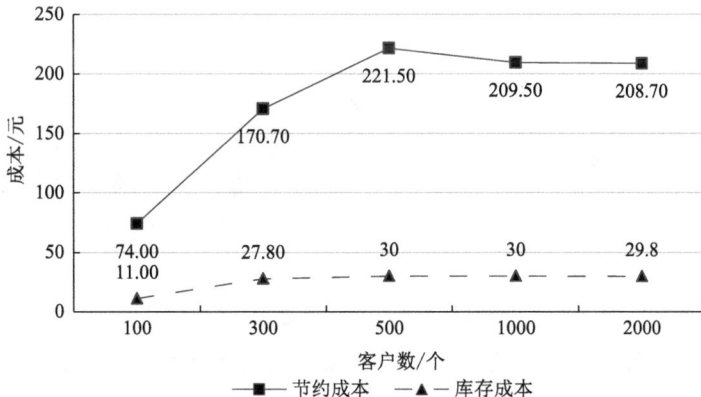

图 3.39　订单合并节约成本随着客户数量增加变动情况

2）单位库存成本的影响

基于实例 7 对单位库存成本进行了灵敏度分析。如图 3.41 所示，订单合并节约的成本随着配送站单位库存成本的增加而降低。一个有趣的现象是订单合并的总库存成本先增加后降低。当单位库存成本较低时，延迟配送的包裹数量保持不

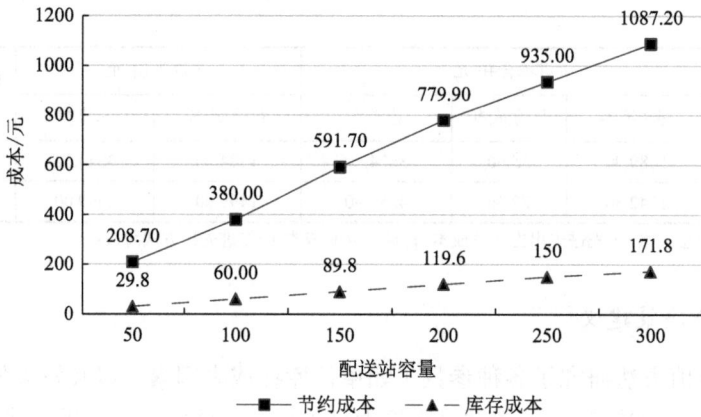

图 3.40　订单合并节约成本随着配送站容量增加变动情况

变，且总库存成本随着单位库存成本的增加而增加。但是，当单位库存成本较高时，延迟包裹配送是不经济的，这会导致合并配送的包裹量减少，从而总的库存成本有下降的趋势，因此，单位库存成本存在盈亏平衡点，这取决于订单合并的成本效益。

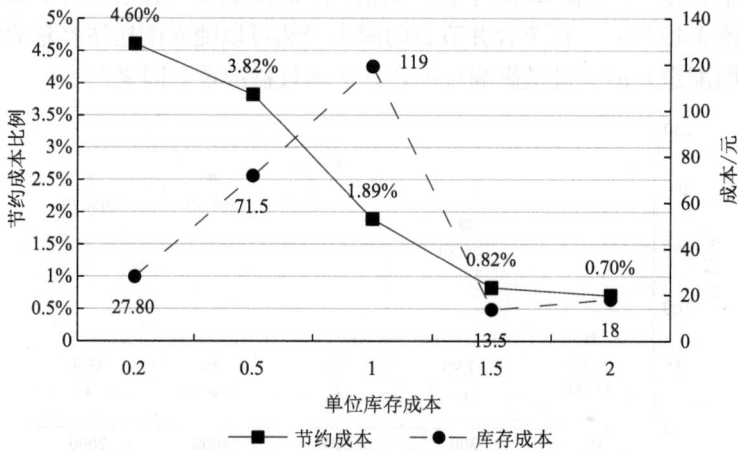

图 3.41　订单合并节约成本随着单位库存成本的变动情况

3）配送成本灵敏度分析

基于实例 7，通过将固定配送成本 c^{fship} 的值从 1.5 元改为 3 元，变动配送成本的值从 0.5 元改为 2 元，从图 3.42 可以看出，订单合并节省的成本随着固定配送成本的增加而增加。当变动配送成本增加时，可以发现类似的趋势。因此，可以得出结论，在"最后一公里"配送中如果单位固定配送成本或可变配送成本增加时，采用订单合并的方法更经济。

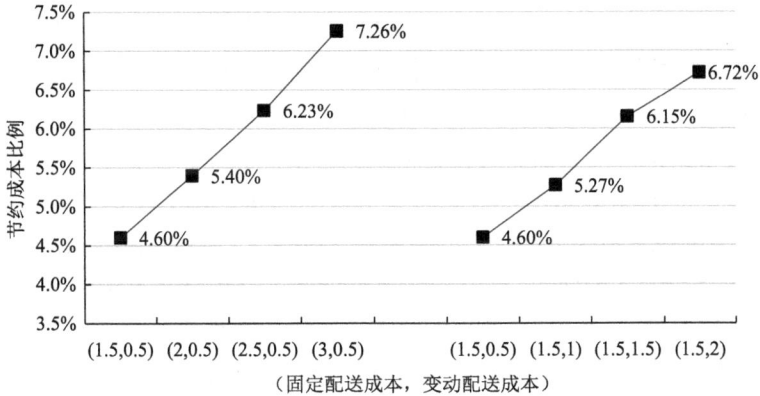

图 3.42　订单合并节约成本随着单位配送成本的变动情况

A. 每个客户包裹数的灵敏度分析

设置 λ_i 从 2 个到 8 个，$n=4$ 个。从图 3.43 中可以看出，对于 2400 个包裹，三阶段算法的运行时间不超过 40.03 秒，验证了其高效性；同时，订单合并能够节约的成本随着每个客户包裹数的增加而降低。造成这种情况的原因有两个：一是上面提到的配送站容量的限制；二是一个时间段内的单个客户平均配送数量越高，通过拆分配送而不是合并订单来实现更低成本的可能性就越大。

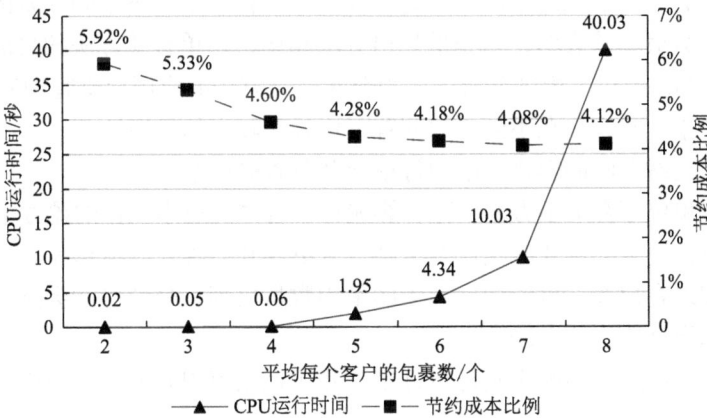

图 3.43　基于平均每个客户的包裹数的灵敏度分析

B. 参数的鲁棒性分析

最后，通过在几个不同的参数集上测试算法，以验证数值结果和灵敏度分析结果的鲁棒性。不同于初始的参数集，提出了两组参数集，分别代表位于城市中心和位于城市边缘的配送站的场景。对于第一种情况（城市中心的配送站），配送成本参数和库存成本较高，即 $W^{vehicle}=50$ 千克，$Q^{station}=50$ 个，$c^{vehicle}=20$ 元，$c^{fship}=2$

元，c^{vship} =0.5 元，W =15 千克，c^{hold} =0.5 元。对于第二种场景（城市边缘的配送站），库存容量越大，车辆使用成本和库存成本参数越低，即 W^{vehicle} =50 千克，Q^{station} =80 个，c^{vehicle} =15 元，c^{fship} =1.5 元，c^{vship} =0.5 元，W =20 千克，c^{hold} =0.1 元。整体数值结果得出与初始参数集相同的结论。另外，得到了两个非常有意思的实验结果。一是常规情况下订单合并方法与先进先出方法的差距在 3.78%～7.03%，而在第一种情况下，它们的差距在 3.46%～5.81%，在第二种情况下，它们的差距在 5.76%～9.07%。这三种情况都证明了订单合并方法优于先进先出方法，但是可以发现，第一种情况下的节约成本低于常规情况，这反映出由于城市中心的配送站的库存成本要高得多，将包裹进行合并的难度大一点。与此同时，第二种情况的节约成本高于常规方案，这反映出在城市边缘的配送站进行订单合并更容易，因为其库存容量更大，且库存成本更低。二是图 3.41 中库存成本存在盈亏平衡点，在第一种情况下，盈亏平衡点从 1 增加到 1.5，这是由于配送成本和库存成本之间的权衡，较高的单位配送成本可能导致较高的库存成本盈亏平衡点。

本节针对大型网上超市二级物流配送系统中"最后一公里"拆分订单配送问题，提出了一种订单合并方法。该订单合并方法通过在配送站延迟一些包裹的配送，可以实现与其他到达的包裹进行合并并配送给客户。本节提出的整数规划模型可以在拆分配送和订单合并之间进行成本权衡，该整数规划模型具有分段整数结构并且拥有巨大的求解空间，因此，提出了一种基于状态空间搜索的三阶段启发式算法。数值实验表明，与先进先出方法相比，订单合并方法的总成本平均可以减少 5.09%，通过灵敏度分析可以为合并配送方法的应用提供管理启示。

（1）订单合并方法在不同参数配置下均具有较强的鲁棒性。

（2）配送站有限的容量会限制订单合并节省的成本。

（3）在单位库存成本方面，存在影响订单合并的成本收益的盈亏平衡点。

（4）单位固定或可变配送成本越高，订单合并节省的成本越高。

（5）如果客户在一段时间内包裹的平均数量较高，公司可能会选择先进先出方法而不选择订单合并方法。

（6）在城市边缘的配送站进行订单合并比在城市中心的配送站进行订单合并更为有利。

未来的研究方向有如下几个：①可以探索精确算法求解分段整数结构的整数规划模型或者求解大 M 方法转换后的非线性模型，同时，进一步探索该模型更优的下界；②在现实中，配送站仍然面临着订单包裹到达的不确定性，未来可以在模型中考虑订单的不确定性和"最后一公里"配送时间的不确定性；③考虑到部分客户愿意为订单合并服务支付更高的价格，可将模型的目标由成本最小化扩展为利润最大化[30,31]。此时需考虑价格决策变量，模型将涉及不同合并方案的需求函数和相应的价格，同时，合并方案可能会随着配送时间和配送次数的变化而变化。

3.6　小　　结

本章针对大型网上超市面临的一单多品订单拆分履行的物流难题，从订单拆分前和订单拆分后两个角度出发，聚焦多品类仓关联存储、订单分配、拆分订单合并打包、拆分订单合并配送，建立了基于商品相关性的多品类仓商品存储方法、订单分配方法、基于网络流的拆分订单仓库间合并打包方案优化方法、基于分拨中心的合并配送以及基于配送站的合并配送优化方法。上述成果有助于降低包裹配送成本，提升客户服务体验，为提高大型网上超市多品订单履行决策的科学性提供新策略。

参 考 文 献

[1] Zhu S, Hu X P, Huang K, et al. Optimization of product category allocation in multiple warehouses to minimize splitting of online supermarket customer orders. European Journal of Operational Research, 2021, 290(2): 556-571.

[2] Catalán A, Fisher M. Assortment allocation to distribution centers to minimize split customer orders. SSRN Electronic Journal, 2012: 1-32.

[3] 李建斌, 孙哲, 陈威帆, 等. 面向最小化拆单率的基于订单分配顺序的库存优化研究. 工业工程与管理, 2017, 22(6): 78-84.

[4] Feige U. A threshold of ln n for approximating set cover. Journal of the ACM, 1998, 45(4): 634-652.

[5] 张源凯. "一地多仓型"网上超市订单分配优化方法研究. 大连: 大连理工大学, 2016.

[6] Sewell E C, Jacobson S H. A branch, bound, and remember algorithm for the simple assembly line balancing problem. INFORMS Journal on Computing, 2012, 24(3): 433-442.

[7] Zhang Y K, Lin W H, Huang M F, et al. Multi-warehouse package consolidation for split orders in online retailing. European Journal of Operational Research, 2021, 289(3): 1040-1055.

[8] Zhang Y K, Huang M F, Hu X P, et al. Package consolidation approach to the split-order fulfillment problem of online supermarkets. Journal of the Operational Research Society, 2018, 69(1): 127-141.

[9] Costa A M. A survey on Benders decomposition applied to fixed-charge network design problems. Computers & Operations Research, 2005, 32(6): 1429-1450.

[10] Mariel K, Minner S. Benders decomposition for a strategic network design problem under NAFTA local content requirements. Omega, 2017, 68: 62-75.

[11] Rahmaniani R, Crainic T G, Gendreau M, et al. The Benders decomposition algorithm: a

literature review. European Journal of Operational Research, 2017, 259(3): 801-817.

[12] Chu Y Y, Xia Q S. Generating Benders cuts for a general class of integer programming problems//Régin J C, Rueher M. Integration of AI and OR Techniques in Constraint Programming for Combinatorial Optimization Problems. Berlin: Springer, 2004: 127-141.

[13] Hooker J N, Ottosson G. Logic-based Benders decomposition. Mathematical Programming, 2003, 96(1): 33-60.

[14] Delorme M, Iori M, Martello S. Logic based Benders' decomposition for orthogonal stock cutting problems. Computers & Operations Research, 2017, 78: 290-298.

[15] Fazel-Zarandi M M, Beck J C. Using logic-based Benders decomposition to solve the capacity-and distance-constrained plant location problem. INFORMS Journal on Computing, 2012, 24(3): 387-398.

[16] Riedler M, Raidl G. Solving a selective dial-a-ride problem with logic-based Benders decomposition. Computers & Operations Research, 2018, 96: 30-54.

[17] Roshanaei V, Luong C, Aleman D M, et al. Propagating logic-based Benders' decomposition approaches for distributed operating room scheduling. European Journal of Operational Research, 2017, 257(2): 439-455.

[18] Sinha A, Weitzel P. eCommerce supply chain insights in groceries and consumer packaged goods in the United States. [2024-04-07]. https://tauber.umich.edu/sites/default/files/pdfs/ecommerce_white_paper.pdf.

[19] 黄敏芳, 李鲁迪, 胡祥培. 大型网上超市拆分订单基于分拨中心的合并配送时空网络优化方法. 管理工程学报, 2021, 35(5): 163-172.

[20] 卢鹏. 基于分段整数编码自适应遗传算法的组卷系统研究. 长沙: 湖南大学, 2016.

[21] Zhang Y K, Sun L J, Hu X P, et al. Order consolidation for the last-mile split delivery in online retailing. Transportation Research Part E: Logistics and Transportation Review, 2019, 122: 309-327.

[22] Xu P J, Allgor R, Graves S C. Benefits of reevaluating real-time order fulfillment decisions. Manufacturing & Service Operations Management, 2009, 11(2): 340-355.

[23] 孙婷姝. 大数据时代下智慧物流发展策略探究: 以 "京东物流青龙系统" 为例. 经济研究导刊, 2021, (11): 51-53, 60.

[24] Reaidy P J, Gunasekaran A, Spalanzani A. Bottom-up approach based on Internet of Things for order fulfillment in a collaborative warehousing environment. International Journal of Production Economics, 2015, 159: 29-40.

[25] Venkatadri U, Krishna K S, Ali Ülkü M. On physical Internet logistics: modeling the impact of consolidation on transportation and inventory costs. IEEE Transactions on Automation Science and Engineering, 2016, 13(4): 1517-1527.

[26] Gevaers R, van de Voorde E, Vanelslander T. Cost modelling and simulation of last-mile characteristics in an innovative B2C supply chain environment with implications on urban areas and cities. Procedia-Social and Behavioral Sciences, 2014, 125: 398-411.

[27] Wei L, Jasin S, Kapuscinski R. Shipping consolidation with delivery deadline and expedited shipment options. SSRN Electronic Journal, 2017. http://doi:10.2139/ssrn.2920899.

[28] Savelsbergh M. A branch-and-price algorithm for the generalized assignment problem. Operations Research, 1997, 45(6): 831-841.

[29] de Carvalho M A M, Soma N Y. A breadth-first search applied to the minimization of the open stacks. Journal of the Operational Research Society, 2015, 66(6): 936-946.

[30] Ali Ülkü M, Bookbinder J H. Modelling shipment consolidation and pricing decisions for a manufacturer-distributor. International Journal of Revenue Management, 2012, 6(1/2): 62-76.

[31] Ali Ülkü M, Bookbinder J H. Optimal quoting of delivery time by a third party logistics provider: the impact of shipment consolidation and temporal pricing schemes. European Journal of Operational Research, 2012, 221(1): 110-117.

第4章 线上线下融合的新零售即时协同配送优化方法

随着日用品等常规商品的线上电子商务进入增长瓶颈期，互联网零售进入新的发展阶段，生鲜蔬果、热餐熟食、鲜花礼物、医药用品等需求紧急、必须高效快速配送的商品已成为消费者网购的新需求，将线下实体纳入线上订单履约系统成为满足这类新需求的主要途径，因而催生了线上线下融合的新零售商务模式。线上线下融合的新零售商务模式能够在充分利用线上平台的产品优势和成本优势的同时，借助线下店铺提供真实体验和快速、即时的递送服务，满足消费者对商品的紧急需求，丰富购物体验。线上线下融合的新零售商务模式，在扩大互联网零售范围、为消费者提供更多样的产品和服务、为互联网零售提供新的增长点的同时，也面临着多品类需求、即时配送等运营难题。由于线下店铺的库存限制，一单多品订单的履行可能需要多家店铺合作完成，多履行店铺情况下订单履行决策是一个复杂的决策过程，同时，在订单时间约束为一两小时的高时效、动态性需求下，订单配送工作面临着物流能力约束的难题。在线上线下融合的新零售模式下，商品缺货、延迟送货是同城配送中影响消费者满意度和商务模式可持续发展的主要因素。本章针对线上线下融合的新零售模式中的物流难题，在保证订单服务时间需求的前提下，以降低运营成本、提高决策效率为目标，从一单多品订单的履行和同城即时配送在线调度两个方面切入，建立一单多品订单的履行方法和即时配送在线调度方法，为线上线下融合的新零售模式中的运营管理难题提供应对思路和解决方法，保证新零售模式的可持续运营和长远发展。

4.1 基于多预测场景的同城即时配送在线调度方法

4.1.1 问题提出与问题描述

同城即时配送是伴随着现代电子商务的发展而迅速涌现出来的。在现代电子商务环境下，人们的网购商品已远远超越了服装、鞋帽、家居、数码等传统物流商品的范畴，一系列食品（如热餐熟食、冷饮蛋糕、生鲜蔬果等）、紧急药品、生活快消品及鲜花礼物等需要快速、即时完成配送的商品也在网购商品之列，物流配送因此而呈现出时间紧迫、商品取送一体化且聚集于城市内等突出的特点。短短几年间，以蜂鸟、达达、闪送、风先生为代表的国内大量同城即时配送公司如雨后春笋般涌现。作为现代电子商务活动的关键载体，同城即时配送将日益成为城市居民生活中水、电、网络之外的又一必不可少的公共基础服务设施[1]。

在产业界，目前的同城即时配送业务呈现出粗放式扩张的特点，现代优化调度方法远未得到有效而深入的应用[2]。应该看到，通过配送车辆的在线实时优化调度，实现低成本、高效率、集约化的配送服务是每一个即时配送公司都难以逾越且影响到其生死存亡的关键问题。该问题的研究无论对于单个配送公司的降本增效，还是整个社会的即时配送水平的提高，乃至现代电子商务的持续健康发展都具有重要的现实意义。

然而，理论界现有的研究成果，在面对动态性极强的顾客订单、瞬息万变的配送系统状态时，要想做到快速、低成本的即时配送也绝非易事！该问题具有传统的多天才能送达的物流所无法比拟的复杂性与特殊性，具体体现在以下方面：①问题的动态性与时间紧迫性极强（某些大型餐饮外卖平台在大中城市每天高峰时段不到 1 秒就收到一个配送订单）；②每一订单都有取送位置和配送时间窗的要求；③顾客所订货物千差万别，系统只能在顾客下单之后才知其所需货物的具体品种，因此配送车辆无法事先预带未来新订单的货物，而只能通过在商户（取货点）与顾客（送货点）间的多次往返来实现对多个新订单的取送过程；④由于商户可能会频繁收到多个订单，车辆在从商户处取货之后，是否在原地等待新订单、等待多久、每次出发送哪些订单都需要实时决策；⑤订单的在线下达实时影响着车辆在商户处的等待时间及配送服务顺序。

为此，本节在综述理论界已有相关研究的基础上，根据同城即时配送问题的特点，提出一种多场景预测方法及基于多场景的在线优化调度方法，并运用大连市某同城即时配送公司的真实数据，对提出的预测及调度方法进行实验分析。

同城即时配送问题是现代电子商务环境下的新问题。该问题存在着若干新颖特殊且很具挑战性的特征，如极强的动态性、顾客下单概率分布未知、车辆一旦从商户出发无法临时增减本次服务的顾客、商户与顾客的一对多关系、车辆可在商户处等待等。同时，该问题的求解既需要达到实时性要求，又需要给出节省成本的优化方案。由于该问题无法依赖于任何现有研究，本节针对该问题开发出一种新颖的、基于多场景的在线调度方法[3]。

在即时配送问题中，某商户在全天时间里都接收顾客订单，但仅在一定时间段内实施配送服务（如 9 时至 21 时）；每一订单都从该商户订购了某个商品，并要求在指定的时间窗（含最早、最晚送货时间，但都在 9 时至 21 时）内送达某个地点；提前和拖延送货都将产生一定惩罚；商户在调度开始时刻（如 9 时）已知部分订单，但仍有部分订单会实时动态下达；这时，多辆车在商户处集合并开始往返于该商户与顾客之间，以完成所有订单的配送任务，并最后回到商户，每辆车都具有相同的容量约束。

该问题具有如下特性：①即时配送的商品通常易腐易坏，一旦出品，往往具有很短的时效性，因此车辆从商户出发之后必须在一定时间内将货物送至顾客；因此车辆应该现取现送，若本次出发不送某项订单，则不应提前将该订单的货物装车；②车辆从商户出发后，将手中所取货物送完之后再回到商户重新取送其他订单，从而实现"由商户出发→取货→送货→回商户→取货→送货→回商户"的整个过程；③由于货物的加工包装时间很短，且商户可提前准备，因此车辆回商户等待取货的时间可以忽略；④车辆到达顾客处的服务时长可视为 0，因为仅需将货物交于顾客即可。

该问题的求解方案包含多辆车的订单配送顺序，每辆车的配送又包含多个 Trip，这里将 Trip 定义为"车辆从商户取货、送完手中货物再回到商户"的一趟取送过程，包含车辆的出发时间和服务序列信息。

即时配送问题的目标是最小化总物流成本，包含车辆固定成本、行驶成本及超出顾客时间窗的惩罚成本。定义车辆数 K，行驶时间 T，超出顾客时间窗的总时长 P，问题的目标可表示为式（4.1），其中的 α、β 和 γ 分别代表车辆固定成本系数、行驶成本系数及超过时间窗的惩罚成本系数。

$$\min \text{Cost} = \alpha K + \beta T + \gamma P \qquad (4.1)$$

4.1.2 问题动态性质分析

即时配送问题的动态性质使得问题的求解极具挑战性。本节使用两个简单例子分析问题的动态特征。

如图 4.1（a）所示，在 0 时刻已知订单 A，它的时间窗为[5,10]。为配送这个订单，一辆车可在时间[2,7]内从商户（R）出发，以便在时间窗内服务 A。由于问题的动态性，在车辆等待出发的过程中，新订单可能会进入，若新订单的配送位置和时间与 A 恰好相似，则它们可以顺路配送，因此这里让车辆等待到 7 时刻才出发。在 6 时刻，新订单 B 下单，那么车辆在 7 时刻出发的路线可以为"R—A—B—R"，行驶时间为 13。

然而，如图 4.1（b）所示，在 6 时刻，订单 C（而非 B）下单，那么车辆在 7 时刻出发的路线只能为"R—A—C—R"，行驶时间为 17，时间窗偏离为 3。假如让车辆在 2 时刻（而非 7 时刻）就出发，那么车辆路线可以为"R—A—R—C—R"，行驶时间为 18，时间窗偏离为 0。由于"R—A—R—C—R"具有更小的时间窗偏离，这条路径要比"R—A—C—R"好。值得注意的是，由于车辆在 2 时刻出发

并未针对订单 C 取货，所以路线 "R—A—R—C—R" 不能修改为 "R—A—C—R"，
车辆必须在服务完顾客 A 后回到 R 取货。

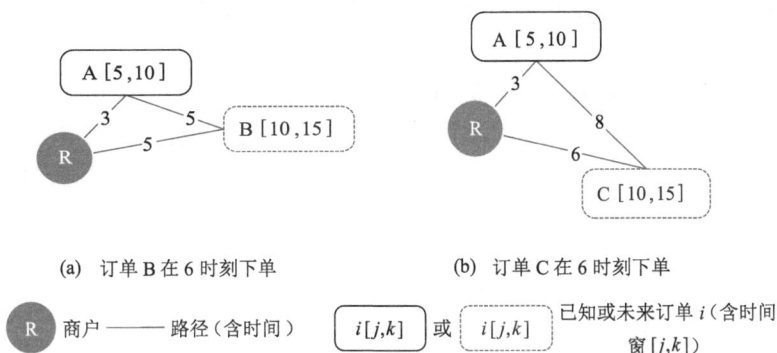

(a)　订单 B 在 6 时刻下单　　　　　　　(b)　订单 C 在 6 时刻下单

Ⓡ 商户　——— 路径（含时间）　$i[j,k]$ 或 $i[j,k]$　已知或未来订单 i（含时间
窗 $[j,k]$）

图 4.1　一辆车的例子

由图 4.1 例子可知，问题动态性导致车辆离开商户的时间需要权衡。如果晚
点离开，则可能会将等待期间产生的顺路订单一起服务；如果早点离开，则可以
在更早的时间回到商户，从而为未来订单留足时间。

图 4.2 给出了更复杂的两辆车的例子，它们可以相互协作完成配送服务。图
4.2 中，订单 A 和订单 D 在时刻 0 已知。由于有两辆车，初始调度可采用两种方
案：①车 1 "R—A—D—R"，2 时刻出发，车 2 停在商户。②车 1 "R—A—R"，
车 2 "R—D—R"，分别在 7 时刻出发。由于问题的动态性，订单 B 和订单 C 在 6
时刻下单，这时上述两种方案可分别进行如下响应：①保持车 1 的计划不变，
车 2 "R—B—C—R"；②改变两辆车的路线分别为 "R—A—B—R" 和 "R—D—
C—R"。最终，方案①的总行驶时间为 24，时间窗偏离为 0；方案②的总行驶时
间为 29，时间窗偏离为 2；方案①明显好于方案②。然而，当订单 B 和订单 C 的
下单时刻、送货位置及时间窗发生变化时，两个方案的比较可能会有截然不同的
结果。

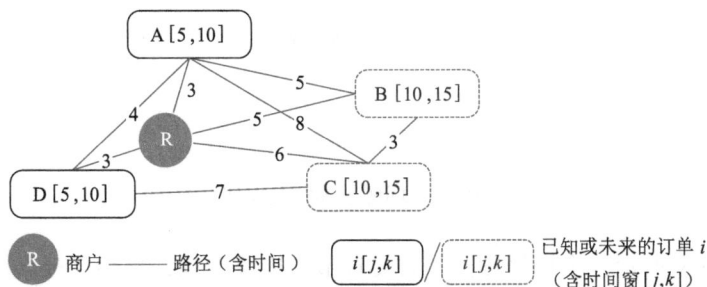

Ⓡ 商户　——— 路径（含时间）　$i[j,k]$ ／ $i[j,k]$　已知或未来的订单 i
（含时间窗 $[j,k]$）

图 4.2　两辆车的例子

　　图 4.2 例子体现了问题动态性所产生的另一个困难：到底应该是长 Trip（如上述方案①）还是短 Trip（如上述方案②）。长 Trip 可以服务更多订单，且预留其他车辆以应对未来订单；而短 Trip 可以让车辆更早回到商户，从而为未来订单留出更多时间。

　　对于现实问题中包含几百个顾客、十余辆车的问题而言，问题的动态性将会给求解带来极大的挑战。问题动态性所引发的一系列子问题（如何预测未来订单，如何将订单分配给车辆并为未来订单预留一定配送能力空间，如何安排车辆的出发时间等）都需要进行有效的处理。

4.1.3　解决框架和场景预测方法

1. 问题的总体解决框架

　　即时配送问题的动态性及大规模的特点，使得精确算法对此问题无能为力，快速启发式求解算法是解决该问题的有效途径。为此，提出了如图 4.3 所示的问题总体解决框架。

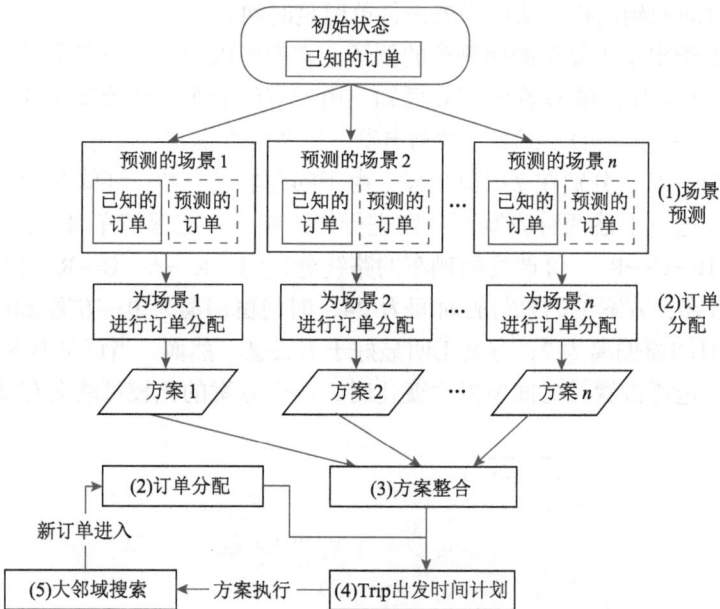

图 4.3　问题总体解决框架

　　如图 4.3 所示，多场景预测是首要环节。应该看到，预测是提高问题解决方案前瞻性的必要手段，但该问题的预测并不是要预测总订单量，而是要预测每一个具体的订单（包括送货地点和时间窗），以便对车辆调度起到一定的帮助作用。若想获得十分准确的预测结果是极其困难的。如果仅预测单一场景，则一旦现实中的实际场景与单一场景偏差较大，则其方案的有效性就很难保证。因此本节采用多场景预测的方法，考虑多种可能出现的情况，并在得到了每一场景的配送方案之后，再进行这些方案的整合。一旦得到了整合的方案，每辆车所服务的 Multi-Trip（多行程）及其前后关系都已确定，这时需要确定每个 Trip 从商户的出发时间，以便车辆可以遵照执行。在方案执行过程中，系统仍然不断地进行大邻域搜索，以优化未开始的 Trip，直至有新订单进入则再次启动相应过程。

由图 4.3 可见，场景预测、订单分配、方案整合、Trip 出发时间计划、大邻域搜索是本节算法的关键步骤，下面将一一详述。

2. 场景预测方法

预测的目的是提高问题解决方案的前瞻性，预测多个场景则是为了避免由单一场景而导致的预测偏差。那么，预测的目标就应是得到某天多种可能的典型场景，每个场景包含已知的订单、预测的订单及每一订单的时间窗和送货位置。这里在每天配送服务开始时给出所有预测的场景；随着时间的推移，场景中预测的订单有的并未真正出现，有的变为实际订单，因此场景中所包含的已知和预测订单的集合会随时间发生动态变化（图 4.4）。

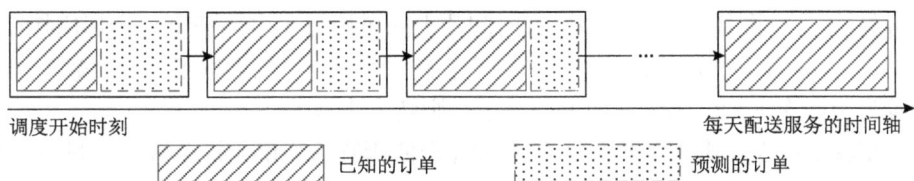

图 4.4　每个场景的订单集合随时间变化的示意图

由于订单的概率分布未知，基于地理区域来划分顾客，从而预测某一区域的订单总量是文献中给出的一种有效的预测方法。借鉴文献[4]的思想，结合即时配送问题的特点，构建了"基于顾客群和时间片的多场景预测算法"。该算法将顾客聚集成群，将时间划分为片（图 4.5），每个顾客群与每个时间片构成一个预测单元，每个预测单元在历史数据的每天中都有一个订单数。基于回归预测的思想，本节提出迭代地优化预测单元划分的方法，目标是得到该单元的平均订单数与历史若干天订单数最为接近的预测单元划分结果，并根据每一划分的历史订单平均数生成具体订单，每一订单的位置在顾客群区域中随机确定，时间窗即为所对应的时间片。算法的具体步骤如下。

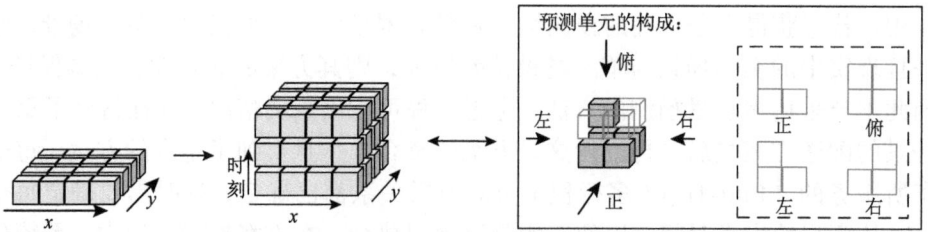

图 4.5　基于顾客群和时间片的多场景预测的示意图

步骤 1：将地理区域划分为若干个矩形单元，将一天的配送时间每隔 30 分钟（多个电商网站对顾客时间窗的划分方法）划分为若干时间片；初始时每个地理单元与每个时间片构成一个预测单元。

步骤 2：计算每个预测单元与历史数据中每天订单数的方差之和，将当前预测单元的划分方法及其方差和记录下来；如果达到最大迭代次数，则转入步骤 6；否则继续步骤 3 和步骤 4。

步骤 3：按照轮盘赌的方式选择一个预测单元（方差越大越容易选中），将其与地理相邻或时间片相邻的一个或多个预测单元随机合并（合并的单元个数不能超过既定阈值），直至其合并后的订单数方差减小，转入步骤 4；若尝试了一定次数（这里设置为 100 次）后，仍无法使方差减小，则转入步骤 5。

步骤 4：按照轮盘赌的方式选择一个预测单元（地理区域越大或时间片越长越容易选中），将其从地理区域上或时间片上随机拆分成多个子块（子块不能小于初始单元），直至子块的订单数方差减小，转入步骤 5；若尝试了一定次数（这里设置为 100 次）后，仍无法使方差减小，则转入步骤 5。

步骤 5：若步骤 3 和步骤 4 的尝试并未使所有预测单元订单数方差减小，则转入步骤 6；否则转入步骤 2。

步骤 6：返回前 N 个方差和最小的预测单元划分方法，并根据这些划分所得的预测单元的订单数进行实例化（地理位置和时间窗在其区域范围内随机确定）。

值得注意的是，工作日与节假日在订单的时空分布上具有各自特点——工作日上班时间的订单往往会配送到工作地，而节假日的订单通常会要求配送到家。因此，工作日与节假日的场景预测可按照上述步骤来分别处理，从而得到多类不同的预测单元划分及场景预测结果。

4.1.4　基于多场景的在线调度方法

根据 4.1.3 节的问题解决框架，本节首先将每一场景的订单分配给车辆；其次，综合考虑多场景的所有方案，得到一个整合的订单分配方案；再次，确定每辆车所有 Trip 的出发时间；最后，给出大邻域搜索算法，以便在系统空闲时对已有方案中未完成的订单任务进行优化。

1. 订单分配算法

场景代表了一种已知的及预测的订单集合。每个场景的配送问题，均属于 Multi-Trip 问题。但与文献中静态 Multi-Trip 问题不同[5-8]，这里的 Multi-Trip 问题必须瞬间获得订单到车辆的分配方案，类似于大邻域搜索[9-11]、适应性迭代搜索[12]、元启发[13]等大范围搜索优化技术无法满足求解时间的要求。因此，本节结合路径规划和聚类的思想设计了一种快速的订单分配算法。该算法首先采用路径规划算法构建一系列 Trip，然后以车辆数为类别数，以最小化 Trip 之间的重叠时间为目标，将 Trip 分配至车辆，从而高效地生成每一场景下每辆车应服务的 Trip 集合。

由于每个场景中预测订单的重要作用是辅助路线规划，提前感知未来信息、避免近视地规划路线。但它们并不执行，在车辆取送货的执行阶段将被忽略。若将预测订单与已知订单在目标函数中同等对待，可能会放大预测订单的影响。因此，这里通过在目标函数中设置订单的权重来体现已知订单与预测订单的不同作用，将已知订单与预测订单的惩罚系数 γ 分别设为 1 和小于 1 的常数（这里设为 0.5）。

1）Trip 构建

时间、距离相近的订单如果被一辆车沿着一条 Trip 服务，通常可以节省更多的行驶成本和惩罚成本。因此，针对一个场景下的所有已知和预测的订单，采用先按照时间分类、再针对每一类订单规划路线的思想：首先根据历史数据及经验将一天时间划分为多个时段，每个时段的长度未必均等，每个时段都包含多个时间窗在其内的订单；然后基于车辆容量限制和每个 Trip 最长行驶时间的限制，针对时段内的订单执行插入法[14]，形成 Trip 集合。由于经典的所罗门（Solomon）插入法属于贪心算法，订单均被插入当前路径中代价最小的位置，这极有可能为后续的待插入订单带来不良影响。为降低此影响，引入随机化插入思想[15]，即在选择订单插入位置时，某位置的插入代价越小，则该位置被选择的概率越高。

2）Trip 到车辆的分配

正如 4.1.2 节的两个例子所示，每个 Trip 都有一个最佳的出发时间段，如对 Trip$i$ 定义为 $[et_i, lt_i]$，在该时间段之外提前或延迟出发都会导致其惩罚成本增大，在该时间段内出发，则 Trip 的时间窗偏离最小（可能为 0，也可能大于 0）。给定 Trip$i$ 和 Trip$j$，若它们都从其最佳时间段出发，定义它们从出发到回到商户的最大重叠时间为 $OT_{i,j}$（这是实际重叠的最坏情况），它们的 Trip 持续时间为 d_i 和 d_j，则 $OT_{i,j}$ 可表示为式（4.2）。

$$
\mathrm{OT}_{i,j} = \max \left\{
\begin{array}{l}
\max\left\{0, \min\left\{\mathrm{et}_i + d_i, \mathrm{et}_j + d_j\right\} - \max\left\{\mathrm{et}_i, \mathrm{et}_j\right\}\right\} \\
\max\left\{0, \min\left\{\mathrm{et}_i + d_i, \mathrm{lt}_j + d_j\right\} - \max\left\{\mathrm{et}_i, \mathrm{lt}_j\right\}\right\} \\
\max\left\{0, \min\left\{\mathrm{lt}_i + d_i, \mathrm{et}_j + d_j\right\} - \max\left\{\mathrm{lt}_i, \mathrm{et}_j\right\}\right\} \\
\max\left\{0, \min\left\{\mathrm{lt}_i + d_i, \mathrm{lt}_j + d_j\right\} - \max\left\{\mathrm{lt}_i, \mathrm{lt}_j\right\}\right\}
\end{array}
\right\}
\qquad (4.2)
$$

应该看到，两个 Trip 的 $\mathrm{OT}_{i,j}$ 越大，将它们分配到同一辆车的惩罚成本就越大；反之，同一辆车上多个 Trip 的 $\mathrm{OT}_{i,j}$ 越少，则该辆车所产生的时间窗偏离惩罚往往就越少。因此，Trip 到车辆的分配就可转化为"以最小化每辆车所有 Trip 的必经时间段的重叠为目标，以每个 Trip 必须分配到一辆车为约束"的问题。该问题可转化为一个 Trip 聚类问题，本节采用文献[16]中改进的 K-均值聚类算法加以求解，其思路为：将任何两个 Trip 的 $\mathrm{OT}_{i,j}$ 视为它们的距离；初始时，随机为每辆车分配一个 Trip，把其他未分配的 Trip 分配到与某辆车所有 Trip 的平均距离最小的那辆车上；然后在每辆车已分配的 Trip 中选出与其他 Trip 的距离最小的 Trip，作为该辆车的新的"Mean"，并将非"Mean"的 Trip 按照初始时分配规则重新分配到车辆上；直至所有车辆的"Mean"不再变化为止。

2. 方案整合算法

至此，已针对每一场景得到了订单到车辆的分配方案；本节将针对多个场景的多种分配方案进行整合，以便给出一个车辆能够按其运行的配送方案，使该方案在面对所有预测的场景时都不会产生过大的偏差。

由于每一场景的订单分配方案中既包括已知订单，又包括预测的订单；已知订单在所有场景中一样，但预测的订单因场景而有所不同。方案整合，既要确定已知订单的分配，又要确定预测订单的选取。

关于已知订单的分配，需要整合多场景的已知订单分配方案确定将哪些订单分配到同一辆车。为此，引入文献[16]中关于订单亲密度（intimacy degree）的概念，亲密度越高，则订单越倾向于由同一辆车配送；并仍采用该文献改进的 K-均值聚类算法确定已知的订单与车辆的分配关系。

关于预测订单的选取，由于每个配送方案中的预测订单不尽相同，订单的亲密度无法用于实现对预测订单的车辆分配。因此，采用订单分配的相似度来衡量"两个方案中同一对订单都被分配给一辆车的订单对的个数"。若方案 P 和方案 S 中均存在由一辆车配送的订单对<A,B>，方案 P 和方案 S 的相似度值加 1。对于所有场景的配送方案，根据此方式计算其和整合方案的相似度，选择与整合方案相似度最高的场景。由于该场景的订单分配方案与整合方案最为接近，说明该场景预测订单的适用范围最为广泛，因此选择该场景的预测订单作为整合方案的预测订单集合。

至此，所有的已知订单都已被分配到了每辆车上，而所有的预测订单仍未进行分配。按照上述订单分配算法给出的 Trip 构建算法为每辆车的已知订单进行 Trip 重构，并将预测的订单插入成本最小的 Trip 位置上，从而将所有的订单都分配给车辆，并得到所有车辆应服务的 Trip 集合。

3. Trip 出发时间协调算法

正如 4.1.2 节的例子所示，确定车辆针对每个 Trip 的出发时间是一个难题：较早出发则有可能无法顺路捎带后来的订单，较晚出发则有可能等不到新订单且又延迟了对已有订单的送货时间。为此，本节在综合考虑已有订单及预测订单的基础上，确定每个 Trip 的出发时间。

方案整合算法给出了每辆车所服务的 Trip 集合，每个 Trip 既包含已有订单，又包含预测的订单。由于每个 Trip 的出发时间决定着该 Trip 下每个顾客的时间窗偏离程度，且同一辆车的多个 Trip 往往不能都从其最佳时间出发，很可能会有时间上的冲突而必须统一协调；因此，本节以最小化顾客的时间窗偏离为目标，给出每个 Trip 最佳出发时间的协调算法。

订单分配算法部分已述，每个 Trip 都有一个最佳出发的时间段（如对 Trip i 定义为 $[\mathrm{et}_i, \mathrm{lt}_i]$），若 Trip 在该时间段内出发则顾客的时间窗偏离最小，否则 Trip 的时间窗偏离惩罚成本将会增大；车辆针对每个 Trip 的出发时刻不同，顾客订单的时间窗偏离也会随之变化。重要的是，前后 Trip 之间的出发时间相互影响，车辆每次只能服务一个 Trip；而对一个 Trip 的服务，会影响到该辆车对其他 Trip 的服务。因此，当一辆车的 Trip 数逐渐增大时，这种影响的计算难度也在增加；为实现快速有效的处理，本节采用如下启发式算法对一辆车多个 Trip 的出发时间进行统一协调。

步骤 1：将全部 Trip（记为 L 个）按照它们的 et_i 排序，并将排序后的 Trip 序列从中间（索引为 $[L/2]$ 的位置）分为前后两段。

步骤 2：针对前段 Trip 序列，从前至后让每个 Trip 在 $\max\{\mathrm{et}_i, \mathrm{dt}_{i-1} \mid i \geqslant 1, \mathrm{dt}_0 = 0\}$ 时刻出发（其中，dt_{i-1} 表示第 $i-1$ 个 Trip 返回商户的时间）；设前段 Trip 序列中，第一个 Trip 的开始时间为 BT_1，最后一个 Trip 的结束时间为 DT_1。

步骤 3：针对后段 Trip 序列，从后至前让每个 Trip 按照 $\min\{\mathrm{lt}_i, \mathrm{st}_{i+1} - t_i \mid i \leqslant L, \mathrm{st}_{L+1} = +\infty\}$ 出发（其中，st_{i+1} 表示第 $i+1$ 个 Trip 从商户的出发时间，t_i 表示第 i 个 Trip 的行驶时间）；设后段 Trip 序列中，第一个 Trip 的开始时间为 BT_2，最后一

个 Trip 的结束时间为 DT_2。

步骤 4：若 $DT_1 \leqslant BT_2$，则算法结束，返回所有 Trip 的出发时间；否则转入步骤 5。

步骤 5：如果前段 Trip 序列的出发时间都向前提前 $\min\{st_i - et_i, DT_1 - BT_2, BT_1 \mid st_i - et_i > 0, 1 \leqslant i \leqslant [L/2]\}$，得到增加的时间窗偏离惩罚为 C_2；若向前提前的时间为 0，则 $C_1 = +\infty$，表示前段 Trip 序列不能再提前出发。

步骤 6：如果后段 Trip 序列的出发时间都向后推迟 $\min\{lt_i - st_i, DT_1 - BT_2 \mid lt_i - st_i > 0, [L/2] < i \leqslant L\}$，得到增加的时间窗偏离惩罚为 C_2。

步骤 7：如果 $C_1 < C_2$，则将前段 Trip 序列的出发时间向前提前 $\min\{st_i - et_i, DT_1 - BT_2, BT_1 \mid st_i - et_i > 0, 1 \leqslant i \leqslant [L/2]\}$，否则将后段 Trip 序列的出发时间向后推迟 $\min\{lt_i - st_i, DT_1 - BT_2 \mid lt_i - st_i > 0, [L/2] < i \leqslant L\}$。

步骤 8：更新 BT_1、DT_1、BT_2 和 DT_2，并返回步骤 4。

4. 改进的大邻域搜索算法

在根据上述步骤得到了问题的初始方案后，车辆即可执行该方案所给定的第一个 Trip。在每辆车第一个 Trip 没有结束且新订单没有进入的时间里，系统仍可对车辆还未启动的后续 Trip 进一步优化。在车辆返回商户后，其下一个 Trip 的启动即可按照优化后的新方案进行。这种做法既满足了问题实时性的处理要求，又可利用系统空闲期而将配送方案进行更为深入的优化。那么，如何实现对初始方案的优化就是本节所讨论的内容。

近年来，该领域的迭代优化技术已经出现了迭代邻域搜索[17-19]、大邻域搜索[20-22]、适应性迭代搜索[12]及多方法的混合应用[23]。其中，大邻域搜索技术因其很容易跳离局部最优，而对大中规模的车辆路径问题求解都具有良好的表现，可在有效时间内快速提升配送方案[21]。大邻域搜索算法的良好性能已经在一系列相关文献中得到了证实[9-11, 20-22]。

而在本节的问题中，一个配送方案包含多辆车的配送路线，每辆车路线又包含多个 Trip，每个 Trip 包含车辆的出发时间和服务序列信息。由于车辆的 Trip 构成、Trip 的出发时间、Trip 内订单的构成及其服务序列等直接影响配送方案的质量，方案的更新要考虑车辆路线、Trip、订单、时间等多个方面。由于得到的初始方案已经经过了一定程度的优化，若仅在其周边邻域进行小范围搜索则很难跳离局部最优而超越当前解，因此，进行配送方案的大范围邻域搜索就是寻找更优解的有效途径。本节根据问题特点，提出了改进的大邻域搜索算法，对当前解进行更新与优化。

改进的大邻域搜索算法的框架如图 4.6 所示。其中，Destroy（破坏）算子将一定比例（这里设置为 20%）的顾客从配送方案中删除；Repair（修复）算子则根据 Trip 构建算法和订单分配算法，将删除的顾客重新插入到 Trip 中，将改进的 Trip 集合重新分配给车辆，再利用 Trip 出发时间协调算法，确定每辆车每个 Trip 的出发时间，得到每次迭代的新方案。

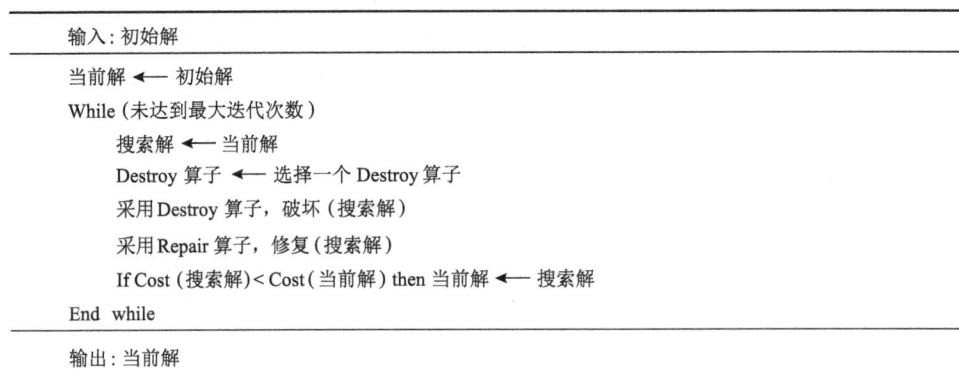

输入：初始解

当前解 ⟵ 初始解

While（未达到最大迭代次数）

    搜索解 ⟵ 当前解

    Destroy 算子 ⟵ 选择一个 Destroy 算子

    采用 Destroy 算子，破坏（搜索解）

    采用 Repair 算子，修复（搜索解）

    If Cost（搜索解）< Cost（当前解）then 当前解 ⟵ 搜索解

End while

输出：当前解

图 4.6 改进的大邻域搜索算法框架图

以下详述 Destroy 算子对订单的删除策略。

本节根据问题特点，设计了 Random Removal（随机删除）、Worst Removal（最差删除）、Related Removal（相关删除）、Trip Removal（路径删除）四种 Destroy 算子，每次迭代随机从中选择一个算子，使用该算子删除掉一定比例的订单。这些算子在删除订单时都需要进行如下检查：在将某个订单删除后，若该订单是其所在 Trip 的唯一一个订单，则需要将该 Trip 的商户点也一并删除。

（1）Random Removal 从所有订单中随机选择订单，并将其从 Trip 内删除。

（2）Worst Removal 首先计算每一订单（如订单 i）删除前的物流成本（$Cost_i^{before}$）、删除后的物流成本（$Cost_i^{after}$）、删除前后物流成本差值 $CS_i = Cost_i^{before} - Cost_i^{after}$；若 CS_i 比较大，说明该订单在当前 Trip 内的位置的不适程度较高，应为其重新规划路线；所以，根据每个订单的 CS_i，按照轮盘赌的策略从中选择一个删除。

（3）Related Removal 算子的思想是：将相似性高的订单删除、重新规划，很有可能得到所期望的与当前解不同的新解，甚至是最优解；而对相似性低的订单删除、重新规划，这些订单极有可能再次插入原来的位置。根据本节问题特点，这里使用两个订单送货点的行驶时间与时间窗的差异之和来定义订单的相似性距离 $R_{i,j}$，$R_{i,j}$ 越小，订单越相似。式（4.3）给出了 $R_{i,j}$ 的定义，其中 $t_{i,j}$ 为订单 i 和 j 的送货点的行驶时间。

$$R_{i,j} = t_{i,j} + \left| t_i^l - t_i^e - t_j^l + t_j^e \right| / 2 \tag{4.3}$$

使用 Related Removal 算子来删除订单，先随机选择一个订单删除，删除与其相关性最高的订单，再在已删除的订单中随机选择一个，然后删除与这个订单相关性最高的订单……直至删除足够的订单。

（4）Trip Removal 算子首先随意选择一条 Trip；若 Trip 内的订单总数大于需要删除的订单数，则从 Trip 中随机选择指定数目的订单并删除；若 Trip 内的订单数不足，则该 Trip 内的订单全部删除，不足的部分参照 Related Removal 算子，删除其他订单。

4.1.5　数值实验及分析

为有效评估算法性能，所有实验均在本节获取的实际数据上进行。本节的方法被编码为 C#程序，运行在 i7 CPU、4 GB 内存的计算机上。本节对实验数据、算法的参数设置、算法的运行结果进行详细阐述。

1. 实验数据和算法参数

本书研究团队获取了大连市某商户 2016 年 33 个工作日的顾客订单数据，该商户自有 12 辆配送车辆，在每日 9 时至 21 时之间为大连市区内的顾客订单提供配送服务，每天的订单量为 200～300 个不等。为使用这些数据验证本节基于多场景预测的在线优化调度方法的科学性与有效性，首先对这些数据进行了数据清理和预处理工作，清理了地址超出大连市区、时间窗等信息异常的订单，将字符串地址转化为经纬度数据，通过第三方软件[24]计算了任意两个顾客及商户与顾客之间的最短道路距离，并将订单的下单时间与时间窗转化为以秒为单位的时间数值。

根据所有顾客的地理位置，设置每个基本预测单元的大小为 1 公里×1 公里×30分钟，即地理范围是边长为 1 公里的正方形区域，每隔 30 分钟一个时间片。设置每个预测单元最多包含 4×2 个基本单元，即最多 4 个边长为 1 公里的正方形区域和 2 个相邻时间片被划分到一个预测单元中。

将处理后的数据分为训练集（前 25 天数据）与测试集（后 8 天数据）。针对测试集中每一天的订单，基于其前 25 天的数据，采用本节提出的多场景预测方法对每一个预测单元的订单量进行预测。基于预测的多个场景，在测试集每天的数据上，模拟订单下达过程，并运用本节的车辆在线优化调度方法，对每一订单的下达进行实时优化调度，从而对本节的方法进行验证。

此外，根据实际物流活动的情况，这里设定每辆车的容量约束为最多 5 个顾客订单，车辆从商户出发之后必须在 50 分钟内将货物送达顾客；在式（4.1）所给出的问题目标中，有 α、β、γ 三个参数，根据商户对车辆的实际使用情况及车辆平均时速和油耗，将这三个参数分别设置为 $\alpha = 200$、$\beta = 1$、$\gamma = 2$；设置预测的场景数为 $N = 8$ 个，预测方法迭代的最大次数为 1000 次；在改进的大邻域搜索算法中，设置最大迭代次数为 10 000 次。

2. 计算结果

本节针对处理后的订单数据，进行了两类实验：第一类实验将本节的基于多场景的在线调度方法与该领域经典的插入算法进行了比较，并分别实验了本节算法中各个模块的计算效果；第二类实验给出了本节预测方法在迭代划分预测单元的过程中，订单数方差的变化情况，以及在不同预测场景数下，本节算法的求解时间和物流成本。

1）本节算法与经典算法的比较

由于同城即时配送的在线调度问题是现代电子商务引发的新问题，该领域并没有可用于直接比较的标准算法。为此，改进了该领域经典的插入算法[14]，使其能够求解同城即时配送问题；然后将本节提出的方法与改进的插入算法进行比较。对插入算法的改进之处在于：首先在未服务的订单中将距离商户最远的订单插入某辆车作为初始路线；然后在满足车辆容量约束的条件下，依次插入其他订单，直至该路线不能满足车辆容量约束或 Trip 最长行驶时间约束或 Trip 的顾客时间窗偏离惩罚超过了一定阈值（设为该辆车总成本的 20%）为止，即获得一个 Trip。

改进的插入算法可生成多个 Trip，这时可采用 4.1.4 节提出的订单分配算法，将 Trip 分配到车辆上。为验证 4.1.4 节提出的 Trip 出发时间协调算法，本节根据决策者经验开发了如下算法：针对某辆车，按照其每个 Trip 的最早出发时间 et_i 排序，从前至后依次规划每个 Trip 的出发时间，让每个 Trip 在其前序 Trip 结束之后的最佳出发时刻出发［如针对 Trip$i$，如果其最佳出发时间段为 $[et_i, lt_i]$，其前序 Trip 的结束时刻为 dt_{i-1}，则 Trip$i$ 的出发时间 dt_i 如式（4.4）所示］。

$$dt_i = \begin{cases} et_i, & dt_{i-1} < et_i \\ dt_{i-1}, et_i \leqslant dt_{i-1} \end{cases} \quad (4.4)$$

本节的在线调度方法包含 4.1.3 节、4.1.4 节两部分内容。如果不采用多场景的预测方法，则系统可仅根据当前已有订单信息和车辆状态，实时给出配送方案，相应地，4.1.4 节的方案整合过程也就不再需要。如果不采用 4.1.4 节的 Trip 出发时间协调模块，则可替换为上述的决策者经验来安排每个 Trip 的出发时间。如果不采用改进的大邻域搜索算法，则系统闲置期间不对未服务的订单序列进行进一步优化。

针对每一个算例，模拟新订单的下单过程，并运用算法计算至所有订单都服务完成，最终的计算结果如表 4.1 所示。表 4.1 既给出了本节在线调度方法与经典插入算法的比较结果，也给出了本节方法在不含各个模块时的算法表现，以便评估本节各个模块的计算效果。表 4.1 中，"无预测订单"是指没有 4.1.3 节中的预测过程，直接针对当前已下单的顾客进行在线调度，无预测订单也就不用进行4.1.4 节中的方案整合；"无时间协调"是指没有使用 4.1.4 节中的 Trip 出发时间协调算法；"无邻域搜索"是指没有使用 4.1.4 节的邻域搜索算法；求解时间是指所有新订单进入时的平均求解时间，以毫秒为单位；"邻域搜索 10 秒"指的是每次新订单进入，在使用 4.1.4 节的方法获得初始解之后，再采用 4.1.4 节的方法进行10 秒的邻域搜索。Gap1、Gap2、Gap3 分别表示"总成本 1 与总成本 2 的差距"、"总成本 2 与总成本 3 的差距"及"总成本 3 与总成本 4 的差距"。

表 4.1　本节基于多场景的在线调度方法与经典插入算法的计算结果

算例	订单数/个	经典插入算法				本节基于多场景的在线调度方法				Gap1	Gap2	Gap3
		无预测订单、无时间协调		无预测订单、有时间协调		有多场景预测、有时间协调、无邻域搜索		有多场景预测、有时间协调、邻域搜索 10 秒				
		总成本 1/元	求解时间/秒	总成本 2/元	求解时间/秒	总成本 3/元	求解时间/秒	总成本 4/元	求解时间/秒			
1	284	2 839.18	179	2 762.50	269	2 608.00	1 890	2 541.92	11 890	2.78%	5.92%	2.60%
2	309	2 782.24	205	2 708.08	257	2 468.14	1 908	2 349.42	11 908	2.74%	9.72%	5.05%
3	202	1 900.27	123	1 851.79	152	1 611.08	1 648	1 577.74	11 648	2.62%	14.94%	2.11%
4	222	1 895.13	119	1 881.81	190	1 731.26	1 888	1 611.88	11 888	0.71%	8.70%	7.41%
5	270	2 033.94	178	1 952.94	237	1 874.82	1 887	1 818.57	11 887	4.15%	4.17%	3.09%
6	253	2 448.08	134	2 440.49	200	2 145.25	1 898	1 975.82	11 898	0.31%	13.76%	8.58%
7	252	2 055.89	129	1 987.85	194	1 755.71	1 876	1 678.02	11 876	3.42%	13.22%	4.63%
8	245	1 984.65	113	1 925.85	187	1 705.51	1 878	1 616.85	11 878	3.05%	12.92%	5.48%
平均	255	2 242.42	148	2 188.91	211	1 987.47	1 859	1 896.28	11 859	2.47%	10.42%	4.87%

如表 4.1 所示，本节所提出的在线调度方法及其各个模块表现出良好的计算效果：①最原始的插入算法所得到的平均成本（成本 1）为 2242.42 元，而本节算法在仅运行了 10 秒的邻域搜索之后所得到的平均成本（成本 4）为 1896.28 元，平均差距为 18.25%，本节算法的整体表现明显优于经典的插入算法。②Gap1 比较的是总成本 1 和总成本 2 的差距，平均差距为 2.47%，体现出 Trip 出发时间协调算法的计算效果，即使用了该算法之后，每辆车的 Trip 出发时间可以与其前后若干 Trip 相协调，并达到一定程度的优化。③Gap2 比较的是总成本 2 和总成本 3

的差距，也就是是否采用多场景预测所产生的差距，由表可见，平均差距为10.42%，这说明，本节的多场景预测方法通过将预测订单融入配送方案，使配送方案具备良好的前瞻性，当未来新订单进入时，可以较为顺利地实现新订单的配送，从而明显地降低配送方案的成本。④Gap3 比较的是总成本 3 和总成本 4 的差距，也就是是否进行邻域搜索所产生的差距，由表可见，仅仅 10 秒的邻域搜索过程就能产生 4.87%的成本差距，这一方面说明未经过邻域搜索的配送方案已经实现了较高质量的优化解，另一方面也体现出邻域搜索能够在短时间内获得解的质量的进一步优化。总之，针对复杂的同城即时配送问题，本节的在线调度方法及其各个模块都表现出良好的求解效果。

　　2）本节预测方法的计算效果

　　本节的多场景预测方法根据历史订单预测未来可能的订单（包括其位置和时间窗），通过使车辆的在线调度更具前瞻性，从而有利于提高配送方案面对未来订单的适应性，并有利于降低配送方案成本。表 4.1 的数据表明，使用了多场景预测要比不预测得到的配送方案更好。为进一步验证该预测方法的有效性，本节将该预测方法的整个迭代过程描绘出来，以判断它是否能够合理地将各个区域、各个相邻时间段都聚集在每个预测单元范围内，从而降低预测单元中每天的实际订单数与历史平均订单数的方差。图 4.7 给出了本节预测方法针对算例 1 的执行过程，其他算例也具有类似的过程。图 4.7 中，横轴为预测方法的迭代次数，纵轴为所有预测单元中每天的实际订单数与历史平均订单数的方差之和。

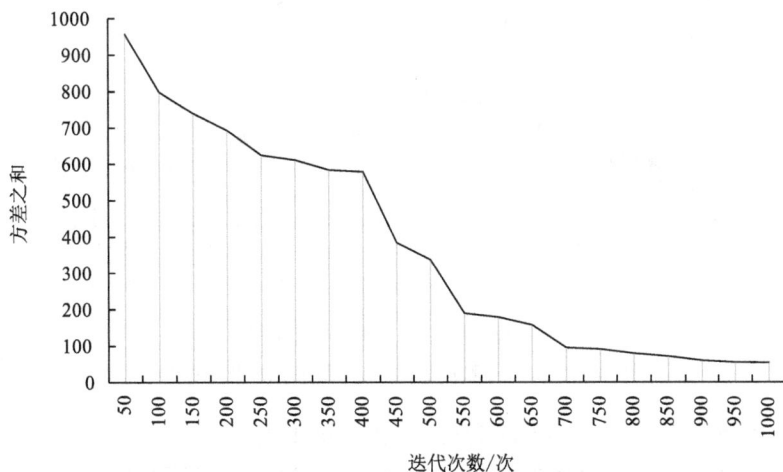

图 4.7　本节预测方法在不同迭代次数下订单数方差之和的变化

　　由图 4.7 可见，随着预测方法的不断迭代，预测单元每天的实际订单数与历史平均订单数的方差一直呈现下降的趋势，一开始比较陡峭，随后缓慢下来，这说明，该预测方法收敛形成的预测单元，其订单数的统计规律可以显现。由于顾客订单的送货地和时间窗很难准确地预判，因此本节通过对一定预测单元的订单量的预估，从而基于随机分布的思想，将每一个订单都实例化到该预测单元所对应的地理范围的某个点上。本节采用的这一预测单元划分及订单实例化方法，使得预测的结果能够对车辆调度起到一定的帮助。否则，如果仅按照传统的针对某个大范围区域的订单总量这一预测思路，则预测结果对于车辆调度的指导作用是十分有限的。

另外，预测的场景数也是决定本节在线调度方法的关键因素。为此，以算例1为例实验了不同场景数对总物流成本的影响。如图 4.8 所示，横轴为预测方法所考虑的场景数，纵轴为所有订单执行完毕的总物流成本及初始方案的求解时间。由图 4.8 可见，当场景数增加时，运用本节的在线调度方法（不含邻域搜索算法）获得的配送方案，总物流成本一直处于下降的趋势，但求解时间不断增加，但在场景数超过 8 个时，总物流成本下降得并不明显，而求解时间却有一定的增加。因此这里选择了 8 个场景，在求解效果和时间方面达到较好的均衡。

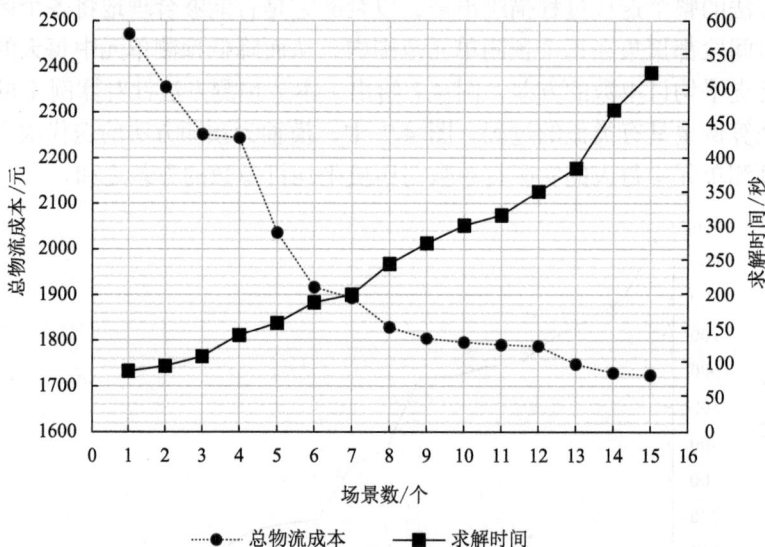

图 4.8　不同预测场景数下本节方法的求解结果

应该看到，本节的预测方法为在线优化调度而服务，因此，该方法需要将预测的订单实例化到每个具体的订单，以便在线调度方法能够利用这些具体订单而给出具有前瞻性的配送方案。从本节在线调度方法的计算结果来看，本节的多场景预测实现了预期的效果，能使配送方案不局限于当前已有的订单，而是面向未来订单具有较高的适应性，最终给出的配送方案相比于不进行预测有大幅的成本降低。

　　同城即时配送是伴随着现代电子商务的发展而出现的新问题,其求解极具难度。本节针对该问题提出了基于多个预测场景的在线调度方法,主要贡献在于:通过引入预测订单,将带有虚拟顾客的多个需求场景整合到路线规划过程,避免近视地规划路线,大大提高了路线规划的前瞻性;提出了新颖的调度方法,该方法针对每一个需求场景,通过订单分配、方案整合、Trip 出发时间协调、大邻域搜索等技术,在新订单进入时快速给出应对方案,并在系统闲置时不断优化未完成的任务序列方案,从而既满足了系统实时性要求,又保证了解的优化质量;提出了多场景调度方案的整合方法,使整合后的方案在任何一种场景发生时都不会导致过高的配送成本,有效提高了配送方案应对未来不确定需求的适应性。本节的在线调度方法在大规模实际数据集上进行了测试,测试结果体现出本节方法的良好的问题适应性及处理能力。

　　本节基于多个预测场景的在线调度方法为一类动态、实时、优化调度问题提供了具有前瞻性的在线优化调度解决方案,有利于提高优化理论解决动态问题的实时性和自适应能力,有利于促进同城即时配送公司的降本增效和集约化管理,有利于推动整个社会的即时配送水平的提高,乃至现代电子商务的持续健康发展。

4.2　基于多样化方案池的即时配送订单实时响应方法

4.2.1　问题描述

　　在现代电子商务环境下,一系列生鲜蔬果、零食小吃及鲜花礼物等顾客需求紧急且应快速完成配送的商品已成为大众网购的对象。该类紧急商品的订单需求在近年来呈现快速增长的趋势,季度订单超 4 亿个[1],市场规模保持了年逾 40% 的高速增长[2]。在该类紧急需求订单快速扩张的背后,却存在着"物流能力约束"的致命问题:面对顾客随时提出的订单要求,配送公司通常在一两小时内就必须完成货物的取、送服务;目前几乎所有电商面对顾客订单往往都采取"来者不拒、一律接单"的态度;在配送公司既定的物流能力下,一旦顾客订单超出物流能力所及,延迟送货的情况就在所难免,进而容易导致顾客满意度降低,甚至大面积取消订单的连锁反应。该问题是相关电商及其配送公司都难以逾越且关系其生死存亡的关键问题。若处理不当,将会严重打击顾客信心,大大制约现代电子商务的健康持续发展[25]。

　　在顾客下单的瞬间,系统基于当前的物流能力实时判断该单是否能够按时送货,并对顾客给予预计送达时间的实时反馈,让顾客心中有数(若无法按时送货,则顾客可选择取消订单),就成为解决这一问题的有效途径。然而,由于该问题所具备的下述几方面复杂性,又快又准地对物流能力做出实时评估具有极高的难度。

（1）订单的实时响应，不能通过简单地将订单插入某条车辆路线中来实现。一个新订单的插入，很有可能会导致路线上其他若干已有订单的送货时间超出要求，但系统已经给出了对已有订单按时送货的承诺，因此必须对受影响的已有订单进行相应的路线调整，而这一调整通常又会引发其他车辆已有订单路线调整的连锁反应，从而导致车辆路线的大范围修改，最终往往会得到与原先截然不同的配送方案。

（2）订单响应具有实时性要求，必须在顾客下单的瞬间（通常 1 秒内）就给顾客一个实时的反馈。无论是该领域的精确算法[26]，还是大量的元启发式算法[27-29]及迭代搜索算法[30]都致力于在大面积范围内搜索全局最优解，通常需要消耗很长的求解时间，因此对此问题并不适用。

（3）订单响应不仅要"快"，而且要"准"。若向顾客反馈的结果不准确，则会产生极为负面的后果——本来能按时服务却反馈给顾客"不能"，则会损失掉该订单的利润；本来不能按时服务却反馈给顾客"能"，则会让顾客大失所望；本来能更早送货却反馈给顾客一个较晚的时间，则顾客很可能会取消订单。

为此，本节根据该问题的特点，提出了基于多样化方案池的订单实时响应方法[31]，并通过大规模实验，验证了方法的科学性和有效性。

4.2.2　重调度模型

即时配送订单的实时响应问题可描述如下：某商户拥有多个同型车辆，为在线订单提供即时配送服务；当新订单实时下达后，商户需根据当时的车辆状态及订单要求，在保证已有订单按时送货的承诺下，向新订单的顾客给予能否按时送货的反馈；若不能按时送货，则向顾客反馈可行的送货时间，待顾客确认或取消订单。由于商户每天在确定的时段内（如 9 时至 21 时）接收顾客订单，并进行配送活动，因此，顾客订单时间窗只能在该配送时段内。

由于即时配送问题所送的货物通常具有保鲜要求，在途时间不宜过长，否则其新鲜度将大打折扣。车辆如果针对其配送任务一次性装载所有货物，则在途时间很可能超出最长时限的要求。因此，为满足最长在途时限的要求，车辆每次仅应从商户取走部分订单的货物，将其送完后再回商户取货。如此下来，车辆应多次返回商户取货，并不断地往返于商户和顾客之间，以便在最长在途时限的要求下，完成所有订单的取送任务。此外，由于车辆到达顾客后仅需将货物交于顾客，所以假设每个订单点的服务时间为 0。需要说明的是，车辆每次从商户取得部分货物并离开商户进行配送后，车辆路线不会更改，车辆在本次旅途中即将服务的顾客应从未服务的订单中删除，同时该辆车的可用时间也应被设置为其结束本次配送、返回商户的时间。那么，新订单实时响应问题的模型，应以所有车辆的可用时间要求、所有未服务订单的配送要求及车辆在途送货时限等为约束，以最小化物流配送成本及新订单的时间窗偏离惩罚为目标而建立。

表 4.2 给出了该问题所涉及的一些参数和变量。当新订单进入时，该订单的实时响应问题可基于上述参数和变量建模为式（4.5）～式（4.14）。其中，式（4.5）为目标函数，表示车辆行驶成本和订单时间窗偏离的惩罚成本之和最小化，式（4.5）中的 $T_{p_{new}}$ 和 $t_{p_{new}}^{l}$ 分别表示新订单的访问时间及要求的最晚送货时间；式（4.6）表示所有车辆，若被使用则都从 p_0^0 出发至某个订单点，并最终从某个订单点返回 p_0^{n+1}，若不被使用则对起止点的访问次数为 0，且不访问任何订单点；式（4.7）表示每个点仅被访问一次；式（4.8）保证了每辆车针对每个点的进入和离开次数必须相同；式（4.9）保证了车辆从起点 p_0^0 出发的时间应该在其最早可用时间之后，其中 $t_{p_0^0,p}$ 表示车辆从 p_0^0 到 p 的行驶时间；式（4.10）表示如果两个点被一辆车顺次访问，则它们的访问时间应保证一定的连续性；式（4.11）表示每个已知订单必须在其时间窗内服务；式（4.12）表示若新订单的服务时间超出其时间窗，则 $y=1$，否则 $y=0$，其中的 M 为一个很大的正数；式（4.13）表示车辆容量约束；式（4.14）保证了车辆每次从商户出发后的在途时间不会超出限制。该模型通过多个约束保证了车辆路径的连通性，即车辆路径不会中断和分叉［式（4.8）］、不会出现环路［式（4.6）～式（4.8）］，若被使用则必从 p_0^0 出发并最终返回 p_0^{n+1}［式（4.6）］。

表 4.2　问题参数与变量

参数/变量	含义
K	固定车辆集合，其中每辆车每次配送任务都从商户出发，最终返回商户
P	点集合（ $P=\{p_0^0,p_0^1,p_0^2,\cdots,p_0^{n+1}\}\cup P_{old}\cup\{p_{new}\}$ ，其中， $p_0^i(0\leqslant i<n+1,n$ 为当前时刻未服务的订单数）为商户点， p_0^0 和 p_0^{n+1} 分别是所有车辆的起始点和终止点，由于商户会被多次访问，而最坏情况下每个订单都需要回商户取货，所以 $\{p_0^1,p_0^2,\cdots,p_0^n\}$ 表示多个具有相同位置但不同访问时间的商户点，其元素分别是为每一个订单而复制的商户点； P_{old} 为已知订单的点集合； p_{new} 为新订单点。特别地，本节用 $P_0=\{p_0^1,p_0^2,\cdots,p_0^n\}$ 表示商户点（不含起止点），用 $P_C=P_{old}\cup\{p_{new}\}$ 表示新旧订单点集合
Q	车辆最大容量
L	从商户取货后到访问配送订单点的最大时间限制
q_i	订单 i 的货物所占用的车辆容量
$\left[t_i^e,t_i^l\right]$	订单 i 的时间窗， t_i^e 、 t_i^l 分别为其最早和最晚的送货时间（ $i\in P_{old}\cup\{p_{new}\}$ ）
$t_{i,j}$	i 与 j 两点间的行驶时间（ $i\in P,j\in P$ ）； $t_{i,j}=0\left(i,j\in\{p_0^0,p_0^1,p_0^2,\cdots,p_0^{n+1}\}\right)$
t_k^u	车辆 $k(\in K)$ 的最早可用时间；当前时刻，若车辆 k 正在送货途中，则 t_k^u 为其返回商户时间，若车辆 k 正在商户待命，则 t_k^u 为当前时间

参数/变量	含义
$x_{i,j,k}$	0-1 决策变量，表示车辆 k 是否从 i 点行驶到 j 点（$i,j \in P, i \neq j, k \in K$）
y	0-1 决策变量，表示新订单的服务时间是否偏离其时间窗
T_i	决策变量，表示点 i 的访问时间（$i \in P, T_{p_0^0} = 0$）
C_i	决策变量，表示车辆从商户出发到订单点 i 所累计占用的车辆容量；$C_i = 0 \left(i \in \{p_0^0\} \cup P_0 \right)$
W_i	决策变量，表示从商户取货到访问订单点 $i(\in P_C)$ 的时间长度；$W_i = 0 \left(i \in \{p_0^0\} \cup P_0 \right)$
α	目标函数中的系数，表示每单位行驶时间所消耗的行驶成本
β	目标函数中的系数，表示每单位时间窗偏离的惩罚成本

$$\min z = \alpha \sum_{i \in P} \sum_{j \in P} \sum_{k \in K} x_{i,j,k} t_{i,j} + \beta \left(T_{p_{\text{new}}} - t_{p_{\text{new}}}^l \right) y \tag{4.5}$$

$$\text{s.t.} \quad \sum_{j \in P_C} x_{p_0^0, j, k} = \sum_{i \in P_C} x_{i, p_0^{n+1}, k} \leqslant 1, \forall k \in K \tag{4.6}$$

$$\sum_{k \in K} \sum_{i \in P} x_{i, p, k} = \sum_{k \in K} \sum_{j \in P} x_{p, j, k} = 1, \forall p \in P_0 \cup P_C \tag{4.7}$$

$$\sum_{i \in P \setminus p} x_{i, p, k} = \sum_{j \in P \setminus p} x_{p, j, k}, \forall p \in P_0 \cup P_C, k \in K \tag{4.8}$$

$$x_{p_0^0, p, k} \left(T_p - t_{p_0^0, p} - t_k^u \right) \geqslant 0, \forall p \in P_0 \cup P_C, k \in K \tag{4.9}$$

$$x_{i, j, k} \left(T_i + t_{i, j} - T_j \right) \leqslant 0, \forall i, j \in P, k \in K \tag{4.10}$$

$$t_j^e \leqslant T_j \leqslant t_j^l, \forall j \in P_{\text{old}} \tag{4.11}$$

$$(y - 1) M < T_{p_{\text{new}}} - t_{p_{\text{new}}}^l \leqslant yM, y \in \{0, 1\} \tag{4.12}$$

$$C_j = \sum_{i \in P_0 \cup P_C} \sum_{k \in K} x_{i, j, k} \left(C_i + q_j \right) \leqslant Q, \forall j \in P_C \tag{4.13}$$

$$W_j = \sum_{i \in P_0 \cup P_C} \sum_{k \in K} x_{i, j, k} \left(W_i + T_j - T_i \right) \leqslant L, \ \forall j \in P_C \tag{4.14}$$

　　由上述模型可见，即使对于一个含有几十个订单和几辆车的问题而言，模型的变量和约束数量也会十分庞大，精确算法根本无法实时给出最优方案，而建立启发式算法则是解决该问题的有效途径。为此，在 4.2.3 节建立了该问题的启发式求解方法。

4.2.3　基于多样化方案池的实时响应方法

即时配送订单的实时响应问题属于一类动态的车辆路径问题，该类问题通常采用经典的事件驱动型处理方式[32]，即在特定事件发生时，系统应立即响应或改变状态。新订单的产生、车辆的出发与返回是会导致问题状态改变的三类事件。当新订单产生时，系统应立即向顾客反馈能否按时送货的信息；当车辆出发时，由于车辆每次出发的路线不会改变，应将车辆此次配送所服务的订单从未服务订单中删除，同时设置车辆的可用时间为其结束本次配送、返回商户的时间；当车辆返回时，应立即为车辆确定下一次配送任务及出发时间，本节基于当前最优的候选方案确定给出了新订单产生时的实时响应方法。

即时配送订单的实时响应问题具有"实时"和"准确"两种求解要求，问题的精确算法虽然可以"准确"给出最优方案，但无法满足"实时"要求；而目前流行的元启发式算法[27-29]、迭代启发式算法[30]与精确算法相比，尽管使用了更少的求解时间，但与"实时"要求仍有相当大的差距，需进行较大改进。现代启发式算法的精髓在于"通过各种技术（如禁忌表[33]、毁坏重建算子[10]、SA 思想[34]、参数的适应性调整策略[35]、多样化随机技术[36]等）不断地在当前解的邻域范围内搜索更好的解"。这些技术往往需要一定的收敛时间才能找到优质解；而本节采用多样化方案池的策略：在新订单到来之前，事先在池中缓存各种各样的优质方案，一旦新订单到来，利用池中的缓存方案快速生成最佳的应对方案，从而大大缩短了计算时间，既满足了订单实时响应的要求，又能保证解的优化性。图 4.9 给出了本节多样化方案池的策略与目前启发式算法主流思想的示意图。

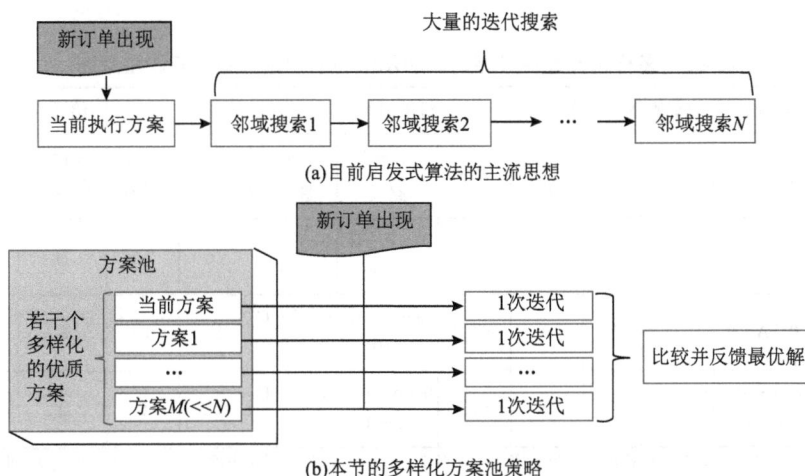

(a)目前启发式算法的主流思想

(b)本节的多样化方案池策略

图 4.9　多样化方案池策略与目前启发式算法主流思想的差别

图 4.10 给出了即时配送订单实时响应问题的一个小例子，其中包含了顾客、商户点间的行驶时间及顾客的时间窗要求。下文利用这个例子对多样化方案池策略进一步给出说明。表 4.3 给出了针对 0 时刻的初始方案 1、方案 2、方案 3，以及在订单 D 出现后的调整方案 4、方案 5、方案 6。该例在 0 时刻有 3 个订单，其最优配送方案为表 4.3 的方案 1；相比于方案 2 和方案 3，方案 1 具有更低的行驶成本；因此，若按照目前启发式算法的主流思想，系统仅保留方案 1，两辆车的最晚出发时刻分别为 2.5 和 5.5；但根据本节多样化方案池策略，这三个方案都被保存在方案池中，以便后续的快速优化。在 2 时刻，订单 D 出现；这时，两辆车仍未出发，而只要将订单 D 插入方案 3 的第二条路线上即可快速得到新问题的最优解（方案 6），两辆车按照新问题的最优解执行即可，而前两种方案无论如何调整，都很难一步到位——若每次迭代仅修改一个顾客位置，则方案 4 和方案 5 都最少需要 5 次邻域变换才能达到方案 6 的最优解。

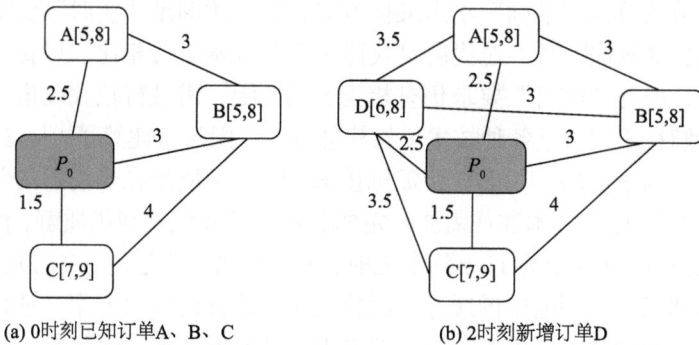

(a) 0 时刻已知订单 A、B、C　　　　　　　(b) 2 时刻新增订单 D

图 4.10　多样化方案池策略的说明示例

此例有两辆车；P_0 为商户；A～D 为订单；中括号中数字为订单时间窗；连线旁数字为行驶时间

表 4.3　多样化方案池策略的说明示例中的初始方案及其调整策略

订单 D 出现前的车辆路线方案				订单 D 出现后的车辆路线方案				给顾客 D 的反馈	
方案	车辆 1 路线	车辆 2 路线	行驶成本	时间窗偏离	方案	车辆 1 路线	车辆 2 路线	行驶成本	时间窗偏离	能否按时送货	最早服务时间
方案 1	0—A—B—0	0—C—0	11.5	0	方案 4	0—A—B—0	0—C—D—0	16	2.5	否	10.5
方案 2	0—A—0	0—B—C—0	13.5	0	方案 5	0—A—D—0	0—B—C—0	17	0.5	否	8.5
方案 3	0—A—0—C—0	0—B—0	14	0	方案 6	0—A—0—C—0	0—B—D—0	16.5	0	能	8

注：方案 4、方案 5、方案 6 分别为方案 1、方案 2、方案 3 的对应调整方案，表中的 0 点代表 P_0 即商户

这仅是一个包含几个订单的小例子，当订单数很多时，目前启发式算法的主流思想所采用的迭代式邻域搜索是相当耗时的，且不见得每次迭代都能朝着最优解的方向递进一步，而通常需要在尝试多个搜索方向之后才能确定哪个搜索途径最有希望。与之相比，本节的做法则是通过在系统闲置期间（本例中的 0～2 时刻的时间内）搜索并缓存多样化的优秀方案，从而为实现从缓存方案到最优方案"一步到位"的实时响应而奠定基础，且在求解速度和质量上都明显优于单一解的邻域搜索过程。应该看到，本例即使仅缓存了方案 1 和方案 2，也比只存储当前运行方案 1 要好。

由该例可见，基于多样化方案池的订单实时响应方法有三个关键问题：一是如何生成候选方案（即表 4.3 中的方案 1、方案 2、方案 3）；二是如何在候选方案中选择缓存方案（若方案池的容量有限，仅能容纳两个方案，那应选择哪两个方案）；三是在新订单来临时，如何基于缓存方案生成最优的配送方案。本节将对这三个问题进行依次阐述。

车辆在按计划执行的过程中，当没有新订单进入时，系统将使用候选方案生成方法和缓存方案选择策略，不断地优化方案池中的候选方案；一旦有新订单进入，算法立即停止方案池的更新，并利用基于方案池的订单实时响应方法对顾客订单进行实时响应。

需要说明的是，方案池中的候选方案所面向的订单是所有未服务的订单，但不包括在途车辆即将服务的订单；一旦车辆从商户出发，则该车辆即将服务的订单就从未服务的订单集合中删除，该辆车的可用时间设置为其返回商户的时间，同时，系统再次面向未服务的订单集合生成并优化方案池中的候选方案。

1. 候选方案生成方法

候选方案的整体质量决定着方案池中缓存方案的优劣，也决定着即时配送订单实时响应方案的好坏，因此候选方案生成工作是本节订单实时响应方法的基础。尽管这一工作在系统闲置期间完成，但现实中很多商户在订单高峰期仅有平均几分钟的闲置时间，如何能抓住有限的系统闲置时间，快速有效地生成高质量的候选方案则是首先要解决的关键问题。

启发式算法依然是生成候选方案的有效途径。近年来，该领域启发式算法的研究，已从一系列较早的启发式算法[10,33,37]（如遗传算法、蚁群算法、禁忌搜索、SA、神经网络等），推进到迭代邻域搜索[30]、大邻域搜索[10]、适应性迭代搜索[9]及多方法的混合应用[30,38]上。其中，大邻域搜索因为具有快速收敛的特性及很强的跳离局部最优的能力而被众多学者所采纳；该算法针对很多带时间窗车辆路径问题的标准算例，都超越其他算法而得到了当前最优解[21]。因此，本节根据问题特点建立了候选方案生成的自适应大邻域搜索（adaptive large neighborhood search，ALNS）算法，利用该算法对问题的初始解进行迭代优化；而问题的初始解则采用随机最优插入（randomized best insertion，RBI）[15]方法得到。

在生成候选方案中，路线的摧毁算法、路线的重建算法及算子的适应性选择策略是算法的主要内容。

1）路线的摧毁算法

根据问题特点，本节给出改进的随机删除（random removal）、Shaw 删除（Shaw removal）及最坏删除（worst removal）三种算子[21]，它们都是删除一定比例的订单（这里采用 20%的比例）即停止。其中，随机删除算子随机找一个订单删除；一旦删除后有两个相同的商户点相邻，就删除其中任一个（后两个删除操作也包含此过程）。Shaw 删除算子根据订单的相关性来删除，先随机选择一个订单，然后删除与其相关性最高的订单，再在已删除的订单中随机选择一个，然后删除与这个订单相关性最高的订单……直至删除了足够的订单；本节将订单 i 与 j 的相关性 $S_{i,j}$ 定义为式（4.15）。最坏删除算子则首先计算删除每一订单之后的成本差值，然后根据成本差值，使用轮盘赌方法随机选择被删除的订单，成本差值越大的越容易被选择。

$$S_{i,j} = \frac{1}{t_{i,j} + \dfrac{\left| t_i^l - t_i^e - t_j^l + t_j^e \right|}{2}} \qquad (4.15)$$

2）路线的重建算法

根据问题特点，本节给出贪婪（basic greedy）和悔恨（regret-2 insertion）[21]两种算子。其中，贪婪算子将订单依次插入成本最小的位置上；如果是已知顾客则插入位置必须符合顾客时间窗，如果是新订单，则可违反时间窗约束（两种算子都包含这一检查过程）。悔恨算子首先计算每个订单的最优插入位置和次优插入位置的成本差值，然后将差值最大的订单插入其最优位置上。上面这两种插入都需要将车辆的出发时间推迟至其可用时间之后，同时检查车辆容量约束，如果不满足，则通过在其前后位置插入商户来满足车辆容量约束。

3）算子的适应性选择策略

算子的适应性选择策略是自适应大邻域搜索算法的基本组成部分，它将在算法执行的不同阶段而动态选择有效的算子。算法迭代到不同的阶段，路线的摧毁与重建算子对解的优化效果会有不同，因此，本节根据前 N 次迭代中（在这里 N=50）算子更新最优解的次数来对每个算子予以评价，并基于算子的评价值，利用轮盘赌方法在每次迭代时随机选择一个算子进行摧毁和重建操作。

2. 缓存方案选择策略

考虑到订单响应的实时要求，方案池中不能无限制地存储大量的候选方案，而仅应存储有限的方案。在不同配置的计算机上，订单响应程序的执行时间会有不同，因此，为实现订单实时响应目标（1 秒内响应），可通过实验确定不同计算机的方案池中最大可存储的方案数（这里的实验结果是 330 个）。

接下来，需要缓存哪些方案是要解决的关键问题。本节希望在池中尽可能保留多样化程度较高的优质方案，而不是保留过于相似的劣质方案，以便在不同的新订单进入时都能找到一种有效方案去应对。方案的质量和方案的相似度是选取候选方案的两个重要标准。

关于方案质量，在上述候选方案生成方法中，大邻域搜索算法每次迭代都会产生一个候选方案；在方案池中存满方案的情况下，只有方案池中存在物流成本比该候选方案高的方案时，我们才将它作为优质方案来更新方案池。

关于方案相似度，本节将具有最大多样化程度的若干优质方案缓存在池中。若两个订单 i 和 j 在两个方案中的服务顺序一样，即都是按照 $i \rightarrow j$ 或 $j \rightarrow i$ 的顺序来服务，那本节称订单 i 和 j 是这两个方案的相同订单对。设两个方案 a 和 b 的相同订单对个数为 $R_{a,b}$，它们的最大可能具有的相同的订单对个数为 $R_{a,b}^{\max}$，则这两个方案的多样化程度 $D_{a,b}$ 可定义为式（4.16）——该值越大，则两个方案的差异程度越大。

$$D_{a,b} = \frac{R_{a,b}^{\max} - R_{a,b}}{R_{a,b}^{\max}} \qquad (4.16)$$

在更新方案池时，若方案池未达到个数上限，则直接将找到的候选方案插入到池中；否则，计算候选方案与池中方案的平均多样化程度，若大于池中所有方案之间的平均多样化程度，则将其加入方案池，并删除方案池中与其他方案平均多样化程度最小的一个方案。通过这一方法，可以始终使池中保留多样化程度较高的若干个方案。

3. 基于方案池的订单实时响应方法

当有新订单进入时，算法立即停止对方案池的更新；利用插入方法[14]，尝试将新订单插入方案池中所有方案的最佳位置上；找出成本最小且面向新订单的配送要求可行的方案；如果不存在可行方案，即新订单的要求无法满足，则找出满足所有旧订单送货时间窗的成本最小的方案；根据找出的方案向顾客反馈能否按时送货，若不能按时送货，则将可送货的最早时间告知顾客；如果顾客因不能按时送货而取消订单，则系统恢复到之前的状态继续更新方案池；如果能够按时送货，或者顾客接受了延迟后的送货时间，则系统将该顾客插入对应方案上，然后重新初始化并更新方案池。

4.2.4 实验及分析

本节基于 C#开发技术实现了订单实时响应算法程序，并采用若干个国际公认的 Solomon 算例[39]对算法的科学性和有效性进行了全面的测试；整个测试过程是运行在 Windows 10 操作系统、配置为 Intel i7 CPU、4 GB 内存的机器上。本节对测试算例及参数设置、计算结果及其分析进行详细阐述。

1. 测试算例及参数设置

与本节研究的问题不同，Solomon 算例是含有 100 个点、一个中心车场、每个订单带时间窗和服务时间的静态问题。为将其转化为本节所研究的即时配送这一动态问题，本节将算例中的车场视为商户，车辆从商户出发，完成订单配送之后返回商户；每个订单都需要从该商户取货并在规定的时间窗内送至顾客，不考虑订单的服务时间；将每一订单（如订单 i）的下单时间设定为区间 $\left[0, t_i^e - t_{0,i}\right]$ 内的一个随机值；将车场的 $\left[t_i^e, t_i^l\right]$ 作为整个程序的运行时间，均匀分布在 1.5 小时中，每一订单的下单时间和时间窗都等比例对应到 1 小时的时间内；设置配送中心的最大可用车辆数为 10 辆；其他的问题信息（如每辆车的容量、每个订单的时间窗、送货坐标点、所占用的车辆容量）都从算例中获得。

Solomon 的所有算例根据订单送货点的地理分布特征，一共有三类问题：聚簇分布类问题（记为 C）、平均分布类问题（记为 R）、聚簇分布与平均分布混合类问题（记为 RC）。每类问题的时间窗宽窄不同，本节从窄时间窗的问题中选择了 6 个算例（C101、C106、R101、R105、RC101、RC106）。每个算例从 0 时刻起，系统就不断地接到顾客订单；每接到一个订单，系统立即给出是否能够按时送货的响应；假设在不能按时送货时，顾客对延迟送货的结果都表示接受；当所有顾客的订单都已服务完成后，车辆就返回商户。

针对目标函数中的系数，本节设置 $\alpha=1$，而 β（$\beta=10$）被设置为一个较大的值，以表示对新订单超时服务的惩罚。根据新订单实时响应的要求，本节设置方案池中方案数为 330 个。在这一方案数内，新订单的响应时间利用现有台式机可在 1 秒内完成；超过这一方案数，则新订单响应时间增加。在路线摧毁算法中，本节每次删除 20%比例的订单。

2. 计算结果及其分析

针对转换后的算例，本节在系统中模拟每个订单实时下单、车辆动态调度的整个过程，并运用本节基于多样化方案池的订单实时响应方法对每一个新订单都进行在线计算，判断能否按时送货，给出响应结果；在顾客接受响应的结果之后，车辆按照新方案继续运行；直至所有订单服务完成，车辆返回商户。

　　基于上述实验思路，本节得到了最终的计算结果，如表 4.4 所示。表 4.4 给出了每 5 个订单产生后两种方法（本节的订单实时响应方法和使用 CPLEX 求解模型的方法）的物流成本、按时服务的订单数、求解时间。按时服务的订单数是指系统已经向顾客反馈了能够按时送达的订单数。不同的算法将给出不同的配送方案，并给予顾客不同的反馈结果，因此按时服务的订单数这一指标从物流成本指标之外的另一个角度（客户服务的角度）反映了算法的优劣。另外，由于 CPLEX 针对超过 30 个订单问题的求解难以在有限时间内完成，所以表 4.4 仅列出 CPLEX 针对 30 个以内订单规模问题的计算结果。为便于比较，表格的最后一列给出了两种方法物流成本之差占本节的订单实时响应方法的物流成本的比例。

表 4.4　本节的订单实时响应方法与 CPLEX 的计算结果

算例	订单数/个	本节的订单实时响应方法			CPLEX			两种物流成本的差距
		物流成本/元	按时服务的订单数/个	求解时间/秒	物流成本/元	按时服务的订单数/个	求解时间/秒	
C101	5	102.962	5	0.096	102.962	5	4.132	0.000%
	10	228.489	10	0.111	228.489	10	19.159	0.000%
	15	336.504	14	0.158	332.810	14	106.061	1.098%
	20	409.897	18	0.203	404.013	19	918.443	1.435%
	25	550.902	23	0.224	544.228	24	1546.492	1.211%
	30	650.721	27	0.242	644.724	28	2473.127	0.922%
	100	1824.551	91	0.938	—	—	—	
C106	5	129.872	5	0.066	129.872	5	5.846	0.000%
	10	268.807	10	0.120	268.807	10	21.610	0.000%
	15	376.685	15	0.191	376.685	15	107.387	0.000%
	20	422.753	18	0.217	417.345	18	1009.568	1.279%
	25	580.267	22	0.224	571.061	23	1586.681	1.587%
	30	674.615	26	0.248	662.370	28	2496.304	1.815%
	100	1985.730	89	0.948	—	—	—	
R101	5	138.802	5	0.095	138.802	5	3.762	0.000%
	10	291.771	10	0.108	291.771	10	15.366	0.000%
	15	430.648	14	0.181	430.648	14	97.417	0.000%
	20	556.226	19	0.214	552.170	19	940.284	0.729%
	25	687.229	23	0.217	680.543	23	1245.222	0.973%

续表

算例	订单数/个	本节的订单实时响应方法			CPLEX			两种物流成本的差距
		物流成本/元	按时服务的订单数/个	求解时间/秒	物流成本/元	按时服务的订单数/个	求解时间/秒	
R101	30	810.346	27	0.259	800.194	28	2632.903	1.253%
	100	2431.927	87	0.883	—	—	—	—
R105	5	148.079	5	0.012	148.079	5	5.137	0.000%
	10	265.273	10	0.131	264.454	10	19.285	0.309%
	15	394.459	14	0.174	393.007	14	103.533	0.368%
	20	539.776	18	0.211	535.502	18	1021.861	0.792%
	25	683.273	23	0.221	678.389	23	1195.183	0.715%
	30	848.991	28	0.257	840.464	28	2570.044	1.004%
	100	2529.412	90	0.891	—	—	—	—
RC101	5	159.804	5	0.040	159.804	5	4.428	0.000%
	10	326.886	10	0.124	326.886	10	17.921	0.000%
	15	449.010	14	0.187	449.010	14	100.703	0.000%
	20	608.194	19	0.214	606.404	19	987.492	0.294%
	25	693.651	24	0.225	688.588	25	1061.507	0.730%
	30	864.946	27	0.245	858.913	28	2463.468	0.698%
	100	2682.493	88	0.905	—	—	—	—
RC106	5	162.231	5	0.054	162.231	5	4.910	0.000%
	10	321.054	10	0.101	321.054	10	20.384	0.000%
	15	451.986	13	0.185	451.986	13	102.229	0.000%
	20	569.082	18	0.203	564.934	18	998.920	0.729%
	25	679.167	23	0.237	671.269	23	1035.165	1.163%
	30	794.952	27	0.258	787.818	27	2385.203	0.897%
	100	2576.042	87	0.946	—	—	—	—

　　需要注意的是，4.2.2 节所建立的问题模型在使用 CPLEX 求解之前必须要进行线性化处理，因为该模型在目标函数及约束方程（4.9）、约束方程（4.10）、约束方程（4.14）中都包含非线性成分。为此，本节基于该领域的常用方法[40]，将模型中的非线性成分转化为若干个线性不等式。

　　由表 4.4 可见，本节的订单实时响应方法与 CPLEX 所求解的模型精确结果非常接近，最大差异不超过 2%，平均差异程度为 0.556%。同时，本节的订单实时响应方法的求解时间不超过 1 秒，而 CPLEX 的求解时间却从几秒到 2000 多秒不等，在求解时间上本节的订单实时响应方法具有明显的优势。这说明本节的订单实时响应方法通过缓存多样化的配送方案，将潜在的优质方案保存起来，既可以在新订单进入时，给出优秀的配送方案，又可兼顾计算时间，满足该问题实时响应的时间要求。在按时服务的订单数方面，本节的订单实时响应方法的结果与 CPLEX 的结果相差不大，当第 30 个订单下达时，两种方法的按时服务的订单数基本一致，有两个算例完全一样，另外四个算例仅相差一个到两个订单。本节的订单实时响应方法虽然仅用了极短的求解时间，但仍保证了较高的求解结果质量。

图 4.11 从更细的层面上描绘了本节的订单实时响应方法在每一个新订单进入时的计算结果。该图针对算例 C101 给出了每一个订单到来时本节的订单实时响应方法所得到的物流成本及平均每个订单所耗费的物流成本。由图 4.11 可见，随着新订单的进入，物流总成本一直呈现一个上升的趋势，但平均每单的物流成本则呈现一个缓慢下降的趋势，这说明本节的算法可以在不过多增加物流成本的情况下，针对新订单给出配送方案，同时保证每个已有订单的服务时间。另外，图 4.11 所示的物流成本增量一直处于一个上下波动的状态。应该看到，不同新订单的进入，导致在不同的车辆运行状态下会出现不同的调整方案。有的新订单容易被插入已有路线中，形成较低成本的配送方案，但有的新订单则需要较多的物流成本来应对。因此，为响应新订单而产生的物流成本增量就会呈现出正常的上下波动现象，这也说明，本节的订单实时响应方法会随着新订单和系统状态的不同，而对物流方案进行不同程度的调整。除 C101 算例之外，其他算例的计算结果也都呈现出相似的变化趋势。

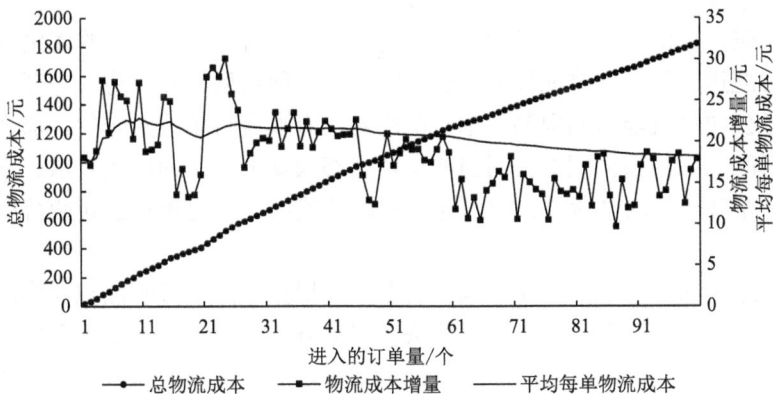

图 4.11　本节的订单实时响应方法针对 C101 算例在每个新订单进入时的计算结果

在本节的订单实时响应方法中，方案池中缓存方案的个数是影响计算效率和解的质量的关键因素。为判断不同个数缓存方案对算法结果的影响，下面仍以 C101 算例为例，将缓存方案设置为 1 个到 400 个（每次增加 50 个缓存方案），分别计算每一个缓存方案数下算法针对 100 个订单都下达后的总体计算结果（包括总物流成本、按时服务的订单数、平均求解时间），得到了如图 4.12 所示的结果。图 4.12 中，横轴为缓存方案数，纵轴为总物流成本、按时服务的订单数及平均求解时间。

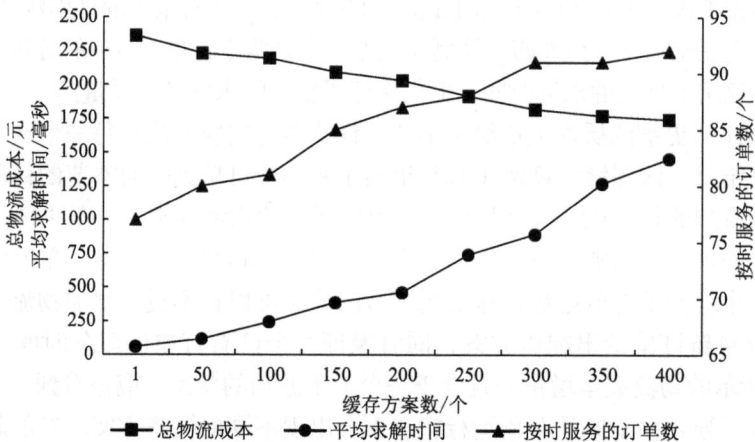

图 4.12　不同缓存方案数下算法针对 C101 算例 100 个订单都下达后的最终计算结果

　　由图 4.12 可见，随着缓存方案数的不断增长，总物流成本在持续下降，但平均求解时间却在快速增长，并且针对 100 个订单的按时服务的订单数也在增加。这说明，当缓存较多方案时，算法能够给出较高质量的解，但需要花费大量的时间。由于给顾客的反馈需要控制在 1 秒内实时完成，因此本节选择缓存 330 个方案这一策略，在保证系统实时响应时间的同时，尽可能地提高解的优化质量。

　　即时配送问题是支撑现代电子商务发展的一种新型物流活动。在实际操作中，由于配送公司物流能力的限制，未必都能对所有顾客订单按时送货。那么在顾客下单的瞬间，如何根据配送公司当前车辆状态及新旧订单的配送要求，立即向顾客提供一个能否按时送货及最早可送货时间的实时响应是配送公司亟待解决的关键问题。

　　针对这一问题，本节建立了数学模型，并根据该问题实时性和准确性两方面求解要求，建立了包含大邻域搜索算法、缓存方案选择策略及基于多样化方案池的即时配送订单实时响应方法。在新订单到来之前，基于大邻域搜索算法和候选方案选择策略事先在池中缓存各种各样的优质方案；一旦新订单到来，则立即利用池中的缓存方案快速生成最佳的应对方案，从而大大缩短了计算时间。实验针对含有 100 个订单的 Solomon 算例，模拟从 0 时刻起不断接到订单的过程，针对每一订单采用本节基于多样化方案池的响应方法加以应对，并以 CPLEX 求解重调度模型的结果作为比较。实验结果表明，本节的订单实时响应方法所求得的方案成本与 CPLEX 针对重调度模型的最优方案成本平均相差仅为 0.556%，且本节的实时响应方法的计算时间在 1 秒以内，远远低于 CPLEX，表现出良好的求解效果，满足了该问题求解实时性和准确性的要求。

本节针对即时配送订单的实时响应问题所提出的基于多样化方案池的响应方法，通过在系统空闲时间内缓存多样化的方案，而实现订单进入时从"缓存方案→最佳方案"的快速生成，既满足了订单实时响应的要求，又能保证解的优化质量。在理论上，本节的研究为一类在线、实时、优化调度难题开辟了新途径，有利于提高即时配送订单响应的科学性、有效性及智能性，有利于提高优化理论解决动态问题的自适应能力；在现实中，本节研究为解决即时配送公司所普遍面临的线下物流能力不足以支撑线上订单需求的问题提供了有效途径，对于提高顾客满意度、避免顾客大面积取消订单、促进现代电子商务健康持续发展具有重要的实际意义。

4.3　线上线下融合的网上药店一单多品订单的协同配送优化方法

线上线下融合的商业模式是当前电子商务乃至网上药店新的经营模式和发展方向。药品是特殊商品，对其物流配送的"安全性"和"时间紧迫性"等要求远远高于一般日用品。网上药店和实体药店融合并协同运作，是解决药品电子商务物流配送难题的有效手段。不同药品由于存储条件不同，必须分类存储，由此产生了一地多仓的布局。实体药店作前置仓的履行模式能够满足药品订单的时效性，但药品种类繁多且实体药店库存有限，部分一单多品订单需要多个实体药店协作才能完成订单。在一地多仓以及一单多品的网上药店背景下，本节针对带时间窗的药品订单的多主体协同配送问题，研究订单拆分、子订单分配以及订单主体之间的联合配送决策，构建目标函数为订单配送成本最小化的非线性规划模型。然后，设计定性的控制规则缩减解空间，嵌套 CW 节约算法构造改进粒子群算法，能够有效求解本节的多个子问题联合决策的复杂问题。最后通过算例实验，验证了模型与算法的科学性和有效性，并且在一定程度上论证药品协同配送模式的可行性和实用性，为网上药店实践提供一定的思路和启示[41]。

药品是一种与人们身体健康和生命安全密切相关的特殊商品，具有种类繁多、强刚需等特点，其配送的准确性和及时性是药品流通的硬性要求。随着网上零售业的蓬勃发展，网上药店的出现在一定程度上缓解了药品流通市场环节多、成本高、效率低的问题。一种疾病的治疗通常需要多种药物的配合使用才能够实现最佳疗效，因此药品订单往往具有一单多品的特征。目前，网上药店是由仓库跨区域远距离配送药品订单，或者单个药店开展网上业务来履行订单，还无法同时满足消费者的一单多品订单在药品种类及配送及时性方面的要求。近年来，线上线下融合的新零售模式正在成为零售行业的主流模式[42-43]，为网上药店的订单履行提供了新的思路，Bell 等[44]也指出这一趋势，提出实体店的功能正在转向体验店，未来实体店的布局会更加合理高效，在这种模式下，店仓一体化的经营模式将线下的实体药店作为前置仓来履行网上药店的订单，可有效解决药品订单在配送时效性方面的要求。由于药品种类繁多，且不同药品存储条件不同，必须进行分类存储，而实体药店有限的库存空间决定了其只能持有部分种类的药品，由此产生了一地多仓的布局。部分一单多品的订单需要被拆分并分配至不同实体药店，而由于药品的搭配使用需求，药品订单履行过程可能会需要多个实体药店的协作才能完成，即拆单后的药品子订单需要同时送至消费者，而普通电子商务拆单后子订单可以分开甚至隔天送至消费者，这是网上药店物流与普通物流的显著区别，也是网上药店药品订单履行的难点所在。因此，考虑药品订单配送的准时性、药品订单分配的科学性以及多履行主体间协同性的网上药店药品配送优化问题是一项具有挑战的研究课题，也是药品网上零售业面临的急迫任务。

4.3.1　问题描述与分析

本节研究的带时间窗的药品订单多主体协同配送问题可由图 2.11 来描述。在订单信息、库存情况、各节点之间的距离等信息已知的前提下，为了满足订单的药品需求、订单时效性等条件，需决策如何进行订单拆分、安排拆分后子订单分配给实体药店的分配方案，以及如何制订集货派车与集货配送方案，包括如何选择集货点、进行集货派车决策、安排集货车辆的配送路径等内容，其中，本节所考虑的订单拆分原因主要源自药品存储条件不同所导致的药品品类分开存储的情况，因此本节所考虑的订单拆分主要是品类拆分，忽略缺货所导致的数量拆分问题。

网上药店一单多品订单的协同配送优化问题需要同时进行上述问题的联合决策，通过集成优化实现该问题的整体优化。其中，订单拆分与分配问题已经被证明是 NP-hard 问题[45]，车辆调度与路径问题也是典型的 NP-hard 问题，因此本节所研究的集成优化问题已被证明是 NP-hard 问题，这意味着问题的求解空间随着问题规模的增加呈指数级增长，精确求解困难且耗费时间过长。此外，本节研究问题是多个具有耦合关系的子问题，问题的决策空间结构复杂，可行域不规则，解的搜索过程复杂。另外，网上药店的订单交付时效性要求很高，订单履行决策需要在短时间内得到优化方案，问题求解的时间要求很高。上述特征给问题的求解带来了极大的难度。

4.3.2 优化模型

为了清晰界定本节的研究问题，基于实际运营情况进行如下基本假设。

（1）各个实体药店的药品库存不完全一致，存在重合。

（2）订单履行时间由车辆配送时间决定，订单配货等时间忽略不计。

（3）配货成本由订单决定，该部分成本不影响决策方案，这里忽略不计。

（4）各实体药店的派车成本均相同，为固定值。

（5）路径时间和路径成本均与配送路径长度成正比。

（6）仓储的控制条件与仓储的商品数量无关，因此库存成本可以忽略不计。

（7）针对个体消费者的订单是拆零药品订单，订单的体积较小，因此不考虑车型和车辆载重限制。

设药品新零售商运营 N 个实体药店为网上药品订单的履行提供服务。模型中的其他变量定义如下。

M 表示一个订单中的商品集合，$M = \{1, 2, 3, \cdots, m\}$。

N 表示实体药店集合，$N = \{1, 2, 3, \cdots, n\}$。

SKU 表示库存计量的基本单元。

vc 表示集货车辆的派车成本（使用车辆的固定成本）。

T 表示订单配送时间要求。

rt_{ab} 表示实体药店 a 到实体药店 b 的路径时间。

c_{ab} 表示实体药店 a 到实体药店 b 的路径成本。

dt_j 表示实体药店 j 到消费者处的配送路径时间。

dc_j 表示实体药店 j 到消费者处的配送路径成本。

L 表示一个足够大的值。

$$p_{ij} = \begin{cases} 1, \text{实体药店} j \text{ 持有药品} i \text{ 的库存} \\ 0, \text{否则} \end{cases}, \quad i \in M, j \in N$$

决策变量定义如下。

$$x_{ij} = \begin{cases} 1, \text{如果药品} i \text{被分配给实体药店} j \text{来进行配货} \\ 0, \text{否则} \end{cases}, \quad i \in M, j \in N$$

$$y_j = \begin{cases} 1, \text{如果实体药店} j \text{被选作订单集货点} \\ 0, \text{否则}; \end{cases}, \quad j \in N$$

$$z_k = \begin{cases} 1, \text{如果实体药店} k \text{派出集货车辆} \\ 0, \text{否则} \end{cases}, \quad k \in N$$

$$w_{kab} = \begin{cases} 1, \text{如果实体药店} k \text{派出的集货车辆从实体药店} a \text{到实体药店} b \\ 0, \text{否则} \end{cases},$$

$$k \in N, a \in N, b \in N, a \neq b$$

$$q_j = \begin{cases} 1, \sum_{i=1}^{m} x_{ij} \geqslant 1, \text{表示实体药店} j \text{被选中进行配货} \\ 0, \text{否则}, \text{表示实体药店} j \text{没有被选中} \end{cases}, \quad j \in N$$

At_{kj} 表示实体药店 k 派出的集货车辆到实体药店 j 处的时间，$k \in N$，$j \in N$。

线上线下融合的网上药店一单多品订单的协同配送优化问题可被建模为混合整数规划问题。构建的数学模型如下：

$$\min \left(\sum_{k=1}^{n} (\text{vc} \cdot z_k) + \sum_{k=1}^{n} \sum_{a=1}^{n} \sum_{b=1}^{n} c_{ab} w_{kab} + \sum_{j=1}^{n} \text{dc}_j \, y_j \right) \tag{4.17}$$

s.t.

$$\sum_{j=1}^{n} x_{ij} = 1, \forall i \in M \tag{4.18}$$

$$x_{ij} \leqslant p_{ij}, \forall i \in M, j \in N \tag{4.19}$$

$$q_j = \text{sign} \left(\sum_{i=1}^{m} x_{ij} \right), \forall j \in N \tag{4.20}$$

$$z_j \leqslant q_j, \forall j \in N \tag{4.21}$$

$$y_j \leqslant q_j, \forall j \in N \tag{4.22}$$

$$\sum_{j=1}^{n} y_j = 1 \tag{4.23}$$

$$w_{kab} = 0, a = b, \forall k \in N, a \in N, b \in N \tag{4.24}$$

$$w_{kab} \leqslant z_k, a \neq b, \forall k \in N, a \in N, b \in N \tag{4.25}$$

$$\sum_{a=1}^{n} w_{kab} = \sum_{a=1}^{n} w_{kba}, \forall k \in N, b \in N \tag{4.26}$$

$$\sum_{a \in S} \sum_{b \in S} w_{kab} = |S| - 1, 2 \leqslant |S| \leqslant \left(\sum_{j=1}^{n} q_j \right) - 1, \forall k \in N, S \subset \left\{ j \in N \middle| q_j = 1 \right\} \tag{4.27}$$

$$0 \leqslant \sum_{k=1}^{n} \sum_{a=1}^{n} w_{kab} - q_b \leqslant L \cdot y_b, \forall b \in N \tag{4.28}$$

$$0 \leqslant \sum_{k=1}^{n} z_k - \sum_{k=1}^{n} \sum_{a=1}^{n} w_{kab} \leqslant L \cdot (1 - y_b), \forall b \in N \tag{4.29}$$

$$\text{At}_{ka} + \text{rt}_{ab} \leqslant \text{At}_{kb} + L \cdot (1 - w_{kab}), a \neq b, \forall k \in N, a \in N, b \in N \tag{4.30}$$

$$\text{At}_{ka} + \text{rt}_{ab} \leqslant \text{At}_{kb} + L \cdot (1 - y_b), a \neq b, \forall k \in N, a \in N, b \in N \tag{4.31}$$

$$\max_{k} \left(\sum_{a=1}^{n} y_a \text{At}_{ka} \right) + \sum_{a=1}^{n} \text{dt}_a \, y_a \leqslant T, \forall k \in N \tag{4.32}$$

$$\text{At}_{kj} \geqslant 0, \forall k \in N, j \in N \tag{4.33}$$

其中，式（4.17）表示目标函数，代表最小化订单履行成本，主要包括集货派车成本、集货路径成本和将完整订单送至消费者的配送成本三部分。约束（4.18）表示订单中的一种 SKU 能且只能被分配给一个实体药店；约束（4.19）表示订单中的一种 SKU 只能分配给持有该 SKU 库存的实体药店；约束（4.20）保证决策变量的一致性和有效性；约束（4.21）和约束（4.22）分别确保只有被选中的实体药店才有可能派出集货车辆或者成为集货点；约束（4.23）表示只能选择一个集货点；约束（4.24）和约束（4.25）用于确保变量的有效性；约束（4.26）表示车辆流平衡，即到达和离开每个实体药店的车辆数量相等；约束（4.27）表示子回路消除约束；约束（4.28）表示除了被选为集货点的实体药店，其他被选中进行商品配货的实体药店能且只能被车辆访问一次；约束（4.29）表示所有集货车辆必须都经过集货点；约束（4.30）和约束（4.31）确保通过每个路径的时间一致性；约束（4.32）表示配送时间要符合订单时间要求；约束（4.33）表示决策变量的取值范围。

4.3.3　求解方法——PSO-CW 算法

线上线下融合的网上药店一单多品订单的协同配送优化问题中包含多个决策子问题，包括订单的拆分问题、子订单的分配问题，以及合并子订单的集货点的选择问题、集货车辆的派遣问题和路径问题。由于该研究问题是多个关联子问题的联合决策，同时具备多决策变量、多约束、时间窗限制等特点，并且决策子问题之间具有很强的耦合关系，问题求解复杂性较高，因此，需要设计启发式算法高效寻找最优方案。

考虑到前面子问题的结果将直接影响后面子问题的决策，这里将多个决策子问题作为一个整体，采用分解决策、迭代改进、联合优化的思想，设计启发式算法进行问题的求解。PSO 算法可并行计算，利用群体智能实现整个群体的演化，可以用来快速求解订单的拆分与分配这类组合优化问题，能够以其独特的优越性有效解决实际问题。同时 CW 算法是用来解决运输车辆数目不确定问题的最有效的启发式算法，通过设计相关的定性控制规则来缩减解空间，然后嵌套 CW 算法构造改进粒子群算法，利用该启发式算法（PSO-CW 算法）来求解该多个子问题的联合决策问题。首先根据订单需求中的库存持有情况，结合人工经验、控制规则等启发式信息，利用 PSO 算法搜索订单拆分与分配方案，然后作为 CW 节约启发式算法的输入，进行子订单集货车辆调度问题的求解，通过反馈进行算法迭代，从而求解整体方案的满意解。该 PSO-CW 算法的求解思路如图 4.13 所示。

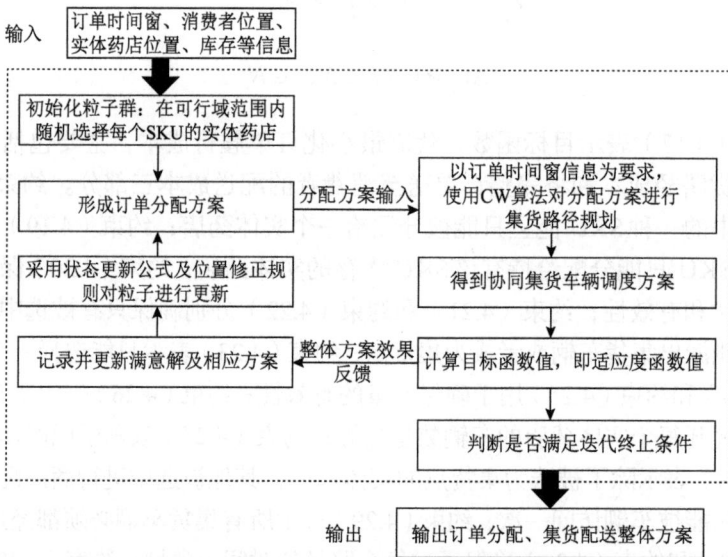

图 4.13　问题求解思路图

1. 订单拆分方案的改进粒子群算法设计

1）解的编码

本节所设计的 PSO 算法采用整数向量的编码方式，设定粒子的维度 d 与订单中的 SKU 数相同，但是 PSO 算法适用于求解连续函数的极值问题，而本节问题中的决策变量是离散变量，因此可以对粒子位置参数进行四舍五入取整操作，取整后的位置代表 SKU 对应的履行主体编号，位置参数取值相同的 SKU 表示它们分配给同一履行主体。

2）飞行状态更新公式

一个粒子的运动状态由位置和速度两个参数来描述，利用粒子的位置参数来表示自变量，粒子的位置维度由自变量的个数决定，位置采用整数编码，因此需

要对位置参数 x 进行四舍五入取整操作，保证编码的正确表示，速度更新公式如式（4.34）所示，位置更新公式如式（4.35）所示。

$$V_{id}^{s+1} = w \cdot V_{id}^s + c_1 \cdot r_1 \cdot (p_{id}^s - [x_{id}^s + 0.5]) + c_2 \cdot r_2 \cdot (p_{gd}^s - [x_{id}^s + 0.5]) \quad （4.34）$$

$$x_{id}^{s+1} = [x_{id}^s + v_{id}^{s+1} + 0.5] \quad （4.35）$$

位置移动范围由自变量的取值范围决定，另外，粒子移动的速度会直接决定收敛速度，甚至会影响能否找到最优解，因此需要对速度进行合理限制，也就是速度由自变量的个数和速度限制决定。

3）参数的设置、规则的引入

由问题的模型可以看出，本节研究问题是多约束的复杂优化问题，因此在设计粒子飞行规则时，应将相关约束条件映射到优化算法中，保证算法结果在可行域范围内，并且可以缩小搜索空间，提高算法的求解效率。粒子的长度是订单中 SKU 的数量，粒子在每一维度的移动范围不同，需要进行不同维度的位置限制，即粒子位置向量的每一维度的取值范围为 $\{num_{d1}, num_{d2}, num_{d3}, \cdots, num_{dn}\}$。结合速度对粒子位置进行更新后需要对新位置进行限定，保证粒子位置在可行范围内，其计算公式为

$$x_{id} = \begin{cases} \min(num_{dk}), & x_{id} \leqslant \min(num_{dk}) \\ \max(num_{dk}), & x_{id} \geqslant \max(num_{dk}) \\ num_{dk}, & find\left(\min\left((x_{id} - num_{dk})^2\right)\right) \end{cases} \quad （4.36）$$

4）算法步骤

步骤 1：根据库存情况找到持有订单中每个 SKU 的实体药店编号，进行编码前准备，然后随机产生分配方案，初始化种群编码。

步骤 2：判断是否满足算法终止条件，即种群最佳位置未变化的累计次数达到一定的值 value，或者算法运行达到预先设置的迭代次数，若满足，则终止算法；否则，转到下一步。

步骤 3：利用定性规则，选择距离消费者最近的实体药店作为集货点，然后利用 CW 算法计算每个粒子的多车辆调度方案。

步骤 4：记录每个粒子的适应度，并记录每个粒子的历史最佳位置，同时更新种群的历史最佳位置，转到下一步。

步骤 5：利用速度更新公式对粒子的速度进行更新，并对边界速度进行限制，然后进行粒子位置更新，并对更新后的位置进行限制，保证在可行域内，转到下一步。

步骤6：记录种群最佳位置未变化的次数，并更新迭代次数，转到步骤2。

2. 多车场车辆路径问题的节约算法设计

1）生成初始方案

在订单拆分方案的基础上，选择离消费者最近的履行主体作为集货地点，其他配送点分别派车将其子订单单独配送至该集货地点，然后返回，即初始方案中共有 $n-1$ 个回路。

2）合并路径后的成本节约值计算

由 4.3.2 节的数学模型可知，与路径相关的成本有派车成本和行车成本。因为初始方案中每一个履行主体都与集货地点之间存在一个两点之间的回路，所以合并两个回路不仅会节约行车距离，还会减少一个派车成本，成本节约值计算公式如式（4.37）所示：

$$\Delta c(i, j) = \text{vc} + c_{io} + c_{oj} - c_{ij} \tag{4.37}$$

其中，vc 表示车辆的固定成本；c_{io} 表示履行主体 i 与集货地点 o 之间的路径成本；c_{oj} 表示集货地点 o 与履行主体 j 之间的路径成本；c_{ij} 表示履行主体 i 与履行主体 j 之间的路径成本。

3）回路合并规则

订单具有较强的时间紧迫性，因此在进行回路合并时必须同时考虑路径时间约束。初始方案是耗时最短的路径安排，在运行节约算法进行成本节约的同时也是增加路径时间的过程，在进行合并回路决策时，必须保证路径时间在订单时效范围内，若该路径超出时间限制，则停止增加该车辆路径的访问点，进行余下履行主体的回路合并。回路合并后的时间计算公式如式（4.38）所示：

$$t_o = \max(t_o, \text{cache}\_t + t_{ij}) \tag{4.38}$$

其中，t_o 表示最长的集货路径时间；t_{ij} 表示履行主体 i 与履行主体 j 之间的路径时间；cache$\_t$ 表示正在合并操作的原路径的时间。

时间约束公式为 $t_o + t_{oz} \leqslant T$，t_{oz} 表示集货地点到消费者之间的配送时间。

4）算法步骤

步骤 1：选择离消费者最近的实体药店作为集货地点，连接剩下的实体药店到集货地点的回路，形成 n 个路径，将其添加至路径集合 G 中，计算集货路径总成本 $c = \text{vc} \cdot n + \sum_{i=1}^{n}(c_{io} + c_{oi})$ 和集货时间 $t_i = t_{io}$，$t_o = \max_i(t_i)$，路径时间集合记为 R。

步骤 2：应用表达式（4.37）计算连接各个履行主体 i 与履行主体 j 的成本节

约值，然后进行降序排列并存储在集合 S 中。

步骤 3：选择集合 S 中最大的成本节约值对应的点对 (i, j)，按如下规则进行回路合并操作。

（1）i 与 j 在同一条路径上，则不连接，直接转到步骤 5。

（2）i 与 j 不在同一条路径上，令 $\text{cache}\_t = t_j$，计算合并后的路径时间。若 $(t_{ij} + \text{cache}\_t) + t_{oz} \leqslant T$，则连接点对 (i, j)，更新 $t_i = \text{cache}\_t + t_{ij}$，$t_o = \max(t_o, t_i)$，$c = c - \Delta c(i, j)$，在路径集合 G 中删除被连接的路径，并在集合 S 中赋值第 i 行与第 j 列的数据全为 0，则转到下一步；否则，赋值该点对的成本节约值为 0，然后转到步骤 5。

步骤 4：删除路径时间集合中的元素 t_j，删除集合 S 中的点对 $(i, *)$ 与 $(*, j)$，即点 i 不能再直接到达其他点，点 j 也不能由其他点直接到达，然后转到下一步。

步骤 5：判断集合 S 是否为空，若 $S = \varnothing$，则得到完整的派车及路径方案，算法终止；否则，转到步骤 2 进行循环。

4.3.4 应用研究与方法验证

由于本节所研究的问题并没有标准算例可以参考，因此需要根据问题特点进行算例设计。假设实体药店的位置在[50,50]千米坐标范围内随机生成，消费者的订单位置在[10,30]千米坐标范围内生成。问题描述中阐述了本节研究的是品类拆单，暂不考虑订单的数量拆单，若消费者订单中的全部SKU能够被某一家实体药店满足，且配送时间在规定时间窗内，则订单交由该实体药店负责履行，在这种情况下可以通过规则来直接判断并产生履行方案，不存在订单拆分与协同配送问题，也不在本节研究的范围内。若订单的SKU要求无法被任何一家实体药店满足，或者能够满足的实体药店配送时间超过了订单时间窗，则需要进行订单拆分与协同配送方案的制订，即本节所研究的订单结构。设置每个实体药店持有该订单中的SKU种类较少，限制在3~4种，需要多家实体药店协作才能完成消费者订单，以保证满足本节研究的算例要求。

首先，通过小规模算例将本节算法（PSO-CW算法）与订单分配方案穷举法（Exhaustion）的结果进行对比，验证算法的有效性，并对比满意解的可接受程度。设 a 为订单中的SKU数，b 为实体药店数，种群大小为 20 个，粒子的位置参数限制为 $[0, b+1]$，针对小规模算例，为了提高收敛速度，粒子移动的速度限制为 $[-2,2]$，惯性权重 $w = 0.729$，最大迭代次数 20 次，个体学习因子 $c_1 = 2.05$，群体学习因子 $c_2 = 2.05$，$\text{value} = 20$。PSO-CW算法取 3 次运行结果中的最佳方案作为求解结果，与 Exhaustion 的计算结果的对比如表 4.5 所示。

表 4.5　PSO-CW 算法与 Exhaustion 求解小规模算例的对比结果

算例	方法	T=40 分钟		T=50 分钟		T=60 分钟		T=70 分钟	
		总成本/元	求解时间/秒	总成本/元	求解时间/秒	总成本/元	求解时间/秒	总成本/元	求解时间/秒
12-5	Exhaustion	73.7	19.2	64.6	20.5	/	/	/	/
	PSO-CW	73.7	17.1	64.6	18.6	/	/	/	/
14-5	Exhaustion	/	/	94.7	26.4	63	42.8	/	/
	PSO-CW	/	/	94.7	19.7	63	23.6	/	/
14-6	Exhaustion	/	/	159.8	24.7	130.1	31.2	/	/
	PSO-CW	/	/	160.1	16.9	130.1	28.8	/	/
16-6	Exhaustion	/	/	115.9	75.7	108.4	65.7	/	/
	PSO-CW	/	/	115.9	35.8	118.4	26.8	/	/
18-7	Exhaustion	/	/	120.8	298.5	120.8	306.6	120.2	384.3
	PSO-CW	/	/	120.8	24.4	139.2	44.0	120.4	58.9
24-9	Exhaustion	/	/	112.0	11 418.0	111.6	20 195.3	108.7	20 122.8
	PSO-CW	/	/	115.4	88.0	112.7	90.4	112.0	92.2

注：/表示在有限时间内无法获得满意解或者所求满意解与之前相同

通过表 4.5 可以看出，针对小规模算例，本节的 PSO-CW 算法可通过较少的求解时间寻得满意解，并且随着问题规模的增加，PSO-CW 算法的求解效率更加突出，且所获得的满意解与 Exhaustion 的解相差较小，由此可以验证本节所设计的求解算法的可行性和有效性。

结合问题特点进行了较大规模算例的设计与求解，算例的基本参数设置如表 4.6 所示，PSO-CW 算法的相关参数如表 4.7 所示。

表 4.6　算例的基本参数

参数名称	参数值
订单中的 SKU 数/种	12
实体药店数/个	30
固定派车成本/元	7
订单配送时间要求/分钟	60
车辆行车成本/（元/千米）	1
车辆行车时间/（分钟/千米）	1.2

表 4.7　PSO-CW 算法的相关参数

参数名称	参数值
种群大小/个	20
位置限制/千米	[0,13]
速度限制	[−5,5]
惯性权重 w	0.792
个体学习因子 c_1	2.05
车辆行车时间 c_2	2.05
最大迭代次数/次	100
value	20

算法采用 MATLAB 进行编写，程序是在 Intel(R) Core(TM) i7-6700 CPU 3.4 兆赫兹机器上、Windows 10 家庭中文版 64 位操作系统下运行，算例的计算结果如表 4.8 所示。可以看出本节所提出的 PSO-CW 算法的多次计算结果都在总成本为 200 元左右波动，为满足订单时间窗的要求，需要 3～4 辆车进行集货工作，其中最满意的方案是总成本为 195.0 元的方案，集货点为第 15 个实体药店，分别从第 4 个、第 21 个、第 29 个实体药店派遣集货车辆，路径分别为 4—20—1—6—15，21—11—7—24—14—15，29—22—15。

表 4.8　算例结果

序号	总成本/元	路径方案
1	211.3	11—10—9—24—14—15；19—7—4—15；20—1—18—15
2	218.4	11—10—9—24—14—15；19—5—15；28—25—20—18—15
3	196.7	21—11—10—7—15；26—29—12—15；28—25—20—18—15
4	201.5	13—4—20—18—15；21—11—10—7—24—15；29—14—15
5	227.0	2—30—28—15；17—13—20—15；21—11—10—7—24—15
6	236.7	8—15；11—10—21—26—15；19—13—17—4—6—15；24—15
7	196.9	4—20—1—6—15；7—11—9—14—15；12—29—22—15
8	198.4	11—10—21—15；19—13—4—20—6—15；26—29—12—15
9	206.9	11—10—9—24—15；19—13—4—20—18—15；29—26—15
10	195.0	4—20—1—6—15；21—11—7—24—15；29—22—15
11	211.0	20—13—19—16—6；21—6；23—6；29—22—12—26—3—6
12	215.8	5—4—15；20—2—1—18—15；21—11—10—7—24—15

序号	总成本/元	路径方案
13	244.0	6—20—1—15；16—5—15；21—11—7—14—15；22—12—15
14	206.7	11—10—21—14—24—15；19—13—4—20—18—15；29—15
15	216.2	11—10—21—14—24—15；16—19—13—15；20—17—6—15

然后，从实体药店数和订单中的 SKU 数两方面对算法做灵敏度分析。在订单的配送时间限制为 80 时，实体药店数从 30 个增加到 50 个，位置数据在[50,50]千米坐标范围内随机生成，订单中的 SKU 数从 15 种增加到 20 种，订单位置在[20,30]千米坐标范围内生成，算例结果如表 4.9 所示。从算例结果可以看出，随着问题规模的增加，算法求解时间逐步增加，但是求解时间能保持在 100 秒以内，由此可知本节所设计的算法对求解较大规模问题的处理能力较强，求解时间在订单可接受的决策时间范围内。另外从结果可以看出，针对同一订单规模，实体药店数越多，库存越分散，可供选择的订单履行方案越多，求解空间越大，算法处理的时间越长，但是在一定程度上总成本有所降低；针对同一实体药店布局规模，随着订单规模的增加，问题复杂程度增加，总成本在逐渐增加，求解时间也在逐步变长，但仍在可接受范围内。

表 4.9　不同规模下的算例分析结果

实体药店数/个	订单中的 SKU 数/个	总成本/元	求解时间/秒
30	15	204.3	80.0
	18	235.0	81.1
	20	282.9	82.6
40	15	202.4	80.6
	18	215.7	83.3
	20	240.1	84.7
50	15	200.4	82.4
	18	210.1	83.8
	20	234.8	85.7

最后，通过变化订单规模以及订单配送时间窗进行算法性能探索，计算不同算例的求解结果，如表 4.10 所示，其中用"实体药店数–SKU 种类数"为算例命名，如 80-30 表示 80 个实体药店、30 种 SKU。可以看出，针对可行的配送时间窗，PSO-CW 算法都能在 200 秒左右完成求解过程，但是随着问题规模的增加，

订单的可行配送时间窗较大，时间窗对订单履行方案所起到的限制较小，可以与其他订单一起进行波次处理和批次配送，不在现阶段的研究范围内，因此可以看出，本节的 PSO-CW 算法能够有效求解实体药店布局 130 个以内、SKU 数 60 种以内的一单多品订单的履行问题。

表 4.10　不同配送时间窗下的算例分析结果（单位：秒）

算例	T=100 分钟	T=140 分钟	T=240 分钟	T=320 分钟	T=380 分钟	T=450 分钟	T=560 分钟
80-30	110.4						
100-40		166.9					
120-50			171.9				
130-60				193.3			
130-70					228.4		
140-60						197.3	
140-70							218.1

注：＼表示在有限时间内无法获得满意解，／表示未求解相应的算例

　　本节在网上药店和实体药店协同运作的背景下，研究了带时间窗的网上药店一单多品订单的拆分、分配与协同配送问题，构建了考虑订单配送时间要求的、以订单履行总成本最小为目标的集成优化模型，综合考虑各种影响因素并纳入模型约束，提高了决策方案的实用性，实现了订单拆分与集货配送两阶段的集成优化，为解决同时进行多个关联子问题决策的电子商务订单履行问题的建模提供新思路；在对问题特点进行分析的基础上，基于定性分析提出控制策略缩小解空间，结合定量分析设计了两阶段启发式算法并对该问题进行求解，以较高的效率在有效时间内寻求到集成问题的解决方案，为后续大规模药品订单履行问题的求解提供研究基础。通过算例实验可以看出，多家实体药店协作进行网上药店一单多品订单履行的方式能够在时间窗内完成订单，保证消费者的用药需求，是解决网上药店较多需求、较高时间窗要求这类订单履行问题的有效方式，从单个订单的履行视角来看，这种订单履行的成本较高，批量订单的履行能够提高车辆利用率，会降低履行单个订单的平均成本，也是进一步的研究重点。本节对网上药店订单履行问题做出的初步探索，可以为网上药店订单的履行过程决策提供理论支持，进而提高网上药店实际运作的科学性，有利于落实并发展网上药店线上线下融合模式，为"互联网+药品"流通模式的开展提供一定的参考与借鉴。

　　本节研究了单个一单多品订单的协同配送优化问题，在实际运作中，需要结合订单重合度等多个订单间的结构关系、各实体药店库存余量、实体药店间库存调拨、实体药店补货等不同层面的复杂关系进行订单履行决策，因此，多个订单

的协同配送优化问题有待进一步研究。另外，考虑网上药店服务水平，如将消费者的时变效用进行量化并纳入优化模型中，可以进一步提高决策的科学性，这也是未来的重要研究方向。

4.4　新零售背景下基于时空网络的药品协同配送优化方法

随着药品网上零售的发展以及线上线下融合的新零售模式的涌现，药品的全渠道运作特别是协同配送优化问题引起学术界和产业界的广泛关注。新零售背景下药品的前置仓储，配伍使用和客户需求时效性等运营特点给新零售背景下药品配送策略的制定带来了新的难题。本节采用时空网络建模思想，在精准刻画系统决策过程的同时简化模型结构。根据优化问题的两阶段复杂决策特性，设计基于拉格朗日松弛（Lagrangian relaxation，LR）方法的综合优化算法来求解该模型。最后通过算例分析验证方法的有效性和高效性，并通过参数敏感性分析提出相应的管理启示，为新零售背景下的药品协同配送运营决策提供参考和建议[46]。

人口的持续增长、老龄化程度的加剧和居民保健意识的逐步增强提高了人们对医药的需求。在相关政策的指引下，随着互联网技术和移动支付技术的成熟与普及，诸如腾讯、阿里、京东等大型互联网公司开始加速布局药品互联网业务[47]，壹药网、叮当快药等也逐步开展互联网药品零售活动。2019 年我国网上药店销售额已达 1251 亿元，其中药品销售总额为 138 亿元，同比增长 40%。此外，2020 年暴发的新冠疫情让药品互联网零售获得了一波明显的流量增长，加深了消费者对药品网络消费的认知，进一步培育了药品互联网零售市场，药品互联网零售已成为不可逆转的趋势。考虑到客户对药品配送服务的可靠性和时效性的切实需求，包含实体药店和自营配送服务的新零售全渠道模式是政策导向与市场选择的必然结果。目前药品销售涉及近 30 万种药品，考虑到药品对存储和配送条件的严格要求以及前置仓的有限存储空间，全渠道运作模式下单一前置仓可存放的药品种类和数量有限[48]。另外，人体具有极其复杂的生理构造，疾病多样化的程度很高，为保证治疗效果通常需要多种药品配伍使用，这导致药品配送订单大多具有一单多品的属性。因此，在系统接收订单之后首先要针对各种药品的仓储位置和配送时间进行合理拆分形成具体的配送任务，然后再将其分派给各配送车辆协同完成，要求在满足客户对配送服务可靠性和时效性的同时还要尽可能地优化排程调度，实现系统运行效率最大和成本最低。不同于传统物流配送系统的运营管理方式，新零售全渠道模式下药品配送对任务排程和车辆调度的协同性、精准性和可靠性要求极高。系统管理者需要按照订单拆分，任务排程和车辆调度等多阶段复杂策略的组合在一定时间范围内同时处理多个订单，通过调动有限的配送资源将订单中的所有药品在规定时间内一并配送给相应的客户；尤其是在处理实际问题时还要考虑大规模复杂路网环境以及多种药品的不同仓储和运输条件等限制因素,这些都对新零售背景下的药品协同配送优化问题的建模和求解提出了巨大的挑战。

4.4.1　问题描述与时空网络分析

不同于传统的 O2O 商品配送,新零售模式下的药品配送具有对配送时效和运输条件要求高、药品仓储分散以及一单多品情况较多等特点。为了在保证服务水平的同时尽可能地降低系统运营成本,在实际运营过程中需要适当拆分订单并交由多个配送车辆分别完成,同时将配送任务合理分配给各车辆并为其制订详细的配送计划(包括取送货的时间地点),以实现车辆间的精准协同,保证按时按需完成客户订单的同时提高系统整体的运行效率和配送资源的利用率。因此,新零售背景下的药品协同配送的优化调度问题主要包含两个方面:配送车辆的任务指派优化问题和车辆调度方案优化问题。如图 4.14 所示,配送策略的制定首先要根据订单信息确定药品种类以及相应的仓储位置和运输方式。随后,通过合理地拆分订单将不同药品的配送任务分派给满足配送条件的车辆,再由配送车辆按照各自的任务流程列表按时完成各自的配送任务。需要注意的是,任务指派策略虽然是车辆调度方案的基础,但其制定过程中不但要保证配送任务的严格执行,还要尽可能地提高配送任务执行过程中的资源利用率,降低车辆巡驶成本。因此,配送车辆的任务指派优化本质上也由各车的协同配送方案的优化结果决定,二者相互影响,共同组成药品协同配送总体策略。

由图 4.14 可知新零售全渠道模式下的药品配送的具体决策过程包含了订单拆分策略,取送货时间和地点的选择,配送任务指派和车辆调度方案确定,等等。在传统配送调度优化方法理论中这些决策要素都各自对应着较为复杂的数学模型表达,其综合问题必然导致模型结构高度复杂且难以精确求解的问题,降低了优

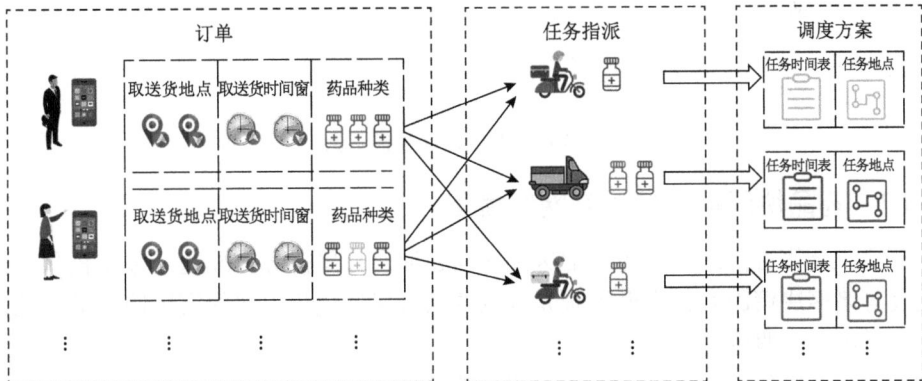

图 4.14　问题描述示例图

化方法在解决实际问题时的可靠性和实用性。为解决这一问题，本节采用时空网络建模方法提出结构更加简单的药品协同配送优化模型，同时引入时空窗概念，将订单中各药品的候选前置仓位置与可选取货时间在时空维度上进行组合，将订单拆分和配送任务排程等多个决策过程统一转化为订单中各药品时空窗的选择过程。如图 4.15 所示，假设订单 o_1 的可选取货时间为 $t_2 \sim t_4$，o_1 中药品 m_1 的可选前置仓包括 i_1、i_3 和 i_4，因此订单 o_1 中药品 m_1 的可选取货时空窗 $V_{m_1 o_1}^P = \{(i_1, t_2), (i_1, t_3), (i_1, t_4), (i_3, t_2), (i_3, t_3), (i_3, t_4), (i_4, t_2), (i_4, t_3), (i_4, t_4)\}$。设订单 o_2 的可选取货时间为 $t_4 \sim t_6$，且 o_2 中同样包含药品 m_1。则同理 o_2 中药品 m_1 的可选取货时空窗 $V_{m_1 o_2}^P = \{(i_1, t_4), (i_1, t_5), (i_1, t_6), (i_3, t_4), (i_3, t_5), (i_3, t_6), (i_4, t_4), (i_4, t_5), (i_4, t_6)\}$。因此，一个可行的任务排程方案即指派车辆 h_1 在时空点 (i_4, t_4) 处同时完成两个订单药品 m_1 的取货任务，然后分别在时空点 (i_7, t_{11}) 和 (i_8, t_{15}) 处将药品交由客户。

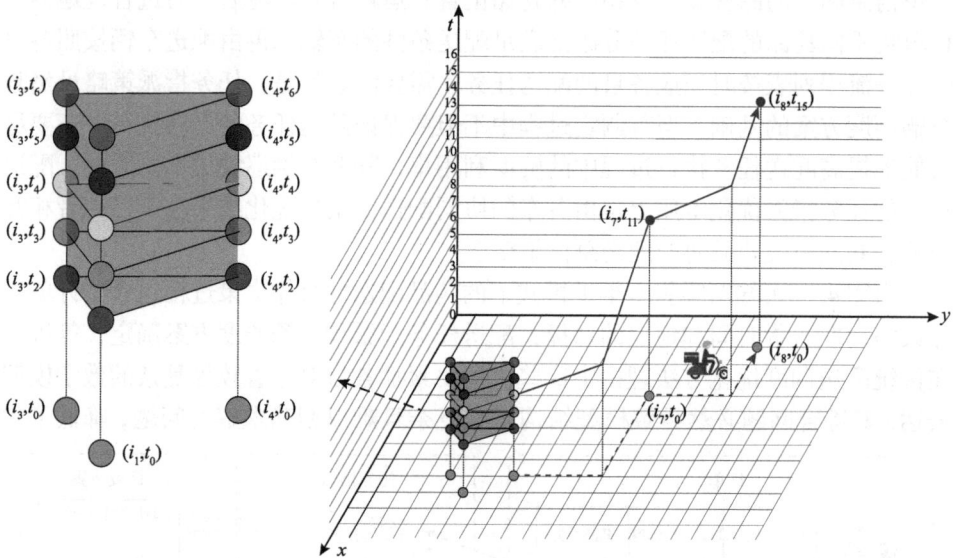

图 4.15　时空网络建模示例

4.4.2　药品协同配送的时空网络模型

鉴于新零售模式下的药品配送优化问题涉及订单拆分，配送任务排程和车辆调度等诸多决策因素，为聚焦研究重点的同时保证优化方法的实用性和可靠性，本节做出如下假设。

（1）考虑到新零售模式下客户药品需求量小、种类多、时效性强的特点，结合实际操作中配送车辆的载重能力，本节假设车辆载重能力充足，即不考虑车辆载重量对调度方案制订的影响。

（2）本节重点研究较短时间范围内的即时优化决策，假设目标时段内各配送车辆在各节点间的行程时间恒定。

（3）配送任务的指派对象仅限于没有配送任务的车辆，即假设车辆的初始状态没有尚未完成的配送任务。

（4）为保证药品配送系统的服务水平，假设配送资源充足且须保证完成所有订单。

模型所涉及的变量定义如下。

集合变量如下。

A 表示时空网络中时空弧段集合（(i,t,j,s) 为时空弧段，用时空弧段序号来表示，$(i,t,j,s) \in A$）。

H 表示货车集合（h 为车辆，用车辆序号来表示，$h \in H$）。

M 表示药品种类集合（m 为药品，用药品种类序号来表示，$m \in M$）。

O 表示订单集合（o 为订单，用订单编号来表示，$o \in O$）。

H_m 表示可用于运送药品 m 的车辆集合，$H_m \subset H$。

I 表示路网中空间节点集合（i 和 j 为空间节点序号，$i \in I$，$j \in I$）。

M_o 表示订单 o 中药品种类集合，$o \in O$，$M_o \subset M$。

T 表示目标时段内时间戳集合（t 和 s 为时间戳序号，$t \in T$，$s \in T$）。

V 表示时空网络中时空点集合（(i,t) 为时空点序号，$(i,t) \in V$）。

V_{mo}^P 表示订单 o 中药品 m 的候选取货时空窗（包括药品 m 的候选仓库及可能的取货时间），且有 $V_{mo}^P \subset V$。

V_{mo}^D 表示订单 o 中药品 m 的候选送货时空窗（包括订单 o 的客户地点和可能的送货时间），且有 $V_{mo}^D \subset V$。

参数如下。

c^f 表示目标时段内车辆派遣成本。

c_{ij}^l 表示车辆通过时空弧段 (i,t,j,s) 的行驶成本。

决策如下。

$W_{it}^{hm} = 1$ 表示车辆 h 在时空点 (i,t) 处送药品 m，否则为 0。

$X_{itjs}^h = 1$ 表示车辆 h 通过弧段 (i,t,j,s)，否则为 0。

$Y_h = 1$ 表示派遣车辆 h，否则为 0。

$Z_{it}^{hm} = 1$ 表示车辆 h 在时空点 (i,t) 处取药品 m，否则为 0。

根据上述假设及变量的定义，新零售模式下药品协同配送优化模型如下：

$$\min_{X,Y} \sum_{h \in H} c^f Y_h + \sum_{h \in H} \sum_{(i,t,j,s) \in A} c_{ij}^l X_{itjs}^h \tag{4.39}$$

s.t.

$$\sum_{\substack{(j,s)\in V: \\ (i,t,j,s)\in A}} X_{itjs}^h - \sum_{\substack{(j,s)\in V: \\ (j,s,i,t)\in A}} X_{jsit}^h = \begin{cases} Y_h, & (i,t)=\left(i_h^O,t_h^O\right) \\ -Y_h, & (i,t)=\left(i_h^D,t_h^D\right) \\ 0, & \text{其他} \end{cases}, \quad \forall h\in H \quad (4.40)$$

$$Z_{it}^{hm} - \sum_{\substack{(j,s)\in V: \\ (i,t,j,s)\in A}} X_{itjs}^h \leqslant 0, \quad \forall o\in O, m\in M_o, h\in H_m, (i,t)\in V_{mo}^P \quad (4.41)$$

$$W_{it}^{hm} - \sum_{\substack{(j,s)\in V: \\ (i,t,j,s)\in A}} X_{itjs}^h \leqslant 0, \forall o\in O, m\in M_o, h\in H_m, (i,t)\in V_{mo}^D \quad (4.42)$$

$$\sum_{h\in H_m} \sum_{(i,t)\in V_{mo}^P} Z_{it}^{hm} = 1, \quad \forall o\in O, m\in M_o \quad (4.43)$$

$$\sum_{(i,t)\in V_{mo}^P} Z_{it}^{hm} = \sum_{(i,t)\in V_{mo}^D} W_{it}^{hm}, \quad \forall o\in O, m\in M_o, h\in H_m \quad (4.44)$$

$$X_{itjs}^h \in \{0,1\}, \quad \forall h\in H, (i,t,j,s)\in A \quad (4.45)$$

$$Y_h \in \{0,1\}, \quad \forall h\in H \quad (4.46)$$

$$Z_{it}^{hm} \in \{0,1\}, \quad \forall o\in O, m\in M_o, h\in H_m, (i,t)\in V_{mo}^D \quad (4.47)$$

$$W_{it}^{hm} \in \{0,1\}, \quad \forall o\in O, m\in M_o, h\in H_m, (i,t)\in V_{mo}^D \quad (4.48)$$

其中，目标函数（4.39）表示药品配送系统的运营总成本最小，包括车辆派遣的固定成本和车辆配送过程中的巡驶成本；约束（4.40）表示流平衡约束，其中，$\left(i_h^O,t_h^O\right)$ 和 $\left(i_h^D,t_h^D\right)$ 分别表示车辆 h 的虚拟时空起终点；约束（4.41）表示车辆路径决策与车辆任务分配决策的关联约束，即若指派车辆 h 完成药品 m 的取货任务，则车辆 h 须通过药品 m 相对应的时空点 (i,t)；同理，约束（4.42）表示若指派车辆 h 完成药品 m 的送货任务，则车辆 h 须通过药品 m 相对应的时空点 (i,t)；约束（4.43）保证所有订单均被完全执行；约束（4.44）确保药品配送的取送货同步；约束（4.45）～约束（4.48）为模型中各决策变量的完整性约束。

4.4.3　药品协同配送模型的 LR 求解算法

由新零售背景下的药品协同配送优化模型（4.39）～模型（4.48）的结构可知其决策包括对两个问题的决策，这两个问题即车辆与药品配送订单的任务分配优化问题（task assignment problem，TAP）和带时间窗的车辆取送货问题（pickup and delivery problem with time windows，PDPTW），前者为 NP 完全（non-deterministic polynomial complete，NPC）问题[49]，后者为经典的 NP-hard 问题[21]。此外，PDPTW

又是在车辆路径问题的基础上加入了时间窗和节点访问顺序等条件的限制，求解更为困难。因此，为了兼顾优化方法的精确性和时效性，本节根据药品协同配送优化模型的两阶段决策特征基于 LR 将原问题适当拆分为多组子问题分别优化求解，再通过松弛解可行化和松弛因子更新的不断迭代最终得到最优解。

1. 基于 LR 的模型分解

由上述分析可知，新零售背景下的药品协同配送优化问题本质上可以视为包含 TAP 和 PDPTW 两个决策问题的综合优化决策问题，且二者通过约束（4.42）和约束（4.43）建立关联。为了降低模型的求解难度，本节提出基于 LR 的综合优化方法，通过松弛这两组约束将原问题分解为两组结构相对简单的子问题并分别进行求解。具体地，在原模型中引入 LR 乘子 $\lambda := \left\{ \lambda_{it}^{hm} \geqslant 0 \right\}_{o \in O, m \in M_o, h \in H_m, (i,t) \in V_{mo}^P}$ 和 $\mu := \left\{ \mu_{it}^{hp} \geqslant 0 \right\}_{o \in O, m \in M_o, h \in H_m, (i,t) \in V_{mo}^D}$ 分别与约束（4.41）和约束（4.42）左侧部分相乘求和之后加入原目标函数中得到原问题的广义拉格朗日函数，即

$$
L(X,Y,Z,W,\lambda,\mu) = \left(
\begin{aligned}
& \sum_{h \in H} c^f Y_h + \sum_{h \in H} \sum_{(i,t,j,s) \in A} c_{ij}^l X_{itjs}^h \\
& \quad + \sum_{o \in O} \sum_{m \in M_o} \sum_{h \in H_m} \left(\sum_{(i,t) \in V_{mo}^P} \lambda_{it}^{hm} Z_{it}^{hm} + \sum_{(i,t) \in V_{mo}^D} \mu_{it}^{hm} W_{it}^{hm} \right) \\
& \quad - \sum_{o \in O} \sum_{m \in M_o} \sum_{h \in H_m} \left(\sum_{(i,t) \in V_{mo}^P} \lambda_{it}^{hm} \sum_{\substack{(j,s) \in V: \\ (i,t,j,s) \in A}} X_{itjs}^h + \sum_{(i,t) \in V_{mo}^D} \mu_{it}^{hm} \sum_{\substack{(j,s) \in V: \\ (i,t,j,s) \in A}} X_{itjs}^h \right)
\end{aligned}
\right)
$$

（4.49）

然后得到原问题的对偶问题，即

$$
\begin{aligned}
\Delta(\lambda,\mu) &= \min L(X,Y,Z,W,\lambda,\mu) \\
&= \min_{X,Y,Z,W} \left(\sum_{h \in H} c^f Y_h + \sum_{h \in H} \sum_{(i,t,j,s) \in A} c_{ij}^l X_{itjs}^h \right. \\
& \quad + \sum_{o \in O} \sum_{m \in M_o} \sum_{h \in H_m} \left(\sum_{(i,t) \in V_{mo}^P} \lambda_{it}^{hm} Z_{it}^{hm} + \sum_{(i,t) \in V_{mo}^D} \mu_{it}^{hm} W_{it}^{hm} \right) \\
& \quad \left. - \sum_{o \in O} \sum_{m \in M_o} \sum_{h \in H_m} \left(\sum_{(i,t) \in V_{mo}^P} \lambda_{it}^{hm} \sum_{\substack{(j,s) \in V: \\ (i,t,j,s) \in A}} X_{itjs}^h + \sum_{(i,t) \in V_{mo}^D} \mu_{it}^{hm} \sum_{\substack{(j,s) \in V: \\ (i,t,j,s) \in A}} X_{itjs}^h \right) \right)
\end{aligned}
$$

（4.50）

满足约束（4.40）、约束（4.43）～约束（4.48）。

由于松弛了关键耦合约束（4.41）和关键耦合约束（4.42），变量 X 和 Y 与 Z 和 W 之间失去关联，即车辆配送任务分派和车辆路径优化两个决策过程解除了相互制约关系。由 LR 算法的松弛性可知[50]，对于任意一组乘子 λ 和 μ，以上对偶问题的最优解均为原问题最优解的下界。此外，为改进求解质量，采用次梯度算法，通过不断迭代更新 LR 乘子的取值以调整两组子问题最优解的关联性，以实现可行解的优化。因此，松弛问题本质上包括以下两组相互独立的子问题。

1）子问题 1：任务分配问题

第一组子问题中包含了 Z 和 W 两组变量，分别决策各车的任务分派方案，具体包括车辆负责的订单药品以及取送货的具体时间和地点：

$$\Pi\left(\lambda,\mu\right)=\min_{Z,W}\sum_{o\in O}\sum_{m\in M_o}\sum_{h\in H_m}\left(\sum_{(i,t)\in V_{mo}^P}\lambda_{it}^{hm}Z_{it}^{hm}+\sum_{(i,t)\in V_{mo}^D}\mu_{it}^{hm}W_{it}^{hm}\right) \quad (4.51)$$

满足约束（4.43）、约束（4.44）、约束（4.47）和约束（4.48）。

需要注意的是由于采用了时空网络的建模方式，子问题 1 由原本的车辆与药品配送订单的任务分派优化问题转化为分组背包问题，即要求将同一订单某药品的取送货任务同时指派给某一配送车辆。同时在子问题中还需要决定车辆具体的取货时间和地点，以尽可能地提高每个车辆分配的任务数量，降低目标函数（4.50）中所示的广义成本。注意到子问题 1 为结构相对简单的整数线性规划问题，利用 CPLEX 和 Gurobi 等当前广泛应用的商业软件可以通过调取分支定界等算法快速求解。此外，为了进一步加快 LR 收敛速度，提高算法性能，本节也会通过在子问题 1 中加入辅助约束（如要求车辆访问点间的时间间隔不小于两点间行程时间）的方式使松弛解更加合理。

2）子问题 2：最短路径问题

该组子问题本质上是决策车辆完成配送任务的具体行驶路径，包括接送顺序和到达取送货地点的时间等。注意到子问题 2 中包含了 $|H|$ 个有关变量 X 和 Y 的子问题，即每辆车的药品配送任务相互独立且满足优化决策：

$$T_h\left(\lambda,\mu\right):=\min_{X,Y}\left\{\begin{array}{l}c^fY_h+\sum_{(i,t,j,s)\in A}c_{ij}^lX_{itjs}^h\\[4mm]-\sum_{o\in O}\sum_{m\in M_o}\left(\sum_{(i,t)\in V_{mo}^P}\lambda_{it}^{hm}\sum_{\substack{(j,s)\in V:\\(i,t,j,s)\in A}}X_{itjs}^h+\sum_{(i,t)\in V_{mo}^D}\mu_{it}^{hm}\sum_{\substack{(j,s)\in V:\\(i,t,j,s)\in A}}X_{itjs}^h\right)\end{array}\right\} \quad (4.52)$$

满足约束（4.40）、约束（4.45）和约束（4.46）。

由目标函数（4.52）可知子问题 2 主要包括车辆派遣的固定成本和车辆广义行驶成本。此外，考虑到子问题 2 的优化模型中仅包括流平衡约束和变量的完整性约束，模型结构简单，变量数较少，模型的时间复杂度为 $O\left(|I|^2|T|\right)$，可知此问题可以借助 CPLEX 和 Gurobi 等求解器进行快速求解。需要注意的是，鉴于该子问题下的 $|H|$ 个子问题相互独立，因此可以采用分布式计算以进一步提高求解效率。

最后，将求得的松弛解（用 $\hat{Z}$、$\hat{W}$、$\hat{X}$ 和 $\hat{Y}$ 表示）代入公式（4.53）：

$$\Delta(\lambda,\mu) = \Pi(\lambda,\mu) + T_h(\lambda,\mu) \tag{4.53}$$

根据 LR 的对偶性可知此时 $\Delta(\lambda,\mu)$ 的取值即原目标函数最优解的下界。

2. 松弛解的可行化方法

若前面求解得到的原问题松弛解恰巧满足约束（4.41）和约束（4.42），则此时的松弛解即为原问题的最优解。但随着问题规模的扩大和约束数量的增多，松弛后对原模型的影响也会随之变大，因此在对实际规模问题进行优化求解时，松弛解往往无法满足所有约束。因此为了得到原问题的可行解，可以根据松弛解的特征以及原问题的优化决策思路设计一种基于松弛解的可行化算法。由此得到的可行解虽不保证其最优性，但可行化算法性能的优劣同样会影响 LR 的整体性能。在解决实际规模优化决策问题时需要尽可能地提高可行化算法的求解质量，以提高 LR 的收敛速度；但相对地，如果松弛解可行化的流程过于复杂，又会造成算法的时间复杂度过高导致 LR 单次迭代时间过长而影响其计算速度。

因此，为同时兼顾可行化算法的计算速度和精度，本节根据两组松弛子问题各自的优化特性提出基于前向动态规划和贪心规则的可行化算法。比较可知，子问题 1 的两组松弛解（设为 $\hat{Z}$ 和 $\hat{W}$）包含了更多的药品配送任务分配信息，因此本节在松弛解 $\hat{Z}$ 和 $\hat{W}$ 的基础上对 $\hat{X}$ 和 $\hat{Y}$ 进行可行化调整。可行化方法的主要步骤如图 4.16 所示。

最后，将得到的可行解 $\bar{X}$ 和 $\bar{Y}$ 代入目标函数（4.39）中等到可行解对应的目标函数值，也即原问题最优解的上界。

基于前向动态规划和贪心规则的松弛解可行化算法

步骤 1 初始化：

设 $\rho_{itjs}^{h} = \begin{cases} -M, & \text{如果 } \hat{Z}_{it}^{hm} = 1 \vee \hat{W}_{js}^{hm} = 1, \forall m \in M_o \\ c_{ij}^{l}, & \text{否则} \end{cases}$ ，$\forall h \in H, (i,t,j,s) \in A$ 为车辆 h 在经过时空弧段 (i,t,j,s) 时的广义行驶成本。

设 $ST_{it}^{h} = M, \forall(i,t) \in V, h \in H$ 为车辆 h 在时空点 (i,t) 处的累计广义行驶成本。

（1）设 $PN_{it}^{h} = 0$ 和 $PT_{it}^{h} = 0$（$\forall(i,t) \in V, h \in H$）分别记录最短路径上车辆 h 在时空点 (i,t) 处的上游空间点及时间戳。

（2）$R_h = \varnothing$ 用以记录车辆 h 的最短路径中包含的时空弧段。

步骤 2 生成变量 Y 的可行解：

$$\overline{Y}_h = \begin{cases} 1, & \sum_{m \in M} \sum_{(i,t) \in V_{mo}^{P}} \hat{Z}_{it}^{hm} > 0 \\ 0, & \text{否则} \end{cases} \quad , \ \forall h \in H$$

步骤 3 对于每辆车 h，$h \in \left\{ h \mid \overline{Y}_h = 1, \forall h \in H \right\}$

步骤 3.1 设 $ST_{i_0 t_0}^{h} = 0$，其中 (i_0, t_0) 为车辆 h 的初始时空点。

步骤 3.2 对于所有时空弧段 $(i,t,j,s) \in A$。

如果 $ST_{it}^{h} + \rho_{itjs}^{h} < ST_{js}^{h}$，则有 $ST_{js}^{h} = ST_{it}^{h} + \rho_{itjs}^{h}$，$PN_{js}^{h} = i$ 和 $PT_{js}^{h} = t$。

步骤 3.3 令 $ST_{i^*(t_0 + T\delta)}^{h} = \min ST_{i(t_0 + T\delta)}$。

步骤 3.4 根据 PN_{it}^{h} 和 PT_{it}^{h} 中记录的上游时空节点，由最短路径终点 $\left(i^*, t_0 + T\delta \right)$ 向前回溯至车辆 h 的时空起点 $\left(i_h^O, t_h^O \right)$ 并将路径节点按时间顺序记录在集合 R_h 中。

步骤 4 返回集合 R_h 并生成变量 X 和 Y 的可行解：

$$\overline{X}_{itjs}^{h} = \begin{cases} 1, & (i,t,j,s) \in R_h \\ 0, & \text{否则} \end{cases} \quad , \ \forall h \in H, (i,t,j,s) \in A$$

步骤 5 返回可行解 $\overline{X}$ 和 $\overline{Y}$。

图 4.16　基于前向动态规划和贪心规则的松弛解可行化算法流程

3. 基于次梯度算法的 LR 乘子迭代方法

如果前面得到的可行解与松弛解相同，则根据 LR 的对偶性原则可知该可行解即为原问题的最优解。但鉴于药品协同配送优化模型本身的复杂性，在解决实际问题的过程中往往需要通过不断迭代 LR 乘子以逐步缩小最优解上下界之间的差值，尽可能地让可行解趋近最优解，在可接受的算法运行时间范围内得到满足实际要求的近似最优解甚至最优解。次梯度算法因其操作步骤简单，算法的执行效率和求解质量较高，计算复杂度低，被广泛用于迭代 LR 乘子。算法首先初始化：令 $\left(\lambda_{it}^{hm} \right)^0 = 0$，$\forall o \in O, m \in M_o, h \in H_m, (i,t) \in V_{mo}^{P}$ 和 $\left(\mu_{it}^{hm} \right)^0 = 0$，$\forall o \in O, m \in M_o,$

$h \in H_m$，$(i,t) \in V_{mo}^D$。在之后的迭代过程中，LR 乘子的迭代步长 t_k 的表达式如式（4.54）所示：

$$t_k = \frac{\tau^k \left(\mathrm{UB}^k - \mathrm{LB}^k \left(\lambda, \mu \right) \right)}{\displaystyle\sum_{o \in O} \sum_{m \in M_o} \sum_{h \in H_m} \left(\left(A_h^m \right)^k + \left(B_h^m \right)^k \right)} \qquad (4.54)$$

其中 τ^k、UB^k 和 LB^k 分别表示第 k 轮迭代中的迭代因子以及最优解的上界和下界，且有

$$\left(A_h^m \right)^k = \sum_{(i,t) \in V_{mo}^P} \left(\left(\hat{Z}_{it}^{hm} \right)^k - \sum_{\substack{(j,s) \in V: \\ (i,t,j,s) \in A}} \left(\hat{X}_{itjs}^h \right)^k \right)^2 \qquad (4.55)$$

$$\left(B_h^m \right)^k = \sum_{(i,t) \in V_{mo}^D} \left(\left(\hat{W}_{it}^{hm} \right)^k - \sum_{\substack{(j,s) \in V: \\ (i,t,j,s) \in A}} \left(\hat{X}_{itjs}^h \right)^k \right)^2 \qquad (4.56)$$

需要注意的是由 t_k 的表达式可知次梯度算法能够保证收敛性，详细的证明过程请见文献[50]。此外，为了提高算法的性能，在迭代的过程中可以通过适当地调整迭代因子的大小来加速收敛过程。具体的做法是在迭代过程中，如果经过了迭代次数阈值 K_c 之后最优解的上下界没有明显的收敛，则令迭代因子减小一定的倍数，即 $\tau^{k+1} = \tau^k / \theta$，其中 $\theta > 1$ 且为常量。综上，第 $k+1$ 次迭代中的 LR 乘子可以表示为

$$\left(\lambda_{it}^{hm} \right)^{k+1} = \max \left\{ 0, \left(\lambda_{it}^{hm} \right)^k + t_k \left(\left(\hat{Z}_{it}^{hm} \right)^k - \sum_{\substack{(j,s) \in V: \\ (i,t,j,s) \in A}} \left(\hat{X}_{itjs}^h \right)^k \right) \right\} \qquad (4.57)$$

$$\forall o \in O, m \in M_o, h \in H_m, (i,t) \in V_{mo}^P$$

$$\left(\mu_{it}^{hm} \right)^{k+1} = \max \left\{ 0, \left(\mu_{it}^{hm} \right)^k + t_k \left(\left(\hat{W}_{it}^{hm} \right)^k - \sum_{\substack{(j,s) \in V: \\ (i,t,j,s) \in A}} \left(\hat{X}_{itjs}^h \right)^k \right) \right\} \qquad (4.58)$$

$$\forall o \in O, m \in M_o, h \in H_m, (i,t) \in V_{mo}^D$$

综合以上 LR 模型分解，松弛解可行化以及 LR 乘子迭代等步骤，LR 算法的整体步骤可总结如图 4.17 所示。

LR 算法

步骤 1　初始化：

LR 乘子 $\left(\lambda_{it}^{hm}\right)^0 = 0$ 和 $\left(\mu_{it}^{hm}\right)^0 = 0$ 。

（1）步长因子　$0 \leqslant \tau \leqslant 2$ 。

（2）迭代次数　$k = 0$ 。

（3）最优解上界　$UB^0 = +\infty$ 。

步骤 2　求解原问题的各组松弛子问题，得到最优解的松弛解和相应目标函数值的下界 LB^k 。

步骤 3　通过改进的贪心算法调整原问题松弛解得到原问题可行解，如果相应的目标函数值小于上界 UB^k，则将上界更新为当前值。

步骤 4　如果在一定迭代次数之内最优解上界没有明显下降，则更新步长因子为 $\tau^{k+1} = \tau^k / \theta$ $(\theta > 1)$ 。

步骤 5　按照公式（4.54）计算 LR 乘子的迭代步长 t_k 。

步骤 6　按照公式（4.57）和公式（4.58）更新 LR 乘子。

步骤 7　当满足下列任意条件时停止迭代并跳转到步骤 8。

（1）最优解上下界的相对差值满足 $\dfrac{UB^k - LB^k(\lambda, \mu)}{UB^k} \leqslant \varepsilon$ ，其中 ε 为预设的精度阈值。

（2）步长因子 $\tau^k < \bar{\tau}$ ，其中 $\bar{\tau}$ 为预设的最低阈值。

（3）迭代次数 $k = \bar{K}$ ，其中 $\bar{K}$ 为预设的最高阈值。

否则更新 $k = k + 1$ 并跳转到步骤 2。

步骤 8　返回当前最优上界，将其作为最终的目标函数值，并输出相应的可行解及最优解上下界的相对差值。

图 4.17　LR 算法总体流程

4.4.4　算例分析

　　为了测试本节提出的综合算法（LR 算法）的性能，通过一系列可变规模算例对比 LR 算法与 CPLEX（12.3 学术版）商用求解器的计算时间和求解精度，之后再通过一个中等规模算例进行关键参数敏感性分析，进而得出相应的管理启示。本节算例均在 MATLAB 平台实现，运行环境为载有 Intel(R) Core(TM) i7-8700 CPU 3.2 兆赫兹处理器和 16 GB 内存的台式计算机。

　　1. 算例构造与算法性能分析

　　为保证算例的普适性，所有可变规模实验均基于方格网，其中节点代表实体药店位置、客户位置或路网关键节点，节点间有向弧代表城市路网，节点间距离和平均行驶速度在[1,3]千米和[20,50]千米/小时的范围内随机生成；设车辆单位距离的行驶成本为 1 元/千米，固定派遣成本为 5 元，目标时间段内包含 20 个时间戳（时间间隔为 2 分钟）。假设目标时间范围内的最大可用车辆数为 30 台，涉及的药品种类总数为 5 种，实体药店数为 10 个。本节在数值实验过程中用 Yalmip

工具包调用 CPLEX 求解器，并将该求解器的计算时间阈值参数预设为 3000 秒。每个订单取送货时间和包括的药品、客户位置、所有药品的可选实体药店以及每辆车可以运输的药品均为随机产生。为验证 LR 算法性能，本节以 CPLEX 求解器的计算时间和精度做对比，比较结果如表 4.11 所示。

表 4.11　LR 算法与 CPLEX 求解器性能比较

算例	订单数/个	计算时间/秒		求解精度	
		LR	CPLEX	LR	CPLEX
1	5	164.78	196.41	3.54%	4.19%
2	10	368.91	582.03	5.33%	13.56%
3	15	738.04	930.39	8.25%	17.30%
4	20	1248.65	2162.80	10.39%	28.96%
5	25	1912.70	—	13.54%	—
6	30	2993.75	—	17.61%	—

注：—表示无法在合理时间范围内得到可行解

通过对比可知，随着问题规模的增长，这两种求解方法的计算时间总体上都有所增加且求解精度逐渐下降。需要注意的是对于小规模案例（订单数为 5 个时），二者的计算时间和求解精度差距较小。但随着订单数增多，LR 算法依然能够保持相对较好的性能，而相比之下 CPLEX 求解器的性能劣化严重。当订单数超过 20 个之后，CPLEX 甚至无法在合理时间范围内得到可行解；而 LR 算法虽然出现了劣化的趋势但仍能保持较好的求解效率和精度，由此可知在解决较大规模的实际问题时，LR 算法的性能总体优于 CPLEX 求解器。

2. 关键参数敏感性分析

为了分析模型中关键参数对于系统运行成本的影响，本节以表 4.11 中算例 3 的参数为基础进行参数敏感性分析实验。车辆派遣成本和订单数会对系统的运行效率、运营成本和服务水平造成较大影响，同时这些也是实际操作中管理者较为关心的关键参数，因此本节选取单位车辆派遣成本 c^f 和订单数作为关键参数进行实验，实验结果如图 4.18 所示。图 4.18（a）展示了单位车辆派遣成本 c^f 与系统运营总成本、车辆派遣成本及车辆行驶成本的关系。由图可见在 c^f 取值从 0 元增长到 1.5 元的过程中，系统运营总成本和车辆派遣成本均随之升高，但车辆行驶成本保持不变。当 c^f 由 1.5 元继续增长至 2 元时，由右侧局部放大图可见系统运营总成本和车辆派遣成本的增长幅度减小，与此同时车辆行驶成本也有小幅增高。可知当 c^f 增长超过一定取值时，系统优化结果会倾向于以提高每辆车的利用率的方式尽可能地减少派出的车辆数量，以此控制系统运营总成本的增长幅度。此外，由于派遣车辆数的减少，之后随着 c^f 的继续增加，系统运营总成本和车辆派遣成本的增长速率都有所下降。图 4.18（b）展示了订单数取值由 1 个增长至 30 个的过程中系统运营总成本、车辆派遣成本及车辆行驶成本的变化曲线。由图可见在订单数从 1 个增长到 10 个的过程中，系统运营总成本、车辆派遣成本和车辆行驶成本均随之提高。当订单数超过 10 个之后，系统运营总成本和车辆派遣成本的上升幅度均有所下降，车辆行驶成本略有下降。这说明在一定的时空范围内，虽然订单数的增加会导致派遣车辆数的提高，但配送任务之间的时空聚集程度也随之提高，因此最优调度方案下通过增加车辆的利用率能够在一定程度上控制系统运营总成本的增长幅度。

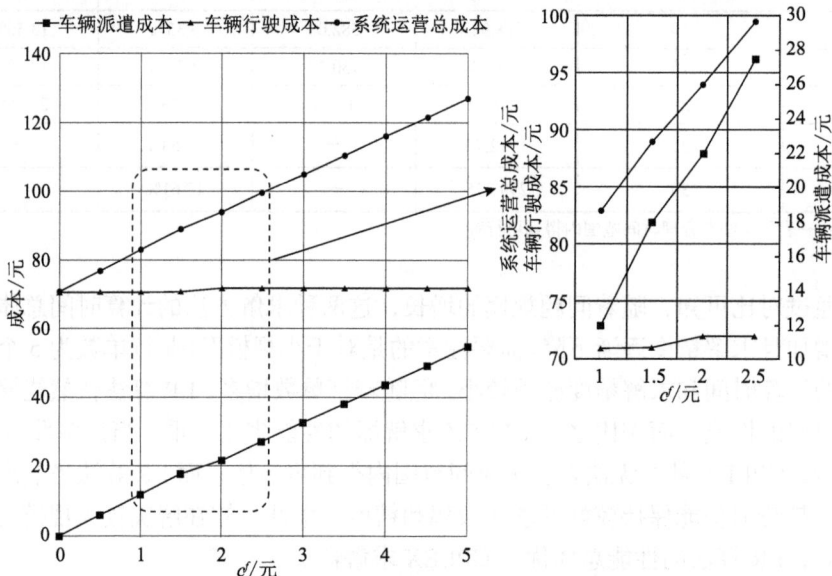

(a) 系统运营总成本、车辆派遣成本及行驶成本与参数 c^f 的关系

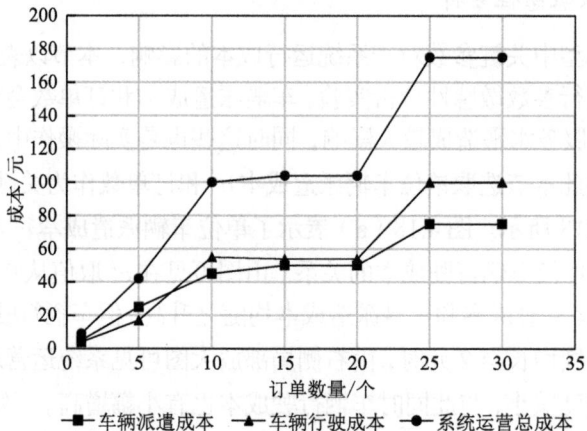

(b) 系统运营总成本、车辆派遣成本及行驶成本与订单数量的关系

图 4.18 关键参数的敏感性分析

综上，通过对算例结果的分析，可以得出以下结论及系统运营管理建议。

（1）通过适当地调整订单拆分和配送任务排程策略，能够有效地缓解车辆使用费用的提高而带来的成本上升压力。

（2）在一定的时空范围内，当订单数超过一定范围之后，配送任务的时空密度逐渐提高能够形成一定的集约效应，因而通过合理地优化订单拆分策略和车辆调度方案可以有效提高车辆的订单执行效率，减缓各项成本的增长幅度。

本节主要研究了新零售背景下药品协同配送优化问题。针对该问题的多阶段综合决策特性，采用时空网络建模方法。通过引入时空窗概念将订单拆分和配送任务排程过程转化为时空窗内候选时空点选择决策的分组背包问题，将车辆优化调度转化为时空网络中的最短路径问题，在精准刻画药品协同配送决策过程的同时保证了模型整体结构的简洁紧凑，解决了以往传统车辆调度优化方法在处理时空协同优化问题时模型结构复杂难解的问题。此外，考虑到优化问题包含的决策要素和约束数量较多，为保证模型求解速度和精度，本节提出基于 LR 框架的多阶段优化算法。通过多组对比算例可知，在解决较大规模优化问题时，该算法的性能高于 CPLEX 商用求解器。本节还通过一系列关键参数的敏感性实验得到了新零售背景下药品协同配送系统的运营管理建议。例如，适当的调整订单拆分和分派策略能够有效地提高系统的经济性和可靠性，在应对配送资源成本升高或订单增多时能够保证系统的承载能力，有效控制运营成本。这些发现对于提高系统整体运行效率，增强决策者的运营管理能力具有重要的实践意义。

在未来的研究中，本书研究团队将进一步提高优化方法的实用性，如充分考虑动态的路网交通情况对订单分配和车辆调度综合策略的影响；此外，考虑到时空网络建模方法带来的二元变量较多、解空间较大等问题，将在未来的研究中尝试通过嵌入其他高效算法提升 LR 方法的计算性能。

4.5　新零售模式即时协同配送的未来发展趋势

线上线下融合的新零售模式中的配送问题具有很特殊的需求特点和问题特征，主要包括以下几项：①渠道交互，线上线下融合的新零售模式中，存在不同渠道之间的交互是典型特点，实体店铺之间打破彼此之间的沟通壁垒，协同合作为顾客提供一站式服务。②极短的服务时间窗，线上线下融合的新零售模式中配送时间是主要的服务能力，在同城配送网络中的服务时间承诺是分钟级时间窗，新零售订单需要在一小时甚至半小时内完成配送，对运力资源和调度能力都提出了很高的要求。③极强的动态性，线上线下融合的新零售模式中订单的在线到达实时影响着车辆或骑手在节点的等待时间及配送服务顺序，需要根据历史订单和未来订单预测制订配送方案，并且对方案制订过程提出极高的求解速度要求。④多品类异质货物订单，线上线下融合的新零售模式中的多品类商品供给情况和货单一致的备货情况导致客户订单具有很强的异质性，因此正在执行的配送计划难以进行动态更改或调整。⑤极具个性化的服务需求，线上线下融合的新零售模式中客户对配送服务存在不同的个性化需求，如尽可能快地送到、在某个选择时间窗内送达、多个订单同时送达等不同的个性化配送要求。

上述问题特点导致线上线下融合的新零售模式的配送问题相比传统配送问题具有很大的特殊性和很强的复杂性，配送方案制订过程既需要达到实时性要求，又需要给出合理高效的优化方案。本节聚焦于即时配送和协同配送两个新零售模式中的关键研究主题，分别重点研究了即时配送中的在线调度和实时响应难题、协同配送中的多品订单协同调度和多车辆协同优化难题。线上线下融合的新零售模式的即时配送问题和对协同问题的单独处理已经具有相当高的求解复杂性，同时解决线上线下融合的新零售模式中的即时协同配送问题是一个非常困难的研究主题，急需相应的研究成果支撑未来新零售模式的深入探索和长远发展。因此，在未来的发展趋势中，线上线下融合的新零售模式中的即时协同配送问题是主要的研究课题，需要综合考虑新零售配送问题的主要问题特征，基于已有研究成果进一步展开即时协同配送问题的研究，保证即时协同配送方案的高效性、实用性，提高新零售配送方案生成的智能性，为线上线下融合的新零售模式的持续发展和降本增效保驾护航。

4.6 小　　结

本章围绕线上线下融合的新零售模式中的物流难题，从新零售模式中的即时配送在线调度方法和药品新零售模式中的协同配送优化方法两个方面阐述新兴电子商务物流配送系统优化方法的相关成果。

（1）针对线上线下融合的新零售模式中的同城即时配送在线调度难题，以提高求解问题的科学性、实时性和动态性为目标，建立基于多预测场景的在线优化调度方法，将带有预测订单的多个场景整合到路线规划过程，通过每个场景的方案计算，以及多场景方案的整合，得出车辆运行的集成方案，提高调度方案面对未来不确定需求的适应性。

（2）针对线上线下融合的新零售模式中的即时配送实时响应难题，以解决订单与即时配送物流能力不匹配的问题为目标，提出了"系统空闲期间事先缓存多样化的优质方案、在新订单进入时基于缓存方案快速生成应对方案"的求解策略，建立了基于多样化方案池的即时配送订单实时响应方法，为实时处理需求的动态问题提供解决方法和思路，对促进线上线下融合的新零售模式健康持续发展具有重要的现实意义。

（3）针对线上线下融合的药品新零售模式中的一单多品协同配送难题，以满足订单高时效、提高决策科学性、降低运作成本为目标，建立带时间窗的多主体协同配送模型，通过设计定性控制规则缩减解空间，提出了一种融合经验规则和智能搜索算法的启发式算法进行求解，能够快速生成包括订单拆分与分配以及联合配送等多个决策内容的协同配送方案，为线上线下融合的药品新零售实践中的协同配送难题提供一种新的履行方法。

（4）针对线上线下融合的药品新零售模式中的协同配送优化难题，以提高配送效率、控制运营成本为目标，采用时空网络建模思想，精准刻画决策过程，提出药品协同配送优化的时空网络模型。根据优化问题的两阶段复杂决策特性，设计基于 LR 方法的综合优化算法来求解该模型，能够快速获得药品协同配送方案，为药品新零售的协同配送运营决策提供新方法和新策略。

参 考 文 献

[1] 艾瑞数智. 中国即时配送行业研究报告. [2024-05-15]. https://baijiahao.baidu.com/s?id=1799081591209765424&wfr=spider&for=pc.

[2] 艾媒咨询. 2017 上半年中国即时配送行业市场研究报告. [2018-01-02]. http://www.iimedia.cn/57429.html.

[3] 王征, 李婷玉, 岳彩凡. 同城即时配送问题基于多预测场景的在线调度. 系统工程理论与实践, 2018, 38(12): 3197-3211.

[4] Ferrucci F, Bock S, Gendreau M. A pro-active real-time control approach for dynamic vehicle routing problems dealing with the delivery of urgent goods. European Journal of Operational Research, 2013, 225(1): 130-141.

[5] Fleischmann B. The vehicle routing problem with multiple use of the vehicles. Hamburg: Universität Hamburg, 1990.

[6] Azi N, Gendreau M, Potvin J Y. An exact algorithm for a vehicle routing problem with time windows and multiple use of vehicles. European Journal of Operational Research, 2010, 202(3): 756-763.

[7] Hernandez F, Feillet D, Giroudeau R, et al. Branch-and-price algorithms for the solution of the multi-trip vehicle routing problem with time windows. European Journal of Operational Research, 2016, 249(2): 551-559.

[8] Despaux F, Basterrech S. A study of the multi-trip vehicle routing problem with time windows and heterogeneous fleet. Okinawa: 2014 14th International Conference on Intelligent Systems Design and Application. 2014.

[9] Azi N, Gendreau M, Potvin J Y. An adaptive large neighborhood search for a vehicle routing problem with multiple routes. Computers & Operations Research, 2014, 41: 167-173.

[10] François V, Arda Y, Crama Y, et al. Large neighborhood search for multi-trip vehicle routing. European Journal of Operational Research, 2016, 255(2): 422-441.

[11] Azi N, Gendreau M, Potvin J Y. A dynamic vehicle routing problem with multiple delivery routes. Annals of Operations Research, 2012, 199(1): 103-112.

[12] Gounaris C E, Repoussis P P, Tarantilis C D, et al. An adaptive memory programming framework for the robust capacitated vehicle routing problem. Transportation Science, 2016, 50(4): 1239-1260.

[13] Euchi J, Yassine A, Chabchoub H. The dynamic vehicle routing problem: solution with hybrid metaheuristic approach. Swarm and Evolutionary Computation, 2015, 21: 41-53.

[14] Solomon M M. Algorithms for the vehicle routing and scheduling problems with time window constraints. Operations Research, 1987, 35(2): 254-265.

[15] Gómez A, Mariño R, Akhavan-Tabatabaei R, et al. On modeling stochastic travel and service times in vehicle routing. Transportation Science, 2016, 50(2): 363-761.

[16] Wang Z, Lin W H. Incorporating travel time uncertainty into the design of service regions for delivery/pickup problems with time windows. Expert Systems with Applications, 2017, 72: 207-220.

[17] Lourenço H R, Martin O C, Stützle T. Iterated local search: framework and applications//Gendreau M, Potvin J Y. Handbook of Metaheuristics. Boston: Springer, 2010: 363-397.

[18] Kramer O. A Brief Introduction to Continuous Evolutionary Optimization. Cham: Springer International Publishing, 2014.

[19] Grasas A, Juan A A, Lourenço H R. SimILS: a simulation-based extension of the iterated local search metaheuristic for stochastic combinatorial optimization. Journal of Simulation, 2016, 10(1): 69-77.

[20] Ke L J, Zhai L P. A multiobjective large neighborhood search for a vehicle routing problem//Tan Y, Shi Y, Coello C A C. International Conference in Swarm Intelligence. Cham: Springer, 2014: 301-308.

[21] Ropke S, Pisinger D. An adaptive large neighborhood search heuristic for the pickup and delivery problem with time windows. Transportation Science, 2006, 40(4): 455-472.

[22] Masson R, Lehuédé F, Péton O. An adaptive large neighborhood search for the pickup and delivery problem with transfers. Transportation Science, 2013, 47(3): 344-355.

[23] Liu S C, Lu M C, Chung C H. A hybrid heuristic method for the periodic inventory routing problem. The International Journal of Advanced Manufacturing Technology, 2016, 85: 2345-2352.

[24] 高德开放平台. 坐标拾取器-高德地图 API. [2024-9-29]. https://lbs.amap.com/tools/picker.

[25] 葛显龙, 蒋莎. 电子商务环境下多阶段动态路径问题研究. 工业工程与管理, 2016, 21(4): 166-173.

[26] 揭婉晨, 杨珺, 杨超. 多车型电动汽车车辆路径问题的分支定价算法研究. 系统工程理论

与实践, 2016, 36(7): 1795-1805.

[27] Schyns M. An ant colony system for responsive dynamic vehicle routing. European Journal of Operational Research, 2015, 245(3): 704-718.

[28] 张婷, 赖平仲, 何琴飞, 等. 基于实时信息的城市配送车辆动态路径优化. 系统工程, 2015, 33(7): 58-64.

[29] 宁涛, 陈荣, 郭晨, 等. 一种基于双链量子编码的动态车辆路径问题解决策略. 运筹学学报, 2015, 19(2): 72-82.

[30] Ho S C. An iterated tabu search heuristic for the single source capacitated facility location problem. Applied Soft Computing, 2015, 27: 169-178.

[31] 王征, 李婷玉, 侯鑫垚. 基于多样化方案池的即时配送订单实时响应方法. 管理科学, 2018, 31(6): 92-103.

[32] Pillac V, Guéret C, Medaglia A L. An event-driven optimization framework for dynamic vehicle routing. Decision Support Systems, 2012, 54(1): 414-423.

[33] Gendreau M, Guertin F, Potvin J Y, et al. Parallel tabu search for real-time vehicle routing and dispatching. Transportation Science, 1999, 33(4): 381-390.

[34] 魏江宁, 夏唐斌. 基于混合模拟退火算法的多阶段库存路径问题研究. 工业工程与管理, 2015, 20(3): 90-97.

[35] 于滨, 靳鹏欢, 杨忠振. 两阶段启发式算法求解带时间窗的多中心车辆路径问题. 系统工程理论与实践, 2012, 32(8): 1793-1800.

[36] Mendoza J E, Villegas J G. A multi-space sampling heuristic for the vehicle routing problem with stochastic demands. Optimization Letters, 2013, 7: 1503-1516.

[37] Avşar B, Aliabadi D E. Parallelized neural network system for solving Euclidean traveling salesman problem. Applied Soft Computing, 2015, 34: 862-873.

[38] 张文博, 苏秦, 程光路. 基于动态需求的带时间窗的车辆路径问题. 工业工程与管理, 2016, 21(6): 68-74.

[39] Solomon M M. Vrptw benchmark problems. [2018-01-02]. http://web.cba.neu.edu/~msolomon/problems.htm.

[40] Grossmann I E. Review of nonlinear mixed-integer and disjunctive programming techniques. Optimization and Engineering, 2002, 3: 227-252.

[41] 于梦琦, 胡祥培, 黄敏芳. 网上药店 "一单多品" 订单的协同配送优化方法. 系统工程理论与实践, 2020, 40(10): 2658-2668.

[42] 商务部流通发展司, 中国国际电子商务中心. 中国零售行业发展报告(2017/2018 年). [2024-01-02]. http://images.mofcom.gov.cn/ltfzs/201810/20181019170410206.pdf.

[43] 于梦琦, 胡祥培, 黄敏芳. 药品电子商务的线上线下融合新模式. 信息与管理研究, 2021, 6(6): 85-97.

[44] Bell D R, Gallino S, Moreno A. The store is dead: long live the store. MIT Sloan Management Review, 2018, 59(3): 59-66.

[45] Jasin S, Sinha A. An LP-based correlated rounding scheme for multi-item ecommerce order fulfillment. Operations Research, 2015, 63(6): 1336-1351.

[46] 赵蒙, 于梦琦, 胡祥培. 新零售背景下药品协同配送优化研究. 系统工程理论与实践, 2021,

41(2): 297-309.

[47] 文丹枫, 韦绍锋. 互联网+医疗: 移动互联网时代的医疗健康革命. 北京: 中国经济出版社, 2015.

[48] Hübner A, Wollenburg J, Holzapfel A. Retail logistics in the transition from multi-channel to omni-channel. International Journal of Physical Distribution & Logistics Management, 2016, 46(6/7): 562-583.

[49] Salman A, Ahmad I, Al-Madani S. Particle swarm optimization for task assignment problem. Microprocessors and Microsystems, 2002, 26(8): 363-371.

[50] Geoffrion A M. Lagrangean relaxation for integer programming//Balinski M L. Mathematical Programming Studies. Berlin: Springer, 1974: 82-114.

第5章　农村及农产品电子商务物流配送模式与运作优化方法

本章首先研究了农产品冷链物流的仓储与运作管理问题，包括农产品冷链仓储资源网络布局优化[1]和冷链仓储资源网络动态调整方法[2]。其次，针对有机蔬菜"农—宅"直销的移动商务模式，提出基于物联网的蔬果网上直销"农—宅"配送系统[3]。再次，针对农村及农产品电子商务物流"最后一公里"配送的车辆路径难题，提出有机蔬菜网上直销的"农—宅"配送车辆路径方案智能生成方法[4]。最后，阐述了应用与示范工程建设。

5.1　农产品冷链仓储资源网络布局优化方法

产地预冷主要包括固定设施预冷模式和移动设施预冷模式，目前我国的产地预冷主要采用固定设施预冷模式，移动设施预冷模式的应用相对较少，导致偏远产地农产品出现预冷延迟或无法预冷的情况，大部分地区农产品产地预冷的保鲜率仅为30%，远低于欧美发达国家（80%）。针对我国农村地区农产品无法预冷或预冷效果不佳的问题，本节结合我国农村地区农产品生产及预冷特点，提出综合应用固定设施预冷和移动设施预冷两种模式的协调预冷机制，以系统成本最低为目标构建产地预冷服务网络优化模型，决策各预冷设施服务对象、设施选址与容量决策、运输车辆和移动预冷车辆的路径设置与型号配备等内容。本节研究可为实现多类型预冷设施的最优资源配置，为我国农村进行农产品多类型预冷服务网络布局提供理论指导。

5.1.1　问题描述及分析

产地预冷主要包括固定设施预冷模式和移动设施预冷模式。其中，固定设施预冷模式由预冷站安排运输车辆，将农产品统一运回预冷站进行预冷，再由运输车将预冷后的农产品运还给农户（图 5.1）。移动设施预冷模式由配备移动预冷装置的预冷车从车场出发，到农户所在地进行农产品预冷服务，预冷完成后将农产品交还给相应农户，再前往下一个农户所在地（图 5.2）。对比而言，固定设施预冷模式成本相对较低、可满足大批量的农产品预冷需求，但具有预冷延迟较高、辐射范围有限、使用率较低等缺点；移动设施预冷模式具有灵活方便、辐射范围较广等优势，但移动设施预冷模式的预冷设备购置成本相对较高。当两种模式并存时，它们之间存在明显的矛盾。首先，若利用固定设施预冷模式进行预冷的农户越多，则预冷站的规模将越大，其建设成本、运营成本、运输成本、装卸货损和预冷延迟货损将增加；反之，若利用移动设施预冷模式进行预冷的农户越多，则可缩小预冷站建设规模，但需要购置更多的预冷车，预冷车的购置成本及其对应的运营成本、运输成本等将相应增加。其次，预冷延迟时间限制了固定设施预冷模式的服务范围，进而影响该模式中的选址和路径规划，以及农户的预冷模式设置；当固定设施预冷模式布局发生变化时，将进一步影响移动设施预冷模式的路径规划和车型决策。因此，如何从系统最优的角度，综合考虑两种预冷模式的特点和农村实际情况，构建科学的产地预冷服务网络，实现两种预冷模式的最优资源配置是本节研究的重点。

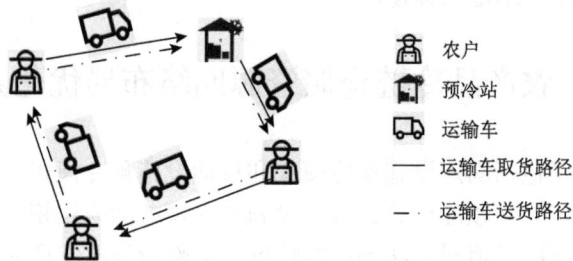

图 5.1　固定设施预冷模式的组织形式

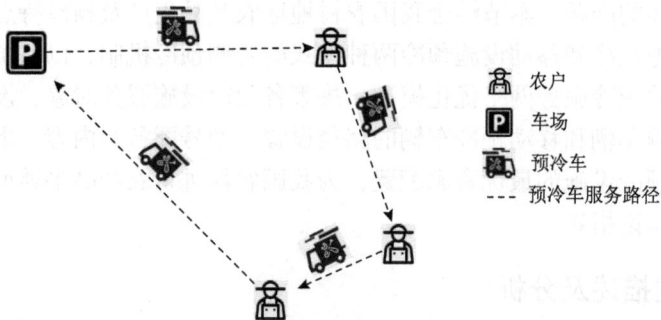

图 5.2　移动设施预冷模式的组织形式

　　基于以上分析，本节将从系统成本最优的角度，对同时应用固定预冷设施和移动预冷设施情景下的预冷服务网络构建问题进行研究，决策内容主要包括以下几项：①各农户的预冷模式设置；②固定预冷站和移动预冷车车场的选址和容量规划；③运输车和预冷车的型号、数量和路径等。

5.1.2　模型构建

模型以农产品预冷体系总成本 C_{all} 最低为目标，其包含固定设施预冷系统和移动设施预冷系统的成本，分别表示为 C_{sto}、C_{mob}，则模型目标可表示为式（5.1）：

$$\min \sum_{m \in M} C_{all} = C_{sto} + C_{mob} \tag{5.1}$$

其中，固定设施预冷系统成本 C_{sto} 的构成包括三个方面：①预冷站相关成本 C_{ob}，其包括预冷站建造成本及其运营成本；②配套运输车相关成本 C_{tru}，包括运输车购置成本、运输车运营成本和运输车运输成本三部分；③损耗成本 C_{was}，即装卸损耗。因此，固定设施预冷系统成本模型构建如下：

$$C_{ob} = \sum_{n \in N} \alpha_n \left(pc_b + pc_o Tt \right) \tag{5.2}$$

$$C_{tru} = \sum_{\varphi \in \varnothing} \sum_{s \in S} \gamma_s \left(c_s^{car} + c_s^{ope} Tt \right) + \sum_{\varphi \in \varnothing} \sum_{i,j \in V} \sum_{s \in S} 60 x_{i,j,\varphi} \gamma_s d_{i,j} c_s^{tra} Tt \tag{5.3}$$

$$C_{was} = \sum_{\varphi \in \varnothing} \sum_{m \in M} 30 \beta_{m,\varphi} g q_m \theta Tt \tag{5.4}$$

$$C_{sto} = C_{ob} + C_{tru} + C_{was} \tag{5.5}$$

移动设施预冷系统成本 C_{mob} 的构成包括三个方面：①固定成本 C_{uop}，包括购置预冷车对应成本及其运营成本；②预冷车行驶成本 C_{tra}；③损耗成本 C_{uwa}，即装卸损耗。因此，移动设施预冷系统成本模型构建如下：

$$C_{uop} = \sum_{\omega \in \Omega} \sum_{u \in U} \gamma_u \left(c_u^{car} + c_u^{ope} Tt \right) \tag{5.6}$$

$$C_{tra} = \sum_{\omega \in \Omega} \sum_{i,j \in V} \sum_{u \in U} 30 y_{i,j,\omega} \gamma_u d_{i,j} c_u^{tra} Tt \tag{5.7}$$

$$C_{uwa} = \sum_{\omega \in \Omega} \sum_{m \in M} 30 \rho_{m,\omega} \delta q_m \theta Tt \tag{5.8}$$

$$C_{mob} = C_{uop} + C_{tra} + C_{uwa} \tag{5.9}$$

综合式（5.1）~式（5.9），可得农产品多类型预冷设施系统优化模型如下：

$$\min \sum_{m \in M} C_{all} = C_{sto} + C_{mob} \tag{5.10}$$

$$\sum_{\varphi \in \varnothing} \beta_{m,\varphi} + \sum_{\omega \in \Omega} \rho_{m,\omega} = 1, \forall m \in M \tag{5.11}$$

$$\sum_{n \in N} \alpha_n + \sum_{n \in N} \tau_n \leqslant 1 \tag{5.12}$$

$$\sum_{\varphi \in \varnothing} \sum_{m \in M} \beta_{m,\varphi} \begin{cases} = 0, \sum_{n \in N} \alpha_n = 0 \\ \geqslant 1, \sum_{n \in N} \alpha_n = 1 \end{cases} \tag{5.13}$$

$$\sum_{\omega \in \Omega} \sum_{m \in M} \rho_{m,\omega} \begin{cases} = 0, \sum_{n \in N} \tau_n = 0 \\ \geqslant 1, \sum_{n \in N} \tau_n = 1 \end{cases} \tag{5.14}$$

$$\sum_{\varphi \in \varnothing} \sum_{m \in M} \beta_{m,\varphi} q_m \leqslant p \tag{5.15}$$

$$x_{i,i,\varphi} = x_{i,i,\omega} = 0, \quad \forall i \in V, \forall \varphi \in \varnothing, \forall \omega \in \Omega \tag{5.16}$$

$$\sum_{i \in V} x_{i,j,\varphi} = \sum_{i \in V} x_{j,i,\varphi}, \quad \forall j \in V, \forall \varphi \in \varnothing \tag{5.17}$$

$$\sum_{i \in V} y_{i,j,\omega} = \sum_{i \in V} y_{j,i,\omega}, \quad \forall j \in V, \forall \omega \in \Omega \tag{5.18}$$

$$\sum_{j \in N} \sum_{i \in M} x_{j,i,\varphi} \leqslant 1, \forall \varphi \in \varnothing \tag{5.19}$$

$$\sum_{j \in N} \sum_{i \in M} y_{j,i,\omega} \leqslant 1, \forall \omega \in \Omega \tag{5.20}$$

$$\sum_{i,j \in V} x_{i,j,\varphi} \leqslant H_\varphi - 1, \forall \varphi \in \varnothing \tag{5.21}$$

$$\sum_{i,j \in V} y_{i,j,\omega} \leqslant G_\omega - 1, \forall \omega \in \Omega \tag{5.22}$$

$$\sum_{s \in S} \gamma_s = 1, \forall \varphi \in \varnothing \tag{5.23}$$

$$\sum_{m \in M} \beta_{m,\varphi} q_m \leqslant \sum_{s \in S} \gamma_s s, \forall \varphi \in \varnothing \tag{5.24}$$

$$\sum_{i \in M} \sum_{j \in V} x_{i,j,\varphi} t_{i,j}^{\varphi} \leqslant t_{delay}, \forall \varphi \in \varnothing \tag{5.25}$$

$$\sum_{u \in U} \gamma_u = 1, \forall \omega \in \Omega \tag{5.26}$$

$$E_{\lambda_{G_\omega}^\omega}^\omega \leqslant t_{\text{work}}, \forall \omega \in \Omega \tag{5.27}$$

$$\beta_{m,\varphi} \in \{0,1\}, \rho_{m,\omega} \in \{0,1\}, \forall m \in M, \forall \varphi \in \varnothing, \forall \omega \in \Omega \tag{5.28}$$

$$x_{i,j,\varphi} \in \{0,1\}, y_{i,j,\omega} \in \{0,1\}, \forall i,j \in V, \forall \varphi \in \varnothing, \forall \omega \in \Omega \tag{5.29}$$

$$\gamma_s \in \{0,1\}, \gamma_u \in \{0,1\}, \forall s \in S, \forall u \in U \tag{5.30}$$

上述模型中，式（5.10）表示最小化预冷服务网络总成本 C_{all}，其为固定设施预冷系统和移动设施预冷系统两个子系统成本之和；式（5.11）表示每个服务点有且只有一种预冷模式，即每个服务点能且只能被一辆车服务一次；式（5.12）表示系统中至多只建一个预冷站或车场；式（5.13）和式（5.14）表示如果建预冷站或车场，其至少服务一个服务点；式（5.15）表示预冷站容量须满足所服务的服务点总产量；式（5.16）表示同一服务点、预冷站、车场之间不存在路径；式（5.17）与式（5.18）是车辆进出平衡约束，保证了每个服务点到达和离开的车辆相同；式（5.19）与式（5.20）保证了每辆车至多有一条服务路径，且出发点最多始于一个预冷站或车场；式（5.21）与式（5.22）消除了子回路；式（5.23）表示每辆运输车有且只有一种车型；式（5.24）表示每辆运输车所服务需求点总产量不超过该运输车的最大载重量；式（5.25）表示运输车将预冷产品运输至预冷站的时间不超过最大延迟时间；式（5.26）表示每辆预冷车有且只有一种车型；式（5.27）表示每辆预冷车每次出行时间不超过当天工作时长；式（5.28）~式（5.30）为决策变量属性。

5.1.3　求解算法设计

鉴于多类型预冷设施投入下预冷服务网络中变量关系较为复杂，且涉及两种预冷模式，可行解空间庞大，有必要结合问题特点设计算法。遗传算法广泛应用于带容量限制的选址路径问题（capacitated location routing problem，CLRP）中，但其面对复杂问题时计算速度较慢且易陷入局部最优。因此，本节结合问题特点，设计一种改进的遗传算法，其具体流程如图 5.3 所示。具体而言，改进体现在三个方面：①设计了能同时表达预冷模式决策、预冷站或车场选址、预冷站容量决策以及运输车和预冷车的车型、数量及其路径等信息的染色体，实现选址和路径的同时优化，而非先选址后路径优化的分离决策；②设计了保留随机性的可行解生成规则，即各选址备选点基于物流量距积度量被选中的可能性，并遵循"先随机生成、再调整"的思想生成服务路径段的基因序列；③根据染色体编码规则，重新设计了交叉算子和三种变异算子。

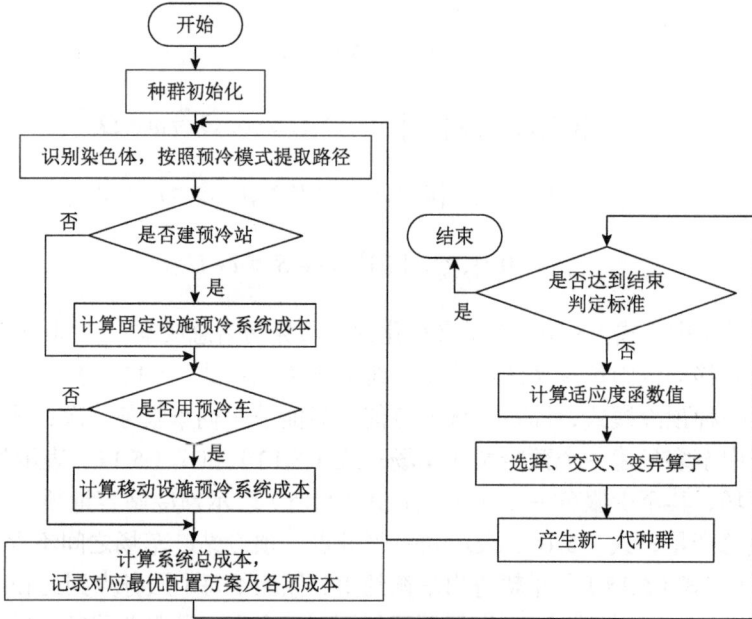

图 5.3　改进遗传算法流程图

5.1.4　农产品多类型冷链仓储设施布局优化软件开发

为了解决我国农产品多类型冷链仓储设施布局规划问题，降低蔬果采后损失，研发农产品多类型冷链仓储设施布局优化软件，通过导入冷库备选点信息、规划区域地理位置信息、农作物产量信息等进行冷链仓储设施布局规划，有助于降低我国蔬果采后损失，提高农产品流通效率。

应用 Visual C# 2012 及 ArcGIS Engine 10.2 开发工具对软件进行开发。开发过程中，遵循模块化的编程思想，将系统功能划分为四个主要模块：地图操作、备选点管理、蔬果产量及选址分析。其中选址分析模块为核心功能模块，通过输入前三个模块的信息，结合内嵌的多类型冷链仓储选址优化模型进行求解，输出多类型冷链仓储设施布局优化结果。

模块 1：地图操作。导入规划区域的地图信息，对规划区内道路分布情况、村落分布情况进行可视化，实现地图缩放、平移、地点标注等操作。

模块 2：备选点管理。通过专业人员的现场勘探，确定冷库各备选点的位置信息，并标注在地图中。

模块 3：蔬果产量。导入各行政村历年蔬果产量，用来确定区域内冷库服务需求量。

模块 4：选址分析。此模块为系统的核心模块，通过导入模块 1、模块 2、模块 3 的信息用于选址分析，采用内嵌的多类型冷链仓储选址优化模型进行求解，输出某一区域内建设的冷库类型、数量、位置及服务能力，并通过地图模块进行可视化展示。软件输出示意图如图 5.4 所示。

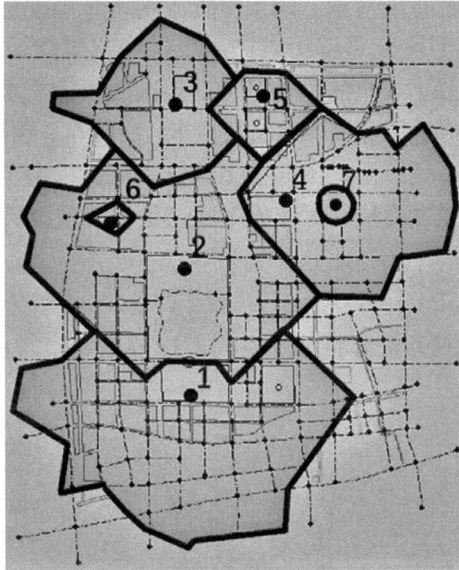

图 5.4　多类型冷链仓储设施布局优化软件输出结果示意图

图中点 6、7 为被剔除的冷库备选点，其余点为冷库建设位置。图中加粗线条为相应冷库覆盖的服务区域边界

在实际中，我国不同地区的农产品预冷需求、农户分布和预冷技术应用等情况均存在较大差异。为探究上述差异对多类型预冷服务网络的影响，从而为我国农产品多类型预冷服务网络的规划和布局提供参考，本节分别以预冷需求量、服务点分布和预冷效率为变量，对多类型预冷服务网络各项成本和预冷模式选择进行敏感性分析。结果显示：①预冷需求量均值对预冷模式和系统各项成本具有明显影响，而预冷需求量差异性的影响较小，且移动设施比固定设施更加灵活，适用于预冷需求量相对较低的情景，但当区域内预冷需求量较高时，固定设施预冷模式的单位成本更低；②服务点的分布情况对预冷服务网络的预冷模式影响较小，但对预冷服务网络的成本具有一定影响，聚集分布使预冷服务网络总成本略低于随机分布；③预冷车的预冷效率对预冷模式选择和系统成本均有一定影响，随着预冷车预冷时长的减少，选择移动设施预冷模式的服务点数量逐步增加，且系统各项成本呈现下降趋势。

由此可知，固定设施预冷模式适用于预冷需求量较大、服务点分布密度较大以及移动设施预冷效率偏低的区域，而移动设施预冷模式具有更低的单位服务成本，适用于预冷需求量较小、服务点分布零散、移动设施预冷效率较高的区域。

5.2　农产品冷链仓储资源网络动态调整方法

本节基于某一地区特定情景下的预冷资源网络布局规划结果，开展农产品多类型预冷资源动态调度优化是解决农产品冷链物流集储运一体化运营的关键问题。针对蔬果收获季节小农户的小批量、高频次的预冷需求，考虑拥有临时预冷站与移动预冷车两种冷链服务资源，以及卡车、冷藏车、预冷车共存的异构车队，如何调度优化多类型车辆，协调不同类型冷链资源，以满足小农户的预冷请求，同时最小化冷链服务提供商最小运作成本，这是本节重点关注的问题。

5.2.1　问题描述及分析

使用不同的冷链服务资源将涉及不同的冷链服务模式。如图 5.5 所示，使用

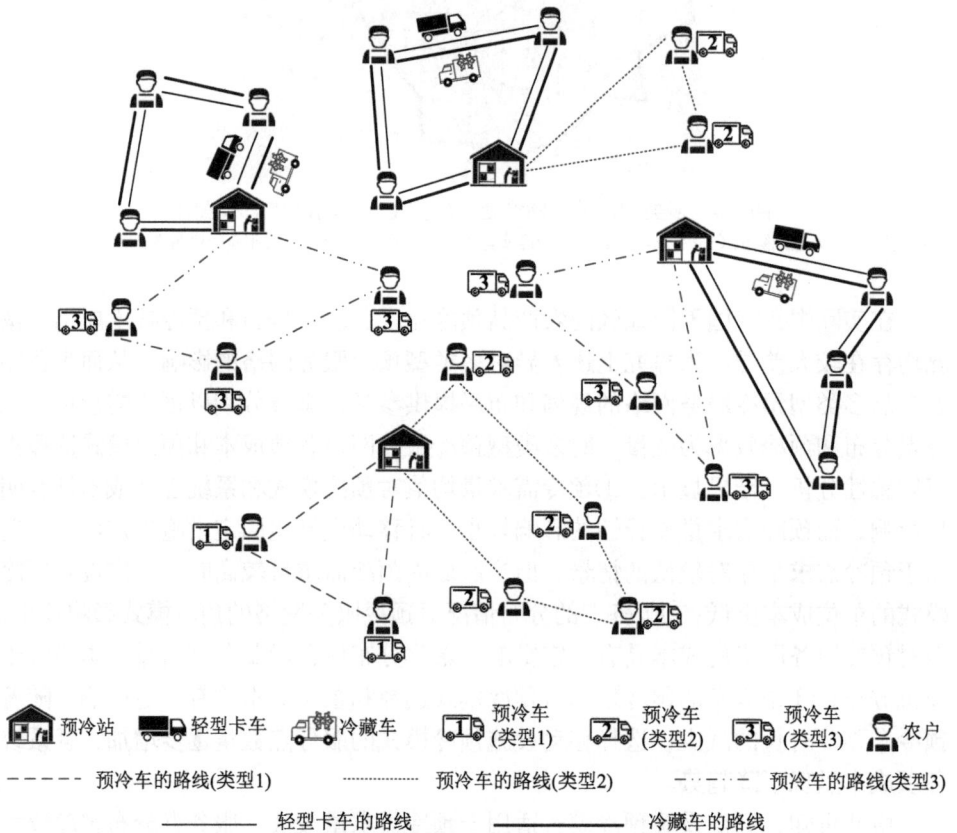

图 5.5　多类型冷链服务资源调度优化问题示意图

预冷站进行预冷时，卡车首先开至农户位置进行取货，然后运输至预冷站进行预冷。使用预冷车进行预冷时，预冷车开至农户位置进行就地预冷。图 5.6 描述了不同预冷模式的服务过程。其中在预冷站模式中，卡车在农户处的服务过程仅包含装货操作，而在预冷车模式中，预冷车在农户处的服务过程则包含装货操作、预冷操作及卸货操作。

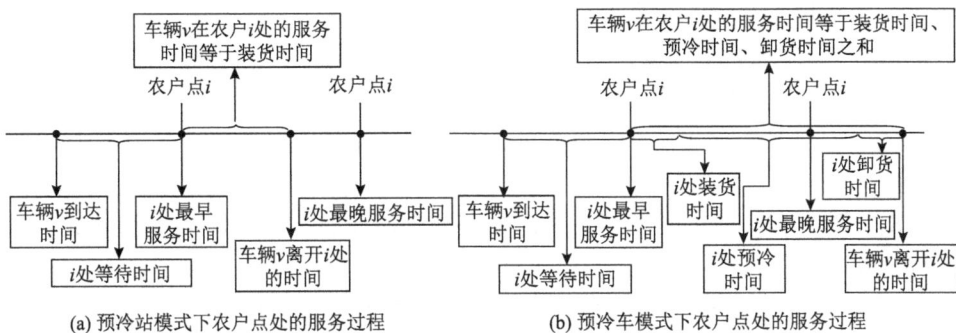

(a) 预冷站模式下农户点处的服务过程　　　　　(b) 预冷车模式下农户点处的服务过程

图 5.6　不同服务模式下车辆在农户处的服务过程

　　本节研究的问题可以看作一个带有时间窗和异构车队的车辆路径问题的变种，除了考虑农户时间窗、异构车辆载重约束等经典问题约束，还考虑了车辆的异构服务过程与异构服务效率。这一新特性增加了时间维度上节点的潜在组合方式，进一步影响了车辆路径规划及调度方案，从而大大扩展问题的搜索空间，使得问题更加复杂。

5.2.2　问题模型构建

　　本节研究采用混合整数规划模型来描述该问题，目标是最小化总运作成本，包含车辆固定成本、车辆可变成本、预冷成本及等待延迟成本。

　　模型中使用的变量如下。

F 表示农户点集合，$F = (i_1, i_2, \cdots, i_{|F|})$。

S 表示预冷库集合，$S = (s_1, s_2, \cdots, s_{|S|})$。

W 表示预冷车种类集合，$W = \{w_1, w_2, \cdots, w_{|W|}\}$。

V 表示包含轻型卡车与预冷车的异质车队，$V = (v_1, v_2, \cdots, v_{|V|})$。

D_{ij} 表示点 i 和 j 之间的行驶距离，$i, j \in F \cup S$。

t_{ij} 表示点 i 和 j 之间的行驶时间，$i, j \in F \cup S$。

α 表示车辆平均行驶速度。

d_i 表示农户 i 的预冷需求，$i \in F$。

$[p_i^e, p_i^l]$ 表示农户 i 的服务时间窗，p_i^e 同时表示农户采摘结束时刻，$i \in F$。

$[p_s^e, p_s^l]$表示预冷库服务时间窗，其宽度等于调度周期，$s \in S$。

φ_1和φ_2分别表示车辆等待和延迟单位时间的成本。

O_w表示w型预冷车的预冷速度，即预冷单位产品所需时间，$w \in W$。

β表示装卸单位产品所需时间。

C_k表示轻型卡车最大载重能力。

C_s表示预冷库最大服务能力。

N_k和N_w分别表示轻型卡车和w型预冷车的可用数量，$w \in W$。

T_{max}^k和T_{max}^p分别表示轻型卡车和预冷车的最大工作时长。

H_k、H_r和H_w：轻型卡车、冷藏车和w型预冷车的固定启动成本，$H_k < H_r < H_p$，$w \in W$。

R_k、R_r和R_p表示轻型卡车、冷藏车和预冷车行驶单位距离的油耗成本，$R_k < R_r < R_p$。

U_w和U_s分别表示w型预冷车和预冷库对单位产品进行预冷的成本，$w \in W$。

u_i和u_j分别表示辅助变量，无实际意义，$i, j \in F$。

V_s表示从预冷库s出发的车辆集合，$s \in S$。

x_{ijv}^k和x_{ijv}^w分别表示若车辆v属于轻型卡车，从点i行驶到点j，则$x_{ijv}^k = 1$，否则，$x_{ijv}^k = 0$；若车辆v属于w型预冷车，从点i行驶到点j，则$x_{ijv}^w = 1$，否则，$x_{ijv}^w = 0$。$i, j \in F \cup S$，$v \in V$，$w \in W$。

a_{iv}^t表示车辆v到达点i的时间，$i \in F \cup S$，$v \in V$。

t_{ijv}表示车辆v从点i行驶到点j的时间，$i, j \in F \cup S$，$v \in V$。

l_{sv}^t表示车辆v离开预冷库s的时间，$s \in S$，$v \in V$。

q_{iv}^t表示车辆v在农户i处的服务时间，$i \in F$，$v \in V$。

m_{iv}^t和n_{iv}^t分别表示车辆v在农户i处的等待时间和延迟时间，$i \in F$，$v \in V$。

该问题的数学模型为

$$\min Z_1 + Z_2 + Z_3 + Z_4 \tag{5.31}$$

$$Z_1 = \sum_{i \in S} \sum_{j \in F} \sum_{w \in W} \sum_{v \in V} x_{ijv}^w H_w + \sum_{i \in S} \sum_{j \in F} \sum_{v \in V} x_{ijv}^k (H_k + H_r) \tag{5.32}$$

$$Z_2 = \sum_{i \in F \cup S} \sum_{j \in F \cup S, j \neq i} \sum_{v \in V} \sum_{w \in W} (x_{ijv}^w D_{ij} R_p + x_{ijv}^k D_{ij}(R_k + R_r)) \tag{5.33}$$

$$Z_3 = \sum_{i \in F} \sum_{j \in F \cup S, j \neq i} \sum_{v \in V} \sum_{w \in W} x_{ijv}^w d_i U_w + \sum_{i \in F} \sum_{j \in F \cup S, j \neq i} \sum_{v \in V} x_{ijv}^k d_i U_s \tag{5.34}$$

$$Z_4 = \sum_{i \in F} \sum_{v \in V} (\varphi_1 m_{iv}^t + \varphi_2 n_{iv}^t) \tag{5.35}$$

$$\text{s.t.} \quad \sum_{i\in F\cup S, i\neq j}\sum_{v\in V}\sum_{w\in W}(x_{ijv}^k + x_{ijv}^w) = 1, \quad \forall j\in F \tag{5.36}$$

$$\sum_{i\in S}\sum_{j\in F}\sum_{w\in W}(x_{ijv}^k + x_{ijv}^w) \leqslant 1, \quad \forall v\in V \tag{5.37}$$

$$\sum_{i\in F\cup S, i\neq j} x_{ijv}^k - \sum_{i\in F\cup S, i\neq j} x_{jiv}^k = 0, \quad \forall j\in F\cup S, \forall v\in V \tag{5.38}$$

$$\sum_{i\in F\cup S, i\neq j} x_{ijv}^w - \sum_{i\in F\cup S, i\neq j} x_{jiv}^w = 0, \quad \forall j\in F\cup S, \forall v\in V, \forall w\in W \tag{5.39}$$

$$\sum_{v\in V}\sum_{w\in W}(x_{ijv}^k + x_{ijv}^w) = 0, \quad \forall i,j\in S, i\neq j \tag{5.40}$$

$$u_i - u_j + (|F|+|S|)(x_{ijv}^k + \sum_{w\in W} x_{ijv}^w) \leqslant |F|+|S|-1, \quad \forall i,j\in F\cup S, i\neq j, \forall v\in V \tag{5.41}$$

$$\sum_{i\in S}\sum_{j\in F}\sum_{v\in V} x_{ijv}^k \leqslant N_k \tag{5.42}$$

$$\sum_{i\in S}\sum_{j\in F}\sum_{v\in V} x_{ijv}^w \leqslant N_w, \quad \forall w\in W \tag{5.43}$$

$$\sum_{i\in F}\sum_{j\in F\cup S, j\neq i} x_{ijv}^k d_i \leqslant C_k, \quad \forall v\in V \tag{5.44}$$

$$\sum_{j\in F}\sum_{w\in W}(x_{sjv}^k + x_{sjv}^w) = 1, \quad \forall v\in V, \forall s\in S \Rightarrow v\in V_s \tag{5.45}$$

$$\sum_{i\in F}\sum_{j\in F\cup S, j\neq i}\sum_{v\in V_s} x_{ijv}^k d_i \leqslant C_s, \quad \forall s\in S \tag{5.46}$$

$$a_{sv}^t \geqslant p_i^e - D_{si}/\alpha - M_T(1 - x_{siv}^k - \sum_{w\in W} x_{siv}^w), \quad \forall i\in F, \forall s\in S, \forall v\in V \tag{5.47}$$

$$a_{jv}^t \geqslant a_{iv}^t + m_{iv}^t + q_{iv}^t + t_{ijv} - M_T(1 - x_{ijv}^k - \sum_{w\in W} x_{ijv}^w), \quad \forall i\in F, j\in F\cup S, j\neq i, \forall v\in V \tag{5.48}$$

$$m_{iv}^t \geqslant p_i^e - a_{iv}^t - M_T(1 - \sum_{j\in F\cup S, j\neq i} x_{ijv}^k - \sum_{j\in F\cup S, j\neq i}\sum_{w\in W} x_{ijv}^w), \quad \forall i\in F\cup S, \forall v\in V \tag{5.49}$$

$$n_{iv}^t \geqslant a_{iv}^t - p_i^l - M_T(1 - \sum_{j\in F\cup S, j\neq i} x_{ijv}^k - \sum_{j\in F\cup S, j\neq i}\sum_{w\in W} x_{ijv}^w), \quad \forall i\in F\cup S, \forall v\in V \tag{5.50}$$

$$q_{iv}^t \geqslant \beta d_i - M_T(1 - \sum_{j\in F\cup S, j\neq i} x_{ijv}^k), \quad \forall i\in F, \forall v\in V \tag{5.51}$$

$$q_{iv}^t \geqslant (2\beta + O_w)d_i - M_T(1 - \sum_{j \in F \cup S, j \neq i} x_{ijv}^w), \quad \forall i \in F, \forall w \in W, \forall v \in V \quad （5.52）$$

$$t_{ijv} \geqslant D_{ij} / \alpha - M_T(1 - x_{ijv}^k - \sum_{w \in W} x_{ijv}^w), \quad \forall i \in F, \forall j \in F \cup S, j \neq i, \forall v \in V \quad （5.53）$$

$$T_{\max}^k \geqslant a_{sv}^t - l_{sv}^t - M_T(1 - \sum_{j \in F} x_{sjv}^k), \quad \forall s \in S, \forall v \in V \quad （5.54）$$

$$T_{\max}^p \geqslant a_{sv}^t - l_{sv}^t - M_T(1 - \sum_{j \in F} \sum_{w \in W} x_{sjv}^w), \quad \forall s \in S, \forall v \in V \quad （5.55）$$

$$T_{\max} = p_s^1 - p_s^e, \quad \forall s \in S \quad （5.56）$$

$$x_{ijv}^k, x_{ijv}^w \in \{0,1\}, \quad \forall i, j \in F \cup S, i \neq j, \forall v \in V, \forall w \in W \quad （5.57）$$

$$a_{iv}^t, m_{iv}^t, n_{iv}^t, q_{iv}^t, t_{ijv}, u_i \geqslant 0, \quad \forall i, j \in F \cup S, \forall v \in V \quad （5.58）$$

5.2.3　求解算法设计

在经典的自适应大邻域搜索算法中，采用了多组破坏–修复邻域搜索算子，并基于自适应机制进行选择，使其适用于求解复杂的优化问题。同时，算法为基于单解的局部搜索算法，比基于种群的全局优化算法运算速度更快，适用于调度优化问题的快速求解。因而，本节基于自适应大邻域搜索算法框架进行算法设计。

本节提出的自适应大邻域搜索算法框架如下所示，主要包括解的编码规则、初始解生成算子、邻域搜索算子、自适应机制、解的接受准则五个关键部分。在邻域搜索算子中，基于问题结构，设计了五个破坏启发式算法和两个插入启发式算法进行邻域搜索。

自适应大邻域搜索算法框架如下（其中左边的数字 1、2……代表算法行号）。

输入：N，最大迭代次数；Des = (Des$_1$,…, Des$_k$)，k 个破坏启发式算子；Rep = (Rep$_1$,…, Rep$_k$)，k 个修复启发式算子；$F(\cdot)$: 评估可行解的适应度函数.

输出：S_{best} 为最优解.

1: 产生初始解 S_{initial};

2: $S_{\text{best}} = S_{\text{initial}}$; $S_{\text{current}} = S_{\text{initial}}$;

3: for $i = 1$ to N do

4: 　if i mod δ $==1$ then

5: 　　　将算法分数赋值为 0;

6: 　end if

7: 　使用自适应机制选择破坏启发式算子 Des$_n$ 和修补启发式算子 Rep$_m$;

8: 　S_{new} = Rep$_m$ (Des$_n$ (S_{current}));

9：　if S_{new} 可行　then

10：　　　　if $F(S_{new}) < F(S_{current})$ then

11：　　　　$S_{current} = S_{new}$;

12：　　　　　　if $F(S_{new}) < F(S_{best})$ then

13：　　　　　　　　为 Des_n 和 Rep_m 赋值 σ_1;

14：　　　　　　else

15：　　　　　　　　为 Des_n 和 Rep_m 赋值 σ_2;

16：　　　　　　end if

17：　　　　else

18：　　　　　　if S_{new} 被接受为当前解　then

19：　　　　　　　　为 Des_n 和 Rep_m 赋值 σ_3;

20：　　　　　　end if

21：　　　　end if

22：　　end if

23：end for

24：return S_{best}

5.2.4　农产品多类型冷链仓储资源调度软件

为了向冷链仓储服务提供商的动态资源调度过程提供决策支持，降低企业运营成本，本书研究团队研发了农产品多类型冷链仓储资源调度软件。软件开发采用 Browser/Server 网络架构，系统主界面包括地图操作、冷库资源、冷链车辆监管、冷链服务订单管理、驾驶员监管、调度管理六个模块。其中调度管理模块为系统的核心功能模块，通过输入前五个模块的信息，结合内嵌的冷链仓储资源调度模型进行求解，输出多类型冷链仓储资源动态调度结果。

模块 1：地图操作。输入全球定位系统（global positioning system，GPS）和地理信息系统（geographic information system，GIS）采集分析的地理信息数据，对车辆位置、道路信息、订单信息进行可视化。支持矢量地图、影像地图、全景切换，方便从不同的角度展示车辆的位置。

模块 2：冷库资源。导入冷库位置信息、可用冷库服务能力等，与模块 6 进行实时交互，实现对冷库资源实时管理。

模块 3：冷链车辆监管。导入冷链车辆基本信息，包含车辆类型、载重能力、GPS 采集的实时位置等，与模块 6 进行实时交互。通过查询接口，输入起始时间和车牌号可以查询车辆的轨迹、速度、时间等信息，并将其显示在地图上，实现对冷链车辆的动态可视化监管。

模块 4：冷链服务订单管理。导入农户位置、冷链服务订单体量、订单到达时间等信息，并呈现在地图上，实现订单收集与可视化管理。

模块 5：驾驶员监管。导入驾驶员技术背景等基本信息，与模块 6 进行实时交互，实现对驾驶员状态的实时监管。

模块 6：调度管理。模块 6 为系统的核心模块，通过导入以上模块信息进行动态调度，采用内嵌的冷链仓储资源网络动态调整模型，输出某一个调度周期内为履约冷链需求而采用的服务模式、驾驶员信息、车辆类型、行驶路径及时刻表安排，并通过地图操作模块进行可视化。

5.3　基于"物联网+智能配送柜"的蔬果网上直销"农—宅"配送系统

针对蔬果类商品网上直销物流配送"最后一公里"难题，根据我国大城市交通特点和居民生活习惯，应用物联网技术提出一种蔬果网上直销的"农—宅"配送系统方案，设计和制造一种基于物联网和无线通信技术的智能配送柜，并运用 Web Service 技术，以可扩展标记语言（extensible markup language，XML）为数据交换标准，以简单对象协议（simple object access protocol，SOAP）为通信协议，对物联网系统、短消息服务（short message service，SMS）系统和物流配送系统进行数据集成，实现支持异步签收的蔬果类商品网上直销"农—宅"配送模式。最后将该系统应用于北京某公司的有机蔬菜商城网上直销平台。本节研究开启了我国蔬果类商品 B2C 电子商务新模式，使配送模式由"农—超"对接跃升为"农—宅"对接，大大方便都市居民的日常生活，有效地提高蔬菜配送效率，节约物流总成本，提高客户的满意度。

5.3.1　问题背景

当前中国，特别是在一些大城市中，人口多，生活节奏快，上班族工作日很少有时间到集市买菜，这给蔬菜水果类商品的网上"农—宅"直销模式带来了巨大的发展契机。同时，这一模式不仅可以使城市居民方便快捷地购买到日常所需的食品，也可以使农民直接掌握市场需求，避免盲目种植。更主要的是，对于政府和社会来说，实现"农—宅"对接可以缩短农产品流通的中间环节，有效地解决"农民卖菜难，居民买菜贵""丰产不丰收""丰收灾"等一系列"三农"问题。因此，设计实现适应我国大城市居民日常生活需要的蔬果"农—宅"网上直销模式，具有重要的实际意义。

要实现蔬果类商品的"农—宅"网上直销，首要的问题是如何实现"农—宅"

配送。众所周知，物流配送的"最后一公里"问题一直都是 B2C 电子商务发展中的瓶颈，近些年来随着电子商务的普及，其日益受到学术界和企业界的关注。特别是对于蔬菜水果这类对配送的时效性和成本控制要求高的货物，其"农—宅"配送服务的实施更加困难。这是因为中国的大都市人口众多，居住密度大，白天交通情况差，为了保证配送准时性、降低配送成本，配送任务一般只能选择在交通不太拥堵的凌晨（一般 3 时～5 时）进行。对于蔬菜水果这类生鲜食品，为了避免货物的污染、丢失或者替换，其"最后一公里"的配送过程不适宜经由多方周转，无法采用基于便利店或物业的多次配送模式，需要采用"门到门"的配送服务。为了避免配送包裹丢失、损坏或者遗漏，还需要消费者当面签收，这就产生了"半夜送蔬菜扰民"的问题，而要解决这一问题，单纯依靠改进现有物流配送服务和移动通信技术难以实现。

近年来，物联网技术的发展和成熟为实现蔬果类商品的"农—宅"配送提供了可能。物联网是近年来新兴的一种基于无线网络通信的支持"人—物"和"物—物"信息交互的技术。本书研究团队将这一技术应用到蔬菜"农—宅"配送过程中，设计了基于物联网的智能配送柜作为蔬菜中转存储和送取系统，并根据全球移动通信系统（global system for mobile communications，GSM）/SMS 系统和物流配送系统特性，提出蔬果"农—宅"配送基于物联网的系统集成方案，实现了蔬果类商品异步签收过程。最后，与北京昊宇神鹰农业科技有限公司（该公司业务主体现更名为承德安农生态农业科技有限公司）进行合作，以其旗下的有机蔬菜商城为研究平台，对本方案进行应用，效果良好。

5.3.2　蔬果"农—宅"配送模式分析与系统构成

1. 蔬果"农—宅"配送模式分析

当前，电子商务"最后一公里"物流配送模式主要分为三种：一是基于便利店或物业的多次配送模式，与居民区附近的便利店或物业签订契约，利用上述地点作为配送中转，通过它们的人力完成最终配送；二是基于固定配送柜的配送模式，固定的配送柜安装在客户住宅附近，客户与单元箱一一对应，配送员和客户通过钥匙开门；三是基于移动配送箱的配送模式，将货物放入便携的可重复使用的配送箱内，配送并固定到客户住宅门口。但是对于蔬菜水果这一类生鲜食品来说，为了避免货物的污染、丢失或者替换，其"最后一公里"的配送过程不适宜多次周转，因此无法采用第一种配送模式。同时，消费者订购蔬菜的频率为两到三天一次，固定地分配至配送柜的单元箱会造成巨大的成本浪费，因此基于固定配送柜的模式也不适用于蔬果类商品的配送。最后，我国大城市居民居住密度大，楼道内部面积较小，因此很难有空间固定移动配送柜。因此，当前的"最后一公里"配送模式很难适应蔬果类商品"农—宅"配送的要求，需要进一步改进和完善。

借鉴上述模式,本书研究团队将物联网技术应用到配送柜的设计中,利用GPS和传感器网络实现货物配送的实时追踪，保证货物配送的安全性和准确性，通过感知和控制配送箱的开关次数实现配送箱的动态分配。图 5.7 表示智能配送柜的物联网系统框架，而其具体的工作原理如下。

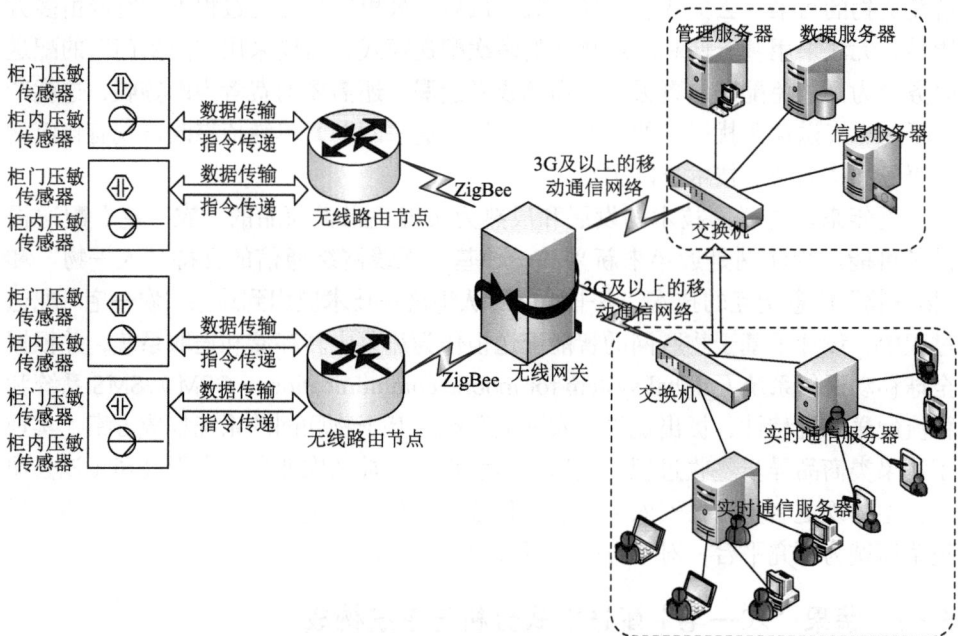

图 5.7　智能配送柜物联网系统框架图

ZigBee 也称为紫蜂，是一种低速短距离传输的无线网上协议

在配送过程中，当配送员按计划到达配送柜时，扫描货物的条形码，服务中心为该客户指定的配送箱开启箱门，柜门压敏传感器通过无线网络向服务中心发送信号，放入货物，柜内压敏传感器通过无线网络向服务中心发送信号，此时配送中心默认蔬菜已送达，将通过短信通知客户蔬菜已送达并附开箱密码。在签收过程中，客户通过智能（integrated circuit，IC）卡或短信密码开箱，开箱后柜门的压敏传感器将向服务中心再次发送信号，此时密码失效，取出蔬菜，柜内压敏传感器向服务中心发送信号，此时服务中心默认客户已签收并向客户发送确认短信，客户通过回复短信确认签收并完成支付。

在一个周期内，服务中心通过 SMS 来通知货物配送信息和发放开箱密码，通过感知箱门开关的次数和箱内是否有货物来控制配送箱的使用权。例如，一个配送周期内，一个配送箱只能开启两次，第一次是在配送过程中由配送员扫描含有配送信息的货物条形码开启，第二次是由客户通过输入短信密码或刷会员 IC 卡开启。两次开启之后，密码将作废。

该模式通过建立社区智能配送柜，实现了"客户用手机上网订菜→物流配送农产品到小区楼下→送货员将农产品放入社区智能配送柜→向客户手机发送短信通知开箱密码"这一从农场到家庭的物流配送过程（图 5.8），解决物流公司早晨送菜等农产品到家产生的扰民烦恼，使蔬菜等农产品的物流配送由"农—超"对接跃入"农—宅"对接，解决了蔬果类农产品"最后一公里"问题。

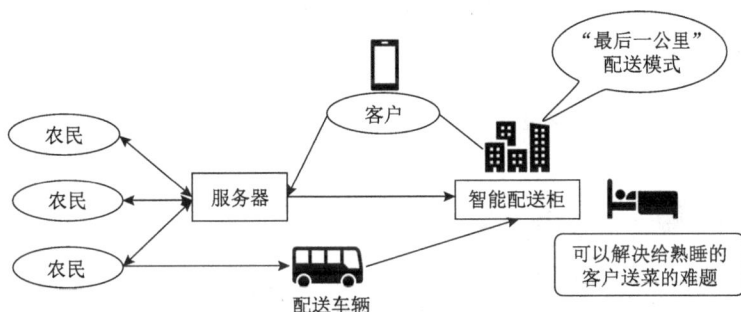

图 5.8　"农—宅"直销的"最后一公里"配送模式

2. 系统构成

蔬果"农—宅"配送系统主要是由三部分组成：物流配送系统、SMS 系统和物联网系统。其中，物联网系统是实现"农—宅"配送的关键，其主要作用是实现货物的定位，配送信息感知和智能柜控制等业务，这不仅是智能配送柜的技术支撑，也是整个"农—宅"配送系统运行的保障。下面我们将详细介绍蔬果"农—宅"配送系统构成。

物流配送服务系统包括配送员、配送车辆、货物及后台系统，其主要任务是将分拣好的货物按照配送方案配送至既定配送箱中，同时也负责取回上一周期没有及时取走或者退单的货物。

SMS 是一种基于 GSM 的移动用户之间、移动用户与移动站之间数据传输的业务，通过设在移动通信部门的短消息中心用 GSM 系统的信令信道传送。在蔬果"农—宅"配送系统中，它通过 GSM/GPRS[①]系统的应用程序编程接口（application programming interface，API）函数和接口发送 AT（attention）指令进行在线"人—机"交互。主要负责根据当前货物的配送状况向客户发送配送信息、提醒信息和确认信息，同时客户可以通过 SMS 确认取货。

---

① GPRS 表示 general packet radio service（通用分组无线业务）。

蔬果"农—宅"配送系统物联网系统分为感知层、传输层和应用层。在感知层，每个配送柜的配送箱内都安装柜门压敏传感器和柜内压敏传感器来分别感知柜门的开关和柜内是否有货物，同时配送车辆上也配备 GPS 与中心服务器相连。在传输层，传感器采集到的数据首先通过无线局域网（wireless local area network，WLAN）传递到无线路由节点，之后通过 ZigBee 网络传输到邻近的无线网关，最后通过适宜远距离数据传输的 3G 及以上的移动通信网络传输到服务中心服务器中。相反，服务中心的指令可以通过这一路径传输到指定的配送箱控制模块中。应用层主要负责记录和管理货物配送、签收信息以及控制配送箱使用权分配。

综上，蔬果"农—宅"配送过程的实现需要物联网系统、SMS 系统和物流配送系统的相互配合，配送系统的构成如图 5.9 所示。

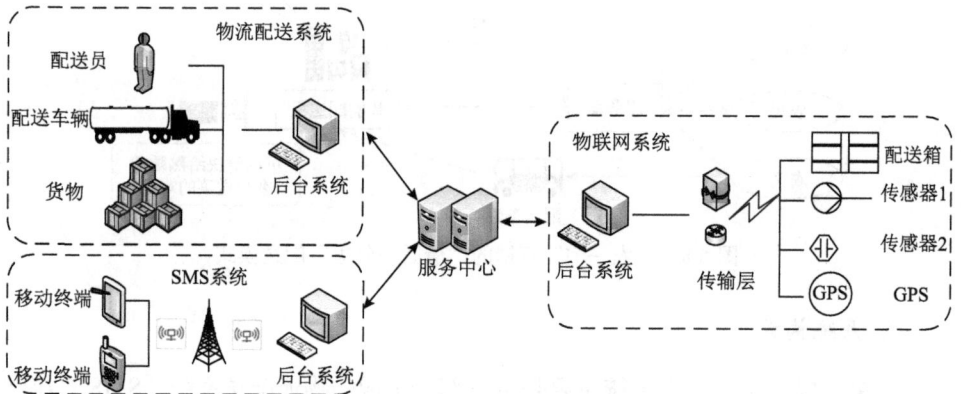

图 5.9　蔬果的"农—宅"配送系统构成图

5.3.3　蔬果"农—宅"配送基于"物联网+智能配送柜"的系统方案

1. 基于"物联网+智能配送柜"的配送流程

实现蔬果商品的"农—宅"配送，需要物联网系统、SMS 系统共同协助物流配送系统完成。其中物联网系统主要负责实现货物的定位，配送柜信息的感知和配送箱使用权分配控制等业务。SMS 系统主要应用于客户提交订单、向客户发送配送信息、客户确认收货以及查询配送信息等业务。蔬果网上直销基于物联网的"农—宅"配送系统工作流程如下。

步骤 1：配送服务主平台根据当周期订单和配送箱使用情况，生成配送方案和配送箱分配方案。

步骤 2：向智能配送柜系统发送配送箱分配方案，智能配送柜系统通过物联网系统发送密码指令，并向配送服务主平台反馈。

步骤 3：配送服务主平台接到反馈，开始物流配送，并通过车载 GPS 追踪货物配送情况。

　　步骤 4：货物配送到指定配送箱后，智能配送柜系统将配送箱信息和箱内货物信息传递给主服务平台，主服务平台将通过 GSM/SMS 系统将货物配送信息发送给客户。

　　步骤 5：配送完成后，在这一周期内，客户取货前，主服务台通过 GSM/SMS 系统定时向客户发送提醒信息。

　　步骤 6：若客户按时到达，通过输入短信中的密码或刷卡开箱取菜，智能配送柜系统将配送箱信息和箱内货物信息传递给主服务平台，主服务平台将通过 GSM/SMS 系统将确认信息发送给客户，客户通过回复短信确认签收，完成配送。

　　步骤 7：若在配送周期内，客户未按时取货，服务中心平台将安排配送人员在下一配送周期将货物取出。

2. 系统实现

　　根据系统特点，本节采用数据集成的系统集成方法。首先利用 Web Service 技术将现有子系统的各项功能发布为 Web 服务组件，运用消息中间件的方式实现系统集成。以 Web 服务接口的形式将系统中的应用程序、信息系统、业务流程等进行封装、组合和集成，将之转变成可重用的柔性组件。同时，系统间数据传输遵循 SOAP，以 XML 为数据格式标准，将现有子系统整合到蔬果"农—宅"配送服务系统主平台。数据集成原理如图 5.10 所示。

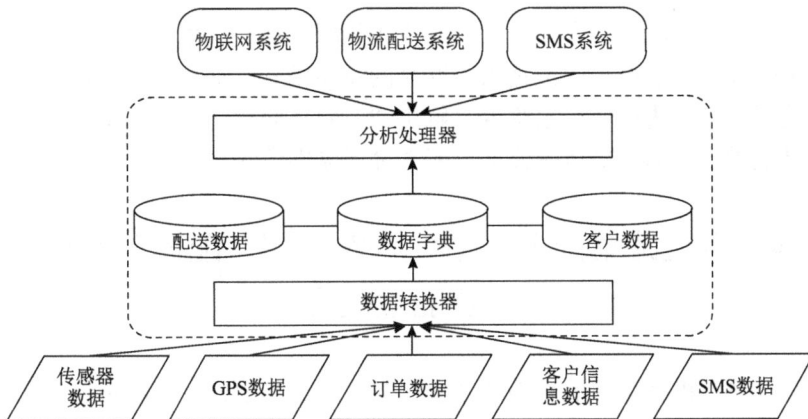

图 5.10　多源数据集成原理图

　　在此基础上，将物联网系统、物流配送系统和 SMS 系统中各个功能单独封装发布成对应的 Web 服务，系统分为客户端、Web Service 容器和后台系统。利用 Java 服务器页面（Java server pages，JSP）动态网页技术实现个人客户端的信息浏览，而企业内部终端则通过企业级 Java 组件（enterprise JavaBeans，EJB）直接调用企业内部信息即可，中间利用了 Java 小程序 Servlets 技术。系统集成的原理图如图 5.11 所示。

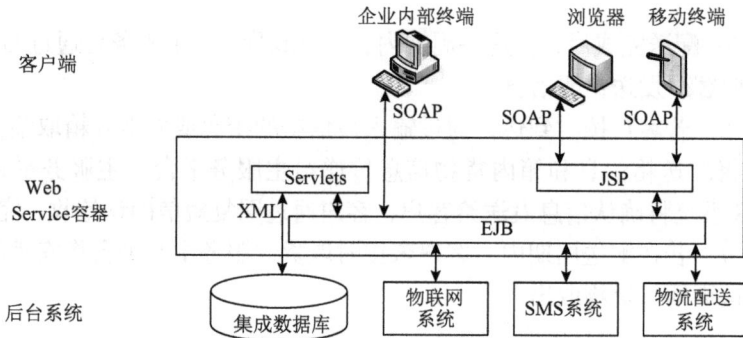

图 5.11　蔬果"农—宅"配送系统集成原理图

物流的"最后一公里"配送难题，一直以来都是影响 B2C 电子商务发展的重要因素。特别是对于蔬果类生鲜食品来说，其在线零售的物流配送更是难上加难。本节针对蔬果类商品网上直销的"最后一公里"配送难题，应用物联网技术设计了一种支持异步签收的智能配送柜系统，并在此基础之上提出了蔬果"农—宅"配送基于"物联网+智能配送柜"的系统集成方案，且在实际蔬果 B2C 销售平台上进行应用，效果良好。

本节研究是物联网技术的一个新的应用领域，这一应用有利于促进蔬果类生鲜食品电子商务的发展，改进蔬果类商品的流通模式，缩短农产品供应链，提高农产品流通效率，进而在一定程度上解决"三农"问题。同时，本节研究成果也可以为其他类商品的"最后一公里"配送过程提供借鉴。

5.4　有机蔬菜网上直销的"农—宅"配送车辆路径方案智能生成方法

本节针对有机蔬菜网上直销的"农—宅"配送难题，以提高物流配送方案的科学性、有效性和及时性为目标，以在线实时地生成配送方案为突破口，引入状态空间搜索理论和运筹学建模技术，提出带控制策略的深度优先搜索算法来快速、高效地生成可行的车辆路径方案集合，并运用运筹学中经典的"混合下料问题"的优化思想求解车辆路径方案的最优组合，为求解车辆路径问题这一 NP-hard 问题提供新思路；开发"农—宅"配送车辆路径方案智能生成系统，实现由计算机自动完成车辆路径方案的生成、建模和求解全过程；通过将车辆路径方案智能生成方法与精确求解方法进行对比，验证本节所提方法的有效性。

5.4.1　问题背景与描述

2010 年以来，有机蔬菜网上直销模式在北京、上海等地的相继出现，开启了我国蔬果类商品 B2C 电子商务模式的新篇章。它不仅使蔬菜等蔬果类商品的物流配送由"农—超"（农场至超市）对接跃入"农—宅"（农场至住宅）对接，大大方便了都市居民的日常生活，而且有利于提高食品供应链的安全性。然而，业内人士从实践中意识到有机蔬菜网上直销的关键问题在于能否以较低的成本在十分有限的时间内将蔬菜从农场配送到顾客家中，这就要求在很短的时间内不仅要建立数学模型而且还要求解模型得出最优的车辆路径方案。

针对求解车辆路径问题的优化模型与算法已经取得很大的研究进展，然而随着电子商务与移动商务的发展，企业的物流配送活动将面临更多诸如不确定性、动态性、实时性等需求信息的挑战。相较于一般商品，蔬果类生鲜商品 B2C 电子商务物流的时间紧迫性和动态不确定性更为突出，它不仅面临如何快速求解模型的难题，更涉及如何快速在线建模问题。目前业界普遍采用的基于人工经验的处理方法已不能适应电子商务业务量增长和物流配送规模迅速扩展的需要，其配送方案的科学性和有效性亟待加强。学术界虽已考虑到蔬果类商品随时间变质这一特性，并通过建立带时间窗车辆路径问题的数学模型和求解算法来尝试求解该问题，但也由于手工建造数学模型（因为每天配送服务的顾客及其运量是不同的，需每天重新建模）并求解，既依赖于具有业务知识和建模技巧的专业人员，又将耗费较多的时间，使得这一定量获取配送方案的方法虽然具有很好的科学性，但却不能满足时间性要求很强的蔬果类商品配送问题快速实时决策的需求。

本书研究团队针对有机蔬菜网上直销的"农—宅"配送问题，以提高"农—宅"配送车辆路径方案在线生成的实时性和科学性为目标，进一步研究基于状态空间搜索理论的车辆路径方案生成方法，由此提高方法的科学性和普适性。具体研究实例如下。

北京昊宇神鹰农业科技有限公司是一家专门销售有机蔬菜的电子商务公司的旗下平台，其独特的基于社区配送柜的农场至住宅的配送方式（"农—宅"配送）已成为解决日常新鲜蔬果类商品配送的有效手段。2012 年，该公司已在北京城区各住宅小区内建设了 22 个配送柜，每日公司根据订单的需求将蔬菜由农场配送至各配送柜。当前该公司经营中存在的主要问题是配送能力不足、送货不及时。问题产生的主要原因是第二天的订单量一般在前一天晚上才能获知，而公司在有限的车辆投入下单纯凭经验获得车辆路径的方式在效率和优化程度上都难以满足第二天的配送要求。不能保障准时送货，成为制约企业发展的瓶颈。并且，随着日益增长的订单需求，公司急需扩大配送柜的分布规模，加大配送车辆的投入，由此需要一个配送方案的智能生成系统，以根据每天不同的订单需求快速、高效地规划出行车路径。

经调研，该网上商城商品的配送流程如下：①网上商店接收订单后，估算每个订单中商品的重量和体积，将订单按照配送柜进行分类，由此得到每个配送柜的蔬菜的重量和体积；②以配送柜为服务对象单位，生成配送方案；③将包装好的订单按照配送顺序进行装车；④按照配送路径送货，车辆不必直接返回农场。

5.4.2 有机蔬菜网上直销的"农—宅"配送车辆路径问题的精确求解方法

本节将两阶段的车辆路径问题精确求解方法应用于求解"农—宅"配送车辆路径问题。第一个阶段为车辆路径方案的枚举，以得到满足车载容量和行车时间约束条件的可行方案集合；第二个阶段为模型的构建与求解，它以行车总时间或者投入车辆数最少为目标，构建整数规划模型并完成求解。

1. 车辆路径方案枚举的原理及算法

假设公司现有车辆的载重量为 500 千克，送货时间为 210 分钟。某天位于城区的 3 个配送柜（分别以 S_1、S_2、S_3 来表示）共有 60 个订单，配送柜 S_1、S_2、S_3 的需求量总和分别为 80 千克、60 千克、50 千克，各配送柜之间以及与农场之间的行车时间如表 5.1 所示。

表 5.1　农场、各配送柜间的行车时间（单位：分钟）

类别	农场	S_1	S_2	S_3
农场	0	95	116	102
S_1	95	0	35	13
S_2	116	35	0	34
S_3	102	13	34	0

车辆路径方案的枚举过程如图 5.12 所示。图中，如方案"农场—S_1—S_2—S_3（164，190）"表示车辆从农场出发，依次服务了 S_1、S_2、S_3 三个配送柜，耗费的总行车时间为 164 分钟，总载重量为 190 千克。根据该原理，设计了方案枚举算法【算法 1】。

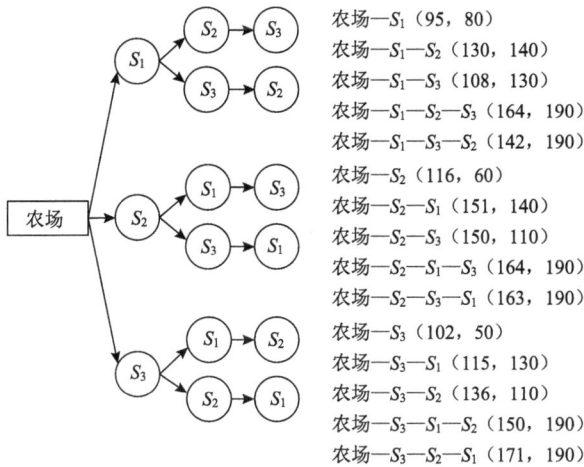

图 5.12　车辆路径方案枚举过程示意图

【算法 1】车辆路径方案枚举算法

步骤 1：向 open（开放）表中插入根节点（农场）。

步骤 2：判断 open 表中是否有剩余节点。若有，则转下一步；若否，则转步骤 12。

步骤 3：取 open 表的第一个节点，并记入变量 tempNode。

步骤 4：根据问题的时间和载重约束判断 tempNode 节点是否能被扩展（即是否可服务未配送过的配送柜）。若能，则转下一步，若否，则转步骤 8。

步骤 5：将 tempNode 写入 close（结束）表的头部，并记录该节点的载重量与行车距离。

步骤 6：删除 open 表的 tempNode 节点。

步骤 7：扩展 tempNode 节点，并将其子节点依次写入 open 表的头部，转步骤 2。

步骤 8：删除 open 表的第一个节点。

步骤 9：删除与该节点具有相同深度的 open 表中的其他节点。

步骤 10：将 close 表中的节点顺序作为一个行车方案保存起来。

步骤 11：删除 close 表的第一个节点，转步骤 2。

步骤 12：结束。

2. 模型的构建与求解

当枚举出所有的可行路径方案后，需构建数学模型求得最优路径。假设如下。

N 表示枚举生成的可行路径方案的数量。

C 表示配送柜的数量。

$$PP_{nc} = \begin{cases} 1, & \text{可行路径方案 } n \text{ 服务配送柜 } c \\ 0, & \text{可行路径方案 } n \text{ 未服务配送柜 } c \end{cases}, PP_{nc} \text{ 为 0-1 系数矩阵}, n=1,\cdots,N,$$

$c=1,\cdots,C$。

Cost_n 表示行车路径 n 的成本（可以为行车时间或者行车距离）。

$$X_n = \begin{cases} 1, & \text{选择路径} n \\ 0, & \text{未选择路径} n \end{cases}, \text{表示是否选择路径 } n。$$

则建立的数学模型为

$$\min z = \sum_{n=1}^{N} \text{Cost}_n X_n$$

$$\begin{cases} \sum_{n=1}^{N} PP_{nc} X_n = 1 \\ c \in \{1,\cdots,C\} \text{为整数} \end{cases} \tag{5.59}$$

模型（5.59）中的目标函数表示所选用的行车路径的总成本之和最小，约束条件表示每个配送柜必须被服务一次。该模型中的系数 PP_{nc} 在方案枚举后被确定，因此，实际问题参数的变化并不会导致该数学模型的更改。

5.4.3 "农—宅"配送问题车辆路径方案智能生成方法

通过枚举法获得可行方案的集合后，再建模求解将得到最优解。但枚举法得到的方案数量庞大，尤其是当问题规模（配送柜数量）达到一定程度，便无法在有效计算时间内得到最优解。因此，在枚举法的基础上，提出了如图 5.13 所示的三阶段的车辆路径方案生成方法：第一阶段，根据配送柜的地理位置对其进行分区；第二阶段，在各区域内或者跨区域间生成可行的车辆路径方案，并结合具体问题的实际特征提炼控制策略，缩减问题的解答空间；第三阶段，将方案的最优组合归结为运筹学中经典的"混合下料问题"，每种车辆路径方案对应于"混合下料问题"中的一种下料方案，建立该问题的整数规划数学模型。

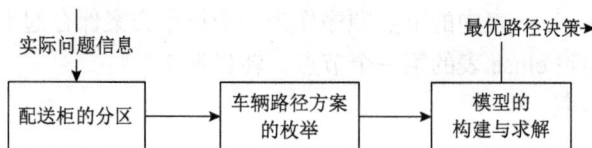

图 5.13　基于路径方案智能生成方法的"农—宅"配送问题的求解过程

1. 配送柜的分区

K-均值聚类算法简单易用，它通过使各样本值与所在类均值的误差平方和

（sum of squared errors，SSE）最小来达到聚类的效果。对于大数据集，该算法也具有高效性和相对可伸缩性。本节采用该算法根据配送柜的地理位置对其进行分区。现假设如下。

x_i 表示第 i 个配送柜，$i = 1, \cdots, C$，x_0 表示农场。

x_{i1}、x_{i2} 表示配送柜 i 的地理位置坐标。

K 表示配送柜区域个数。

C_j 表示第 j 个配送柜区域，$j = 1, \cdots, K$。

c_{ij} 表示配送柜 i 所属的分区中心 j。

v_j 表示第 j 个配送柜区域的中心。

v_{j1}、v_{j2} 表示第 j 个配送柜区域中心的地理位置坐标。

采用欧氏距离公式 $d(x_i, x_j)$ 来度量配送柜 i 和配送柜 j 之间的距离：

$$d(x_i, x_j) = \sqrt{(x_{i1} - x_{j1})^2 + (x_{i2} - x_{j2})^2}, \quad i, j = 0, \cdots, C, \quad i \neq j$$

该算法的主要步骤如下。

步骤 1：初始化 K 值，得到 K 个分区的中心 $v_1, \cdots, v_k$。

步骤 2：将所有配送柜分配到 K 个分区里，得到 c_{ij}。分配原则为将配送柜 i 分配到分区中心与它距离最小的分区 j，$c_{ij} = \arg\min_{1 < j < k} d(x_i, v_j)$，其中 argmin 表示寻找 j 使得函数 $d(x_i, v_j)$ 达到最小。

步骤 3：分配完毕后，计算 $\text{SSE} = \sum\limits_{j=1}^{K} \sum\limits_{x_i \in c_{ij}} ((x_{i1} - v_{j1})^2 + (x_{i2} - v_{j2})^2)$。

步骤 4：重新计算各分区中心：$v_j = \arg\min \sum\limits_{i \in k_j} d(x_i, v_j)$，其中 argmin 表示寻找配送柜区域 C_j 中使得函数 $\sum\limits_{i \in k_j} d(x_i, v_j)$ 达到最小的 v_j。

步骤 5：重复步骤 2～步骤 4，直到 SSE 不再变化，或者达到事先规定的最大循环次数。

步骤 6：得到 K 个分区中心，并计算分区中心 v_j 到农场 x_0 的距离 $d(v_j, x_0)$，结束。

2. 车辆路径方案的枚举

现假设公司的 22 个配送柜被分成 3 个区域，分别以 A、B、C 来表示，其中，A 区域中有配送柜 13 个（以 $A_1, A_2, \cdots, A_{13}$ 来表示），B 区域中有配送柜 6 个（以 $B_1, B_2, \cdots, B_6$ 来表示），C 区域中有配送柜 3 个（以 C_1, C_2, C_3 来表示）。车辆路径方案的枚举过程如图 5.14 所示。

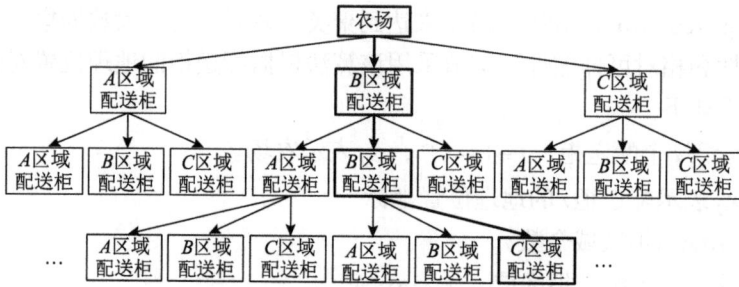

图 5.14　行车方案枚举过程的状态空间搜索

根据图 5.14 所示的车辆路径方案生成的原理，本节把方案的生成过程转化为"解"空间构成的状态空间图的搜索问题。该状态空间图是一个包含从根节点（农场）到各目标节点（配送柜）的路径图，一条路径代表一个车辆路径方案。图 5.14 中，加粗的方框依次连接，形成了一个可行的车辆路径方案 BBC，表示"农场→一个 B 区域内的配送柜→一个 B 区域内的配送柜→一个 C 区域内的配送柜"。在方案生成过程中，仅 A、B、C 区域为方案生成扩展的节点，而不是具体的配送柜。

现假设如下。

M 表示聚类后配送区域的个数。

$\{F_{0i}\}$ 表示按照各配送区域的中心节点与农场的距离远近升序排列形成的集合。

$\{DA_{pq}\}$ 表示按照各配送区域与配送区域 q 的距离远近升序排列形成的集合，其中，$p, q = 1, 2, \cdots, M$，且 $q \neq p$。

本节设计了【算法 2】基于控制策略的深度优先搜索算法来实现方案的自动生成。

【算法 2】基于控制策略的深度优先搜索算法

步骤 1～步骤 6 同【算法 1】中的步骤 1～步骤 6。

步骤 7：扩展 tempNode 节点，将其子节点依次写入 open 表的头部，转步骤 2。若 tempNode 节点为根节点（农场），则按照集合 $\{F_{0i}\}$ 中各配送柜区域的顺序扩展该节点；若 tempNode 节点为配送区域 q，则按照集合 $\{DA_{pq}\}$ 各配送柜区域的顺序在同区域或者跨区域扩展该节点。

步骤 8～步骤 12 同【算法 1】中的步骤 8～步骤 12。

3. 模型的构建与求解

在得到配送柜分区后生成的车辆路径方案集合之后，需构建数学模型求得最优路径方案。设计以下变量。

N' 表示生成的可行的车辆路径方案的数量。

x_i 表示按第 i 种方案执行的车辆数, $i = 1, 2, \cdots, N'$。

a_{ij} 表示第 j 种方案服务第 i 区域配送柜的个数, $i = 1, 2, 3$, $j = 1, 2, \cdots, N'$。

b_s 表示第 s 个区域配送柜的数量, $s = 1, 2, 3$。

则建立的数学模型为

$$\min z = \sum_{j=1}^{N'} x_j$$

$$\begin{cases} \sum_{j=1}^{N'} a_{sj}x_j \geqslant b_s, & s = 1, 2, 3 \\ x_j \geqslant 0 \text{且为整数} \end{cases} \tag{5.60}$$

模型(5.60)中的目标函数表示选用的方案数量最小化,约束条件分别表示每个区域所完成的配送任务数目不应小于该区域实际的配送柜的数量。

根据模型(5.60)求解得到的车辆路径方案以及按每种方案执行的车辆数仅能表示出一个车辆路径方案将要服务的各区域配送柜的数量,却无法确定车辆需服务具体哪个配送柜。因此,须将模型求得的解还原为实际问题的行车方案。本节设计了包含两个步骤的映射规则:①车辆从农场出发,选取当前需要映射的车辆路径方案第一个服务区域中距离农场最近的未被服务的配送柜作为服务对象;②车辆继续选取距离当前位置最近的未被服务的同区域或者跨区域的客户点作为服务对象。虽然模型(5.60)仅以车辆投入数量最少为目标,但应用此映射规则将有益于减少完成所有任务所需的总行车时间。

5.4.4 "农—宅"配送车辆路径方案在线智能生成系统的构建

为了应对蔬菜配送过程中订单信息的动态变化,快速高效地获得最优的行车路径方案,提高商城物流管理者的决策效率,本文利用.net 开发平台、运筹学求解软件 Lingo 11,开发基于【算法 2】和求解模型(5.60)的"农—宅"配送车辆路径方案在线智能生成系统,实现由计算机自动完成车辆路径方案的生成、建模和求解全过程。"农—宅"配送车辆路径问题求解系统结构如图 5.15 所示。

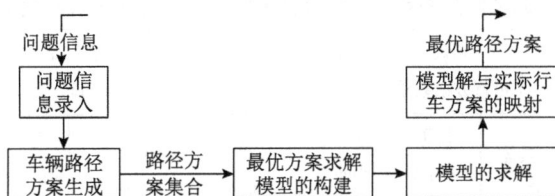

图 5.15　"农—宅"配送车辆路径问题求解系统结构

其中主要模块及功能如下。

（1）问题信息录入模块。该模块接收蔬菜配送柜初始信息的输入，主要包括配送柜的数量、地理位置、每个配送柜的蔬菜需求量、各配送柜之间的行车时间以及农场到各配送柜的行车时间、车辆在配送柜的停车卸货时间、配送车辆的载重量、总行车时间限制等信息。

（2）车辆路径方案生成模块。该模块根据问题的各类参数初始值，依据带控制策略的深度优先搜索算法的原理生成可行的车辆路径方案集合，将结果导出到.txt 文件中，作为整数规划最优方案求解模型的参数数据。

（3）最优方案求解模型的构建模块。该模块将构建最优行车路径方案的整数规划求解模型，并将车辆路径方案集合表示成 Lingo 可调用的数据形式。

（4）模型的求解模块。调用 Lingo 中的 "Integer Linear Programming" 模块，求解出最优路径方案。

5.4.5　算例分析

利用北京昊宇神鹰农业科技有限公司的配送实例来验证"农—宅"配送车辆路径问题的精确求解方法和车辆路径方案智能生成方法的可行性和有效性。根据该公司旗下网上商城已有的 22 个配送柜的地址和网站上商品的种类，构造了行车时间约束为 180 分钟的问题 1 和行车时间约束为 210 分钟的问题 2 来验证两种求解方法的可行性。其中，送达配送柜后的理货时间为 20 分钟。两种方法求解问题 1 和问题 2 的具体结果分别如表 5.2 和表 5.3 所示。采用车辆路径方案智能生成方法求解问题时，各配送柜被划分成 4 个区域。同区域内各配送柜间的行车时间以该区域内所有配送柜间的行车时间的算术平均值计算，跨区域的配送柜之间的行车时间以相应的分区中心间的行车时间计算。将车辆路径方案的解与实际行车方案进行映射时，配送柜间的行车时间将按照具体配送柜间的实际行车时间来替代，因此，由该方法计算得到的最优行车方案的实际总行车时间会出现不满足问题约束的情况，并出现总行车时间少于精确求解方法获得的解的情况。在实际操作中，该误差可接受。

表 5.2　精确求解方法和车辆路径方案智能生成方法求解问题 1 的结果

最优方案	精确求解方法 （可行方案数量：247 个）				车辆路径方案智能生成方法 （可行方案数量：7 个）			
	最优的具体方案	行车时间/分钟	总行车时间/分钟	计算时间/秒	最优的具体方案	行车时间/分钟	总行车时间/分钟	计算时间/秒
方案 1	S_0—S_{10}—S_2	163	1465	10	S_0—S_7—S_3—S_5	178	1158	10

续表

最优方案	精确求解方法 （可行方案数量：247 个）				车辆路径方案智能生成方法 （可行方案数量：7 个）			
	最优的具体方案	行车时间/分钟	总行车时间/分钟	计算时间/秒	最优的具体方案	行车时间/分钟	总行车时间/分钟	计算时间/秒
方案 2	$S_0—S_{12}—S_{17}$	168			$S_0—S_{13}—S_{15}$	157		
方案 3	$S_0—S_{13}—S_{15}$	157			$S_0—S_{14}—S_{11}$	150		
方案 4	$S_0—S_{14}—S_{11}$	150			$S_0—S_{21}—S_4$	176		
方案 5	$S_0—S_{22}—S_4$	155			$S_0—S_6—S_9—S_2$	169		
方案 6	$S_0—S_7—S_3—S_5$	178			$S_0—S_{10}—S_{12}$	166		
方案 7	$S_0—S_{16}—S_6—S_9$	166			$S_0—S_{20}—S_{19}—S_{22}$	162		
方案 8	$S_0—S_{18}—S_1—S_8$	166						
方案 9	$S_0—S_{20}—S_{19}—S_{21}$	162						

表 5.3　精确求解方法和车辆路径方案智能生成方法求解问题 2 的结果

最优方案	精确求解方法 （可行方案数量：2366 个）				车辆路径方案智能生成方法 （可行方案数量：14 个）			
	最优的具体方案	行车时间/分钟	总行车时间/分钟	计算时间/分钟	最优的具体方案	行车时间/分钟	总行车时间/分钟	计算时间/秒
方案 1	$S_0—S_1—S_8—S_6—S_9—S_2$	209			$S_0—S_1—S_2—S_6—S_8—S_9$	220		
方案 2	$S_0—S_4—S_{19}—S_{21}—S_{20}—S_{22}$	208			$S_0—S_4—S_{19}—S_{20}—S_{21}—S_{22}$	208		
方案 3	$S_0—S_7—S_3—S_5$	178	1178	10	$S_0—S_3—S_5—S_7$	197	1218	10
方案 4	$S_0—S_{12}—S_{14}—S_{15}$	194			$S_0—S_{12}—S_{14}—S_{15}$	204		
方案 5	$S_0—S_{13}—S_{11}—S_{17}$	204			$S_0—S_{13}—S_{11}—S_{17}$	204		
方案 6	$S_0—S_{10}—S_{18}—S_{16}$	185			$S_0—S_{10}—S_{16}—S_{18}$	185		

为了进一步验证车辆路径方案智能生成方法的科学性和求解效率，分别将在 [80，80] 千米范围内随机生成配送柜数量为 22 个、100 个、200 个规模的车辆路径问题作为算例。根据表 5.4 的计算数据可得出结论，精确求解方法中所采用的枚举法使得车辆路径方案的数量会随着配送柜数量的增多呈指数级增长，因此当问题规模较大时，该方法在有限时间内很难求得最优解。车辆路径方案智能生成方法通过将配送柜分区缩减了问题的规模，在求解效率和求解问题的规模上都有较明显的优势。

表 5.4　精确求解方法和车辆路径方案智能生成方法求解问题的结果对比

配送柜数量/个	行车距离	车辆路径方案智能生成方法				精确求解方法			
		方案数量/个	车辆数量/辆	总行车距离/千米	计算时间/秒	方案数量/个	车辆数量/辆	总行车距离/千米	计算时间
22	210	31	6	1218	30	6652	5	1199	10 分钟
	300	120	4	1145	30				
100	210	24	29	4419	30	（计算时间≥60 分钟）			
	300	81	17	3169	30				
200	210	30	51	10238	35				
	300	109	34	9813	35				

5.5　应用与示范工程建设

5.5.1　有机蔬菜网上直销 "农一宅" 配送模式应用

本书研究团队与北京昊宇神鹰农业科技有限公司合作，以公司旗下的有机蔬菜商城为平台，展开基于物联网的有机蔬菜网上直销 "农一宅" 配送模式的应用研究。

该公司拥有有机蔬菜生产基地 1000 亩（1 亩=666.667 平方米）和绿色、无公害蔬菜生产基地 40 000 余亩，提供的有机蔬菜品种有有机番茄、有机黄瓜、有机长茄、有机圆茄、有机菜花、有机豆角、有机樱桃萝卜、有机油菜、有机芹菜、有机尖椒、有机青椒、有机西葫芦、有机紫甘蓝、有机绿甘蓝、有机白萝卜、有机胡萝卜、有机茼蒿、有机娃娃菜、有机香芹、有机姜、有机大葱、有机山药等，提供的 A（包括 8 种蔬菜）、B（包括 12 种蔬菜）两款蔬菜礼盒可根据客户的需求任意组合。2011 年该公司开始发展 B2C 电子商务业务——有机蔬菜商城。主要面向客户为北京市高档社区、高档饭店。商城上线伊始，货物的配送由公司自营物流和第三方物流承担，配送成本高，而且无法保证配送的准时性，也难以满足客户的需要，客户投诉时有发生。

　　该公司在有机蔬菜生产和销售发展进程中面临的难点如下：①有机农产品生产、加工与配送质量追溯及管理；②有机蔬菜生产过程管理及智能专家服务；③有机蔬菜直销的"农—宅"对接配送。这些严重阻碍和影响了该公司的生产与销售活动，已经影响到该公司的生存和进一步发展。

　　为了解决上述问题，本书研究团队与北京昊宇神鹰农业科技有限公司合作，开发基于物联网和移动终端的蔬果"农—宅"配送智能柜，并设计有机蔬菜网上直销"农—宅"配送模式，提出了建立有机蔬菜"农—宅"直销的移动商务平台的解决方案，该公司投入 300 万元资金用于信息化建设，经过一年多时间的施工建设，建立了这一移动商务平台。实现了有机蔬菜生产智能专家管理服务、蔬菜生产质量追溯以及有机蔬菜从采购到配送全程的"农—宅"对接的移动商务过程。该公司有机蔬菜"农—宅"直销的移动商务平台的解决方案如图 5.16 所示。

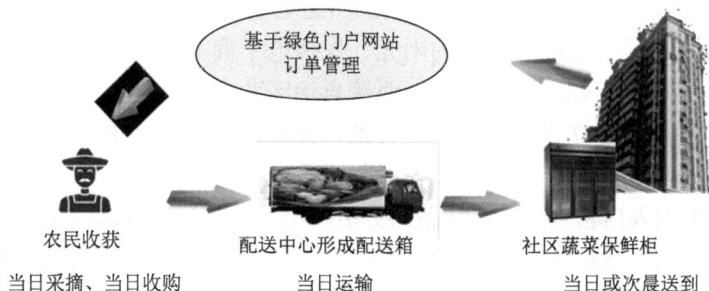

图 5.16　有机蔬菜"农—宅"直销的移动商务平台的解决方案

　　图 5.16 所示的有机蔬菜"农—宅"直销涉及的物流配送环节以及实施和运营过程面临的最大难题是，顾客经常提出改变送菜到家门的时间或时间窗，给有机蔬菜"农—宅"直销配送带来较多的干扰；而且北京市目前的交通堵塞状况迫使物流配送环节必须在凌晨或深夜完成，这就产生扰民或不能按顾客要求的时间窗送菜的问题，为了解决这一难题，缓解或消除顾客改变送菜时间窗带来的扰动，根除扰民现象，本书研究团队经过反复调研，提出在顾客集中的主要小区一楼建立"社区蔬菜智能保鲜柜"的解决方案，这样，顾客就可以实现如下移动商务的全过程。

　　（1）顾客可以通过无线终端网上订菜。

　　（2）物流配送车将蔬菜送到小区楼下。

　　（3）送货员将菜放入"社区蔬菜智能保鲜柜"后，向用户手机发送短信通知开箱密码。

　　（4）利用手机短信追溯产品信息。

　　北京昊宇神鹰农业科技有限公司利用上述移动商务平台和物流配送方案营销

有机蔬菜，不仅建成了有机蔬菜商城，还取得了突出的社会效益和经济效益，在移动商务应用中起着示范和带动作用。截至 2012 年，北京市内已经有六个居民小区的楼道或者地下室内配备了智能配送箱，已有 5000 名会员享受到了刷卡取菜，短信签收的"农—宅"配送模式，平均每天的配送量为 3000 个客户，配送蔬菜 1000 斤，消费者反响良好，满意度较高。应用示范成果表明，项目组提出的基于物联网的"农—宅"配送系统可以实现配送和签收过程的异步进行，有效解决蔬果类商品的"最后一公里"配送难题，有利于生鲜类食品 B2C 电子商务的发展。

5.5.2　西藏电商物流配送方案设计及示范工程建设

基于上述研究工作，本书研究团队结合西藏发展农村电子商务的实际需求和工作难题，开展了应用研究和示范工程建设。

西藏位于青藏高原西南部，是中国西南边陲的重要门户，平均海拔 4000 米。由于特殊的地理环境，西藏地区地势复杂，物流成本极高。在国内其他地区享受方便快捷的快递配送服务时，西藏地区依然是电子商务的"荒漠"和"原始森林"，如何让西藏农牧民享受电子商务的阳光、发挥电子商务的乡村振兴功效是助力我国治边稳藏的重要问题。项目团队与西藏自治区商务厅及林芝市政府、北京京东乾石科技有限公司建立官产学研合作关系，围绕西藏自治区电子商务物流体系规划等问题展开深入研究。

西藏的平均人口密度低，居住较为分散。由于物流成本极高，京东或淘宝的包裹物流配送只能到达拉萨市、日喀则市等大城市，无法触及边远农牧民地区。针对西藏地区地广人稀、物流成本极高的特点，项目团队创新性地提出了以智能配送柜为衔接、多运输工具接力的联合配送模式，通过多主体、多运力协同合作，"变专车专送为多车联送"的物流配送方案（图 5.17）。多车联运主要是采取"卡车+长途客运车+公交车+智能配送柜"的配送方案，偏远地区或订单量少的市区（如昌都）直接使用长途客运车，较近地区或订单量大的市区（如日喀则）使用卡车，从市区到县城使用长途客运车，从县城到乡镇使用公交车配送。项目已选定林芝市作为西藏电子商务物流配送模式的示范区域。据前期调研和测算，研究团队针对西藏偏远地区设计的物流规划方案可以在大幅度降低物流成本的同时缩短配送时间。

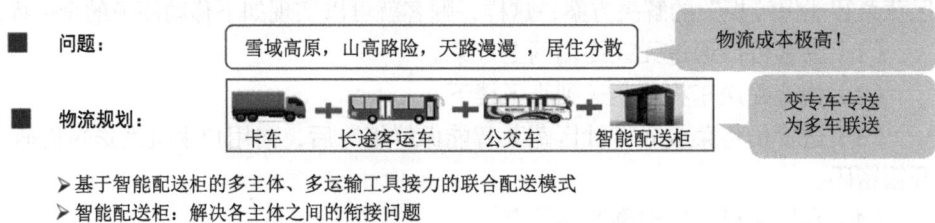

图 5.17　西藏电子商务物流体系规划

本书研究团队已与西藏自治区商务厅及林芝市政府签订了战略合作协议，胡祥培教授等被聘为西藏自治区电子商务智库特聘专家，研究工作得到西藏自治区人民政府副主席罗梅和商务厅的大力支持，相关资政报告获得西藏自治区区政府前主席齐扎拉的批示，如图 5.18 所示。

图 5.18　与西藏自治区商务厅签署战略合作协议

5.5.3　京东农场冷链示范基地建设

本书研究团队与京东集团合作，依托京东在乡村的物流仓储运营服务能力和相关技术体系，在东北地区、西北地区、西南地区及西藏、新疆等地区开展示范工程调研活动，共进行调研活动 30 余次，派出调研人员 100 余人，结合陕西、内蒙古、黑龙江、山东、河北、四川、江苏等省区的苹果、柑橘等蔬果农产品乡村冷链物流特点，构建针对性强的乡村农业“最先一公里”综合解决方案。通过调研发现现有乡村冷链物流体系主要存在以下问题。

从冷链物流资源的数量和使用情况来看，冷链仓储资源种类多，质量参差不齐，分布过于分散，储能有限且综合利用率低。以江苏丰县苹果产区为例，丰县农产品冷库共有 260 个，设计储量达到 20 万吨，但农产品每年产量约 80 万吨，缺口严重。在河北辛集皇冠梨产区，冷库分布集中在梨产区，分为两个片区，辛集城北 307 片区和辛集西南东张口片区。东张口片区大小冷库共计 20 余个，储藏量 30 万～150 万斤（1 斤=0.5 千克）不等。城北也有冷库 10 余个，而距离辛集比较近的赵县、晋州，冷库分布比较多，如赵县范庄镇，晋州总十庄镇、马于镇，藁城贾市庄镇，等等，均在东张口30千米以内，是冷库集中区域。冷库类型均为冷风冷藏库，分为氟制冷和氨制冷两种。因成本过高故目前没有气调库。目前冷库利用率80%左右，经营方式主要有自己存储、代存或者转租，缺少大型冷链企业，冷库都是各自为战，集资经营。相互之间收储时也是竞争关系，无法充分实现冷库的集约经营。在冷库的经营方面，仅凭经验，无法根据蔬果产品的实际状况进行存储，2020年辛集地区入库梨果成熟度较高，颜色基本全黄，不耐存放，加之不同梨入库温度下降调控不一致问题，造成2021年4~5月销售时出现部分褐心果，影响消费者评价。

以江苏省丰县京东农场为例，为了更好地推动江苏省丰县现代果树种植专业合作社苹果产业发展，以打造乡村物流"仓配一体化"示范基地为切入点，依托京东集团在人工智能、大数据、物联网、供应链等方面的技术和资源优势与合作社苹果产业资源优势结合，促进丰县农业产业转型升级，助力区域经济高质量发展。通过数字农业服务平台实现合作社优质苹果从田间到餐桌的全产业链条的智能化、数据化、可视化溯源，形成丰县苹果生产管理标准；基于智慧新零售策略，实现合作社苹果品牌标准和营销推广策略，打造丰县苹果产地——江苏丰县特色农业品牌整体对外形象，从而带动丰县农业产业发展。

2020年4月，丰县投入130余万元（硬软件费用比为7:3），在丰县梁寨镇新腰里王村苹果园建设示范农场，针对核心区域的200亩红富士苹果基地，在果品的"最先一公里"过程中，利用平台的云仓子系统所收集的丰县乡村物流资源状况，通过内嵌农产品多类型仓储资源网络布局及调度方法来提升乡村冷链资源的综合利用效率；在果品的"最后一公里"方面，通过平台运输管理子系统与京东电商平台实现产销对接，全流程可视化、可追溯，打造"京品源"+丰县苹果区域品牌，实现苹果的优质优价。

5.6　小　　结

本章针对农村及农产品电子商务的物流管理问题，研究了农产品冷链物流的仓储与运作管理问题。从多类型冷链仓储一体化运营、多类型冷链仓储资源网络布局优化、多类型冷链仓储资源网络动态调整三个方面出发，综合考虑多类型冷链仓储模式，结合整数规划及智能求解算法，提出多类型冷链仓储设施布局优化方法及多类型冷链服务资源调度优化方法，为我国农村冷链仓储布局及资源调度提供系统性解决方案；提出基于"物联网+智能配送柜"的有机蔬菜"农—宅"直销的移动商务模式，通过建立社区蔬菜智能配送柜，实现了"客户用手机网上订菜→物流配送蔬菜到小区楼下→送货员将菜放入社区蔬菜智能配送柜→向用户手机发送短信通知开箱密码”这一从农场到家庭的物流配送过程，解决了蔬果类物品电子商务“最后一公里”的难题，开启了我国移动电子商务模式销售蔬果类物品的新篇章；针对农产品“最后一公里”配送的车辆路径难题，提出一种定性推理与定量分析相结合的求解新方法。该方法从缩减解空间入手，综合运用状态空间搜索理论和运筹学整数规划理论，可以有效克服由“最后一公里”配送的车辆路径规模的增大带来的求解空间组合爆炸这一难点，为求解动态车辆路径问题提供了“快速高效、实时在线”的新工具；基于已有研究工作，与北京昊宇神鹰农业科技有限公司合作，开展了基于物联网的有机蔬菜网上直销“农—宅”配送模式；结合西藏发展农村电子商务的实际需求和工作难题，开展西藏电子商务物流体系规划应用研究和示范工程建设；依托京东在乡村的物流仓储运营服务能力和相关技术体系，构建针对性强的乡村农业“最先一公里”综合解决方案，基于京东农场冷链开展示范基地建设。

参 考 文 献

[1] 李娅, 王旭坪, 林娜, 等. 村镇农产品多类型预冷设施选址–路径优化模型及算法. 系统工程理论与实践, 2022, 42(11): 3016-3029.

[2] Lin N, Akkerman R, Kanellopoulos A, et al. Vehicle routing with heterogeneous service types: optimizing post-harvest preprocessing operations for fruits and vegetables in short food supply chains. Transportation Research Part E: Logistics and Transportation Review, 2023, 172: 103084.

[3] 都牧, 胡祥培, 周宽久, 等. 基于物联网的蔬果网上直销“农–宅”配送系统. 系统工程学报, 2014, 29(2): 215-222.

[4] 黄敏芳, 张源凯, 胡祥培. 有机蔬菜 B2C 直销的配送方案智能生成方法. 系统工程学报, 2013, 28(5): 600-607.

第6章　机器人移动货架系统仓储与调度优化方法

网上零售行业海量订单和顾客高质量的物流服务需求，对电商仓库的拣货出货效率提出了很大的考验。面对大量一单多品的电商顾客订单和数以万计的商品种类，如何能低成本、高效率地实现电商订单的拣货工作是每个电商仓储决策者面临的一大难题。为解决这一难题，一种基于搬运机器人的移动货架系统顺势而生。该系统不同于传统的固定货架系统，它的货架体型较小，可被移动到仓库任何位置，拣货作业通过机器人驮着货架移至人工处理台（拣货台）而实现了"货到人"模式。很多电商企业逐步启用机器人移动货架系统来提高拣货环节的效率，并降低该环节的人工成本。由于移动货架系统可将传统电商仓库订单拣选效率提高 2~3 倍[1]，在电商高速发展与仓储拣选效率之间的矛盾日益凸显的局面下，该种新型的仓储系统受到了很多电商物流企业的关注。

在传统仓库中，货架不能移动，同类同种商品集中地存储在相同或邻近的货架区域。在机器人移动货架系统中，每个货架中存储了不同种类、不同数量的商品，并且每种商品分散地存储在若干个货架中[2]。当系统接收到顾客在线下达的订单后，搬运机器人从拣货台出发，找到包含所需商品的货架，将整个货架搬运至拣货台并由拣货人员进行拣货[1]，待机器人所搬运的货架完成拣货后，机器人将货架运回货架摆放位置，然后机器人将以空载状态前往搬运下一个所需货架，如此重复直至完成所有订单需求。

由于机器人移动货架系统采用基于搬运机器人的"货到人"拣货模式，极大地增强了商品同货架存储的关联性和多货架存储的分散性、货架位置可根据订单需求动态调整的灵活性、拣货人员工作的舒适性和拣货操作的高效性，这就可以有效应对大规模电商订单拣选诱发的挑战，因而受到诸多电商仓储企业的追捧。然而，机器人移动货架系统的使用需解决一个制约其发展的关键问题，即不同于固定货架仓储系统中的拣货优化问题，其求解超出了现有理论方法的适用范围，其NP-hard 特性又极大地增加了面向大规模顾客订单时的问题求解难度。因此，寻求一种机器人移动货架系统的拣货优化方法，以尽可能提高订单拣选效率，充分发挥该系统面对电商订单拣选的优势，已成为产业界与学术界亟待解决的关键难题。

本章从新一代拣货系统研究的热点和难点问题出发，探索机器人移动货架系统的订单拣选优化方法，就其关键科学问题展开研究[3-5]。

6.1　机器人移动货架系统拣货优化思路

　　机器人移动货架系统是一套智能化、动态化、人机协同完成订单拣选的"货到人"系统，机器人移动货架系统极大地增强了同货架商品的关联性、商品货位的灵活性、货物拣选的舒适性，可有效应对电商零售企业小批量、多频次、多种类订单的拣货难题。然而，作为一种新型的订单智能拣货系统，该系统具有与"人到货"拣货模式下传统电商仓库完全不同的货物拣货流程和仓库布局，如何根据机器人移动货架系统的拣货模式优势和运作流程特点，针对货物拣选的各个运作环节设计出高效科学的优化方法，充分发挥出该系统面对电商订单拣选的优势，提升系统整体的拣选效率，是每一个正在期望使用机器人移动货架系统来提升订单拣选效率、降低拣货成本的企业关注的难题。

　　本章针对机器人移动货架系统拣货优化这一亟待解决的难题，基于分而治之的思想，按照该系统订单拣选的作业流程，将拣货优化这一错综复杂的难题分解为仓储商品选择决策的优化、商品货位分配决策的优化、货架存储位置决策的优化、机器人调度决策的优化这四个前后相关、紧密联系的子问题，各子问题间的关联和下述各节间的关系如图 6.1 所示。在固定货架的传统"人到货"拣货区域和机器人移动货架系统"货到人"拣货区域并存的配送中心，仓储商品选择决策旨在寻求一种合理的品类库存分配方案降低订单合流成本和补货成本总和。商品货位分配决策是基于大量顾客订单所揭示的商品订购规律对货架存储商品的种类和数量进行优化，以提高顾客订单的拣选效率。货架存储位置决策是在特定的货位分配方案下，根据订单拣选需求合理定位每个货架在仓库中的存储位置，以最大化订单拣选效率。针对一批待拣货订单，机器人调度主要研究移动哪些货架以及每个机器人的货架移动序列，以最小化拣货时间。各子问题的 NP-hard 特性极大增加了面向大规模顾客订单决策优化时的问题求解难度。因此，本节通过深入剖析子问题的求解难点，分别设计求解各子问题的启发式优化算法，以实现机器人移

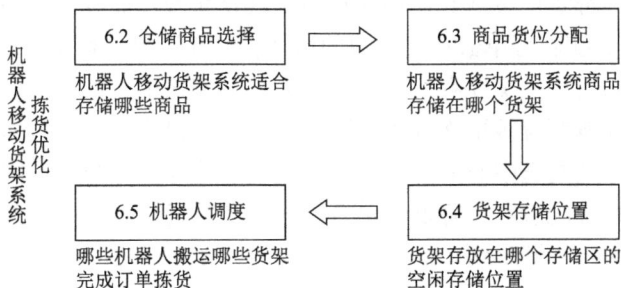

图 6.1　机器人移动货架系统拣货优化

动货架系统整体拣选效率的提升。基于某电商零售企业的生产运营数据对所提算法进行实验分析，实验结果验证了算法的有效性。

6.2　机器人移动货架系统仓储商品选择决策与优化

以京东为代表的大型网上超市在售的商品高达数百万种，但仓库的容量有限，往往无法在一个仓库中存储下所有的商品，同园区多仓库按品类存储是目前常用的商品存储方式。仓库由于存储了不同品类的商品，仓储商品在体积、重量与其他商品组合购买的频次等方面具有较大差异，使得各仓库的拣货订单在结构上具有较大差异。机器人移动货架系统非常适合拣选包含商品体积小、重量轻且为一单多品的订单，而在传统仓库"人到货"拣选与机器人移动货架系统"货到人"拣选并存的仓库中，若机器人移动货架系统存储商品的品类决策不当，会导致大量订单需要先分别在多个仓库中拣货，然后在多套系统交界处进行合流，再将各订单购买的所有商品打包成一个包裹的现象，这种现象简称为合流，该类订单称为合流订单。显然，频繁地合流需要额外投入大量劳动力资源，会显著增加仓库的运营成本，降低拣选效率。因此，根据机器人移动货架系统的拣货优势，对多个区域存储的商品种类进行决策和优化，最小化多个区域的合流订单量至关重要，如此才能最大化发挥机器人移动货架系统的优势，以达到降本增效的目的。

在固定货架的传统"人到货"拣货区域和机器人移动货架系统"货到人"拣货区域并存的配送中心，每天需要处理成千上万个订单，每个订单中包含的品类数和需求量不同。若根据历史订单，将同一订单中的品类通过边连线的方式互相关联，那么上万种不同品类商品之间会形成一个复杂的关联网络图。由于配送中心单个区域的容量有限，不能存入所有的品类。因此，配送中心需要将关联网络图中的品类进行划分，分别放入两个区域，而其中部分品类可以同时存入两个区域，导致该问题的求解更加复杂。配送中心需制订一种品类库存分配方案，使得订单合流成本和补货成本之和最小，从而降低仓库管理成本。该问题已被证明为NP-hard 问题[6]，随着订单数和品类数的增加，求解问题的时间呈指数级增长。由于难以在短时间得到品类库存分配的最佳方案，配送中心往往根据品类热销的程度划分等级，并按照等级依次存入同一仓库中，使得合流订单数居高不下。根据实地调研，国内某配送中心的合流订单数达到了总订单的 28%。因此，寻求一种合理的品类库存分配方案，降低订单合流成本和补货成本之和，已成为产业界与学术界亟待解决的关键难题。

6.2.1　问题描述与分析

在移动货架仓和人工仓两种不同拣货系统并存的配送中心，每个仓库的容量有限，能够存放的最大品类数（即 SKU 种类数）已知，需根据历史订单将确定数目的品类分别存入两个仓库中。若一个订单需求的品类分别在两个仓库中，则该订单需要从两个仓库分别拣选品类，再合流，这个过程产生的成本称为订单合流成本。若某个品类在两个仓库中同时存在，则该品类需要在两个仓库分别补货一次，将该部分增加的成本称为补货成本。现需确定一种最佳的分配方案，使得分配入两个仓库的品类所引起的订单合流成本和补货成本最小化。

图 6.2 是一个仓库选品问题的案例说明，有 3 个订单，共 5 个品类。假定每个仓库的最大品类数为 3，其中订单 1 包含品类 1、品类 3、品类 4；订单 2 包含品类 2、品类 4、品类 5；订单 3 包含品类 2、品类 4；共生成两种不同的分配策略。需要从不同仓库中拣选品类完成的订单称为合流订单。如图 6.2 所示，订单 1 需要从策略 1 中人工仓拣选品类 1 和品类 3，在移动货架仓拣选品类 4。然后将两个仓库中的品类汇合到一处，完成订单 1 的拣货。本节定义在两个仓库中同时存在的品类在补货时所增加的成本为补货成本。如图 6.2 策略 2 中，品类 4 同时存入两个仓库，在对仓库中品类补货时，需要对 SKU_4 补货两次，比只存在一个仓库内的其他品类多补货一次，该部分多的成本即为补货成本。采用策略 1，有一个订单需要合流，而采用策略 2，则不存在合流订单，此时需要考虑补货成本的存在。5 个品类就存在 20 种不同的摆放策略，电商配送中心每日的订单量与品类数巨大，品类摆放策略数以万计。求解目标是如何向两个仓库分配品类，从而最小化补货成本和订单合流成本之和。

订单1(品类1、品类3、品类4), 订单2 (品类2、品类4、品类5), 订单3(品类2、品类4)

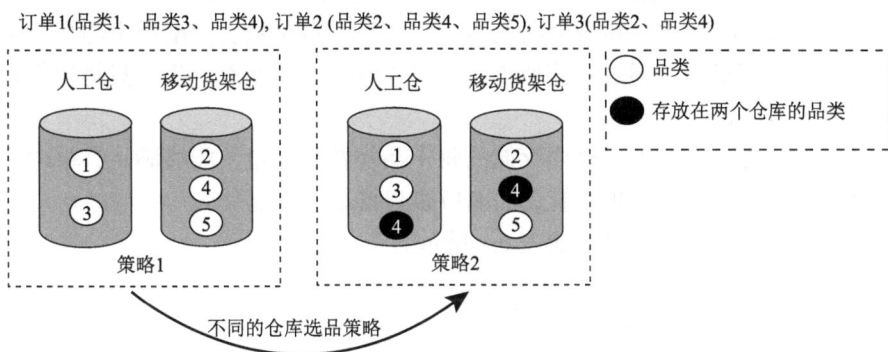

图 6.2　仓库选品策略说明

移动货架仓与人工仓中品类选择分配问题，在将品类分配到仓库内存放方面与传统的货位分配问题类似，同时每个仓库的品类数有限与多重背包中每个背包容量有限类似。此外，本节研究问题是将大量不同品类聚类到两个仓库中，与聚类问题将多个不同元素聚类到确定数量的类簇相似。在订单合流方面与现有的多个配送中心最小化订单拆分问题相似。在国内外现有研究中，货位分配问题考虑仓库内品类的具体摆放货架位置，并以最小化拣货路径为目标。多重背包与聚类问题需要品类与集群具有一一对应关系。本节考虑了品类与集群的一对多关系，并且对品类的摆放货架位置不做具体分配，以最小化订单合流成本和补货成本为目标。在国内外关于订单拆分问题的文献中，Catalán 和 Fisher[7]主要研究了配送中心内最小化订单拆分的库存分配问题，李建斌等[8]在 Catalán 的基础上研究了在线零售商多个仓库的商品摆放策略问题，并将仓库内的拆单划分为品类不足拆单和数量不足拆单两种情况。

现有的由仓库内品类不足引起的订单拆分方面的相关研究为本节提供了较好的借鉴。本节研究考虑了单个电子商务配送中心仓库之间转运产生的订单合流成本以及品类放入两个仓库后增加的补货成本。然而，文献中并没有考虑同一品类在多个配送中心的补货成本。这使得本节研究问题不同于现有文献，已有的研究模型无法直接应用于解决本节问题，需要设计处理大规模实际案例的新模型和启发式算法。

6.2.2　模型构建

为了简化问题规模，结合电商配送中心人工仓和移动货架仓的实际情况，本节做出如下假设。

（1）在实际电商配送中心内，两个仓库的面积确定，单个货架的容积有限，能够存储的品类数一定。

（2）电商配送中心仓库内的品类选择方案是基于一个已知的订单集合设计的。该订单集合考虑了历史订单内品类的组成以及每日订单数，由配送中心从历史订单中抽取或由配送中心通过预测所得。本节不考虑订单获取过程，只是使得货位方案忠实于这些已知订单。

（3）移动货架仓和人工仓内存储的每个品类数量充足，能够满足订单中关于品类数量的需求，不会出现系统无法响应客户订单的情况。

基于以上假设，参数设置如表 6.1 所示。

表 6.1　基本参数说明

类别	变量	变量描述
标量	O	所有订单的集合
	K	所有品类的集合
	K_σ	订单 σ 中所有品类的集合

续表

类别	变量	变量描述
参数	N_w	仓库中最大品类数且 $w \in \{0,1\}$
	C_s	订单合流成本
	C_r	补货成本
决策变量	x_{iw}	0-1 变量，如果品类 i 在仓库 w 中，则 x_{iw} 为 1，否则 x_{iw} 为 0 且 $w \in \{0,1,2\}$
	y_σ	0-1 变量，如果订单 σ（$\sigma \in O$）需要合流，则 y_σ 为 1，否则 y_σ 为 0

为了便于计算补货成本，确保每一个品类只出现在一个仓库中，本节引入了真实仓和虚拟仓的概念。真实仓分为两个仓库，分别为移动货架仓和人工仓：存储在移动货架仓的品类不存在人工仓中，反之，存储在人工仓中的品类不存在移动货架仓中；用虚拟仓存储两个仓库中相同的品类。此时，电商配送中心内的每一个品类只对应存在一个虚拟仓或真实仓库中。虚拟仓的引入同时简化了补货成本的计算过程，只需将品类的补货成本与虚拟仓中的总品类数相乘即可得到本节研究问题的总补货成本。电商配送中心在引入移动货架仓时，不可避免地会产生补货成本和订单合流成本，从而增加库存管理的负担。运用本节建立的模型，可求解降低电商配送中心仓库内的补货成本和订单合流成本。该模型的具体表达式为

$$\min \sum_{\sigma \in O} C_s y_\sigma + \sum_{i \in K} C_r x_{i2} \tag{6.1}$$

s.t.

$$\sum_{w \in \{0,1,2\}} x_{iw} = 1, \forall i \in K \tag{6.2}$$

$$\sum_{i \in S} (x_{iw} + x_{i2}) \leqslant N_w \forall w \in \{0,1\} \tag{6.3}$$

$$y_\sigma \geqslant x_{i0} + x_{j1} - 1, \quad \forall \sigma \in O, i, j \in K_\sigma, i \neq j \tag{6.4}$$

$$x_{iw}, y_\sigma \in \{0,1\} \tag{6.5}$$

目标（6.1）表示最小化订单合流成本和补货成本；约束（6.2）保证了仓库中存有每一种品类；约束（6.3）表示仓库中的品类数不超过仓库的容量上限；约束（6.4）表示当订单 σ 需要合流时，则 y_σ 为 1，反之则为 0；约束（6.5）表示 x_{iw} 和

y_σ 为 0-1 整数变量。

6.2.3 问题复杂性分析

机器人移动货架系统仓储商品选择决策问题追求的目标是基于实际大型电商配送中心的订单需求，通过构建最适合的品类摆放策略，达到降低仓库管理成本的目的。问题复杂性主要包括计算复杂性和关联关系复杂性两个方面。

首先，大型电商企业一天的订单需求量是数以万计的，并且每个订单中的平均品类数量为 2.3 种。当有 70 种品类、161 个订单时，经测试，运用 Gurobi 求解模型长于 4 小时才能求得最优解。当算例规模扩大时，在研究问题数据总量上，将会有上万条约束，上千个变量，当算例的规模达到一定程度时，计算机会出现内存不足的情形，即使 Gurobi 运行了几个月的时间也有可能无法求得最优解。

其次，电商配送中心品类较多，假定两个品类同时存在一个订单中，则这两个品类的关联度记作 1，反之则为 0。根据历史订单，不同品类互相关联，将品类两两连线，并在连线上附加权重，组成一张复杂的品类关联网络图，如图 6.3 所示。图中每一个点代表一种品类，而点与点之间连线的粗细表示权重的大小，记为边。边越粗则表明权重值越大，两个品类间的关联性越强。在关联网络中，不同品类直接或间接相关。本节求解问题需要在复杂的品类关联网络图中，根据品类之间的互相关联关系，设计邻域动作尽可能地把关联度较大的品类存入同一个仓库中。最终将成千上万个不同的品类划分到两个仓库中，使得订单合流成本和补货成本之和最小化。

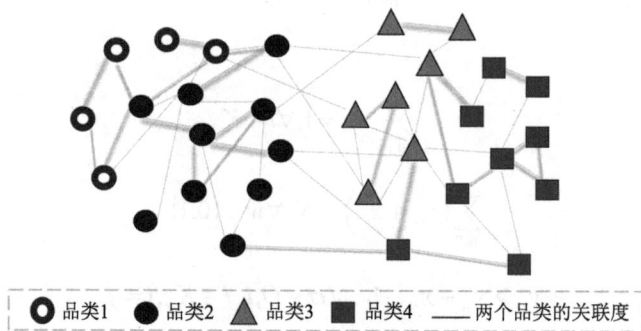

| ◎ 品类1 | ● 品类2 | ▲ 品类3 | ■ 品类4 | —— 两个品类的关联度 |

图 6.3 品类关联网络图

若去除品类可以分别存入两个仓库的情况，简化本节研究问题，则可将问题转变为最小二分图问题，即将品类关联网络结构分为两个类簇。最小二分图问题已经被前人证明了是 NP-hard 问题[9]。

若满足以下五个限定条件，本节问题可以简化为一个 NP-hard 问题。

（1）每一个品类只存在于一个仓库中。

（2）品类的总数是偶数。

（3）每一个仓库都能存放一半的品类数。

（4）每一个订单包含两个不同的品类。

（5）一对品类不止关联一个订单。

此时，本节模型可以简化为经典的最小二分图问题[10]。最小二分图的节点对应每一个品类，边对应品类关联度，将节点划分为两个不相交的子集则对应将品类集分入人工仓和移动货架仓。在电商配送中心，订单总量大，商品种类规模大，解的数量会随着问题规模的扩大而呈现指数级增长，运用精确算法求解十分困难。

6.2.4　混合启发式算法设计

6.2.3 节已经证明了机器人移动货架系统的品类货位分配问题是 NP-hard 问题，建立的模型是混合整数线性规划模型。当前用于求解该类模型的算法主要分为确定性算法和启发式算法。现有的确定性算法（包括分支定界、丹齐格–沃尔夫分解算法、Benders 分解算法、列生成算法等）往往更适合用于求解规模较小的问题。而目前常用的启发式算法包括遗传算法、粒子群算法、大邻域搜索算法、变邻域搜索算法、禁忌搜索算法等。启发式算法通常需要根据问题特性设计交换算子以及构造初始解，这些算法无法直接用于求解本节的仓库选品问题。

另外，针对实际问题，模型的解空间巨大，问题求解的复杂度高，求解时间呈现指数级增长。因此，采用一般的精确算法很难在有限的时间内取得较优的结果，本节设计了一种混合启发式算法，结合了大邻域搜索和邻域搜索的优点，并设计了一种基于品类评价策略的算法改进策略，有效提高了算法的求解效率。该混合启发式算法、初始解的生成方法、邻域搜索算法、大邻域搜索算法、针对大规模算例的改进策略阐述如下。

1. 混合启发式算法

基于某大型电商配送中心的实际数据特征（该配送中心仓库的日平均处理订单达数万单，仓储商品种类数 3 万多种），本节设计了一种混合启发式算法，表 6.2 详细描述了混合启发式算法的整体流程。该算法由大邻域搜索和邻域搜索两部分组成。一个好的混合启发式算法包含整体寻优策略和局部寻优策略，本节设计的大邻域搜索是在大方向寻找一个优解，而邻域搜索则是在局部细节上最优化。在算法的初始阶段，大邻域搜索根据品类和订单的特性对解做大规模的破坏和重构，在大范围内重新解析解的质量，并对解做较大幅度的改善，从而控制算法整体的寻优方向。邻域搜索则在小范围内，以单品类转移以及单品类交换的方式在局部范围内寻找更优解。当算法比较接近最优解时，邻域搜索可以很好地更新解，达到最优解。同时，当邻域搜索稳定在算法的次优解很难跳出时，大邻域搜索的破坏和重构起到了一个调节作用，很好地平衡了算法整体和局部的寻优策略。

表 6.2　混合启发式算法框架

序号	步骤
1	生成初始解 S /* （2）初始解的生成 */
2	全局最优解 $S^* \leftarrow S$
3	当前最优解 $S_{current\_best} \leftarrow S$
4	while 未达到最大终止次数 do
5	/* 大邻域搜索过程 */
6	$\left(S, S_{current\_best}\right) \leftarrow$ 大邻域搜索求得 (S) /* （4）大邻域搜索 */
7	if $f\left(S_{current\_best}\right) < f\left(S^*\right)$ then
8	$S^* \leftarrow S_{current\_best}$
9	end if
10	/* 邻域搜索过程 */
11	$\left(S, S_{current\_best}\right) \leftarrow$ 邻域搜索求得 (S) /* （3）邻域搜索 */
12	if $f\left(S_{current\_best}\right) < f\left(S^*\right)$ then
13	$S^* \leftarrow S_{current\_best}$
14	end if
15	end while
16	输出：全局最优解 S^*

2. 初始解的生成方法

在启发式算法中，初始解对算法的搜索效率具有很大影响。在相同的迭代次数下，一个好的初始解比起差的初始解可以大幅度缩减算法整体的搜索时间。因此，本节设计了一种基于贪婪思想的初始解生成方案。首先，根据历史订单筛选出仓库中的热销品类，即在历史订单中购买次数位于前 5% 的商品品类，再将热销品类存入虚拟仓中。然后，对剩余品类的购买次数进行排序，从销售量大的品类开始，依次存入真实仓中。存入的过程如下，从人工仓和移动货架仓中随机选择一个仓库，将排在前列的品类存入。若有一个仓库的达到了面积存储上限，则将剩余品类全部存入另一个仓库中。在实际仓库中，真实仓的总面积值超过所有品类存储所需面积总和的 110%，因此，在产生初始解的过程中，不会出现不可行解的情况。初始解的生成流程如表 6.3 所示。

表 6.3　初始解生成的框架

序号	步骤
1	生成移动货架仓空集合 K
2	生成人工仓空集合 P
3	生成虚拟仓空集合 R
4	获取品类集合 I
5	根据历史订单，计算 SKU_i 购买的次数，记为 $CountNum_i$ /*i 表示品类 */
6	if $CountNum_i \in top(5\%)$ then
7	$R \leftarrow SKU_i$
8	end if
9	while 品类集合 I 不为空 do
10	if P 装满 then
11	$K \leftarrow$ 剩余I，break while
12	else if K 装满 then
13	$P \leftarrow$ 剩余I，break while
14	end if
15	生成随机数 $rand = Rand(0,1)$ /*0 表示人工仓，1表示移动货架仓 */
16	if $rand = 0$ then
17	$P \leftarrow SKU_i$
18	else
19	$K \leftarrow SKU_i$
20	end if
21	end while
22	输出：初始解 S

3. 邻域搜索算法

邻域搜索算法主要通过一系列的邻域动作更新解，从而在当前解的邻域范围内找到更优解。邻域搜索算法设计的关键在于邻域结构的选择，也就是邻域的定义方式的选择。邻域的搜索范围越大，所能找到的局部最优解越好，从而获得的全局最优解越好。但是，在扩大邻域搜索的范围时，搜索所需时间会随之增长，并且不同的邻域搜索动作也会影响解的搜索时长。因此，根据问题特性，构建合理有效的邻域动作可以极大地节约搜索时长。本节设计的混合启发式算法充分结合了大邻域和小邻域的特点，在本节的邻域搜索中，本节着重设计了小范围内的邻域动作，使得算法能够在小范围内更好地更新当前最优解。本节设计了 5 种邻域动作，包括 3 种移动算子和 2 种交换算子，每一个移动算子将一个品类从一个仓库中移动到另一个仓库中，每一个交换算子从选择的两个仓库中交换一个品类。

1）邻域动作

本节将电商配送中心仓库划分为两个真实仓和一个虚拟仓。虚拟仓用于存储同时存在两个真实仓中的品类，真实仓包括人工仓和移动货架仓。仓库选品问题的解由一个个的品类组合而成，品类的组合方案不同将导致解质量的不同。因此，品类的选择策略决定了解质量的好坏。算法从已知的订单集合中选取品类做邻域动作，并区分了订单中包含的虚拟仓品类和真实仓品类。邻域动作的目标是降低订单合流成本和补货成本，算法记录了每一次邻域动作后订单合流成本和补货成本的增量，根据增量的大小挑选品类。同时，算法还采用了轮盘赌的方式，增量越大，选中该品类的可能性越大。因此，本节做了如下定义。

$O_i(i \in K)$ 表示包含品类 i 的订单的集合。

$Q_\sigma(\sigma \in O)$ 表示订单 σ 包含且不在虚拟仓中的品类的集合。

g_i 表示在原解决方案中需要合流，但在对品类 i 邻域动作后不需要合流的订单数量。

h_i 表示在原解决方案中不需要合流，但在对品类 i 邻域动作后需要合流的订单数量。

根据以上定义，结合仓库品类摆放问题特性，设计的五种邻域搜索的邻域动作如下。

（1）将一个品类从其中一个真实仓移动到另一个真实仓中。其中，g_i 和 h_i 的求解方法如式（6.6）和式（6.7）所示。式（6.8）中 E_i^1 表示将品类 i 从其中一个真实仓移动到另一个真实仓中后目标函数的减少值。

$$g_i = \sum_{\sigma \in O_i} \sum_{w \in \{0,1\}} \left((1 - x_{iw}) \prod_{j \in Q_\sigma, j \neq i} x_{jw} \right), \ \forall i \in K, x_{i2} = 0 \qquad (6.6)$$

$$h_i = \sum_{\sigma \in O_i} \sum_{w \in \{0,1\}} \left(x_{iw} \prod_{j \in Q_\sigma, j \neq i} x_{jw} \right), \quad \forall i \in K, x_{i2} = 0 \tag{6.7}$$

$$E_i^1 = C_s \left(g_i - h_i \right), \quad \forall i \in K, x_{i2} = 0 \tag{6.8}$$

（2）将一个品类从真实仓移动到虚拟仓中。其中 g_i 的求解方式同式（6.6）；h_i 为 0。式（6.9）中 E_i^2 表示将品类 i 从真实仓移动到虚拟仓中后目标函数的减少值。

$$E_i^2 = C_s g_i - C_r, \quad \forall i \in K, x_{i2} = 0 \tag{6.9}$$

（3）将一个品类从虚拟仓移动到真实仓中。其中，g_i 为 0；式（6.10）h_i' 表示将品类 i 移动到任意一个真实仓后增加的合流订单数；E_i^3 表示将品类 i 从真实仓移动到虚拟仓后目标函数的减少值。

$$h_i' = \max \left\{ \sum_{\sigma \in O_i} \left(\prod_{j \in Q_\sigma, j \neq i} x_{jw} \right), w \in \{0,1\} \right\}, \quad \forall i \in K, x_{i2} = 1 \tag{6.10}$$

$$E_i^3 = C_r - C_s h_i', \quad \forall i \in P, x_{i2} = 1 \tag{6.11}$$

（4）交换两个真实仓（人工仓和移动货架仓）内的一个品类。其中，h_i 的求解方式同式（6.7）；$b_{j\sigma}$ 表示如果集合 Q_σ 中包含品类 j，则 $b_{j\sigma}$ 为 1，否则 $b_{j\sigma}$ 为 0；g_i' 表示交换真实仓内两个品类后，减少的合流订单数；E_{ij}^4 表示交换真实仓的品类 i 和品类 j 后，目标函数的减少值。

$$g_i' = \sum_{\sigma \in O_i} \sum_{w \in \{0,1\}} \left((1 - b_{j\sigma})(1 - x_{iw}) \prod_{k \in Q_\sigma, k \neq i} x_{kw} \right) \tag{6.12}$$
$$\forall i, j \in K, x_{i2} = x_{j2} = 0, x_{i0} + x_{j0} = 1$$

$$E_{ij}^4 = C_s \left(g_i' - h_i \right) + C_s \left(g_j' - h_j \right), \quad \forall i, j \in K, x_{i2} = x_{j2} = 0, x_{i0} + x_{j0} = 1 \tag{6.13}$$

（5）交换真实仓和虚拟仓的一个品类。其中，g_i 的求解如式（6.6）所示；h_j'' 表示交换真实仓和虚拟仓的一个品类后，增加的合流订单数；g_j 和 h_i 都为 0；E_{ij}^5 表示交换真实仓和虚拟仓的一个品类后，目标函数的减少值。

$$h_j'' = \sum_{\sigma \in O_j} \sum_{w \in \{0,1\}} \left(x_{iw} \prod_{k \in Q_\sigma, k \neq j} (1 - x_{kw}) \right), \quad \forall i, j \in K, x_{i2} = 0, x_{j2} = 1 \tag{6.14}$$

$$E_{ij}^5 = C_s \left(g_i - h_j'' \right) \ , \quad \forall i, j \in K, x_{i2} = 0, x_{j2} = 1 \tag{6.15}$$

基于以上的邻域动作，减少的目标函数值越大，品类被选中的概率越大。品类邻域动作如图 6.4 所示，将上述五种邻域动作分为上下图两个部分说明。上半部分图显示了人工仓和移动货架仓之间的邻域动作；下半部分图显示了真实仓和虚拟仓之间的邻域动作。图中线的粗细表示不同商品之间的关联度大小，线越粗则表明关联度越大，反之则越小。本节对以上五种邻域动作分别做如下阐述。

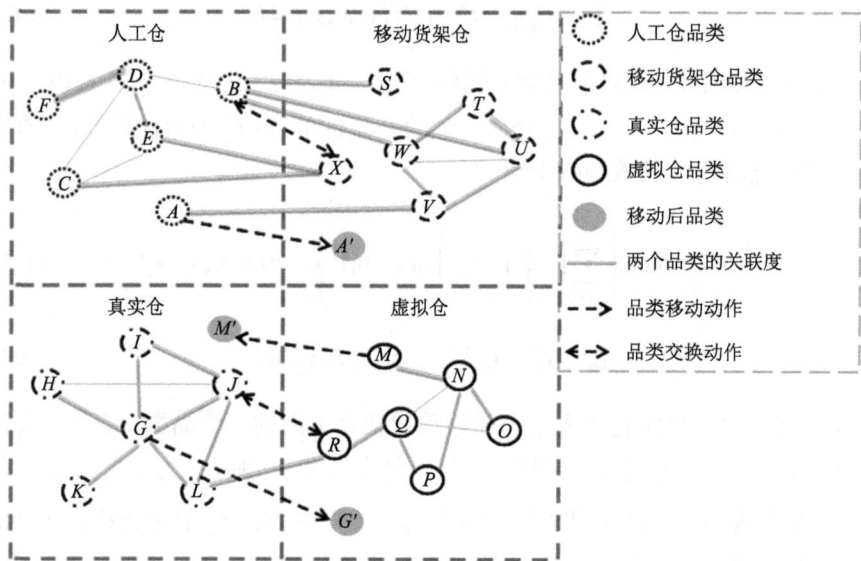

图 6.4　品类邻域动作说明图

人工仓和虚拟仓之间的邻域动作包含邻域动作 1 和邻域动作 4。邻域动作 1 是将真实仓中的一个品类移动到另一个真实仓中，从图中表现为人工仓品类 A 移动到移动货架仓中品类 A'。由图可知，原人工仓的品类 A 和人工仓内其他所有品类不存在关联关系，而与移动货架仓中的品类 V 存在较强的关联度。此时，在仓库面积允许的情况下，若对品类 A 做邻域动作，可以降低订单集合中关于品类 A 和品类 V 的合流订单数，而不产生其他任何合流订单。邻域动作 4 是交换在两个真实仓中的品类，在图 6.4 中表现为品类 B 和品类 X 做交换动作。由图 6.4 可知，品类 B 仅与人工仓中的品类 D 有较弱的关联性，而与移动货架仓中的品类 S、品类 W、品类 U 均存在较强的关联性；同样地，品类 X 与移动货架仓中的其他所有品类均不存在关联，而与人工仓中的品类 E 与品类 C 均存在较强的关联性。此时，若对品类 B 和品类 X 做邻域动作，可以降低关于两个不同真实仓中品类 B 和品类 X 的合流订单数。

真实仓和虚拟仓之间的邻域动作包括邻域动作 2、邻域动作 3 和邻域动作 5。邻域动作 2 是将一个品类从真实仓移动到虚拟仓中，在图 6.4 中表现为真实仓的品类 G 移动到虚拟仓中品类 G'。由图可知，真实仓的品类 G 与其他所有品类均存在较强的关联性。若将品类 G 存入虚拟仓中，则表示品类 G 同时存在人工仓和移动货架仓中。在进行邻域动作 2 后，原先所有关于品类 G 的合流订单数将会减少，在最好的情况下有可能会降低至 0。邻域动作 3 是将一个品类从虚拟仓移动到真实仓中，在图 6.4 中表现为虚拟仓的品类 M 移动到真实仓中品类 M'。虚拟仓中的品类 M 仅与品类 N 有较强的关联性，而与包括真实仓在内的其他所有品类均不关联，则表明该品类放入与品类 N 相同的真实仓内即可有效降低关于品类 M 的合流订单数。邻域动作 5 是交换真实仓和虚拟仓的品类，在图 6.4 中表现为真实仓中的品类 J 和虚拟仓中的品类 R 交换。由图 6.4 可知，真实仓中的品类 J 分别与品类 I、品类 L、品类 H 和品类 G 四种品类有较强的关联性，而虚拟仓中的品类 R 仅与真实仓中的品类 L 和虚拟仓中的品类 Q 两种品类有较强的关联性。若将品类 J 和品类 R 做交换，将使得品类 J 同时存在人工仓和移动货架仓中，由于品类 J 关联的品类数多，与品类 J 相关的合流订单数比品类 R 相关的合流订单数多的可能性更大。因此，将品类 J 和品类 R 做交换有可能降低合流订单总数，从而降低订单合流成本，保持补货成本不变。

在以上五种邻域动作中，目标评价值较大的品类增值越大，则对该品类做邻域动作越有可能满足图中描述的情况。因此，运用轮盘赌的方式，评价值越大的品类被选中的可能性越高，能更快地求解到更优解。

2）算法框架

根据上文所述的邻域动作，本节设计的邻域搜索的流程如表 6.4 所示。邻域搜索在大邻域搜索后进行，在初始阶段，邻域搜索获取大邻域搜索所得全局最优解 S^* 和当前最优解 $S_{current\_best}$。根据前面设计的邻域动作的特点，可以将上述邻域动作分为单品类移动和单品类交换两个组别。单品类移动包括邻域动作 1 到动作 3，该组邻域动作均依据权重大小，从一个仓库中挑选品类转移到另一个仓库中。单品类交换包括邻域动作 4 和动作 5，该组邻域动作均根据权重大小，分别从两个仓库中挑选一个品类做交换。不难看出，每个组别内邻域动作搜索的范围是相同的，并且单品类移动的邻域大小小于单品类交换的邻域大小。以邻域动作 1 为例，若多次将一个真实仓品类移动到另一个真实仓，则可能会造成同一个品类在真实仓中反复移动，陷入了局部最优解而无法跳出。通过分组的方式，组内以一种随机的方式选取邻域动作的类型，当一种邻域动作陷入局部最优解时，其他的邻域动作可以起到扰动的作用，使其跳出局部最优解。同时，该邻域动作也可能会寻找到更优解。这种分组方式既保留了每一个邻域动作在小范围内的搜索优点，并在其他邻域动作的扰动下，又扩大了组内邻域动作搜索的范围。

表 6.4　邻域搜索框架

序号	步骤
1	获取当前最优解 $S_{current\_best}$
2	获取全局最优解 S^*
3	是否进入下一组邻域动作 flag ← true
4	while 未达到终止次数 do
5	while 未达到第一组邻域动作终止次数 do
6	if 真实仓全部装满且虚拟仓品类数为 0 then
7	break while
8	end if
9	当前解 $S_{current}$ ← 邻域动作 1-3　　/*3.3.1 节*/
10	if $f(S_{current}) < f(S^*)$ then
11	$S^* \leftarrow S_{current}$
12	lag ← false ,break while
13	else if $f(S_{current}) < f(S_{current\_best})$ then
14	$S_{current\_best} \leftarrow S_{current}$
15	end if
16	end while
17	if flag 为真 then
18	while 未达到第二组邻域动作终止次数 do
19	当前解 $S_{current}$ ← 邻域动作 4-5　　/*3.3.1 节*/
20	if $f(S_{current}) < f(S^*)$ then
21	$S^* \leftarrow S_{current}$
22	else if $f(S_{current}) < f(S_{current\_best})$ then
23	$S_{current\_best} \leftarrow S_{current}$
24	end if

序号	步骤
25	end while
26	end if
27	end while
28	输出：最优解 S^*，当前最优解 $S_{current\_best}$

如图 6.5 所示，图中圆形的大小表示搜索范围的大小，长虚线表示未对最优解做出改进，短虚线表示对最优解做出改进，实线表示从大邻域搜索进入更小范围内搜索最优解，点划线表示从小范围的邻域搜索进入大邻域搜索。本节设计的算法从大邻域搜索开始，先通过大邻域搜索破坏和重构的方式把控算法整体的寻优方向，再通过设计的邻域搜索算子，从局部范围更新找到最优解。从图 6.5 中可知，当大邻域搜索找到更优解时，依旧需要进入小邻域内寻找最优解。这是因为当算法迭代次数变多时，经过大邻域搜索的破坏和重构，迭代一次后找到的解不一定比原先的解更优。此时，需要邻域搜索在局部范围内优化大邻域搜索迭代一次后的解。

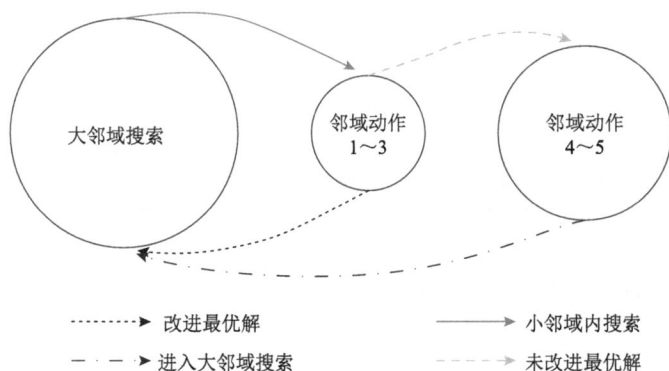

图 6.5　邻域搜索算子

本节设计的算法让邻域搜索先从单品类移动小范围的邻域搜索开始，若在单品类移动中找不到全局最优解 S^*，则进入单品类交换邻域动作搜索；反之，则更新全局最优解 S^* 为当前解 $S_{current}$，并转入大邻域搜索。同时，每一组的邻域搜索都有最大的迭代次数，若当前解 $S_{current}$ 优于当前最优解 $S_{current\_best}$，则更新当前最优解 $S_{current\_best}$ 为当前解 $S_{current}$；反之，则以当前最优解 $S_{current\_best}$ 继续搜索。

4. 大邻域搜索算法

大邻域搜索算法是邻域搜索的一种改进算法。在每次的迭代中，扩大当前解的搜索范围找到更优的解。大邻域搜索算法主要分为破坏和修复两个步骤。破坏的方法包括最劣破坏、关联破坏等策略，而破坏的方法通常包含一定的随机性，保证在每次迭代搜索中破坏解的不同成分。修复的方法通常包括最优修复、后悔值修复等策略。因此，大邻域搜索算法的邻域操作如下：先对原解进行破坏操作，再利用修复操作更新解，从而生成一系列解的集合。在破坏和修复的过程中，同时需要保证解的可行性，如果经过修复策略后的解依旧不可行，则需要将生成的解做可行化操作，保证大邻域搜索的解可行。

1）最劣破坏

最劣破坏的核心是从一个品类集合中，根据问题特性设计权重，权重值越大的品类被选中的概率越高。本节将最劣破坏分为两个步骤，分别破坏真实仓和虚拟仓的品类，最劣破坏的过程如表 6.5 所示。

表 6.5　最劣破坏框架

序号	步骤
1	破坏品类集合 Destroy
2	/* 最劣破坏 */
3	while 未达到最大破坏个数 do
4	品类破坏后损失值 reduceCos$_i$ ← max$\{E_i^1, E_i^3\}$
5	Destroy ← 对 reduceCost$_i$ 轮盘赌选择破坏的品类
6	end while
7	Destroy ← 在虚拟仓中根据权重 E_i^3 破坏权重最大的前 N_V 个品类
8	输出：破坏品类集合 Destroy

步骤一：真实仓内单品类移动包括从人工仓到移动货架仓、移动货架仓到人工仓、人工仓到虚拟仓、移动货架仓到虚拟仓，共四种方式。因此，本节定义破坏真实仓单个品类的权重为 max$\{E_i^1, E_i^3\}$。该权重是从真实仓中选择一个品类，使得在破坏后放入对应仓库中成本减小值最大。这样，在最优修复时，由于放入的成本减小值大，被选中放入对应仓库的可能性高，放入后减少成本值的可能性也大。根据权重大小，本节采用轮盘赌的方式选择真实仓破坏的品类。轮盘赌的方式需要保证所有的权重为正数，本节取权重中最小值的绝对值，将所有

的权重加上该值，使得所有权重值为正。接着，对所有权重值求和得权重总和pcum，计算每一个权重值占权重总和pcum的比率 p_i 值，对 p_i 值累加得 $\{0, P_1, P_2, \cdots, P_i, P_{i+1}, \cdots, 1\}$ 区间。从0到1中随机生成一个小数rand，判断该rand值在区间内所处的位置。例如，若 $P_i < \text{rand} < P_{i+1}$，则破坏第 $(i+1)$ 个品类。以此类推，直至破坏 N_T 个品类。通过轮盘赌的方式，权重值越大的品类，被破坏的概率越大。

步骤二：从虚拟仓中选择品类，破坏单个品类的权重定义为式（6.11）中的 E_i^3。对虚拟仓内所有品类的权重排序，将权重排名前 N_V 个品类破坏，加入已破坏品类的集合。

2）最优修复

最优修复主要是将计算品类放入对应仓库后的成本减小值，成本减小值越大的品类，被选中放入对应仓库的可能性越大。本节将修复品类的方式划分为两个步骤，分别为对虚拟仓的修复和对真实仓的修复，最优修复框架如表6.6所示。

表6.6　最优修复框架

序号	步骤
1	修复品类集合 Repair
2	品类修复后增加值 increaseCost$_i$ $\leftarrow (1-x_{i2})E_i^1 + x_{i2}E_i^3 (i \in P)$
3	Repair ← 选择最大的前 N_V 个 increaseCost$_i$ 品类存入虚拟仓
4	while 未达到最大修复个数 do
5	品类修复后增加值 increaseCost$_i$ $\leftarrow (1-x_{i2})E_i^2 - x_{i2}E_i^3 (i \in P)$
6	Repair ← 依次将 increaseCost$_i$ 当前最大值对应品类存入真实仓
7	end while
8	输出：修复品类集合 Repair

步骤一：修复虚拟仓中被破坏的品类，定义将已破坏品类放入虚拟仓的成本减小值为 $(1-x_{i2})E_i^2 - x_{i2}E_i^3 (i \in P)$。对成本减小值进行降序排列，依次将成本减小值大的品类放入虚拟仓中，直至放满 N_V 个品类。

步骤二：修复真实仓中被破坏的品类，定义将剩余已破坏品类放入真实仓的成本减小值为 $(1-x_{i2})E_i^1 + x_{i2}E_i^3 (i \in P)$。在真实仓的修复中，同样对成本减小值采用轮盘赌的方式，具体的步骤类似最劣破坏真实仓品类的过程。成本减小值越大的品类，被选中修复的概率越高，将被选中的品类放入与之对应的真实仓。在这个过程中，可能导致有较多的品类被集中放入同一个真实仓中，从而导致不可行解的产生。本节在下面内容中设计了将不可行解转化为可行解的方法。

3）算法框架

基于以上破坏和修复品类的方式，本节设计的大邻域搜索流程如表 6.7 所示。大邻域搜索的初始解来自本算法的初始解生成方法，其后大邻域搜索分别获取邻域搜索的全局最优解 S^* 和当前最优解 $S_{current\_best}$。大邻域搜索分为两个步骤，分别为最劣破坏和最优修复。首先，大邻域搜索破坏 10%到 25%真实仓中的品类，再从 1 至虚拟仓中所有品类数中随机选择一个数，破坏虚拟仓中该数量的品类。最劣破坏的具体步骤见表 6.5。其次，本节采用最优修复的方式重新分配已破坏的品类。最优修复的具体步骤见表 6.6。在最优修复后，真实仓内的品类数可能会超过存储品类上限，导致产生不可行解。因此，本节设计了一种贪婪的方式，将不可行解转变为可行解。转变的过程如下：选出超出容量上限的真实仓，计算该仓所有品类对应的 E_i^l 值，并对其排序，从大到小依次将品类移入另一个真实仓中，直到满足可行解为止。大邻域搜索阶段找到当前解 $S_{current}$，即为当前最优解 $S_{current\_best}$，并比较更新全局最优解 S^*，转入邻域搜索阶段。

表 6.7 大邻域搜索框架

序号	步骤
1	获取当前最优解 $S_{current\_best}$
2	获取全局最优解 S^*
3	破坏的品类集合 Destroy
4	修复的品类集合 Repair
5	Destroy ← 最劣破坏
6	Repair ← 最优修复
7	while $S_{current\_best}$ 为非可行解 do
8	if 人工仓品类数 p_v 超出最大容量且移动货架仓品类数 k_v 未超出最大容量 then
9	人工仓品类 $SKU_p \leftarrow \max\left(g_p - h_p\right)\left(p \in P\right)$
10	移动货架仓品类集合 $K \leftarrow SKU_p$
11	end if
12	if 人工仓品类数 p_v 未超出最大容量且移动货架仓品类数 k_v 超出最大容量 then
13	移动货架仓品类 $SKU_k \leftarrow \max\left(g_k - h_k\right)\left(k \in K\right)$
14	人工仓品类集合 $P \leftarrow SKU_k$

序号	步骤
15	end if
16	end while
17	当前最优解 $S_{current\_best} \leftarrow$ 当前解 $S_{current}$
18	if $f\left(S_{current\_best}\right) < f\left(S^*\right)$ then
19	$S^* \leftarrow S_{current\_best}$
20	end if
21	输出：全局最优解 S^*，当前最优解 $S_{current\_best}$

5. 针对大规模算例的改进策略

在实际电商配送中心仓库中，订单量和品类数都是数以万计的。为了使算法在求解大规模实际算例时有更好的表现，本节根据研究问题特性，分别改进了大邻域搜索中目标函数的评价方式以及邻域搜索中品类的评价策略。

1）计算目标函数的改进策略

在每一次的大邻域搜索之后，需要重新计算目标函数的值。在目标函数的计算中，需要对所有的品类重新进行评价，计算订单合流成本。由于配送中心每日有成千上万个订单，在目标函数的计算过程中，每次需要对大量订单重新进行计算。这在算法中耗费的时间较长，降低了算法的求解效率。因此，本节提出了一种基于品类之间关联关系的评价方式来计算目标函数中的订单合流成本。

本节提出了一种基于品类关联网络的改进策略，如图 6.6 所示。图中每一个节点代表了一个品类，节点之间的连边表示两个品类在同一个订单中。节点之间连边的粗细表明两个品类出现在同一个订单中的次数，越粗的连边表明次数越多，反之越少。图 6.6 中与品类 A 直接关联的品类有 7 个，这 7 个品类与其他的品类直接关联，以此类推，每个品类之间都间接产生了一定的关联性。通过这种方式，将配送中心所有订单中包含的品类关联，形成复杂的品类关联网络图。

在实际配送中心中，包含两个或三个品类的订单占配送中心总订单数的 38.67%，本节将该类订单的集合定义为 O_{23}。配送中心中有一部分订单只包含了一个品类，该类订单对本节求解的补货成本和订单合流成本没有影响。因此，如果剔除配送中心中只包含一个品类的订单，集合 O_{23} 中的订单占配送中心剩余订单总数的 74.53%。可见，本节对目标函数的求解中有较多的时间是用于计算集合

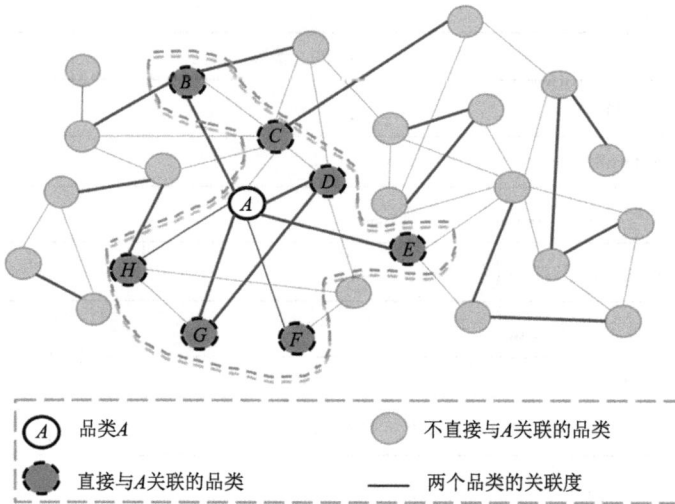

图 6.6 品类关联网络图

O_{23} 中的订单合流成本。为了减少该类订单的求解时间，基于品类间关联网络中连边 (i,j) 的权重，本节提出了两个公式——式（6.16）和式（6.17）。根据集合 O_{23} 中同时包含品类 i, j 的订单数，式（6.16）计算了品类 i, j 的权重大小。式（6.17）计算了集合 O_{23} 中需要合流的订单总数。其中，W_{ij} 表示品类关联网络中连边 (i,j) 的权重大小；m_{ij} 表示只包含品类 i, j 的订单数量；n_{ij} 表示只包含品类 i, j 以及其他任意品类的订单数量；z_{ij} 表示如果品类 i, j 分别在两个真实仓中，则 z_{ij} 为 1，否则 z_{ij} 为 0；E 表示品类关联网络中连边的集合；N_{23} 表示 z_{ij} 的权重集合。

$$W_{ij} = m_{ij} + 0.5n_{ij}, \quad \forall i, j \in K \tag{6.16}$$

$$N_{23} = \sum_{(i,j) \in E} W_{ij} z_{ij} \tag{6.17}$$

由于虚拟仓中的品类表示在两个真实仓中同时存在，而一个订单需合流的前提是订单中的品类分散在两个真实仓中。因此，虚拟仓中的品类对于订单合流不产生影响。在采用式（6.16）和式（6.17）前，先从订单中移除包含在虚拟仓中的品类。例如，当一个订单包含两个真实仓中的品类以及一个虚拟仓中的品类，此时该订单移除属于虚拟仓的一个品类，本节假设这样的订单属于只包含两个真实仓品类的订单。类似地，如果一个订单包含一个真实仓品类以及两个虚拟仓品类，则该订单属于只包含一个真实仓品类的订单，即不包含在集合 O_{23} 中。因此，集合 O_{23} 只包含有两个或三个真实仓品类的订单。

定理 6.1　由式（6.17）求得 N_{23} 的值等于订单集合 O_{23} 中需要合流的订单数。

证明：该定理的证明分为两个部分，分别证明订单集合 O_{23} 中包含两个真实仓品类的订单需合流数以及包含三个真实仓品类的订单需合流数是否与式（6.17）求得的结果一致。

针对只包含两个真实仓品类的订单，式（6.17）可以转化为 $N_{23} = \sum\limits_{(i,j)\in E} m_{ij} z_{ij}$。当品类 i, j 分别属于两个真实仓时，z_{ij} 的值为 1。此时，只包含品类 i, j 的订单属于合流订单。m_{ij} 统计了同时包含品类 i, j 的订单数量，即 $m_{ij} z_{ij}$ 的值等于 m_{ij} 的值，等于合流订单数。反之，当品类 i, j 属于同一个真实仓时，即不为合流订单。此时，z_{ij} 的值为 0，$m_{ij} z_{ij}$ 的值也为 0。因此，只包含两个真实仓品类 i, j 的订单的合流订单总数等于对真实仓品类 i, j 的 $m_{ij} z_{ij}$ 求和的值。

针对只包含三个真实仓品类的订单，式（6.17）可以转化为 $N_{23} = \sum\limits_{(i,j)\in E} 0.5 n_{ij} z_{ij}$。假定有 n 个只包含三个真实仓品类的订单，将订单中包含的品类定义为 i, j, k，则订单有三条边 $(i,j),(i,k),(j,k) \in E$，可得 $\sum\limits_{(i,j)\in E} 0.5 n_{ij} z_{ij} = 0.5n\left(z_{ij} + z_{ik} + z_{jk}\right)$。针对一个订单，当订单中有两个品类在同一个真实仓，剩余的一个品类在另一个真实仓时，$\left(z_{ij} + z_{ik} + z_{jk}\right)$ 的值为 2，可得 N_{23} 的值为 1，表示该订单需要合流。否则，当订单中的三个品类都在同一个真实仓中，则 $\left(z_{ij} + z_{ik} + z_{jk}\right)$ 的值为 0，可得 N_{23} 的值为 0，表示该订单不需要合流。以此类推，当有 n 个只包含三个真实仓品类的订单时，N_{23} 的值等于需要合流的订单总数。

由上述证明可得，式（6.17）可以用于计算只包含两个或三个真实仓品类的订单集合 O_{23} 中需合流的订单总数。

图 6.7 是一个基于上述方式计算 O_{23} 中合流订单数的案例。W_{ij} 表示品类 i 和品类 j 之间的权重值，计算方式如式（6.16）所示。现有两个订单属于订单集合 O_{23}，订单 1 包含品类 1 和品类 5，订单 2 包含品类 2、品类 3 和品类 4。此时，品类 1 和品类 5 的权重值的求解属于一个订单中包含两个真实仓商品的情况，所以 $W_{15} = m_{15}$。因为 m_{15} 表示只包含品类 1 和品类 5 的订单数量，而此时的数量为 1，可得 $N_{15} = W_{15} = 1$。订单 2 属于一个订单中只包含三个真实仓品类的情形，其中两个品类在同一个真实仓，剩余品类在另一个真实仓。可知，$W_{32} = 0.5 n_{32}$，其中 n_{32} 表示只包含品类 3 和品类 2 以及其他任意品类的订单数量。n_{32} 的数量为 1，得 $W_{32} = 0.5$，同理可得 $W_{34} = 0.5$。在同一个仓库中存有的品类之间的权重值 W_{ij} 均为 0，可以求得 $N_{32} = N_{34} = 0.5$。因此，运用本节策略需要合流的订单数为

$N_{15} + N_{32} + N_{34} = 2$。通过观察可知共有两个订单需要合流，符合求解目标。

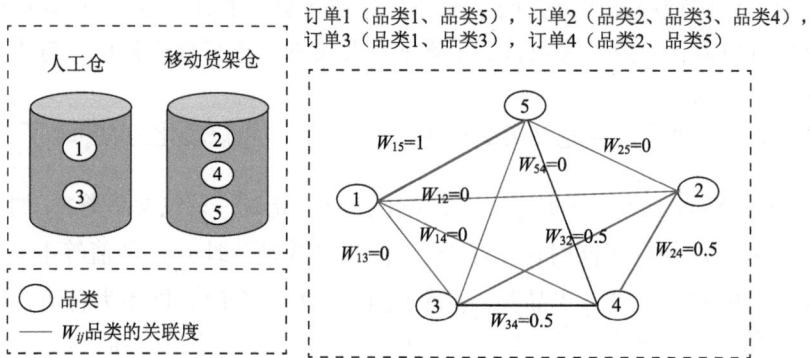

图 6.7　一个基于本节策略计算 O_{23} 中合流订单数的例子

在实际电商配送中心，每日有大量的客户订单中包含两种及以上的品类数。由于订单大、品类多，重复遍历评价每一个品类和订单来求解合流订单总数的时间较长。采用本节设计的方式，在 N_{23} 中，W_{ij} 的值与新生成的解无关，只需要遍历一次订单数，剔除包含在虚拟仓中的品类。z_{ij} 表示品类 i,j 是否分别属于两个真实仓，若是，则为 1，若否，则为 0。z_{ij} 的值可以通过解更新前后的变化值获得。在本节的大邻域搜索中，若破坏品类 i，则可将与其相关的 z_{ij} 的值修改为 0。同样地，在修复操作中，可直接将与其相关的 z_{ij} 的值修改为 1。在目标函数中，最耗费时间求解的部分在于 y_σ 值的求解。该策略可以极大地简化目标函数中关于 y_σ 的求解过程，从而降低目标函数的整体求解时间。

2）评价品类的策略

在邻域搜索中，每一次迭代都需要重新评价筛选品类后目标函数的减少值，再做邻域动作。从整体算法流程表 6.2 中可以发现，邻域搜索迭代一次，邻域动作最大迭代 n 次。若混合启发式算法整体迭代 m 次，则邻域搜索迭代 m 次，邻域动作最大迭代 mn 次。当 m 和 n 的值均等于 100 时，邻域动作需要迭代的次数最大达到了 10 000 次。在混合启发式算法中，上万次的邻域动作运行时间较长，影响着算法整体的求解效率。因此，本节对评价品类的方式提出了以下三种优化策略。

策略一：在每一次的邻域动作后，原本的评价策略需要对新生成的解中的每一个品类重新进行计算，最后得出目标值。通过观察目标函数发现，在对品类的评价过程中，只有与邻域动作相关品类的评价值发生了改变，其他的品类均没有发生变化。因此，新策略中记录了相关品类在经过五种邻域动作后的修改值 $E_i^q(q = 1,2,\cdots,5)$，在求解目标值时，在原目标值的基础上增加修改值，得到新的目标值。通过这种方式，在每一次的邻域动作后，算法不需要重复计算每一个品类的值，而只需计算其中相关的 1～3 个品类在邻域动作后的更改值，从而节约了算法整体的运行时间。

策略二：通过观察关于品类的五种邻域动作发现，在不同的邻域动作的评价值中存在相同的组成部分。在每一步的邻域动作后，本节记录下在邻域动作 $E_i^q(q=1,2,\cdots,5)$ 公式中相同的累乘式 $\prod_{j\in Q_\sigma,j\neq i} x_{jw}$ 的值。当邻域动作的评价式中用到相同的 $\prod_{j\in Q_\sigma,j\neq i} x_{jw}$，即可直接调用记录值，而不需要重复计算。由策略一可知邻域动作在混合启发式算法中的运行次数超过万次，通过直接调用的方式，省去了计算步骤，也可以节约混合启发式算法的整体运行时间。

策略三：在实际配送中心，每天有成千上万的订单。尽管配送中心的品类众多，但实际上仍存在大量品类需求相同的订单。若不同订单需求的品类一致，其中一个订单需要合流，则另一个订单必定也需要合流。因此，本节将品类需求一致的订单归类到同一组中。假定 G_i 表示包含相同品类 $i(i\in K)$ 订单组的集合，ω_g 表示在订单组 $g(g\in G_i)$ 的数量，Q_g 表示订单组 g 需求的真实仓中的品类。基于以上假设，同一个订单组 g 中每个订单包含相同的品类，本节将式（6.6）重新构建成式（6.18）。关于式（6.7）、式（6.10）、式（6.12）和式（6.14）可以按照同样的方式重构。通过这种方式，本节将原订单组中的重复订单合并，节省了关于品类的评价式中重复订单的计算时间。

$$g_i = \sum_{g\in G_i}\omega_g \sum_{w\in\{0,1\}}\left((1-x_{iw})\prod_{j\in Q_g,j\neq i} x_{jw}\right), \ \forall i\in K, x_{i2}=0 \qquad (6.18)$$

6.2.5　实验分析

基于某大型电商配送中心一周的实际数据，构建了实际大规模算例和小规模算例，用于检验本节设计的混合启发式算法的性能。小规模算例用于对比混合启发式算法和 Gurobi 求解模型的结果，大规模算例用于对比混合启发式算法、改进的可行–不可行交替禁忌搜索（feasible-infeasible alternating tabu search，FITS）算法以及改进的 SA 算法求解结果。为了验证所提改进策略的优化效果，本节对比了在采用改进策略前后，混合启发式算法的求解结果和求解时间。通过敏感性分析，对企业仓库管理者提出一些管理上的启示。

1. 算例描述与参数设置

1）实际大规模算例描述

实验基于国内某大型电商配送中心一周的实际数据，包括每天的订单量，单个订单包含的品类数以及品类需求量等。此外，为了扩大数据规模，本节将任意两天的实际数据组合形成案例 8 到案例 10。根据现有实际数据，本节总结出该配送中心的订单和品类结构，一个订单中包含多个品类，而一个品类可在多个订单中。在该配送中心，包含超过两个品类的订单占所有订单的 38.67%。在这些订单中，同样包含大量只有一个品类的订单，这些订单对订单合流成本和补货成本没有影响，因此，本节从所有订单中移除只包含一个品类的订单，剩下的订单数据作为大规模算例。表 6.8 展示了该算例的统计信息，包括品类数、订单数以及包含 2 个品类、3 个品类、4 个及以上品类的订单占据总订单数的比例。

表 6.8 配送中心每日实际订单数据

案例	品类数/种	订单数/个	订单购买 SKU 品类数占比		
			2 个品类	3 个品类	4 个及以上品类
1	3 308	6 532	49.01%	26.04%	24.95%
2	3 144	7 258	48.32%	24.97%	26.71%
3	2 554	7 337	38.07%	36.58%	25.35%
4	3 499	8 772	45.66%	29.40%	24.94%
5	3 307	7 370	47.99%	27.49%	24.52%
6	3 466	7 158	46.88%	27.38%	25.74%
7	3 563	7 264	45.73%	28.22%	26.05%
8	8 314	15 467	46.56%	25.86%	27.58%
9	8 900	20 351	40.56%	32.51%	26.93%
10	8 981	16 292	45.19%	27.65%	27.17%

在实际配送中心中，移动货架仓和人工仓能够存储的品类上限相同。本节设置两个仓库中存有的最大品类数各占总品类数的 55%，使得两个仓库中总共能够存放的品类数达到了总数的 110%，从而保证了两个仓库能容纳所有的品类。若分别将移动货架仓和人工仓的品类数记为 N_r 和 N_p，配送中心的总品类数记为 N_z，则 $N_r = N_p = 55\% N_z$。其中，配送中心的总品类数对应表 6.8 中品类数这一列。实际调研发现仓储的补货成本要高于订单合流成本，故根据配送中心的实际情况将订单合流成本 C_s 设置为 1，补货成本 C_r 设置为 3，其他相关参数的设置如表 6.9 所示。

表 6.9 算例的基本参数设置

参数	参数名称	参数值
N_z	配送中心总品类数/种	——
N_p	人工仓存有的最大品类数/种	$55\% N_z$
N_r	移动货架仓存有的最大品类数/种	$55\% N_z$

参数	参数名称	参数值
C_s	订单合流成本/元	1
C_r	补货成本/元	3
N_V	虚拟仓破坏的品类数/种	$\mathrm{Rand}\left(1,\mathrm{Max}\left(N_V\right)\right)$
N_T	真实仓破坏的品类数/种	$\mathrm{Rand}\left(10\%,15\%\right)\times\mathrm{Max}\left(N\right)$
N_H	混合启发式算法整体迭代次数/次	200
N_{LNS}	迭代一次混合启发式算法大邻域搜索的执行次数/次	1
N_{LS}	迭代一次混合启发式算法邻域搜索的最大执行次数/次	200
N_S	迭代一次混合启发式算法每个邻域算子的最大执行次数/次	100

2）小规模算例的生成方案

小规模算例主要用于本节所提混合启发式算法与 Gurobi 求解结果的对比，通过从实际配送中心每日的订单数据中提取部分订单和品类构建而成。由表 6.8 可知包含 2 个、3 个和 4 个及以上品类的订单数占据整体订单数的比例。在小规模算例中，在品类数保持一致的情况下，提取包含该品类的订单，并保证包含不同品类数的订单占整体订单数的比例基本一致。用于测试小规模算例的基本参数设置与表 6.9 一致。其中，由于算例规模的大幅缩小，混合启发式算法的整体迭代次数缩小至 20 次到 50 次之间。

2. 实验结果分析

1）与 Gurobi 结果对比

基于小规模算例对比了混合启发式算法和 Gurobi 求解的结果，如表 6.10 所示。该表显示了 6 组 24 个小规模算例生成的品类数和订单数，品类数和订单数呈递增的趋势，分别测试了 Gurobi 和混合启发式算法的求解结果与求解时间。由表 6.10 可知，当品类数低于 70 种时，Gurobi 和混合启发式算法都能很快地求解到最优解，但混合启发式算法的求解时间低于 1 秒，快于 Gurobi。当品类数为 70 种，订单数为 140 个时，可以发现 Gurobi 求解到最优解需要接近 1 小时的时间，而混合启发式算法同样能够在低于 1 秒的时间内求到相同的最优解。并且，当扩大品类数和订单数时，Gurobi 在 4 小时内仍然无法找到最优解，而混合启发式算法能够在几十秒的时间内找到比 Gurobi 更优的结果，这充分证明了混合启发式算法的有效性和优越性。在问题规模扩大时，由于本节问题是 NP-hard 问题，问题的求解时间呈指数级增长，导致 Gurobi 无法迅速求解到最优解。本节设计的混合启发式算法，针对问题特性设计算子，使得每一步的寻优都能有效逼近最优解，大大缩短了求解时间。

表 6.10　基于小规模算例的混合启发式算法与 Gurobi 的求解结果

品类数/种	订单数/个	结果/元		求解时间		品类数/种	订单数/个	结果/元		求解时间	
		Gurobi	混合启发式算法	Gurobi	混合启发式算法			Gurobi	混合启发式算法	Gurobi/小时	混合启发式算法/秒
40	80	28	28	2秒	<1秒	130	260	91	91	4	2
40	92	35	35	4秒	<1秒	130	299	114	112	4	2
40	104	40	40	17秒	<1秒	130	338	131	131	4	2
40	116	44	44	21秒	<1秒	130	377	147	146	4	55
70	140	49	49	3473秒	<1秒	160	320	120	115	4	12
70	161	61	61	4小时	<1秒	160	368	148	140	4	9
70	182	70	70	4小时	<1秒	160	416	161	159	4	4
70	203	83	82	4小时	3秒	160	464	187	183	4	71
100	200	70	70	4小时	<1秒	190	380	145	138	4	38
100	230	88	87	4小时	2秒	190	437	170	165	4	24
100	260	106	103	4小时	2秒	190	494	205	190	4	25
100	290	125	119	4小时	<1秒	190	551	224	219	4	63
平均		66.58	65.67			平均		153.58	149.08		

2）与改进的 FITS 算法和 SA 算法对比

　　本节研究问题与现有研究都存有一定的差异，现有的算法不能直接用于求解本节问题。由文献分析可知，聚类问题与本节研究问题接近。聚类分析是根据数据集中的元素相似度，把一个数据集分组成若干个类簇的过程，并且最大化同一集群中各自节点对应的边缘权重之和。聚类问题的元素相似度对应本节问题品类之间的关联性，即两个品类在同一订单中则关联性记为 1。数据集分组的过程即为本节中品类分入两个仓库的过程。本节研究问题与聚类问题的主要区别在于同一品类可以在两个仓库同时存放。

　　因此，针对大规模算例，本节选取了当前聚类问题领域具有代表性的 FITS 算法用于比较，并对该算法做出改进，使其更适合求解本节问题。FITS 算法是 Zhou 等[11]设计的一种结合不可行域和可行域的禁忌搜索算法。FITS 算法在可行域和不可行域交替搜索，其邻域搜索范围包括单品移动、单品交换以及 2-1 交换三种情况。通过这种搜索方式，针对聚类问题，FITS 算法表现出很好的求解效果。

　　针对本节问题与聚类问题的不同点，设置虚拟仓存放在两个仓库中同时存在的品类。此时，聚类问题中数据集分组的过程转变为品类分入三个仓库的过程。在应用中，FITS 算法可行域搜索和不可行域搜索中交换算子设计的选择品类策略是完全随机的。因此，根据本节问题特性，将本节设计的邻域搜索中选择品类的策略应用于 FITS 算法。经过初步测试，FITS 算法在求解大规模问题时，耗费的时间较长。这是因为 FITS 算法更适合在小邻域范围内快速搜索最优解。因此，本节将 FITS 算法与本节设计的大邻域搜索算法结合，使算法在大范围的搜索中有更好的表现。根据以上改进策略，本节设计了改进的 FITS 算法，其算法流程如图 6.8 所示。

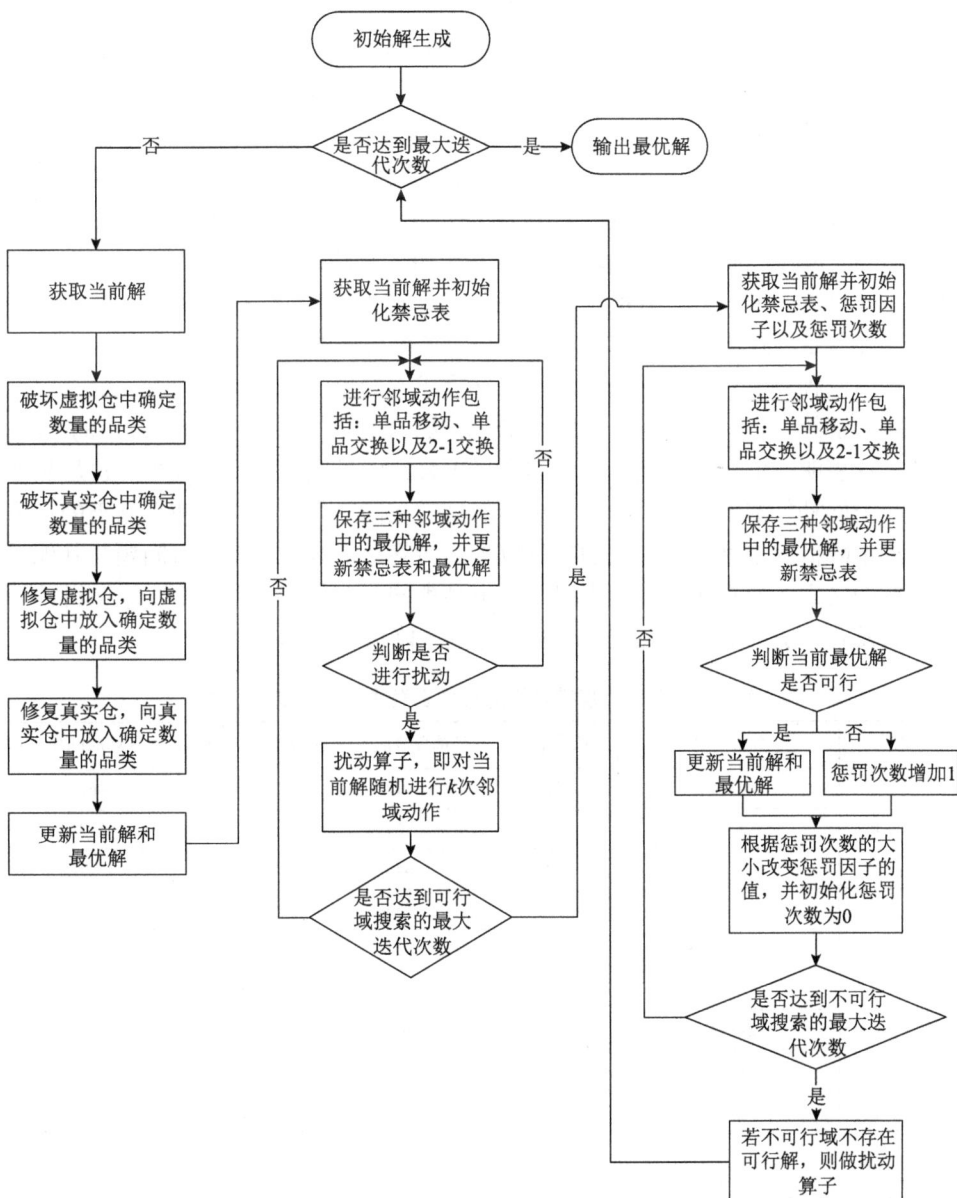

图 6.8　改进的 FITS 算法流程图

　　经过多次实验并参考文献[11]，本节对 FITS 算法的参数做出如下设置。可行域的最大搜索次数 N_{cons} 为 6，不可行域的最大搜索次数 M 为 3，禁忌长度 tt 为 2。同样，为了保证算法比较的公平性，改进的 FITS 算法的最大迭代次数与混合启发式算法的最大迭代次数相同，均为 200 次。在每一步的迭代中，大邻域搜索算法和 FITS 算法分别运行一次。因此，改进的 FITS 算法（LNS+FITS）可用于比较本节设计的混合启发式算法（LNS+LS[①]）。

　　混合启发式算法和改进的 FITS 算法的对比结果如表 6.11 所示，该表中第一列的案例对应表 6.8 配送中心每日实际订单数据，后面表中的案例也与表 6.8 配送中心的实际数据一致。由表 6.11 可知，除了案例 5、案例 7 和案例 9，本节设计的混合启发式算法的结果均优于改进的 FITS 算法。从所有算例的平均结果来看，混合启发式算法结果略好一些，差值为 11.2 元，仅占改进的 FITS 算法总成本的 1.39%，两种算法的求解结果基本接近。在求解的平均时间上，混合启发式算法同样优于改进的 FITS 算法，差值为 258.8 秒，占改进的 FITS 算法求解时间的 7.98%。可见，混合启发式算法可以在较短的时间内求得更优的解。表 6.11 的第四列和第五列展示两种算法求解订单合流成本和补货成本的值。从平均结果看，混合启发式算法求解的补货成本高于改进的 FITS 算法，而订单合流成本低于改进的 FITS 算法。这表明，混合启发式算法能够选择更合适的品类放入虚拟仓中。这虽然增加了品类的补货成本，但同时由于更多的品类在同一个仓库中，使得品类的订单合流成本降低的幅度高于增加的补货成本，最终总成本下降。本节问题与其他类似问题的区别主要在于补货成本以及一个品类同时存在两个仓库中。本节设计的混合启发式算法针对该特性搜索求解，达到了降低总成本的目标。

表 6.11　基于大规模算例的三种启发式算法的求解结果

案例	算法名称	总成本/元	订单合流成本/元	补货成本/元	求解时间/秒
案例 1	LNS+LS	519	492	27	962
	LNS+FITS	557	524	33	872
	SA	694	646	48	1 802
案例 2	LNS+LS	584	554	30	881
	LNS+FITS	597	591	6	1 028
	SA	874	796	78	1 852
案例 3	LNS+LS	373	367	6	590
	LNS+FITS	376	376	0	496
	SA	506	464	42	1 321

---

① LS 表示 local search（局部搜索）。

续表

案例	算法名称	总成本/元	订单合流成本/元	补货成本/元	求解时间/秒
案例 4	LNS+LS	524	494	30	1 172
	LNS+FITS	551	536	15	1 118
	SA	739	661	78	2 022
案例 5	LNS+LS	557	515	42	913
	LNS+FITS	539	530	9	931
	SA	856	814	42	1 662
案例 6	LNS+LS	491	479	12	966
	LNS+FITS	529	526	3	1 105
	SA	790	748	42	1 811
案例 7	LNS+LS	502	478	24	897
	LNS+FITS	502	499	3	1 092
	SA	762	696	66	1 783
案例 8	LNS+LS	1 443	123	1 320	7 600
	LNS+FITS	1 499	498	1 001	7 769
	SA	1 659	195	1 464	16 225
案例 9	LNS+LS	1 498	237	1 261	8 261
	LNS+FITS	1 403	342	1 061	9 033
	SA	1 739	144	1 595	16 222
案例 10	LNS+LS	1 469	186	1 283	7 584
	LNS+FITS	1 519	555	964	8 970
	SA	1 859	183	1 676	16 218
平均	LNS+LS	796.0	392.5	4 03.5	2 982.6
	LNS+FITS	807.2	497.7	309.5	3 241.4
	SA	1 047.8	534.7	513.1	6 091.8

为了进一步验证本节设计的混合启发式算法的有效性,本节设计了改进的 SA 算法进行对比分析。SA 算法运用 6.2.4 节方法生成初始解。接着,将初始温度作为当前温度,通过邻域动作迭代生成更优解。SA 算法中选择品类的方式基于本节设计的邻域动作,并允许 SA 算法在不可行域搜索,扩大解的搜索范围。当某个仓库的品类达到上限时,允许该仓库继续加入品类,但需在成本计算中增加惩罚值。惩罚值表示为 $\varphi\left[\sum_{i \in K}\left(x_{iw} + x_{i\mu}\right) - N_w\right]$,其中 φ 是 $C_s + C_r$ 的 10 倍。此外,SA 算法在选择邻域动作时,采取自适应的方式,主要针对 9 种邻域动作设计权重,

初始每个邻域动作的权重为 1，权重的更新策略如式（6.19）所示：

$$\varPsi = \max \begin{cases} \omega_1, & \text{优于全局最优解} \\ \omega_2, & \text{优于当前解} \\ \omega_3, & \text{当前解可行} \\ \omega_4, & \text{当前解不可行} \end{cases} \qquad (6.19)$$

其中，$\omega_1 > \omega_2 > \omega_3 > \omega_4 > 0$。设置的参数依次为 4、3、2、1。当解不可行时，若优于全局最优解取 ω_1 更新，否则取 ω_4 更新，更新公式为 $\rho = \lambda\rho + (1-\lambda)\varPsi$。$\rho$ 为当前解，λ 取 0.8。当达到当前温度下的最大迭代次数时，通过温度下降函数更新温度，直到达到终止温度。

改进的 SA 算法的初始温度为 100，终止温度为 10^{-5}，温度衰退率为 0.98，每个温度下的迭代次数为 100 次。基于以上设置，将 SA 算法用于求解本节问题。由表 6.11 可知，改进的 SA 算法的求解结果劣于改进的 FITS 算法和本节混合启发式算法。在总成本上，改进的 SA 算法比混合启发式算法的目标值多 251.8 元，占改进的 SA 算法的 24.03%。在求解时间上，本节的混合启发式算法仅用了改进的 SA 算法约一半的时间。这表明本节设计的混合启发式算法能在较短的时间内取得更优的结果。因此，混合启发式算法更适用于求解本节研究问题。

3）算法改进策略前后结果对比

针对大规模问题，本节提出了多种优化策略。为了评估这些策略的效果，本节比较了运用策略前后的算法求解时间，对比结果如表 6.12 所示，分别显示了算法在优化前后的求解结果、求解总时间以及算法中各子部分的求解时间。由表 6.12 可知，算法在采用优化策略前后结果基本一致，而在求解总时间上优化前的算法需要 13 960.8 秒，优化后的算法仅需要 2982.6 秒。算法的运行时间由原来的约 3 小时 53 分钟降低到 50 分钟左右，效率提高了 78.64%，这充分说明了本节设计的优化策略的有效性。

表 6.12　算法采用优化策略前后的结果

案例	算法是否优化	目标函数值	求解总时间/秒	邻域搜索求解时间/秒	大邻域搜索求解时间/秒
案例 1	优化前	521	6 375	6 116	259
	优化后	519	962	706	256
案例 2	优化前	588	6 041	5 682	359
	优化后	584	881	660	221
案例 3	优化前	373	4 738	4 606	132
	优化后	373	590	477	113

案例	算法是否优化	目标函数值	求解总时间/秒	邻域搜索求解时间/秒	大邻域搜索求解时间/秒
案例 4	优化前	566	7 252	6 932	320
	优化后	524	1 172	906	266
案例 5	优化前	565	7 084	6 873	211
	优化后	557	913	749	164
案例 6	优化前	518	7 293	7 015	278
	优化后	491	966	721	245
案例 7	优化前	500	6 126	5 946	180
	优化后	502	897	727	170
案例 8	优化前	1 449	30 254	27 424	2 830
	优化后	1 443	7 600	5 056	2 544
案例 9	优化前	1 448	33 556	30 640	2 916
	优化后	1 498	8 261	5 801	2 460
案例 10	优化前	1 417	30 889	28 081	2 808
	优化后	1 469	7 584	5 038	2 546
平均	优化前	794.5	13 960.8	12 931.5	1 029.3
	优化后	796.0	2 982.6	2 084.1	898.5

　　针对设计的两类优化策略，在表 6.12 中分别统计其优化效果。本节所提优化策略主要应用于大邻域搜索中，优化后大邻域搜索的求解时间占原求解时间的87.29%。这主要是因为在混合启发式算法的 200 次迭代中，每一次迭代后大邻域搜索的目标函数仅更新一次。该策略主要用于目标函数求解方式的优化，本节统计了在未使用该策略时，单次目标函数的大邻域搜索的平均求解时间为 5.15 秒。在采用优化策略后，单次目标函数的平均求解时间为 4.49 秒。优化前后，单次目标函数的求解时间降低了近 15%，表明本节设计的优化策略的有效性。本节所提的优化策略主要应用于邻域搜索中，由于混合启发式算法在一次迭代中，邻域搜索需迭代 200 次，优化策略的应用次数多达千次。从表 6.12 中可以看出，优化前邻域搜索的求解时间 12 931.5 秒，优化后仅需 2084.1 秒，体现了本节优化策略的有效性。

　　4）大邻域搜索和邻域搜索在算法中的优化效果对比

　　本节设计的混合启发式算法很好地平衡了大邻域搜索和邻域搜索之间的关

系，两种搜索方式互补，使得算法更快地找到最优解。为了验证大邻域搜索和邻域搜索在更新算法最优解上的表现，本节分别统计了大邻域搜索和邻域搜索在迭代过程中更新最优解的节点，如图 6.9 所示。图中由大邻域搜索找到的最优解标记为加号虚线，由邻域搜索找到的最优解标记为圆点实线。混合启发式算法的最大迭代次数为 200 次，每一次迭代，大邻域搜索运行一次，邻域搜索运行一次。因此，图中总共的迭代次数为 400 次。若在某次迭代中更新了最优解，则在此处标记对应符号，用于区分两种搜索的效果。将两点直接连线的长度表示此次更新解的效果，沿 y 轴方向长度越长，线条越陡，效果越好。本节选取的配送中心实际算例在算法的表现上相似，因此图 6.9 仅体现了案例 1 中的更新结果，其他案例的结果与案例 1 保持一致。

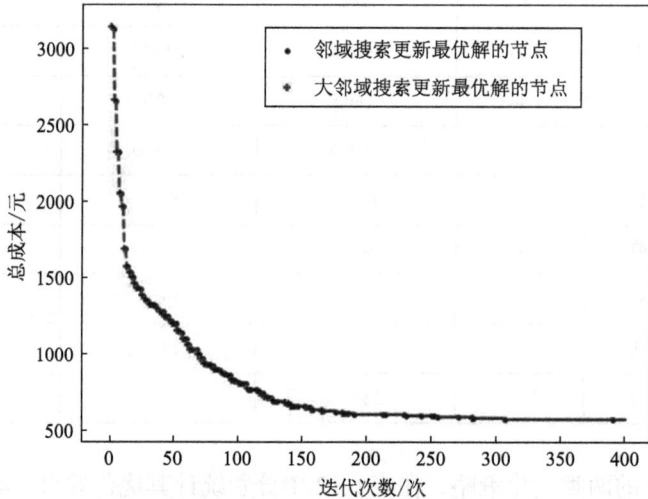

图 6.9　大邻域搜索和邻域搜索在算法中更新最优解的节点的比较

由图 6.9 可知，在算法搜索的初始阶段，大邻域搜索比邻域搜索有更好的寻优效果。可以看到，表示大邻域搜索更新程度的虚线，每次更新的长度长且陡，表明大邻域搜索更新最优解的程度大。并且在初始阶段大邻域搜索多次更新最优解，使得求解结果更快地逼近最优解。接着，在迭代的中间半段，大邻域搜索算法和邻域搜索算法有着相同的表现，更新的解的长度与次数基本接近。当迭代次数达到 150 次左右时，算法的更新主要取决于邻域搜索。这是因为，算法已经逐渐逼近最优解，更优解的更新往往只需要交换或者移动其中一个品类。大邻域搜索变动的范围过大，导致很少搜寻到更优解。本节设计的邻域动作更适合本阶段的搜索，更易更新最优解。同时，大邻域搜索在该阶段起到了扰动算子的作用，避免邻域搜索过早地陷入局部最优解。

3. 敏感性分析

1）订单合流成本的敏感性分析

为了分析订单合流成本对企业管理产生的影响，本节计算了不同的订单合流成本下的总成本、补货成本、订单合流成本、人工仓面积利用率、移动货架仓面积利用率，并将相应的结果绘制于图 6.10 中。由图 6.10 可知，随着合流成本 C_s 的增大，总成本不断增大。单位订单合流成本的增加不一定会导致订单合流总成本的增加。这是因为 C_s 的值增加到 4 元时，仓库的面积利用率上升，表明更多的品类从真实仓移入虚拟仓。尽管此时补货成本有了较大的提升，但由于两个仓库中同时存在的品类数增多，导致订单合流成本下降。不难看出，随着订单合流成本的提高，更多的品类被同时存入两个真实仓中，使得虚拟仓的品类数增多，导致补货成本也随之增大。在订单合流成本增大的同时，两个仓库的总面积利用率逐渐增大。当订单合流成本大于等于 5 元时，两个仓库的总面积利用率均达到 100%。这说明了若订单合流成本过大，两个仓库中同时存有的品类数增多，通过以空间换成本的方式降低总成本。

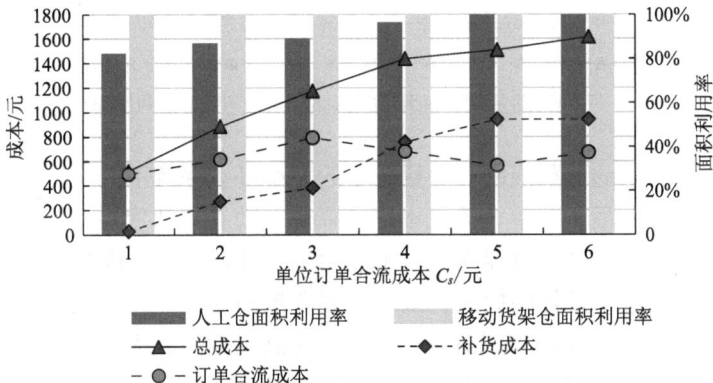

图 6.10　不同订单合流成本 C_s 对成本和仓库面积利用率的影响

2）仓库面积占比的敏感性分析

为了分析在引进移动货架系统时，移动货架仓面积占比对企业管理产生的影响，本节计算了不同的订单合流成本下的总成本、补货成本、订单合流成本、人工仓面积利用率、移动货架仓面积利用率，并将相应的结果绘制于图 6.11 中。当移动货架仓的面积占比达到 50% 时，补货成本和订单合流成本达到最大值。假设两个仓库的总容量为 N_k，则两个仓库所能容纳的最大品类数均为 $50\% N_k$。若剔除虚拟仓内的品类数 N_V，将两个仓库内的品类两两组合，则最多有 $\left(50\% N_k - N_V\right)^2$ 种情形。当移动货架仓的面积占比不为 50% 时，假设 k 表示移动货架仓占两个仓库总面积的比例，则最多有 $(kN_k - N_V)((1-k)N_k - N_V)$ 种品类组合。对该式求导可得当 $k = 0.5$ 时，取得最大值。当移动货架仓面积占据两个仓库总面积的 50% 时，总成本达到了最大。因此，对于同一个订单中的两个商品分散在不同仓库内的可能性越高，订单需要合流的可能性越大，订单合流成本越大。同时，仓库整体的面积利用率提高，补货成本达到最大。

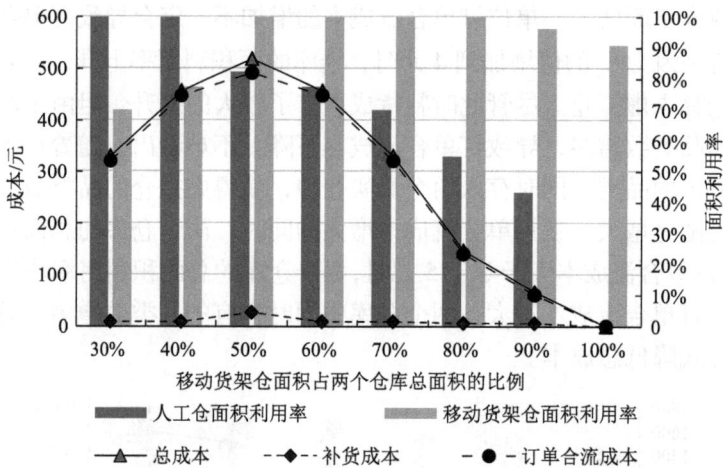

图 6.11　不同移动货架仓面积占比对成本和仓库面积利用率的影响

而由于虚拟仓的面积限制，补货成本的大小基本保持不变。当移动货架仓的面积占比超过 50% 后，订单合流成本逐渐降低。随着移动货架仓能够存入的品类数的增多，更多的品类可以存入同一个仓库中。此时，原本因为仓库面积小而不能存入的品类经过有选择的放入，最终需要合流的品类数逐渐减少，从而降低订单合流成本。从图 6.11 中可以观察到，若优先满足面积较大的仓库，使其尽可能地存满商品，将剩余商品存入另一个仓库中，可以降低订单合流成本和补货成本。

6.2.6　管理启示

随着电商配送中心引入移动货架仓，配送中心被划分为两种不同系统的仓库。在移动货架仓中，移动机器人搬运货架到拣货台，由拣货员拣选品类，组合不同的品类配送订单。在传统的人工仓中，人工推动手推车到达货架处——拣选品类，完成订单。当仓库中两种系统并存时，大量的品类被拆分放入两个不同的仓库。以往，由于品类在同一个仓库中，拣货作业在同一个系统下完成，不存在订单合流的情况。而此时，大量订单中的品类分散在两种不同系统的仓库中，导致订单拣选困难。在实际电子商务配送中心中，每十单中至少有两单需要订单合流，完成订单的拣货作业，这导致了订单合流成本的产生。若订单合流成本过大，仓库管理总成本将增大。仓储管理员应该重视合理降低订单合流成本，提升员工熟练度，并且制订一个有效的订单拣选波次计划。此外，在移动货架仓中，由于货架的可移动性，品类可以摆放在不同的货架上，这导致同一货架上有不同的品类组合。区别于传统的人工仓固定货架，不同货架的品类组合策略可以满足电商多样化的订单品类需求。因此，仓库管理员可以制定不同货架的品类补货策略，在降低补货成本的同时，也降低了订单拣选成本。

另外，在通常情况下，电商企业引入移动货架仓是一个循序渐进的过程，在经过一段时间的调整后，逐渐扩大移动货架仓的面积。然而，若由传统的人工仓转变为移动货架仓的过程过慢，订单合流成本和补货成本占据的仓储管理成本比例将极高。由本节的分析可知，当移动货架仓的面积占比达到50%时，该部分的成本支付将达到最大值。若移动货架仓的面积占比达到100%，则订单合流成本和补货成本为 0。因此，若电商企业决定引入移动货架仓，应当尽可能快地扩大移动货架仓的空间，或者避开移动货架仓的面积占比达到50%的情况，避免订单合流成本和补货成本达到峰值。

6.3　机器人移动货架系统货位分配决策与优化

拣货作业一直是物流中心最耗时、耗力的关键活动[12]，货位分配则是影响拣选效率与成本的重要环节[13]。1989 年，货位分配问题被证明是 NP-hard 问题[14]，理论上的复杂性和实践中的重要价值引起了国内外学者对该问题的高度关注，几十年来，货位分配问题一直是仓储系统优化领域的研究热点和难点[15,16]，一系列标志性成果发表在 *Management Science*、*Operations Research*、*Production and Operations Management*、*Transportation Science* 等运筹与管理领域的顶级期刊中[17-23]。

机器人移动货架系统的出现，给货位分配带来了新的、更大的挑战[24]。机器人移动货架系统的货位分配不仅要考虑哪些商品经常被一起订购，而且更应该关注商品在订单中的数量关系；如"1 个商品 A、4 个商品 B、3 个商品 C"常被顾客一起订购，若忽视它们的数量关系，而按 1:1:1 将其存放于一个货架，则该货架的商品 B 将最先耗尽，订单拣选还需再为 B 多移动一个货架，不仅拣选效率大大降低，货架空间也会由于商品配比问题而未得到有效利用。然而，电商订单具有小批量、多批次、一单多品等特征，每个品类都有可能与其他多个品类同时被订购，并且具有完全不同的数量关系及订购频次。面对大规模品类组合及数量配比关系，货位分配问题需要确定每类商品都应放在哪些货架、每个货架的存放数量，以便尽可能符合品类、数量、订购频次等多种关系规律，从而最小化订单拣选所需移动的货架数量，发挥出该系统针对小件多品的电商订单的拣货优势。如何根据大量顾客订单所揭示的商品订购规律构建有效的货位分配方案，尽可能提高顾客订单的拣选效率，是目前该领域亟待解决的关键问题。

6.3.1　问题描述与分析

机器人移动货架系统的货位分配需要以提高顾客订单的拣选效率为目标，针对若干数量的各类商品，确定它们在每个货架上是否存储，以及具体的存储数量。那么，应该考虑哪些顾客订单、如何衡量顾客订单的拣选效率、各类商品的补货策略是否需要与货位分配方案同时确定？这些都是需要明确的基本问题。针对这些问题，我们做出如下界定和假设。

（1）货位分配方案需要基于顾客订单中的商品品类、数量规律而制定，本节假定顾客订购规律同时隐含在顾客的历史订单以及未来订单之中，基于历史订单制定的、符合顾客订购规律的货位分配方案可以有效地提高其面向未来订单的拣选效率，且顾客的历史订单已知。

（2）仓储系统的拣选效率通常可以使用针对某批订单集合的总拣货时间来衡量；在固定货架系统下，总拣货时间即为拣货员为完成所有拣货任务而在货架中穿梭行走的时间之和。由于拣货时间的计算和货架位置息息相关，而机器人移动货架系统的货架位置并不固定，它可根据货架在拣货时的使用频次而定期调整。所以，机器人移动货架系统中，即使拣货货架确定，拣货时间也会由于货架位置而有所不同，拣选效率也就无法以拣货时间来衡量。为此，本节采用货架向拣货台的移动次数来衡量货位分配方案的优劣，为实现一批订单的拣货工作，货架的移动总次数越少，则拣选效率越高。

（3）各类商品的补货策略取决于很多因素，通常可根据商品在顾客订单中的订购频次和数量来确定，该问题与商品的货位分配问题的本质不同，它们属于不同阶段、不同层面的决策问题。为此，假定各类商品的补货数量和周期已经给定，并且在一个补货周期内，所有商品不会由于补货数量不足而出现缺货的情况，本节研究该种情况下的货位分配问题。

基于上述界定，机器人移动货架系统的货位分配问题可描述如下：某机器人移动货架系统含有若干个相同的可移动货架 $R = \{r_1, r_2, \cdots\}$ ，每个货架的最大载重量为 W ；已知一个补货周期内所发生的历史订单集合 $O = \{o_1, o_2, \cdots\}$ ，每个订单 j （ $j \in O$ ）在一个补货周期内被顾客订购的期望次数为 p_j （ $p_j > 0$ ），它订购的第 k 种 SKU 的数量为 m_{jk} ；该仓储系统需要存储的所有 SKU 集合为 K ，且每种 SKU 的库存总量为 c_k （ $k \in K$ ），单位重量为 w_k （ $k \in K$ ）；该问题需要求出所有 SKU 的货位分配方案（包括每个货架上应存储哪些 SKU 及每种 SKU 的存储数量），以最小化 O 中的订单在拣货时需要移动的货架次数。

几十年来，国内外学者围绕着货位分配策略、货位分配模型及算法开展了众多前沿性研究，取得了较大的研究进展。货位分配策略的代表性成果除早期的固定策略和随机策略外，还包括最近策略、基于周转率的策略[25,26]、基于商品相关性的策略及共享策略[27]等。在货位分配模型的研究方面，整数规划模型是货位分配研究常构建的一种模型形式，它通常基于商品品类和货位编码，以 0-1 变量表示品类与货位的对应关系，或以整数变量表示品类在货位上的存储量，并通过相关约束表达货架容量、商品数量等限制条件，从而构建出 0-1 模型、整数模型或混合整数规划模型等[28,29]。在货位分配算法设计方面，虽然精确算法可求得问题最优解[13]，但由于货位分配问题的 NP-hard 特性，其求解空间会随问题规模的增加而急剧增大，且该问题在现实中经常会涉及大量商品品类和大规模货位空间，因此即使是稍有规模的现实问题也很难求得精确解，启发式算法则是该问题的常见求解方法[29-32]。在理论上，机器人移动货架系统的货位分配同时具备带容量约束的聚类问题[33-35]和多维背包问题[36-38]等 NP-hard 问题的特征，但又都有所区别：聚类问题是要将若干对象（商品）划分为多个类，它并不考虑每个类中以及各个类之间的对象关系；多维背包问题虽然考虑了装入每个包裹中的商品数量限制，但它以最大化装入商品的价值为目标，忽略了商品之间的品类和数量关系。本节的货位分配问题已超出了聚类和多维背包问题现有理论方法的适用范围。

综上所述，国内外学者对各类货位分配策略、模型及算法进行了系统深入的研究，在该领域也得到了成功的应用，但是，不同于固定货架仓储系统的货位分配问题，机器人移动货架系统中的每类商品可拆零并与其他商品组合起来存放于货架中，商品品类和数量的双重关系需要同时考虑，难以割裂，这不仅使移动货架系统货位分配问题在本质上有别于现有研究，也极大地增加了货位分配的复杂性和挑战性。如何根据大量订单所体现的商品订购规律构建有效的货位分配方案，尽可能提高顾客订单的拣选效率，仍是该领域亟待解决的关键性难题之一。

6.3.2　模型构建

1. 机器人移动货架系统的货位分配模型

为构建机器人移动货架系统的货位分配模型，定义以下决策变量：设 x_{ijk} 为 $[0,1]$ 之间的线性变量，表示第 i（$i \in R$）个货架为第 j（$j \in O$）个订单的第 k（$k \in K$）种 SKU 提供拣货的商品占该订单中商品总数的比例，若 $x_{ijk} = 0$ 则货架 i 不支持订单 j 中商品 k 的拣货服务，$x_{ijk} = 1$ 则订单 j 中所有的商品 k 都从货架 i 上进行拣货；设 y_{ij} 为 0-1 整数变量，表示第 i（$i \in R$）个货架是否被选中为第 j（$j \in O$）个订单提供拣货服务，若有 $x_{ijk} > 0$，则 y_{ij} 必为 1，否则 y_{ij} 为 0；设 z_{ik} 为非负整数变量，表示第 i（$i \in R$）个货架中第 k（$k \in K$）个 SKU 的存放数目。

移动货架系统的货位分配模型可构建为

$$\min \sum_{i \in R} \sum_{j \in O} p_j y_{ij} \tag{6.20}$$

$$\sum_{i \in R} x_{ijk} \geqslant 1, \forall j \in O, k \in K \tag{6.21}$$

$$\sum_{j \in O} x_{ijk} m_{jk} p_j \leqslant z_{ik}, \forall i \in R, k \in K \tag{6.22}$$

$$y_{ij} \geqslant x_{ijk}, \forall i \in R, j \in O, k \in K \tag{6.23}$$

$$\sum_{i \in R} z_{ik} \leqslant c_k, \forall k \in K \tag{6.24}$$

$$\sum_{k \in K} w_k z_{ik} \leqslant W, \forall i \in R \tag{6.25}$$

$$0 \leqslant x_{ijk} \leqslant 1, y_{ij} \in \{0,1\}, z_{ik} \in Z^+ \tag{6.26}$$

在上述模型中，目标函数（6.20）以所有订单的拣货工作所需搬运的货架次数最小化为目标；约束（6.21）表示所选择的货架应该完全支持每个订单每种 SKU 的拣货需求；约束（6.22）保证了货架上为所有订单提供拣货的某种 SKU 数量不超过其存放的该 SKU 的数量；约束（6.23）表示若货架 i 为订单 j 的某种 SKU 提供了拣货服务（$x_{ijk} > 0$），则必有 $y_{ij} = 1$；约束（6.24）表示每种 SKU 在货架上摆放的总量不能超过其库存总量；约束（6.25）保证了每个货架的载重不会超过其最大限制；约束（6.26）定义了变量的取值范围。

该模型通过决策变量 x_{ijk} 的定义，创造性地描述出货架对订单 SKU 提供拣货的数量比例。正是基于这样一种变量定义方式，约束（6.22）才得以采用一种更精确的方式描述出货架对 SKU 提供拣货数量的期望值，这就很好地适应了订单被顾客订购期望次数 p_j 为实数的情况。

基于上述数学模型，我们进一步分析机器人移动货架系统货位分配问题的 NP-hard 特性。由于该问题在进行一定条件变换后可视为带容量约束的装箱问题（bin packing problem，BPP）[39]，而 BPP 已被证明是 NP-hard 问题[39]，所以机器人移动货架系统的货位分配也是 NP-hard 问题。从机器人移动货架系统的货位分配问题到 BPP 的变换过程如下：假设每种 SKU 的库存总量为 1，且只被一个订单订购一次，每个订单只订购了两种 SKU；将每种 SKU 映射为 BPP 的一个节点，将机器人移动货架系统中的每个货架映射为 BPP 中的一个类（Cluster），又将两种 SKU 在同一订单中的订购次数（0 或 1）视为 BPP 中两个节点之间边的权重。基于上述变换，BPP 将节点划分为给定数量的不相交的 Cluster 的过程，相当于货位分配问题中将 SKU 分配给货架的过程，两个问题具有相同的目标，其证明如下。

定理 6.2　BPP 的目标为最大化每个 Cluster 内节点的边的权重之和；在上述假设和映射的情况下，BPP 的目标等价于机器人移动货架系统货位分配问题关于"最小化拣货货架移动次数"的目标。

证明：基于上述假设，连接两个节点的边的权重为 1 或 0，它取决于两个 SKU 是否被一个订单同时订购过。那么，将所有边的权重之和记为 θ（即订单总数），在 BPP 聚类之后（即在为 SKU 分配好货位之后），将每个 Cluster 内节点的边的权重之和记为 θ_1，而将所有订单拣选工作所需移动的货架次数记为 θ_2；则有 $\theta = \theta_1 + \theta_2 / 2$。这是因为每个订单只订购两种 SKU，如果某订单所关联的两种 SKU 分配给了同一个货架（在一个 Cluster 中），则 θ_1 将增加 1；否则，该订单的拣货工作必须要同时移动两个货架才能完成，那么 θ_2 将增加 2；总之，每个订单都会使 $\theta = \theta_1 + \theta_2 / 2$ 的两边同时增加 1，而使等式成立。根据这一等式，最大化 θ_1 也即等价于最小化 θ_2。那么，在上述假设下，BPP 最大化每个 Cluster 内节点的边的权重之和的目标就等价于货位分配问题"最小化拣货货架移动次数"的目标。

2. 模型参数边界的确定

分析模型可以发现，模型参数 R 中过多的货架数，及 $\{c_k\}_{k \in K}$ 中过多的商品库存量，都将导致更庞大的求解空间和计算时间。当货位分配方案中两个货架有足够大的剩余空间时，完全可以将这两个货架上的商品合并到一个货架上，从而在不改变最优目标值的情况下减少所使用的货架数。为提高模型的求解效率，本节对影响模型规模的关键参数——货架数和 SKU 库存件数进行分析，提出它们下界和上界的确定方法（定理 6.3），以及模型规模缩减策略（策略 1），该策略有助于更为有效地求解模型且不失最优解。

定理 6.3　设 U_R、L_R 分别为货架总数的上界和下界、$\mathcal{U}_k$、$\mathcal{L}_k (k \in K)$ 分别为待存放的第 k 种 SKU 件数的上界和下界，则 L_R、$\mathcal{L}_k$ 可通过式（6.27）和式（6.28）而分别得到，其中 $[*]$ 表示不小于实数 $*$ 的最小整数，而 U_R 和 $\mathcal{U}_k$ 可通过表 6.13 计算而得。

$$L_R = \left\lceil \frac{\sum\limits_{j \in O} \sum\limits_{k \in K} w_k m_{jk} p_j}{W} \right\rceil \tag{6.27}$$

$$\mathcal{L}_k = \left\lceil \sum\limits_{j \in O} m_{jk} p_j \right\rceil, \forall k \in K \tag{6.28}$$

表 6.13　　U_R 和 $\mathcal{U}_k$ 的计算方法

序号	步骤
1	输入：顾客订单集合 O
2	令 $U_R = 0, U_k = 0 \left(k \in K \right)$
3	另 φ 为一个货架集合，设置 $\varphi = 0$
4	While 订单集合 O 不为空时，完成步骤 4～16
5	随机从订单集合 O 中选择一个订单 j 移除
6	For 订单 j 中每一种 SKU k
7	设 $M_{jk} = \left[m_{jk} p_j \right]$
8	$\mathcal{U}_k = \mathcal{U}_k + M_{jk}$
9	令 r 为一个空的新货架，δ 为一个空的 SKU 列表
10	While 货架 r 没有装满时，完成步骤 10～13
11	若订单 j 所有 SKU 都在 δ 中存在，或不存在 $M_{jk} \geqslant 1$，则跳出 While 循环
12	随机选择订单 j 中的某个 SKU k（$k \notin \delta, M_{jk} \geqslant 1$）的一个商品
13	将选择的这个商品存入 r，并设置 $M_{jk} = M_{jk} - 1$
14	若 r 已超载，则将刚加入的商品从 r 移至 δ 中，并设置 $M_{jk} = M_{jk} + 1$
15	设置 $U_R = U_R + 1$
16	如果存在 SKU k 使 $M_{jk} \geqslant 1$，则转入步骤 8
17	将货架 r 加入集合 φ 中
18	While φ 中有任何两个货架上的商品之和不超出货架最大载重 W，则完成步骤 18～19
19	将一个货架上的商品移至另一个货架上，并从 φ 中移除空的货架
20	设置 $U_R = U_R - 1$
21	输出：U_R 和 $\{\mathcal{U}_k\}_{k \in K}$

表 6.13 通过步骤 8 计算出每种 SKU 的数量上界 $\mathcal{U}_k$（$k \in K$），并在步骤 3～16 中计算出订单所需的货架总数，然后通过步骤 17～19 的货架合并而缩减货架总数，从而得到其上界 U_R。下文将证明定理 6.3 所给出的上下界的合理性。

证明： 由式（6.27）可见，当货架数小于其下界 L_R 时，仓库所拥有的货架不能容纳所有商品；又由式（6.28）可见，若某种 SKU 的数量小于 $\mathcal{L}_k$（$\forall k \in K$）

时，该种 SKU 不能满足所有订单的拣货需求；所以在上述两种情况下，模型都没有可行解，因此，货架数不能小于 L_R，第 k 种 SKU 的数量不能小于 $\mathcal{L}_k$。

表 6.13 关于 U_R 的计算，首先针对每个订单的所有商品依次装入空货架中，装满之后再启用另一空货架，如此反复，直至所有商品都已装入；然后将每个订单最后启用的空货架（很可能未装满）记入集合 φ 中；最后将 φ 中未装满的货架上的商品进行合并，以减少 U_R 的数量，直至无法合并为止。

上界 U_R 可采用反证法加以证明：若货架总数在上界 U_R 的基础上增加时，模型的目标值得以减小，则表示必有一个订单，它的商品被分配到新增的货架上后，为该订单提供拣货的货架数会减少，即与该订单所关联的货架上的商品可以合并到新的货架上，从而减少为该订单提供拣货服务的货架数；而按照表 6.13 的计算过程，任何两个货架上剩余的商品已不能再合并到一个新的货架上；因此，模型的目标值不会随着 U_R 的增加而减少。同时，$\mathcal{U}_k$ 也已满足所有订单关于 SKU k 的需求，因此 $\mathcal{U}_k$ 的增加也不会使模型目标值减小。因此，定理 6.3 得证。

基于定理 6.3，本节采用下述策略来优化货位分配模型的可用货架数和每种 SKU 的补货量这两类参数。实验证明，经过参数优化后的货位分配模型，其求解效率将大幅提高。

策略 1　当现实问题所给定的货架数 $|R| < L_R$ 时，货位分配模型无可行解，需增加可用的货架数；当 $|R| > U_R$ 时，令 $|R| = U_R$，即可以在不改变模型最优目标值的情况下，减小模型的规模和计算复杂性；而当 $L_R \leqslant |R| \leqslant U_R$ 时，不需要修改 $|R|$。

当问题给定的第 k 种 SKU 的库存总量 $c_k < \mathcal{L}_k$（$\forall k \in K$）时，货位分配模型无可行解，需增加第 k 种 SKU 的库存数量；当 $c_k > \mathcal{U}_k$ 时，令 $c_k = \mathcal{U}_k$，即可以在不改变模型最优目标值的情况下，减小模型的规模和计算复杂性；而当 $\mathcal{L}_k \leqslant c_k \leqslant \mathcal{U}_k$ 时，不需要修改 c_k。

6.3.3　问题复杂性分析

机器人移动货架系统的货位分配问题在进行一定缩减后可归结为带容量约束的聚类问题，该问题已被证明是一个 NP-hard 问题[11]，所以机器人移动货架系统的货位分配问题也具有 NP-hard 特性，求解难度主要体现在以下三个方面。

（1）机器人移动货架系统的货位分配问题的目标不是最小化拣货时货架的移动距离或者拣货成本，而是最小化拣货时移动的货架数。这是因为机器人移动货架系统中货架的位置并不是固定的，还可能随着不同时间段或者 SKU 受欢迎的程度变化来随时调整货架的位置，所以选择拣货时移动的货架数作为研究的目标。

（2）传统仓库的 SKU 一般存放一个货架，方便操作人员进行补货或者拣货作业。在机器人移动货架系统中，SKU 可以存放到多个货架，保证 SKU 分布的分散性和机器人移动货架仓系统的柔性。此时系统记录 SKU 的存储位置，进行拣货作业时，搬运机器人只需要按照系统的指令将对应的货架搬运至拣货台。

（3）机器人移动货架系统的货位分配不仅要确定货架存放的 SKU 种类数，还要确定 SKU 的件数。每个货架存放的 SKU 数量非常重要，这决定了货架能否在不移动其他货架的情况下，尽可能多地满足客户订单需求。

6.3.4　SA 算法设计

机器人移动货架系统的货位分配问题属于一类 NP-hard 问题，当问题规模较小时，可通过线性规划求解器求得问题最优解。但当问题规模不断增大时，线性规划求解器就很难在较短的时间内求得问题的最优解甚至可行解。为此，本节设计了面向大规模问题快速求解的启发式算法——SA 算法。

SA 算法将退火的思想引入解决组合优化问题，并将米特罗波利斯（Metropolis）准则应用到搜索求解的过程中，属于一种有效地求解大规模组合优化问题的近似算法。本节在 SA 算法基本框架的基础上，设计了其求解机器人移动货架系统货位分配问题的关键模块，下面介绍算法基本流程、初始解生成方法、货位分配方案评价方法及邻域解生成方法。

1. 算法基本流程

SA 是一种迭代式的邻域搜索算法，其基本思想是从某一较高的初始温度出发，伴随温度参数的不断下降，结合概率突跳特性在解空间中随机寻找目标函数的全局最优解。本节设计的 SA 算法基本流程如下。

步骤 1：初始化。设定温度冷却系数 α 和初始温度 T_0，以及当前温度 $t = T_0$；基于贪心策略及订单被订购的频次，将订单中的 SKU 依次分配到货架上，生成初始货位分配方案 S_0。

步骤 2：根据货位分配方案评价方法求得初始解的目标值 $f(S_0)$，即为满足订单的拣货需求所需移动的货架总数。将初始解 S_0 的值分别赋值给算法的当前最优解 S^* 和当前解 S，即 $S^* = S_0, S = S_0$；记录模型变量 x_{ijk}（$i \in R, j \in O, k \in K$）的值，以便为后续计算新解目标值做准备。

步骤 3：通过 $t = t \cdot \alpha$ 进行降温操作，判断是否满足温度终止条件，若满足则算法结束，输出结果；否则，转至步骤 4。

步骤 4：为了找到更优的邻域解，将订单作为邻域操作对象；根据问题特点，计算每个订单的评价值，以便基于订单评价值来选择邻域操作的对象。

步骤 5：根据订单评价值采用轮盘赌的方式选择一个订单（订单的评价值越高，被选中的概率越大）；根据当前解 S 中为该订单提供拣货的货架集合，将该订单的部分商品合并到一个货架上，生成一个备选解 S' 。

步骤 6：计算目标函数增量 $\Delta f = f(S) - f(S')$ 。若 $\Delta f > 0$ ，则 $S = S'$ ，并根据 S^* 与 S' 的大小关系更新 S^* ；否则，基于温度 t 以一定概率接受 S' ，若接受则令 $S = S'$ ；转至步骤 3。

本节设计的 SA 算法包含三个重要部分：①初始解的生成；②解的评价；③邻域对象的选择。其中，解的评价在每次迭代中都要被调用，其处理效率关系整个算法的优化速度；然而，每次邻域搜索所得到的货位分配方案是指以变量集合 $\{z_{ik}\}_{i \in R, k \in K}$ 记录的每个货架所装载的 SKU 种类和数量，而若想由这一货位分配方案得到每个货架针对订单 SKU 的拣货数量比例 $\{x_{ijk}\}_{i \in R, j \in O, k \in K}$ ，进而得到用于评价该货位分配方案的货架使用次数 $\{y_{ij}\}_{i \in R, j \in O}$ ，仍需基于模型计算而得，其计算具有一定的复杂性，将会对整个算法的运行效率造成影响。此外，邻域操作可针对货架、SKU 及订单等众多对象而展开，究竟选择哪种对象、如何根据当前搜索情况选择某个具体的对象才更有利于优化目标函数、如何基于所选择的对象而生成货位分配的邻域解，这些都是决定算法优化效率的关键问题，一旦设计不当将会拖累算法的优化进程，从而使算法难以应对大规模现实仓储系统。因此，针对 SA 算法的三个重要部分，下面基于问题特性设计了适用的处理方法。

2. 初始解生成方法

机器人移动货架系统货位分配的目标是最小化订单拣选所需移动的货架次数。以该目标为指引，初始解的生成采用贪心策略，将每个订单的 SKU 按照其种类和数量要求而分配到尽可能少的货架上。生成初始货位分配方案的步骤如下。

步骤 1：将集合 O 中的订单按照顾客订购的期望次数 p_j 进行降序排列。

步骤 2：从空货架集合 R 中选择一个货架 i ，并从 O 中选择且移除 p_j 最大的订单 j 。

步骤 3：设订单 j 订购的某 SKU k 在货架上已有存放量为 a_k ，针对集合 $A = \{k \in K, m_{jk} > 0, a_k < c_k\}$ 中每种 SKU 按数量 $\min\{m_{jk}, c_k - a_k\}$ 向货架 i 中存入；若货架 i 无法存储集合 A 中的所有 SKU，则先存满货架 i ，然后再启用一个或多个空货架继续存入，直至存完为止，将订单 j 从集合 O 中删除。

步骤 4：若步骤 3 中最后启用的空货架仍未存满，则将该货架标记为货架 i ；否则将另一个空货架标记为 i 。

步骤 5：若 $O = \varnothing$ ，则返回当前的货位分配方案；否则，从 O 中选择并移除 p_j 最大的订单 j ，并返回步骤 3。

上述初始解的生成方法，以减少货架移动次数为目标，依次将每个订单上的

SKU 尽可能分配到较少的货架上。在进行分配时，考虑到每个订单对货架移动次数的影响不一样，优先满足顾客订购期望次数大的订单。在同时满足货架的载重限制和 SKU 的库存总量限制的条件下，将 SKU 按照订单的信息全部分配到货架上，得到初始的货位分配方案。

3. 货位分配方案评价方法

根据建立的货位分配模型，货位分配方案实际上体现在模型变量 $\left\{ z_{ik} \right\}_{i \in R, k \in K}$ 中。该变量的取值一旦确定，若想求货位分配方案关于目标函数（6.20）的评价值，仍可基于模型的式（6.20）~式（6.23）和式（6.26）而求得，即将 $\left\{ z_{ik} \right\}_{i \in R, k \in K}$ 视为已知参数，将式（6.20）~式（6.23）和式（6.26）的模型转化为货位分配方案评价模型。由于 SA 算法在每次邻域搜索找到一个候选解后，都需要评价这一候选解的优劣，以便决定是否接受该解。初步实验发现，若每次评价都通过调用模型实现，需要耗费大量的时间，算法的求解效率会大大降低。为此，本节提出一种"货位分配方案评价值的更新策略"，该策略仅在首次评价货位分配方案时调用评价模型，记录下解的 $\left\{ x_{ijk} \right\}_{i \in R, j \in O, k \in K}$ 值，之后每次邻域搜索找到邻域解后，并不进行模型的重复求解，而是通过对解中货架满足订单的情况进行调整，得到新解的 $\left\{ x'_{ijk} \right\}_{i \in R, j \in O, k \in K}$ 值，并通过该值计算出新解的目标值。结合邻域解生成方法，本节 SA 算法在进行邻域变换时，会将某货架（如 r_1）上针对某订单（如 j）SKU（如 k）的所有商品调换到另一个货架（如 r_2）。那么，相比于集合 $\left\{ x_{ijk} \right\}_{i \in R, j \in O, k \in K}$，$\left\{ x'_{ijk} \right\}_{i \in R, j \in O, k \in K}$ 中仅有如下两个变量发生了变化：$x'_{r_1, j, k}$ 和 $x'_{r_2, j, k}$。它们的变化结果为 $x'_{r_1, j, k} = 0, x'_{r_2, j, k} = x_{r_2, j, k} + x_{r_1, j, k}$。

4. 邻域解生成方法

本节需通过合理的货位分配，使订单拣选时移动的货架数尽可能小，所以货位分配方案要尽量符合顾客订单中的商品种类和数量规律。根据这一特点，本节在邻域的设计上以订单为对象，在进行邻域操作时，针对货架对订单的满足情况对当前解做出调整，通过对货架上相关商品进行合并操作而生成邻域解。实验表明，该方法在相同温度下，能够更快地在邻域范围内找到较优解。邻域解生成步骤如下。

步骤 1：将订单作为邻域操作对象，基于公式（6.29）计算每个订单的评价值 e_j（$j \in O$）。其中，n_j 表示在当前解中为订单 j 提供拣货的货架数；m_j 表示为订单 j 提供拣货的最小货架数；[*] 表示不小于实数 * 的最小整数。n_j 和 m_j 可由式（6.30）和式（6.31）计算而得。

$$e_j = \left(n_j - m_j\right) \cdot p_j \qquad (6.29)$$

$$n_j = \sum_{i \in R} y_{i,j} \quad ,\forall j \in O \qquad (6.30)$$

$$m_j = \left\lceil \frac{\sum\limits_{k \in K} m_{j,k} \cdot p_j \cdot w_k}{W} \right\rceil, \forall j \in O \qquad (6.31)$$

步骤 2：为使每次迭代尽可能选择出更优的操作对象，基于订单评价值 $\left\{e_j\right\}_{j \in O}$ 采用轮盘赌策略，选择出要调整的订单，订单评价值越大，被选中的概率也越大。

步骤 3：为了最小化选中订单所关联的拣货货架数，找到该订单关联的 n_j 个货架，并将订单中的商品合并到 m_j 个货架上。

步骤 4：根据订单调整结果，生成邻域解。

在上述步骤中，步骤 1 选择订单作为邻域操作对象、步骤 1 对每个订单的评价值计算以及步骤 3 的商品合并规则，分别解释如下。

（1）步骤 1 选择订单作为邻域操作对象的原因如下：在初步的实验中我们发现将货架或 SKU 作为邻域操作对象时，算法的结果并不理想，搜索邻域解的时间过长；算法的目标是最小化为订单提供拣货的货架数，而在货架或 SKU 层面对货位分配方案做出调整时，调整的过程脱离了与订单的关联，因而难以有针对性地降低目标值。而只有将订单作为邻域操作对象，采取更有针对性的货位调整措施，才会提高搜索过程发现更优解的能力。

（2）步骤 1 中对于每个订单的评价值 e_j 给出的实际上是订单在当前货位分配方案中的拣选货架数期望值与其最优拣选货架数期望值之差。订单的评价值越大，说明为该订单提供拣选的货架数相比于其最少货架数越多，当前解对该订单的商品进行货位再分配的优化空间也就越大，因此就越应该选择该订单的商品进行货位优化。

（3）步骤 3 的商品合并规则如下：在订单 j 所关联的 n_j 个货架中，分别计算每个货架被该订单所占用的货架容量，优先将占用货架容量少的商品并入其他货架中；若并入之后，其他货架的容量超限，则将该货架上的某些商品调出；为避免商品的调出使其他订单所关联的货架数增加，优先调整该货架上与其他订单无关的商品；若与其他订单无关的商品不能满足交换条件，则将这个货架与另一个订单相关联的所有商品都调出到另一个货架上。

6.3.5 实验分析

为评估所提模型和算法的有效性，基于国内某大型电商平台机器人移动货架系统的实际订单、货架及商品数据，采用 C#技术开发了实验程序，在 i5 CPU、8 GB 内存的计算机上，将本节的算法与线性规划求解器 Gurobi 及另一种代表性启发式算法——禁忌搜索算法分别在不同规模的算例上进行比较，并对模型的关键参数开展敏感性分析，以期对决策者提供有价值的管理启示。

1. 算例描述与参数设置

从国内某大型电商平台机器人移动货架系统的实际数据中，按照先抽取 SKU 再抽取订单并基于 SKU 所分布的货架而确定货架数的思路生成了 30 个不同规模的算例。这 30 个算例在订单数、SKU 种类数、货架数、每个订单的 SKU 种类数及其件数等方面具有不同特征，表 6.14 给出了每个算例的特征信息。"SKU 种类数/订单"和"SKU 件数/订单"两列表示的分别是每个订单包含的 SKU 种类数及 SKU 件数的均值，由于每个订单针对每种 SKU 可能会订购多件，所以这两个指标表示不同的含义。

表 6.14　算例基本信息

编号	SKU 种类数/种	订单数/个	货架数/个	SKU 种类数/订单	SKU 件数/订单	编号	SKU 种类数/种	订单数/个	货架数/个	SKU 种类数/订单	SKU 件数/订单
1	20	66	3	3.58	6.07	16	140	802	38	4.07	5.76
2	20	86	4	3.54	5.82	17	155	903	41	3.98	5.62
3	50	287	15	3.91	5.57	18	155	960	43	4.01	5.57
4	50	237	11	4.01	5.74	19	170	1044	47	3.99	5.69
5	65	377	18	3.99	5.90	20	170	1101	50	3.99	5.64
6	65	336	15	3.98	5.47	21	260	765	35	3.98	5.60
7	80	440	22	3.98	6.00	22	260	724	32	4.02	5.58
8	80	548	25	4.01	5.51	23	300	956	44	4.01	5.68
9	95	475	22	4.08	5.52	24	300	988	46	4.09	5.62
10	95	516	24	4.02	5.58	25	350	1296	51	4.00	5.65
11	110	583	27	4.01	5.66	26	350	1317	52	4.04	5.74
12	110	686	32	3.99	5.78	27	420	1364	44	4.02	5.56
13	125	651	30	3.97	5.73	28	420	1380	45	4.01	5.61
14	125	603	29	4.02	5.82	29	500	1707	55	3.99	5.67
15	140	831	40	4.06	5.90	30	500	1714	55	4.00	5.70

通过初步实验，结合文献[40]，确定了如表 6.15 所示的本节算法的参数设置。

为实现实验的公平性，本节 SA 算法和用于作对比的禁忌搜索算法的最大循环次数都设置为 500 次。

表 6.15　参数设置

参数	参数名称	取值
T	初始温度	500
α	降温系数	0.98
T_{min}	终止温度	0.01
N	循环次数/次	500
L	禁忌表长度/个	8

2. 实验结果分析

本节针对生成的 30 个算例进行了两类实验：第一类实验将本节的 SA 算法与线性规划求解器 Gurobi 的结果在前 20 个算例上进行了比较；Gurobi 无法在有限的时间和空间范围内求得较大规模算例的最优解甚至可行解，因此第二类实验从文献中选择求解货位分配问题的代表性算法——禁忌搜索算法，改进了这一算法在某些模块上的设计以使其适应本节的问题，并将本节 SA 算法与该禁忌搜索算法针对后 10 个算例进行了比较。

1）与 Gurobi 结果对比

本节 SA 算法与 Gurobi 针对小规模算例（SKU 种类数在 200 个以内的编号 1～20 算例）的计算结果如表 6.16 所示。表 6.16 中，SA 列表示本节 SA 算法的结果，SA-Model 列的结果则是通过模型求解来实现邻域解的评价，而并没有使用 6.3.4 节提到的货位分配方案评价值的更新策略；Gurobi-1 列和 Gurobi-2 列都是使用 Gurobi 求得的精确解，前者表示模型直接求解的结果，后者表示基于模型参数边界确定方法对模型缩减后使用 Gurobi 求得精确解的结果；值为 "—" 的单元格表示 Gurobi 由于超出电脑内存而无法求解当前的算例；值为 ">18 000" 的单元格表示 Gurobi 运行时间超过 5 小时。

表 6.16　小规模算例的实验结果

算例的基本信息			求解结果的目标函数值（货架移动的期望次数）/次				运行时间/秒			
算例	SKU 种类数/种	订单数/个	SA	SA-Model	Gurobi-1	Gurobi-2	SA	SA-Model	Gurobi-1	Gurobi-2
1	20	66	62.9	62.9	62.9	62.9	0.23	0.37	2.44	0.16
2	20	86	81.8	81.8	81.8	81.8	0.18	0.81	3.16	0.35

续表

算例的基本信息			求解结果的目标函数值（货架移动的期望次数）/次				运行时间/秒			
算例	SKU 种类数/种	订单数/个	SA	SA-Model	Gurobi-1	Gurobi-2	SA	SA-Model	Gurobi-1	Gurobi-2
3	50	287	314.6	314.6	314.6	314.6	4.08	13.91	35.60	8.69
4	50	237	220.0	220.0	220.0	220.0	0.66	5.15	20.16	2.58
5	65	377	353.3	353.3	353.3	353.3	5.88	22.64	47.19	14.77
6	65	336	314.6	314.6	314.6	314.6	1.65	13.66	40.85	4.40
7	80	440	411.7	411.7	411.7	411.7	2.20	52.68	65.94	18.42
8	80	548	512.8	512.8	512.8	512.8	7.55	78.20	86.85	42.22
9	95	475	444.2	444.2	444.2	444.2	5.48	66.52	87.49	35.91
10	95	516	484.1	484.1	484.1	484.1	3.33	68.04	107.67	45.37
11	110	583	545.8	545.8	545.8	545.8	11.80	171.84	295.19	356.63
12	110	686	641.2	—	641.2	641.2	16.53	—	428.03	6 234.30
13	125	651	564.4	564.4	564.4	564.4	8.67	145.82	433.25	76.79
14	125	603	608.6	608.6	—	—	10.40	187.33	—	>18 000
15	140	831	779.1	—	—	—	18.19	—	—	>18 000
16	140	802	751.8	—	—	—	37.73	—	—	>18 000
17	155	903	846.0	—	—	846.0	31.53	—	—	6 868.90
18	155	960	901.0	—	—	—	28.62	—	—	>18 000
19	170	1 044	979.2	—	—	—	67.93	—	—	>18 000
20	170	1 101	1 058.2	—	—	—	55.18	—	—	>18 000

　　通过观察 SA 和 SA-Model 的结果，可以发现，SA 针对所测试的 20 个小规模算例都在有限时间内得到了求解结果，而 SA-Model 则由于超出内存限制而无法得到求解结果。在两列都有结果的情况下，它们的最优解是完全一致的。从 SA 和 SA-Model 的运行时间来看，SA 的运行时间要明显优于 SA-Model，前 10 个算例 SA 的平均运行时间为 3.12 秒，SA-Model 则为 32.20 秒，差值为 29.08 秒，占 SA-Model 运行时间的 90.31%；后 10 个算例 SA 均能够在很短的时间内求得最优解，而 SA-Model 的多数算例因超出电脑内存，未能求得最优解。它们的比较结果说明本节使用的 6.3.4 节提出的货位分配方案评价值更新策略能够极大地提高算法的求解效率。

　　从 Gurobi-1 和 Gurobi-2 两列的运行结果来看，若它们都在有限时间内得到了最优解，则它们最优解目标函数值一致。从它们的运行时间总体来看，Gurobi-2的运行时间大大少于 Gurobi-1，而 Gurobi-1 针对部分算例的运行时间超出电脑内存而未能求得最优解；它们前 10 个算例运行时间的平均差距为 32.4 秒，占 Gurobi-1运行时间的 65%。这一结果证明了本节提出的模型缩减策略的有效性。通过对包含 66 个订单、20 种商品、10 个货架的算例的分析，不难发现，6.3.2 节的货位分配模型有 14 060 个变量、27 622 个约束；而在通过 6.3.2 节模型参数优化使模型缩减之后，模型变量和约束数量大大减少，分别减至 5624 个及 12 328 个。正是因为模型规模的缩减，Gurobi-2 的运行时间才大大少于 Gurobi-1。

对比 SA 算法和 Gurobi-2 的运行结果，可以发现，两者的求解结果完全一致，而且 SA 算法的运行时间要明显短于 Gurobi-2；当 SKU 种类数小于等于 95 种时，Gurobi-2 和 SA 都能很快的求出最优解，且 SA 算法的运行时间小于 10 秒；当 SKU种类数超过 95 种时，对于超过一半的算例，Gurobi-2 超过 5 小时还不能找到最优解。相比之下，SA 算法均能在 1 分钟左右找到最优解。实验结果说明，SA 算法针对这些算例能够在较短的时间内求得高质量的货位分配方案。

2）与禁忌搜索算法对比

为验证本节算法针对包含较大规模商品、货架及 SKU 的算例的求解效果，本节选取文献[40]的货位分配启发式算法——禁忌搜索算法，对其改进以使其适用于机器人移动货架系统的货位分配问题，然后将本节 SA 算法与其针对较大规模算例进行了比较分析。文献[40]的禁忌搜索算法所解决的具有分组约束的货位分配问题与本节的问题十分相似，它们都是需要将一批商品分成多个组合，且每种商品可分配到多个组合里面；其不同之处在于：文献对每种商品可分配的组合数量有一定限制，而本节算法则没有限制；同时文献[40]的禁忌搜索算法只涉及商品的分组，而并未考虑商品件数。为使禁忌搜索算法适应本节问题，我们对该算法做出了如下改进。

（1）在初始解生成方面：根据商品间的关联度和被订购的频次，对商品进行分组，并统计每组商品在订单中出现的频次，按照频次降序排列；基于贪心策略将关联度高的商品先装入货架，关联度低的商品后装入，直至所有商品都已装入货架，即得到初始解。

（2）在解的评价方面：调用本节的货位评价方法，计算解的评价值。

（3）邻域操作对象的改进：为提高算法的寻优能力，将订单作为邻域操作对象；找出为每个订单提供拣选的货架集合，对集合中与该订单相关的商品进行交换、调入等操作。

表 6.17 给出了 SA 算法和 TS[①]算法的实验对比结果。由表 6.17 可见，SA 算

---

① TS 表示 tabu search（禁忌搜索）。

法的结果均优于 TS 算法的结果，除算例 28 之外，SA 算法的运行时间也都小于 TS 算法的运行时间。当算例规模逐渐增大时，总体上，TS 算法解的目标函数值与 SA 算法的差距也越来越大。从平均结果来看，两种算法最优解的差值为 87.3，占 SA 算法平均目标值的 7.66%。从求解时间来看，两者差值为 23.74 秒，占 SA 算法求解时间的 18.77%。SA 算法和 TS 算法的运行时间和最优解的差距体现了两种算法不同的全局寻优能力和算法效率。此外，SA 算法结果中货架的 SKU 种类数均值要小于 TS 算法结果，两者的差值为 0.25。SA 算法结果中 SKU 存放的货架数均值也要小于 TS 结果，两者差值为 1.62。这说明 SA 算法相较于 TS 算法的货位分配方案，货架上的商品种类更少、商品的分布更加集中。这也意味着，并非将商品分散到越多的货架上越好，商品在货架上的种类和数量的分配只有符合了顾客的订购规律才能有效地应对订单的拣货工作。

表 6.17 大规模算例的实验结果

算例信息			目标函数值(货架移动的期望次数)/次		运行时间/秒		货架的 SKU 种类数均值/种		SKU 存放的货架数均值/个	
算例	SKU 种类数/种	订单数/个	SA	TS	SA	TS	SA	TS	SA	TS
21	260	765	713.3	719.5	21.86	27.45	2.05	2.27	15.23	16.89
22	260	724	676.7	681.1	18.15	24.86	1.88	2.05	15.31	16.63
23	300	956	889.6	922.8	41.30	53.27	2.20	2.42	14.98	16.52
24	300	988	923.2	947.8	46.34	61.85	2.26	2.65	14.78	17.30
25	350	1296	1207.9	1287.1	94.73	138.07	2.72	2.87	16.15	16.92
26	350	1317	1233.1	1314.7	101.24	127.59	2.58	3.00	14.56	16.92
27	420	1364	1271.8	1359.6	123.02	148.67	2.19	2.56	15.10	17.61
28	420	1380	1292.4	1382.8	233.32	153.16	2.28	2.40	15.17	16.03
29	500	1707	1588.1	1849.4	296.44	425.45	2.41	2.61	15.42	16.74
30	500	1714	1603.5	1807.8	288.32	341.71	2.31	2.52	14.62	15.92
平均值			1139.96	1227.26	126.47	150.21	2.29	2.54	15.13	16.75

通过分析，不难发现，两种算法在最优解和运行时间上的差异主要源于它们在某些算子的设计上的差异：SA 算法为订单设置评价值，根据订单评价值而选择邻域操作的订单对象，并通过货架上商品的合并而得到邻域解；而 TS 算法则通过插入、调入等方法生成邻域解；此外，TS 算法邻域解的生成具有随机性，即随机生成若干备选解，然后选择最优解作为邻域解；SA 算法每次更新邻域解都是针对拣选货架数未被最小化的订单进行操作的，几乎每次迭代都可以减少目标值。由两种算法计算结果的比较可见，SA 算法的设计方式对于机器人移动货架系统的

货位分配问题更为科学和有效。

3. 敏感性分析

货位分配对于机器人移动货架系统的订单拣选效率至关重要。从本节构建的模型来看，决定货位分配方案的因素包括货架的最大载重及顾客的订单结构等。其中，顾客的订单结构包括顾客所订购的 SKU 的种类、数量及频次等信息，而顾客订单中所包含的 SKU 种类数是其中的主要因素。为此，本节就针对货架的最大载重及订单 SKU 种类数这两个因素展开敏感性分析，揭示它们的变化对于货位分配方案的影响规律。

1）货架最大载重的敏感性分析

货架的选型是决策者在创建仓库之初就要决定的关键问题，不同货架载重对于货位分配方案及订单拣选效率的影响也是需要考虑的关键因素。一般来讲，货架的载重越大，其所能装载的 SKU 就越多，但这是否也意味着为满足顾客订单而需要移动的货架次数也越少呢？换言之，是否货位分配方案的目标值一定会随货架载重的不断增大而得到改善？本节将针对图书仓、电子仓和美妆仓三种不同商品类型的仓库，分析不同货架载重对货位分配方案目标值的影响。

通过对真实数据的统计分析，我们发现图书仓、电子仓和美妆仓三种仓库具有不同的订单特点：图书仓中商品之间的关联度最低，订单趋向于小批量、低频次；美妆仓中商品之间的关联度最高，订单趋向于小批量、多频次；而电子仓的订单特点则处于其他两仓之间。我们针对这三个仓库的不同订单集合，分别将货架最大载重设置为 200 千克、250 千克、300 千克……800 千克，然后使用 SA 算法求解货位分配方案，并将计算结果绘制于图 6.12 中。

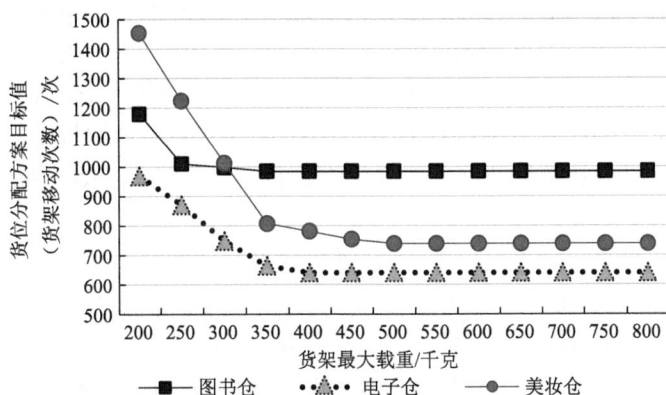

图 6.12　货架最大载重对货位分配方案目标值的影响

由图 6.12 可见，随着货架最大载重的增加，三种仓库货位分配方案的目标值不断下降，当下降到一定数值时趋于稳定，呈现出"先下降，后稳定"的总体趋势。"先下降"是因为随着货架最大载重的增加，货架所能装载的 SKU 也就越多，一个货架能够满足订单中多种 SKU 拣货需求的概率也就越大；"后稳定"则是因为当货架最大载重增至一定值时，货架上存储相应 SKU 后仍有一定剩余空间，这时再增加货架载重也无法优化货位分配方案的目标值。此外，这种"下降"与"稳定"的过渡点因仓库类型而有所不同：基于三种仓库的数值算例，商品间关联度相对不高的图书仓的货架载重过渡值最小，电子仓和美妆仓的过渡值较大。

接下来我们以美妆仓为例，讨论如何基于敏感性分析的结果而为实际仓库运营提供决策支持。极智嘉（Geek+）公司是目前市场上关于移动货架系统的代表性解决方案提供商，它的 P 系列搬运机器人 P500、P800、P1200 的最大举升重量分别为 600 千克、1000 千克、1200 千克。从图 6.12 可以看出货架的最大载重为450 千克之后，美妆仓货位分配方案的目标值基本稳定；且美妆仓大多都是小件商品，所以推荐为该美妆仓选择 P500 型号的搬运机器人。相应地，可定制与 P500机器人相匹配的货架尺寸与外形。类似地，仓库运营管理者可结合敏感性分析的结果及仓库类型合理地实现货架和搬运机器人的选型工作。

2）订单 SKU 种类数的敏感性分析

顾客订单中的 SKU 种类数会由于仓库所存储的货物类型、电商对商品促销套餐的设定及顾客的购物习惯等因素而有所不同，它同时又会影响到货位分配方案及每个货架所存储的 SKU 种类数，进而影响到货架内部的结构设计（如商品摆放的层数、分隔槽和取货口的数量等）。因此，研究订单 SKU 种类数对货位分配方案及订单拣选效率的影响规律，从而为该种仓储系统的货架内部结构设计提供决策依据，这对于该种仓储系统的高效运营管理具有重要现实意义。

为此，本节选取电子仓的多个算例对订单中 SKU 种类数开展敏感性分析。这些算例订单数量为 500 个或 1000 个，每个订单中的 SKU 总件数相同，但订单中 SKU 种类数及每种 SKU 件数的均值有所不同。使用本节 SA 算法分别计算每个算例的货位分配方案并统计其为订单拣选所需要移动的货架次数（货位分配方案的目标值）及货位分配方案中给定的货架上存储的 SKU 种类数的均值，计算结果绘制于图 6.13 中。

由图 6.13 可见，随着订单中 SKU 种类数平均值的增加，货架上存储的 SKU种类数平均值整体呈现一个上升趋势。这主要是因为随着 SKU 种类数平均值的增加，为使用尽量少的货架尽可能满足每个订单的 SKU 拣货需求，则需要货架上SKU 种类的丰富与多样化，这样才能使货架上 SKU 的摆放与顾客订单中 SKU 的种类和数量规律尽可能保持一致，这也体现了本节的模型与算法在基于顾客订购规律而优化货位分配方案的能力。同时，随着订单中 SKU 种类数平均值的增加，货位分配方案的目标值基本保持不变，即针对 SKU 总件数相同的订单集合，虽然每个订单的平均 SKU 种类数有所增加，但总的拣选效率并未下降，本节 SA 算法所给出的货位分配方案通过货架摆放商品的多样化较好地应对了订单中 SKU 种类数增多的情况。

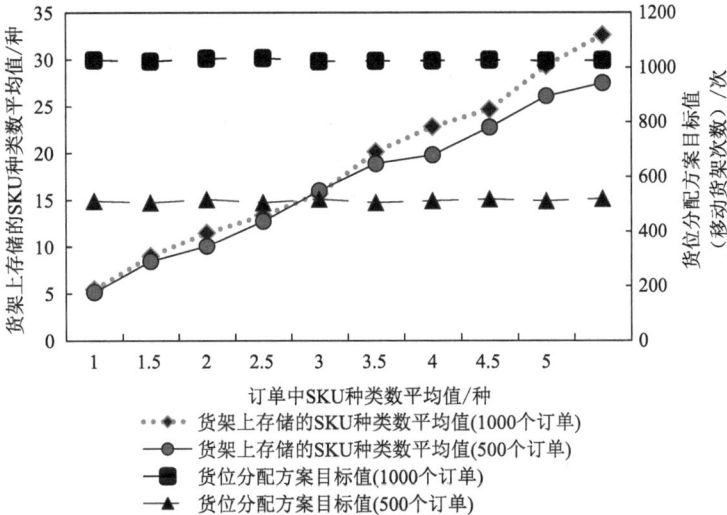

图 6.13　订单中 SKU 种类数的敏感性分析

综上，当仓库存储的是关联度不高的商品，决策者可以适当地减少货架上商品分隔槽的数量，并增加每种商品的存储空间。反之，当仓库存储的是关联性较高的商品，决策者可以适当的增加商品分隔槽的数量，从而增加货架所能容纳的商品种类数。总之，决策者可以根据顾客订单中的商品关联性的大小，灵活调整货架的商品分隔槽。

6.3.6　管理启示

货位分配对于机器人移动货架系统的订单拣选效率至关重要，决定货位分配方案的因素主要有货架的最大载重及顾客的订单结构。其中，顾客的订单结构包括顾客所订购的 SKU 的种类、数量及频次等信息，而顾客订单中所包含的 SKU 种类数是其中的主要因素。于是本节针对货架的最大载重及订单 SKU 种类数这两个因素展开敏感性分析，揭示它们的变化对于货位分配方案的影响规律。

货架的选型是决策者在创建仓库之初即要决定的关键问题，除了要考虑仓库所要存储的商品特征之外，不同货架载重对于货位分配方案及订单拣选效率的影响也是需要考虑的关键因素。仓库运营管理者可结合敏感性分析的结果及仓库类型合理地实现货架和搬运机器人的选型工作，使得仓库的拣选效率和搬运机器人的利用率达到最优的状态。

顾客订单中的 SKU 种类数会由于仓库所存储的货物类型、电商对商品促销套餐的设定及顾客的购物习惯等因素而有所不同，它同时又会影响到货位分配方案及每个货架所存储的 SKU 种类数，进而影响到货架内部的结构设计（如商品摆放的层数、分隔槽和取货口的数量等）。当仓库存储的是关联度不高的商品，决策者可以适当地减少货架上商品分隔槽的个数，并增加每种商品的存储空间。反之，当仓库存储的是关联性较高的商品，决策者可以适当地增加商品分隔槽的数量，从而增加货架所能容纳的商品种类数。总之，决策者可以根据顾客订单中的商品关联性的大小，灵活调整货架的商品分隔槽数量。

6.4　机器人移动货架系统的货架存储位置优化

机器人移动货架系统极大地增强了商品货位的灵活性，可通过仓库中货架存储位置的变化显著提高具有"一单多品"特征的电商订单的拣选效率，因而受到诸多电商仓储企业的追捧[23]。然而，也正是由于货架的可移动性，货架的位置如何摆放才能有效地应对电商订单拣选的挑战，又成为电商仓库决策者亟待解决、制约该类仓储系统优势发挥的难题。每一货架在仓库中的摆放位置直接影响到订单拣选时所需要移动的货架距离，从而影响订单的拣选效率。仓库决策者如何根据大量顾客订单规律及货架上的商品种类和数量而定期更新货架在仓库中的位置，以尽可能减少货架移动距离，提高订单拣选效率，充分发挥出该系统面对电商订单拣选的优势，是摆在每一个机器人移动货架系统决策者面前不可逾越的一大难题。该问题是伴随机器人移动货架系统的产生而涌现的、制约新一代拣货系统发展的关键问题。它不同于固定货架仓储系统中的货位优化问题，其求解已超出了现有理论方法的适用范围，其 NP-hard 特性又极大增加了求解大规模顾客订单问题的难度。

由于机器人移动货架系统每个货架存储着不同种类和数量的商品，如何根据顾客对商品的订购规律，以最大化订单拣选效率为目标，实现每个货架在仓库中的合理定位，是解决这一难题的关键。为此，本节针对机器人移动货架系统中的货架位置优化问题展开研究，根据大量顾客订单中所揭示的商品订购规律及每个货架上的商品种类和数量，提出基于货架热度和关联度而实现货架位置优化的新方法与新思路，提高机器人移动货架系统中货架位置优化的科学性及有效性。

6.4.1　问题描述与分析

在机器人移动货架系统中，拣货台通常被固定在仓库的某一侧，货架在仓库中的摆放位置决定了货架与拣货台的距离，从而影响着机器人针对顾客订单拣选时的货架移动距离。顾客订单中商品种类及数量规律会随时间而变化，因此货架的摆放位置也通常会被定期更新（如每天更新），以适应未来时段内的顾客订单拣选任务。机器人移动货架系统中的货架位置优化问题需要将每个货架安排到仓库中的合适位置，以最小化未来时段顾客订单拣选时机器人的移动总距离。假定未来时段顾客订单已经给定为多个不同订单集合及其发生的概率（订单集合分布可通过预测获得，预测方法不在本节研究之列），并假定每个货架上的商品种类和数量已知。那么，如何根据给定订单集合的概率分布，计算拣货货架被使用的期望次数，进而针对某种货架位置方案给出机器人的期望移动距离，是货架位置优化的关键。

经过分析，不难发现：机器人的移动包含重载（机器人驮着货架移动）和空载（机器人自己移动）两种方式，它们交替进行：重载方式下，机器人会将货架从其位置移至拣货台并从拣货台将其移回；当机器人完成一个货架的重载移动任务后，它会空载驶向另一个货架，并继续进行该货架的重载移动过程。

在给定货架位置方案后，机器人重载距离与每个货架拣货时的期望使用次数有关，它可基于订单集合的概率分布计算而得。而机器人空载距离则与任何两个货架恰好被同一机器人依次搬运的次数有关，这取决于机器人拣货的路径顺序；而不同的调度方法会产生不同的机器人路径顺序，在无法明确获知仓库实际调度方法的情况下，本节根据订单集合的概率分布计算任何两个货架同时为某批次订单提供拣货服务的次数，次数越多，两个货架恰好被同一机器人依次搬运的可能性也就越大，所以本节以该类次数为权重来衡量机器人的空载距离。

将货架 i 拣货的期望使用次数 m_i 称为该货架的"热度"，将两个货架 i 和 j 同时被选中为一批订单提供拣货服务的次数 n_{ij} 称为它们的"关联度"，关联度越高，则两个货架恰好被同一机器人依次搬运的可能性也就越大。货架位置优化模型可基于货架热度和关联度构建，因此，我们首先建立货架热度和关联度生成模型，得到 $\{m_i\}_{i \in R}$ 和 $\{n_{ij}\}_{i,j \in R}$ （ R 为所有货架集合），然后再将其作为参数，建立货架位置优化模型。

6.4.2　模型构建

1. 货架热度和关联度生成模型

货架热度和关联度生成模型需选择合适的货架来为给定的顾客订单提供拣货服务，以尽可能提高拣选效率。针对同一批顾客订单集合，将会有多种货架选择方案满足订单的商品拣货要求，然而不同方案具有不同的货架使用次数，次数越多，则机器人在拣货台与货架之间的穿梭次数也就越多。因此，货架热度和关联度生成模型将以完成给定的订单集合所需移动货架的期望次数最小化为目标，给出货架热度和关联度属性；然后货架位置优化模型再基于这两个属性，以机器人移动距离最小化为目标，给出每个货架的具体位置。

设 $O=\{O_1,O_2,\cdots\}$ 为已经预测的未来时段可能发生的多个订单集合，其中某订单集合 O_σ（$O_\sigma \in O$）发生的概率为 p_σ（$0<p_\sigma<1$）。发生时间相近的订单通常会被划分在一个波次拣货，因此我们将集合 O_σ 中的订单根据其发生时间划分为多个子集 $O_\sigma=\{O_\sigma^1,O_\sigma^2,\cdots\}$，为每个子集中的订单分别确定拣货所需的货架集合。货架热度和关联度生成模型使用的参数和变量定义如下。

R 表示货架集合。

K 表示商品集合。

O 表示已经预测的未来时段可能发生的多个订单集合 $O=\{O_1,O_2,\cdots\}$。

p_σ 表示订单集合 O_σ（$O_\sigma \in O$）发生的概率，$0<p_\sigma \leqslant 1$。

$d_{\sigma k}^b$ 表示集合 O_σ（$O_\sigma \in O$）第 b 批次订单 $O_\sigma^b\left(O_\sigma^b \in O_\sigma\right)$ 需要商品 k 的总数量。

q_{ik} 表示货架 i 上存储商品 k 的总数量。

$x_{\sigma i k}^b$ 表示整数变量，表示货架 i 为集合 O_σ 第 b 批次订单中商品 k 提供拣货的总数量。

$y_{\sigma i}^b$ 表示 0-1 变量，若货架 i 在集合 O_σ 第 b 批次订单的拣货中被使用过则 $y_{\sigma i}^b$ 为 1，否则为 0。

m_i 表示整数变量，表示货架 i 为所有订单集合提供拣货服务的期望使用次数，即货架 i 的热度。

M 表示很大的正数。

货架热度和关联度生成模型建立如式（6.32）～式（6.35）所示：

$$\min\sum_{i\in R}\sum_{O_\sigma\in O}\sum_{O_\sigma^b\in O_\sigma}p_\sigma y_{\sigma i}^b \tag{6.32}$$

$$\sum_{i\in R}x_{\sigma i k}^b \geqslant d_{\sigma k}^b\,,\ \forall O_\sigma^b\in O_\sigma\in O,k\in K \tag{6.33}$$

$$x_{\sigma i k}^b \leqslant q_{ik}\,,\ \forall O_\sigma^b\in O_\sigma\in O,i\in R,k\in K \tag{6.34}$$

$$My_{\sigma i}^b \geqslant \sum_{k\in K}x_{\sigma i k}^b\,,\ \forall O_\sigma^b\in O_\sigma\in O,i\in R$$
$$x_{\sigma i k}^b \in Z^+,\ y_{\sigma i}^b\in\{0,1\} \tag{6.35}$$

上述模型中，目标（6.32）表示为所有订单集合提供拣货服务的最小化货架期望使用次数；约束（6.33）表示某批次订单对某商品的顾客需求量必须得到满足；约束（6.34）表示某货架为某批次订单所提供的商品拣货数量限制，由于货架上的商品通常会定期补货，所以假设每批订单开始拣货时，货架上已存满了相应的商品；约束（6.35）定义了变量 x 与 y 的关系。

货架热度 $\{m_i\}_{i \in R}$ 和货架关联度 $\{n_{ij}\}_{i,j \in R}$ 可基于上述模型变量 $y_{\sigma i}^b$，由式（6.36）和式（6.37）分别得到。

$$m_i = \sum_{O_\sigma \in O} \sum_{O_\sigma^b \in O_\sigma} p_\sigma y_{\sigma i}^b \ , \quad \forall i \in R \qquad (6.36)$$

$$n_{ij} = \sum_{O_\sigma \in O} \sum_{O_\sigma^b \in O_\sigma} p_\sigma y_{\sigma i}^b y_{\sigma j}^b \ , \quad \forall i,j \in R \qquad (6.37)$$

下面通过一个例子来解释上述模型生成货架热度和关联度的原理。若 O 中只有一个订单集合，其概率为 1，它包含了五个批次，假如根据上述模型求得的 x 和 y 得到每个批次订单拣选所需的货架信息如表 6.18 所示，则各货架热度为 $m_1 = m_2 = m_4 = m_6 = 3, m_3 = 1, m_5 = 2$，表 6.19 给出了货架间的关联度。

表 6.18　货架需求表

订单批次	完成批次订单所需货架编号
1	1，5，6
2	1，2，4，6
3	2，3，4
4	2，5，6
5	1，4

表 6.19　货架间关联度

货架编号	1	2	3	4	5	6
1	—	1	0	2	1	2
2	—	—	1	2	1	2
3	—	—	—	1	0	0
4	—	—	—	—	0	1
5	—	—	—	—	—	2

2. 货架位置优化模型

由货架热度和关联度生成模型得到的货架热度给出了每个货架面向未来订单集合的期望使用次数。这样，就可以基于货架位置方案给出机器人为了订单拣选需要重载移动的期望距离。另外，由货架热度和关联度生成模型得到的货架关联度给出的是两货架同时选中为一批订单提供拣货服务的次数，次数越多，两货架被同一机器人依次搬运的可能性也就越大。由于两货架被同一机器人依次搬运的次数取决于仓库所采用的机器人调度方法，在调度方法未知的情况下，无法准确获知机器人空载行驶距离，因而需要基于货架关联度来衡量。

另外，由于机器人重载与空载的行驶速度不同（重载行驶速度慢），对于拣选效率的影响程度也有所不同，本节将机器人重载距离和空载距离最小化分别设置为具有较高和较低优先级的两个目标，从而构建货架位置优化问题的目标规划模型。货架位置优化模型使用的参数和变量定义如下。

R 表示所有货架集合。

L 表示所有位置集合。

c_ℓ 表示位置 ℓ 到拣货台的距离，用直角坐标系下的曼哈顿距离表示。

$c_{\ell_1\ell_2}$ 表示位置 ℓ_1 和 ℓ_2 间的距离，用直角坐标系下的曼哈顿距离表示。

m_i 表示货架 i 的热度，即货架 i 的期望使用次数。

n_{ij} 表示货架 i 与 j 的关联度，即它们同时选中为一批订单提供拣货服务的次数。

P_1, P_2 表示优先因子，$P_1 \gg P_2$。

$z_{i\ell}$ 表示 0-1 变量，货架 i 在位置 ℓ 时 $z_{i\ell}$ 为 1，否则为 0。

t_{ij} 表示非负变量，货架 i 与 j 的距离，若两货架分别在位置 ℓ_1 和 ℓ_2 上，则 $t_{ij} \geqslant c_{\ell_1\ell_2}$。

基于上述参数和变量，货架位置优化模型建立如式（6.38）～式（6.41）所示：

$$\min P_1 \sum_{i \in R} \sum_{\ell \in L} m_i c_\ell z_{i\ell} + P_2 \sum_{i \in R} \sum_{j \in R, i \neq j} n_{ij} t_{ij} \tag{6.38}$$

$$\text{s.t.} \quad \sum_{\ell \in L} z_{i\ell} = 1, \forall i \in R \tag{6.39}$$

$$\sum_{i \in R} z_{i\ell} \leqslant 1, \ \forall \ell \in L \tag{6.40}$$

$$t_{ij} \geqslant c_{\ell_1\ell_2}\left(z_{i\ell_1} + z_{j\ell_2} - 1\right), \ \forall i, j \in R, \ell_1, \ell_2 \in L \tag{6.41}$$
$$z_{i\ell} \in \{0,1\}, \ t_{ij} \geqslant 0$$

上述模型中，目标函数（6.38）将机器人重载行驶距离和空载行驶距离的最小化分别作为两个具有不同优先级的目标而加以优化；约束（6.39）限制每个货架只能放在一个位置上；约束（6.40）限制每个位置最多存放一个货架，由于位置数通常多于货架数，所以会有一些位置并不存放任何货架；约束（6.41）确定了变量 t 与 z 的关系。

6.4.3　问题复杂性分析

由于大型机器人移动货架仓储中心通常每天收到的顾客订单有成千上万个，且往往具有大量库存商品、货架及其可选的位置，货架热度和关联度生成模型及货架位置优化模型的规模都会十分庞大，模型的求解非常困难。为此，本节分析两个模型的复杂性，为其求解奠定基础。

通过分析货架热度和关联度生成模型，可以发现，该模型基于对每个批次订单的拣货货架选择方案 $\left\{y_{\sigma i}^{b}\right\}_{O_{\sigma}^{b}\in O_{\sigma},O_{\sigma}\in O,i\in R}$ 而生成货架热度 $\left\{m_{i}\right\}_{i\in R}$ 和关联度 $\left\{n_{ij}\right\}_{i,j\in R}$。各个批次订单的拣货货架选择方案并无关联，因此可将该模型按订单批次进行分解，每个批次（如 O_{σ} 订单集合的第 b 批次）的子模型如式（6.42）～式（6.45）所示：

$$\min\sum_{i\in R}y_{\sigma i}^{b} \tag{6.42}$$

$$\sum_{i\in R}x_{\sigma ik}^{b}\geqslant d_{\sigma k}^{b}\ ,\forall k\in K \tag{6.43}$$

$$x_{\sigma ik}^{b}\leqslant q_{ik}\ ,\forall i\in R,k\in K \tag{6.44}$$

$$My_{\sigma i}^{b}\geqslant\sum_{k\in K}x_{\sigma ik}^{b}\ ,\ \ \forall i\in R$$
$$x_{\sigma ik}^{b}\in Z^{+},y_{\sigma i}^{b}\in\left\{0,1\right\} \tag{6.45}$$

上述模型中，式（6.42）～式（6.45）分别对应式（6.32）～式（6.35）。基于上述模型求得的 y 变量值和式（6.36）、式（6.37）可得货架热度与关联度。由于在将每个订单集合拆解成多批订单之后，每批订单数量将大幅缩减，上述子模型在面对几百个订单及商品种类时，使用通用的线性规划模型求解器（如 Gurobi）可以在较短的时间内给出结果。因此，货架热度和关联度生成模型能够有效应对现实问题，本节未设计相应的启发式求解算法。

然而，货架位置优化模型在面对 40 个货架、48 个位置的问题时，Gurobi 求解器在 4 小时内未能给出结果，一旦货架及其可选位置数增至几百个后，模型的求解将更为困难。进一步分析，可以发现，该模型可针对两个目标拆解为两个模型分别求解，这两个模型分别为最小化机器人重载距离的模型 1［式（6.46）～式（6.48）］和最小化机器人空载距离的模型 2［式（6.49）～式（6.53）］。这两个模型都是从货架位置优化模型［式（6.38）～式（6.41）］转化而来。

$$\min \sum_{i \in R} \sum_{\ell \in L} m_i c_\ell z_\ell \tag{6.46}$$

$$\text{s.t.} \quad \sum_{\ell \in L} z_{i\ell} = 1 \ , \ \forall i \in R \tag{6.47}$$

$$\sum_{i \in R} z_{i\ell} = 1 \ , \ \forall \ell \in L$$
$$z_{i\ell} \in \{0,1\} \tag{6.48}$$

$$\min \sum_{i \in R} \sum_{j \in R, i \neq j} n_{ij} t_{ij} \tag{6.49}$$

$$\text{s.t.} \quad \sum_{\ell \in L} z_{i\ell} = 1, \ \ \forall i \in R \tag{6.50}$$

$$\sum_{i \in R} z_{i\ell} = 1, \ \ \forall \ell \in L \tag{6.51}$$

$$t_{ij} \geqslant c_{\ell_1 \ell_2}\left(z_{i\ell_1} + z_{j\ell_2} - 1\right), \ \ \forall i, j \in R, \ell_1, \ell_2 \in L \tag{6.52}$$

$$\sum_{i \in R} \sum_{\ell \in L} m_i c_\ell z_{i\ell} \leqslant z_{\min}$$
$$z_{i\ell} \in \{0,1\}, t_{ij} \geqslant 0 \tag{6.53}$$

上述模型中，模型 1［式（6.46）～式（6.48）］选择靠近拣货台的 $|R|$ 个位置，使可选的位置数与货架数相等，因此（6.48）为等式约束。模型 2［式（6.49）～式（6.53）］相比于货架位置优化模型［式（6.38）～式（6.41）］增加了约束（6.53），式中的 $z_{\min}$ 即模型 1 求得的最优目标值。

模型 1［式（6.46）～式（6.48）］在进行如下映射之后可转化为平衡指派问题：将货架视为待分配任务的人；将货架位置视为任务；货架数（人数）等于位置数（任务数）；某货架放置在某位置（某人完成某任务）的成本为该货架的热度与该位置与拣货台位置距离的乘积。平衡指派问题有现成算法可用（如匈牙利法），因此，模型 1 仍可使用通用求解器而针对大规模问题进行有效求解。

模型 2［式（6.49）～式（6.53）］的求解具有难度，它在进行如下映射之后，即可转化为切换最小化问题（handover minimization problem，HMP）模型[41,42]：

每个货架视为一个待聚类的节点；每个位置视为一个容量为 1 的类；假设任何两个类之间的关联度为 $1\left(n_{ij}=1\right)$；则模型 2 可转化为 HMP 模型。由于 HMP 已被证明是 NP-hard 问题[41]，所以模型 2 所对应的问题也具有 NP-hard 复杂性，这就给大规模现实问题的求解带来了极大难度。

6.4.4　混合启发式算法设计

由 6.4.3 节所述，货架热度和关联度生成模型在将订单集合按照批次分解之后，Gurobi 求解器即可有效求解现实问题；而货架位置优化模型在根据其两个目标拆分成两个模型后，模型 1［式（6.46）～式（6.48）］仍可使用 Gurobi 求解，但模型 2［式（6.49）～式（6.53）］具有 NP-hard 特性，Gurobi 在面对大规模现实问题时将无能为力。因此，本节针对货架位置优化模型拆分后的模型 2 设计有效的启发式算法。

禁忌搜索算法特有的记忆功能提高算法陷入局部最优的可能性，而 SA 接受劣解的思想，可加强算法的全局寻优能力。因此，本节基于禁忌搜索算法框架，结合 SA 思想，设计了一种针对货架位置优化问题的混合启发式算法。下面将详细阐述算法框架及其关键模块的设计方法。

1. 算法总体框架

在利用 Gurobi 对模型 1 进行求解时，所得的结果即为模型 2 的一个可行解，但该解并不一定是模型 2 的最优解，可能仅是模型 2 的较差质量的可行解，因此需要设计专门的启发式算法来求解模型 2。

为增强算法的全局寻优能力及较好的邻域解的发现能力，本节将算法分为内外两层禁忌搜索，外层负责指导算法在全局范围内跳入新的邻域，内层负责指导算法在当前邻域内深入搜索。算法每进行一次外层搜索后，进行多次内层搜索；直至外层搜索达到停止迭代条件，整个算法即停止。算法的总体执行步骤如下。

步骤 1：基于模型 1［式（6.46）～式（6.48）］的求解结果对货架位置进行分类，并使用贪婪思想生成初始解。

步骤 2：判断是否已完成一次内层禁忌搜索，是则转到步骤 3，否则转到步骤 4。

步骤 3：进行外层禁忌搜索。

步骤 4：进行内层禁忌搜索。

步骤 5：判断内层禁忌搜索的当前最好解未更新次数是否达到停止条件，是则转到步骤 6，否则转到步骤 4。

步骤 6：判断是否达到外层禁忌搜索迭代次数，是则转到步骤 7，否则转到步骤 2。

步骤 7：输出最好解。

2. 算法关键模块设计

本节将针对算法总体框架中提及的货架位置分类、初始解生成、内层与外层禁忌搜索、解的接受、解的禁忌与解的特赦等方法进行设计。

1）货架位置分类

模型 1 的求解结果即为模型 2 的一个可行解，该解针对模型 2 的质量优劣并不能得到保证，因此需要对该解进行邻域搜索以不断优化模型 2 的目标值。然而，由于模型 2 以实现模型 1 的目标值为约束，解的邻域搜索过程应该以不恶化模型 1 的目标值为前提；并不是所有的货架都可以相互交换位置从而形成新的邻域解。因此，需要事先对货架位置分类，使每个货架与同类位置上的其他货架交换时不会影响模型 1 的目标值。为此，本节设计了货架位置的分类方法，图 6.14 给出了该方法的一个例子。如图 6.14 所示，每个货架位置到拣货台中心具有不同的距离，距离相同的两个位置上的货架相互交换，不会影响模型 1 的目标值。因此，本节将与拣货台中心距离相同的位置设为一类，货架与其同类位置上的其他货架进行交换，可在不影响模型 1 目标值的情况下产生新的邻域解。

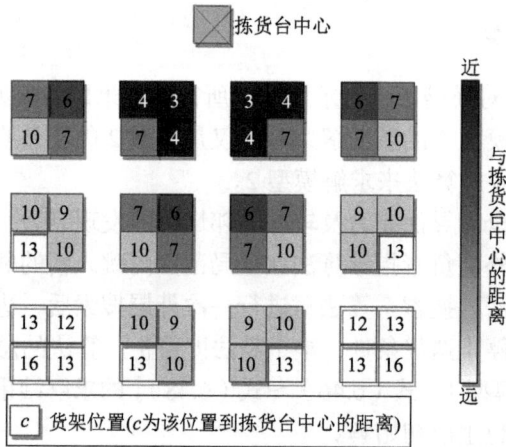

图 6.14　位置分类示意图

2）初始解生成

在利用求解器对模型 1 求解时，所得结果即为模型 2 的可行解，对该解使用贪婪策略进行改进从而生成初始解。该策略首先计算每个位置到其他同类位置的距离以及该类位置中每个货架与其他所有货架的共同使用次数；然后按照前者的升序和后者的降序分别排序，并将排好序的位置和货架一一匹配，最终得出优化后的初始解。在该种排序和匹配方式下，与其他货架共同使用次数多的货架会被分配到与其他位置距离和小的位置上，这就非常有利于优化模型 2 的目标值。

　　3）内层与外层禁忌搜索

　　本节使用两种方式对当前解进行邻域变换：一种是同类位置上的货架互相交换位置，另一种是热度相同的货架互相交换位置。这两种方式都不会改变当前解针对模型 1 的目标值。将前者设计为内层禁忌搜索的邻域变换算子，因为它主要负责在当前解的局部范围内的搜索；将后者设计为外层禁忌搜索的邻域变换算子，因为它可以使算法进入新的邻域范围。

　　无论是内层还是外层邻域变换算子，都从可选范围内随机选择若干个货架交换位置，按照这种方式生成若干个候选解，并根据解的接受准则替换当前解。

　　4）解的接受

　　若邻域解优于当前解，则用其更新当前解。否则，按照 SA 思想，以概率 $e^{-\Delta T/T}$（e 为自然常数）接受新解，以防止算法陷入局部最优。内层与外层搜索分别从初始温度 T_n 和 T_w 开始，按照 $\Delta T=(1-\alpha)T$ 的方式实现温度缩减，其中 α 为温度缩减系数。

　　5）解的禁忌

　　为防止算法对某些较优解进行重复搜索，需要禁止算法重复搜索已经搜索过的解。为此，设置一个定长的禁忌表，存储已经搜索过的解，若搜索到该表内的解，则重新搜索。表中的解将在一定搜索代数后解禁出来。

　　6）解的特赦

　　为了将每一代的当前解保持一个较优的水平，防止算法不断接受差解，允许将禁忌表中的解特赦出来。若当前解产生的邻域解中，最优值劣于禁忌表中的某个解，则将禁忌表中的解特赦出来，根据特赦解与当前解的优劣关系及解的接受准则进行当前解的更新。

6.4.5　实验分析

　　为验证本节模型和算法的可行性与有效性，我们基于 C# 语言开发了货架位置优化程序，分别针对不同规模的算例对模型和算法进行验证。整个实验过程在 Windows 10 操作系统、i5 CPU、8 GB 内存的台式计算机上运行。

　　1. 算例描述与参数设置

　　从国内某大型电商机器人移动货架系统的实际数据中抽取部分订单、货架及商品信息，形成小规模算例 10 个，大规模算例 15 个，以验证本节的模型与算法。每个小规模算例包含 1 个订单集合，该集合包含 2 个批次；每个大规模算例包含 20～30 个订单集合，每个集合包含 100～1000 个批次。通过初步测试，禁忌搜索算法的参数值设置如表 6.20 所示。

表 6.20　禁忌搜索算法参数表

参数	取值
初始温度 T_n, T_w	1000
外层温度缩减系数 α	0.9
内层温度缩减系数 α	0.5
外层邻域解数量上限/个	1
内层邻域解数量上限/个	100
外层禁忌表长度/个	1
内层禁忌表长度/个	20
外层搜索的迭代次数/次	1000
内层搜索最优解未更新次数上限/次	40

　　表 6.20 将外层温度缩减系数设置为大于内层温度缩减系数，是因为需要外层更多地接受差解从而提供新的搜索方向，需要内层尽量少接受差解而更多地提升解的质量，从而使内层与外层搜索在解的优化过程中发挥不同的作用。由于同样的原因，内外层的邻域解数量上限、内外层的禁忌表长度也存在差异。邻域解数量上限是指搜索所产生的最多邻域解数量。此外，由于外层的禁忌表长度较小，外层禁忌搜索不采用特赦操作，特赦操作只适用于内层搜索。这么做也是为了防止外层重复搜索已搜索过的解。

　　为验证本节禁忌搜索算法针对大规模算例的有效性，本节基于文献[43]构建了一种单亲遗传算法，使其适应本节模型 2 的问题。该文献在计算拣货成本时，未考虑机器人在货架间空载运行的成本，故与本节问题有所区别。因此对该文献所采用的单亲进化遗传算法做出如下修改：为保证实现模型 1 的最优目标值，交叉算子只允许在同一类中的若干个货架中进行基因换位，变异算子只允许不同类中热度相同的两个货架交换位置，从而形成新的候选解。

　　2. 实验结果分析

　　1）小规模算例的计算结果

　　小规模算例包含 15 种商品，分别设置了 16 个与 24 个货架位置两组算例。由于货架热度和关联度生成模型与货架位置优化中的模型 1 均采用 Gurobi 求解，这两种结果均为最优解，而货架位置优化中的模型 2 利用三种方式分别求解（Gurobi、禁忌搜索算法、遗传算法）。求解结果如表 6.21 所示，热度与关联度用均值表示；

模型 2 最优解的数据列给出了机器人在拣货时行走的总距离及算法 10 次运行中求得最优解的次数。

表 6.21　小规模算例结果表

订单数 /个	货架数位置数 /个	平均热度/次	平均关联度/次	模型 1 结果/米	模型 2 最优解/米（10 次运行中求得最优解的次数/次）			模型 2 平均用时/秒		
					Gurobi 结果	禁忌搜索算法	遗传算法	Gurobi 结果	禁忌搜索算法	遗传算法
20	10-16	1.5	1.1	99	199.5(10)	199.5(10)	199.5(10)	7.0	<1.0	<1.0
20	11-16	1.8	1.7	144	432(10)	432(10)	432(7)	3.0	<1.0	<1.0
20	12-16	1.7	1.4	144	462(10)	462(10)	468(0)	8.0	2.4	2.5
20	13-16	1.5	1.1	137	399(10)	399(10)	399(10)	24.0	2.5	2.9
20	14-16	1.6	1.3	165	615(10)	615(10)	615(10)	54.0	2.4	3.3
30	15-24	2.9	1.5	344	793.5(10)	793.5(9)	805.5(0)	542.0	7.2	7.2
30	16-24	2.6	1.2	326	666(10)	666(8)	666(2)	525.0	9.3	9.7
30	17-24	2.5	1.0	341	684(10)	684(10)	703.5(0)	275.0	9.2	9.8
30	18-24	2.6	1.1	372	846(10)	846(8)	846(5)	904.0	11.7	11.7
30	19-24	2.6	1.2	405	1080(10)	1080(9)	1080(4)	1142.0	15.9	16.1

由表 6.21 可见，在小规模算例情况下，利用 Gurobi 可求出全局最优解，但随着算例规模的逐渐加大，Gurobi 求解所用的时间会大幅增加。在小规模算例下，启发式算法比 Gurobi 求解更快，且解的质量相差无几，两种启发式算法的用时也相差不大。

在结果质量上，对比禁忌搜索算法和遗传算法这两种启发式算法不难发现，前者在相同时间内的寻优能力要强于后者。遗传算法的结果波动性较大，甚至出现过 10 次求解都未找到全局最优解的情况。两种启发式算法在速度上具有优势，禁忌搜索算法在寻优能力上相对于遗传算法更为突出。

2）大规模算例的计算结果

将本节的禁忌搜索算法与改进后的单亲遗传算法针对大规模算例进行计算，结果如表 6.22 所示，该表给出了每个算例的订单数、货架数、货架位置数、模型 1 和模型 2 的结果。模型 1 采用 Gurobi 求解，因此一定能找到全局最优解。若使用 Gurobi 求解模型 2 在表 6.22 中的算例，则它未能在 12 小时内给出最优解，因此表中不再展示 Gurobi 求解模型 2 的用时结果，只给出了两种算法（禁忌搜索算法和遗传算法）针对模型 2 的用时结果。

表 6.22　大规模算例求解结果

订单数/个	货架数/个	货架位置数/个	模型 1 结果/米	禁忌搜索算法（模型 2）		遗传算法（模型 2）	
				结果/米	用时/秒	结果/米	用时/秒
2 000	185	224	44 488.5	917 407.5	173	951 510.0	173
2 000	197	224	48 384.0	1 013 769.0	191	1 054 323.0	196
2 000	227	256	93 013.5	1 008 030.0	211	1 046 344.5	228
2 000	298	320	99 811.5	1 205 778.0	446	1 260 574.5	478
2 000	313	360	893 302.5	13 824 670.5	610	14 281 036.5	622
15 000	253	280	639 171.0	6 464 595.0	1 105	6 589 407.0	1 173
15 000	282	320	644 911.5	6 790 903.5	1 543	6 964 974.0	1 607
15 000	298	320	700 267.5	7 766 223.0	1 517	8 038 207.5	1 564
15 000	333	360	734 506.5	8 541 102.0	1 972	8 835 039.0	2 127
15 000	419	460	753 513.0	9 063 942.0	1 704	9 597 115.5	1 795
30 000	505	576	1 659 651.0	22 321 480.5	1 901	23 907 481.5	2 332
30 000	527	576	1 637 599.5	22 130 004.0	2 426	23 477 242.5	2 528
30 000	616	640	1 729 581.0	24 009 460.5	1 814	26 053 452.0	1 960
30 000	648	704	1 882 717.5	28 421 289.0	1 943	31 185 135.0	2 129
30 000	790	960	10 460 161.5	30 717 262.5	1 980	32 690 137.5	2 003

从表 6.22 可以看出，禁忌搜索算法相比于遗传算法针对大规模算例具有很大优势，它可以在较短的时间内求出更好的解。禁忌搜索算法针对这 15 个算例的求解结果全部优于遗传算法，且用时更少。禁忌搜索算法与遗传算法在求解结果和求解时间上的平均 Gap 分别为 4.97% 和 6.14%。禁忌搜索算法所体现出的更强的求解能力主要是源于该算法的双重搜索结构，内层和外层的邻域搜索方式分别有利于增强算法的全局和局部的寻优能力。每当外层搜索找到新的邻域解时，内层搜索就在该邻域内不断搜索更优解。这样内外层禁忌搜索搭配，使算法的广度和深度的寻优过程都得到了改进。

3. 敏感性分析

货架的位置方案对于移动货架系统的订单拣选效率至关重要。从本节建立的模型来看，决定货架位置方案的因素主要有货架的热度和关联度，而这两个属性又取决于顾客订单中的商品订购规律。这种订购规律会由于仓库所存储的货物类型、电商对商品促销套餐的设定以及顾客的购物习惯等因素的共同作用，而在不同时间段呈现出不同的特征，如顾客订单中的平均商品种类数会随时间的变化而有所不同。为此，本节就针对顾客订单中的商品种类数平均值 σ 这个因素而展开敏感性分析，揭示它的变化对于货位分配方案的影响规律。

　　另外，在机器人移动货架系统中，商品拆零存放于多个货架中，因此每个货架上存储的商品种类和数量各不相同。根据我们的一般经验来看，商品种类更多的货架往往容易被选择为更多订单提供拣选服务，从而应该会被放到距离拣货台较近的位置上。那么，这一经验是否和模型的计算结果相一致？ σ 的变化又是否会使这一经验产生不同的表现？针对这些问题，我们随机生成了三个订单集合，它们的 σ 取值分别为 2、4、6，然后基于本节所设计的算法将每个订单集合针对相同的一组货架分配位置（这些货架存储着 2～8 种不同的商品），得到了三个货架位置分配方案。图 6.15 至图 6.17 描绘了这三个方案的细节内容，图的横轴数据为货架与拣货台中心的距离，纵轴数据为具有不同商品种类数的货架数量，曲线表示每种距离下不同类型货架所占的比例。由于一旦仓库内的货架位置布局确定以后，每个货架位置到拣货台中心的距离也随之确定，那么同一距离下所对应的货架位置个数也是确定的，因此从三幅图中我们可以观察到，在货架与拣货台中心距离 30 米之内，图 6.15 至图 6.17 中曲线的每一个拐点的纵坐标数值都是相同的。在货架与拣货台中心距离 30 米以外，货架数量小于货架位置数，所以会存在一些空置的货架位置，因此处于 30 米之外的曲线拐点的数值未必相同。因此根据上述的货架位置摆放特点，敏感性分析以 30 米之内的货架摆放为主。

　　由图 6.15～图 6.17 可见，无论 σ 如何变化，商品种类数多的货架基本都被放置在距离拣货台中心较近的位置，但也不是所有货架都完全遵循这一规律，某些含有 8 种商品的货架距离拣货台中心的位置仍比含有 6 种，甚至 5 种商品的货架还要远。根据顾客订单中的商品订购规律，有些货架虽然含有更多种类的商品，但它与顾客订单中的商品组合规律并不匹配（即该货架上所存储的商品很少被顾

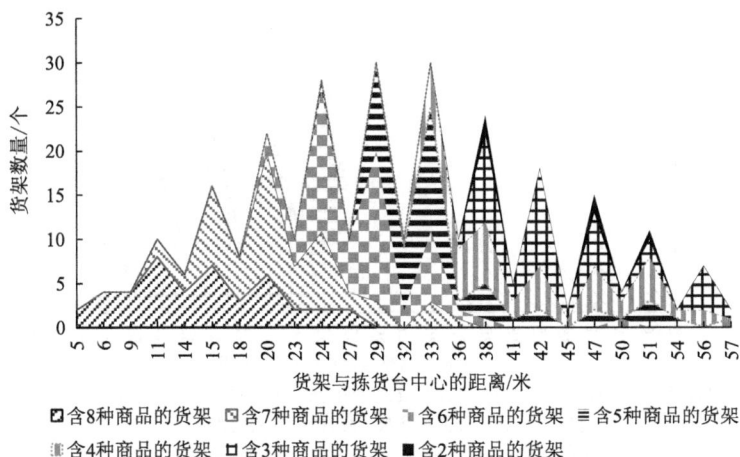

图 6.15　货架商品种类数与货架位置关系图（订单集合 1：每个订单平均包含 2 种商品，$\sigma = 2$ ）

客同时订购），因此拣货时它也不总是被选择；但有些货架虽然含有的商品种类较少，但它所包含的商品与顾客订单较为符合，因此才会被多次选择。这种特点也可以从图 6.15～图 6.17 中每类货架的分布图中得到印证，具有相同商品种类数的货架在空间分布上并不均匀，如在 $\sigma = 2$ 的图中，具有 8 种商品的货架其摆放位置分布在距拣货台中心 5～29 米的范围内，且该范围内并不仅包含这一种货架，同时并存的还有包含了 5～7 种商品的货架，同样的情况在其他两幅图中也有体现。因此，商品种类越多的货架往往容易被选择为很多订单提供拣选服务从而应该会被放到距离拣货台中心较近的位置上，这条经验并不准确。

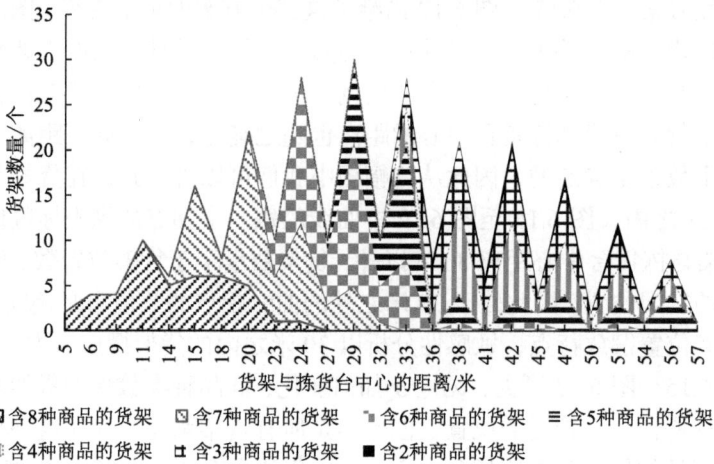

图 6.16　货架商品种类数与货架位置关系图（订单集合 2：每个订单平均包含 4 种商品，$\sigma = 4$）

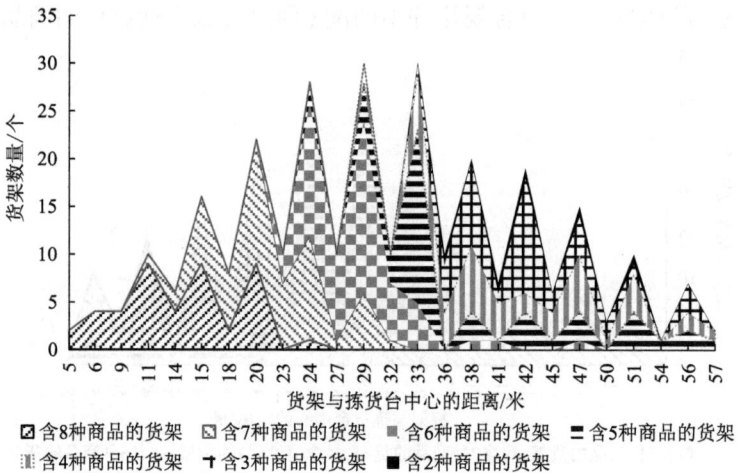

图 6.17　货架商品种类数与货架位置关系图（订单集合 3：每个订单平均包含 6 种商品，$\sigma = 6$）

6.4.6　管理启示

本节利用货架的使用次数和货架间的共用次数来指导货架的摆放，该货架位置优化方法将每个货架当作一个独立的个体，根据上述两个属性来为其安排合适的存储位置，因此本节所采用的优化方法属于分类存储，但与已有分类存储的区别在于本节每个货架上的商品具有很大的多样性，这种多样性导致了货架与订单之间的复杂的匹配关系、货架与货架之间的复杂的关联关系，本节通过分析统计模拟数据将复杂的关系提取出来用以指导货架位置优化。由于本节研究的目的是为每个货架找到一个合适的位置，所以本节所采用的存储策略可以理解为分类存储在理想情况下的极限状态，即每个货架位置都是一个类，只能至多存储一个货架。

货架的使用情况受到其上存储商品的影响，因此需考虑分析货架上的商品种类数对货架摆放的影响。在本节所采用的存储策略的基础上，通过变动订单所包含的平均商品种类数，来观察包含不同商品种类数的货架摆放位置具有何种摆放规律。通过对比了分别平均包含 2 种、4 种、6 种商品种类订单组下的实验数据，发现包含商品种类数更多的货架更多地放在距离拣货台较近的地方，且随着订单中包含的商品种类数的增加，包含相同商品种类数的货架将被摆放得更加集中。但上述两条规律并不完全精准，因为货架的使用情况同样还受到订单的结构规律、货架上的商品组合等的影响，会出现小部分违背上述两条规律的情况。

本节所采用的存储策略为分类存储策略的一种极端情况，而敏感性分析部分内容的目的是分析货架上包含的商品种类数通过影响货架的使用频率从而最终影响到货架的摆放位置。简而言之，本节研究的存储策略是根据货架使用情况为货架安排位置的分类存储，敏感性分析部分则是变动了该存储策略中的一个变量——货架上的商品种类数来分析对最终摆放结果的影响。

总之，通过敏感性分析，可以发现，商品种类数多的货架通常要比商品种类数少的货架与拣货台中心的平均距离更近。关于"商品种类更多的货架往往容易被放到距离拣货台中心较近的位置上"的经验是不够精确的。就某一个货架而言，它与拣货台中心的距离存在不确定性，需要根据它所存储的商品种类、数量与顾客订单中的商品信息的匹配程度以及它的热度和关联度而明确地给定。这也同时说明决策者的货架位置摆放经验难以实现对货架位置优化模型的完全替代，若要提高电商订单的拣选效率，仍需结合顾客订单的商品订购规律及货架上存储的商品信息，基于相应的模型和算法而得到对货架的精确定位。

6.5　机器人移动货架系统的机器人调度优化

机器人移动货架系统的拣货方式有助于减少拣货人员的行走距离，提高拣选效率。该仓库的每个货架可存储多种商品，每种商品又可存放于多个货架上，货架与商品之间具有多对多的复杂关系，使得存在多种货架组合满足订单的拣货需求，而选择的货架数越多，机器人需要搬运的货架次数也就越多。因此，如何根据货架与商品之间的复杂关系，选择数量最少的货架组合，是移动货架仓订单拣选不可逾越的一大难题。此外，系统中存在多个搬运机器人可执行货架的搬运任务，选择不同的货架组合执行货架的搬运任务所耗费的时间成本具有显著的差异。在确定待搬运的货架组合来满足订单的拣货需求后，如何对搬运机器人进行合理的调度，以最小的时间成本来完成货架的搬运任务，提升系统的拣选效率，也是电商仓储中心决策者亟待解决的首要问题。

为此，本节针对机器人移动货架系统的机器人调度优化问题展开研究，研究内容包括两方面：一方面是针对一批待拣货订单，研究最优的移动货架组合以最小化搬运的货架数量；另一方面是在确定移动货架组合后如何调度搬运机器人，最小化拣货时间。

6.5.1　问题描述与分析

本节通过举例先描述货架选择问题。假设 SKU 有四种，分别为 A、B、C、D，待拣货的订单为 $O_1 = \{A(2), B(3)\}$（表示订单 1 需 2 个 A、3 个 B）和 $O_2 = \{A(1), C(1), D(2)\}$；仓库中有四个货架，分别为 $R_1 = \{A(5), B(2)\}$（表示货架 1 包含 5 个 A、2 个 B）、$R_2 = \{A(3), C(3)\}$、$R_3 = \{B(3), D(2)\}$、$R_4 = \{A(3), B(1), C(1), D(1)\}$。订单 O_1 和 O_2 共需 3 个 A、3 个 B、1 个 C 及 2 个 D，针对订单拣选要求，有多种货架选择方案，分别为 $\{R_1, R_3, R_4\}$、$\{R_2, R_3\}$、$\{R_1, R_2, R_3\}$，且第 2 个方案所需货架数最少，因此选择它为订单 O_1、O_2 提供拣选服务；若选择另两个方案，虽能满足订单拣选要求，但需移动三个货架，这样很可能降低订单的拣选效率。故移动货架选择问题可描述如下：某机器人移动货架系统中商品种类充足，针对某一时间段内产生的一批订单，确定一个最优的货架选择方案，使得完成该批订单拣选任务所需货架数最小。因此，本节以满足给定订单集合中商品的拣货需求为约束，以所需货架数最小化为目标，建立该问题的数学模型。

在给定货架选择方案后，如何对搬运机器人进行调度使得其总拣货时间最小，是机器人调度优化研究的另一主要研究内容。订单总拣货时间的计算依赖于搬运机器人的行走路线,应根据机器人不同的行走路线来计算对应的总拣货时间。通过比较这些拣货时间,可将最小的总拣货时间选为最终拣货时间,将其对应的行走路线作为搬运机器人的最终行走路线。机器人的行驶路线往往选择最短路径,在拣货站也依照"先到先服务"的规则进行拣货,基于搬运机器人的行走规律,可将其简化为可求解的数学问题,对其提出假设,设定参数和变量,建立混合整数规划模型后求解。由于问题的复杂性较高,模型仅在小规模的情况下,可通过 Gurobi 求得最优解;问题规模较大时,需要借助启发式算法,在有效时间内求出可行解。故本节选择禁忌搜索算法进行求解,根据设计的算法流程,将生成的初始解通过迭代逐步优化为较优的可行解。

通过实验发现此模型针对现实中的大规模算例无法求解,所以本章设计了禁忌搜索算法对问题进行求解。

6.5.2　模型构建

1. 机器人移动货架系统的货架选择模型

建模前,对问题做出以下假设:已知待拣货的订单集合,同种 SKU 可存在于多个货架上,且一个货架上有多种 SKU;所有货架上的 SKU 能够满足订单的需求。由于货架在仓库中的位置并不固定,本节不考虑机器人将货架搬运至拣货台的时间,只考虑货架搬运次数。

参数描述如下。

O 表示订单集合。

S 表示货架集合。

P 表示商品种类集合。

b_{ik} 表示第 i 个货架上第 k 种商品的数量, $i \in S, k \in P$ 。

d_{jk} 表示第 j 个订单对第 k 种商品的需求量, $j \in O, k \in P$ 。

M 表示一个无穷大的正数。

决策变量如下。

x_{ijk} 表示货架 i 为第 j 个订单中第 k 种商品提供拣货的商品数量, $i \in S, j \in O, k \in P$ 。

y_i : 0-1 变量, $y_i = 0$ 表示货架 i 未被选中提供拣货服务, $y_i = 1$ 表示货架 i 被选中, $i \in S$ 。

基于上述参数设置,建立货架选择问题的数学模型如式(6.54)~式(6.57)所示:

$$\min \sum_i y_i \tag{6.54}$$

$$\sum_i x_{ijk} \geqslant d_{jk} \ , \ \forall j \in O, k \in P \tag{6.55}$$

$$\sum_j x_{ijk} \leqslant b_{ik} \ , \ \forall i \in S, k \in P \tag{6.56}$$

$$My_i \geqslant x_{ijk} \ , \ \forall i \in S, j \in O, k \in P \tag{6.57}$$

目标函数（6.54）表示最小化完成所有订单的拣货服务的货架数；约束（6.55）表示提供拣货服务的货架商品的数量要满足订单对商品的需求；约束（6.56）表示提供拣货服务的货架的商品拣货数量不能超过货架所有的商品数量；约束（6.57）定义了两个变量之间的关系。

2. 机器人移动货架系统的搬运机器人调度模型

在构建搬运机器人调度模型前，提出如下基本假设。

（1）货架之间以及货架与拣货台之间的路程距离为横纵坐标之差的绝对值的加和。这是根据实际仓库内搬运机器人的行走特点提出的假设，仓内机器人的行走均是横向或纵向，不存在斜向的行走路径。

（2）每个货架被服务台拣货完毕后，由搬运机器人将其送回原位。这是参考实际仓库中的搬运方式进行的一种合理假设。

（3）搬运机器人在行驶过程中，只考虑路程，不考虑搬运机器人路径冲突。本节从决策层的角度提出决策参考，过于细节的具体路径不属于决策层面的考虑范围。

（4）搬运机器人电量是充足的，拣货时，可一直进行搬运任务，不存在充电状态。搬运机器人在拣货过程中的大部分时间中均处于行驶状态，充电状态多在休息时进行，因此本节不考虑充电状态。

（5）待拣货的货架已知，且货架上的商品充足，不存在缺货补货的情况。实际生产过程中，大规模的补货活动多在休息时进行，多数时间货架商品充足，这种假设是合理的。

（6）移动货架仓的拣货作业开始时每一个搬运机器人均从拣货台处出发，依次运送系统指令的任务。依据实际情况，开始时搬运机器人均从拣货台处出发，这种假设符合实际情况。

（7）在进行搬运机器人调度前，已经知道了要拣货的订单的具体信息，即订单已知。机器人的调度需要订单的具体信息，根据订单所需商品的位置和数量进行调度，因此在进行搬运机器人调度前，订单已知。

（8）拣货员可持续工作到订单任务拣货完成，不考虑拣货员休息时间。拣货时，若拣货员整体下班或者中途休息，则搬运机器人也将停止工作，拣货员的休息时间会相应地延长总拣货时间，但不会影响搬运机器人的总调度以及两者的数量配置关系；若个别拣货员休息，其余拣货员与搬运机器人继续工作，则此时的拣货员和搬运机器人的数量配置就会发生变化，模型参数也会发生变化，可调整模型的参数继续求解，所以本节模型未考虑拣货员的休息时间。

为了建立机器人移动货架系统的搬运机器人调度模型，定义如下参数和变量，如表 6.23 所示。

表 6.23 模型参数及含义

参数	含义
R	所有货架的集合
O	所有订单的集合
α	在机器人路径初始处加入的虚拟货架
β	在机器人路径结尾处加入的虚拟货架
p_i	货架 i 在拣货台时被拣货处理的时间
t_{ij}	货架 i 和 j 之间的行驶时间
t_i	货架 i 到拣货台的行驶时间

$$x_{ijk} = \begin{cases} 1, & \text{第} k \text{个搬运机器人将货架} i \text{移动到拣货台后,} \\ & \text{再将货架} j \text{移动到拣货台} \\ 0, & \text{否则} \end{cases}。$$

S_i 表示货架 i 被某个搬运机器人顶起来移动的开始时间，为非负变量。

$$q_{ij} = \begin{cases} 1, & \text{货架} i \text{被拣货台服务完之后再服务货架} j \\ 0, & \text{否则} \end{cases}。$$

r_i 表示货架 i 被拣货台开始服务的时间，为非负变量。

上述变量中既包含 0-1 变量，又包含非负变量。x_{ijk} 为 0-1 变量，其中 i 代表某个货架 i，j 代表某个货架 j，k 代表第 k 个搬运机器人，通常 1 个搬运机器人的搬运路径上存在若干个货架，若货架 i 和货架 j 是在第 k 个搬运机器人的搬运路径上相邻的两个货架，且货架 i 在前，则 x_{ijk} 的值取 1，否则取 0。q_{ij} 也为 0-1 变量，表示货架在拣货台的被服务顺序，若货架 j 在拣货台服务的时间在货架 i 的拣货台服务时间之后，则 q_{ij} 取值为 1，否则为 0。S_i 和 r_i 均表示时间的非负变量。

根据上述分析，建立以总拣货时间最小化为目标的搬运机器人调度问题模型。

目标函数为

$$\min T \tag{6.58}$$

约束条件为

$$T \geqslant r_i + t_i + p_i, \forall i \tag{6.59}$$

$$\sum_{j=1}^{n+1} x_{\alpha jk} = 1, \forall k \tag{6.60}$$

$$\sum_{i=0}^{n} x_{i\beta k} = 1, \forall k \tag{6.61}$$

$$\sum_{j=1}^{n+\beta} \sum_{k=0}^{K-1} x_{ijk} = 1, \forall i \tag{6.62}$$

$$\sum_{i=\alpha}^{\alpha+n} \sum_{k=0}^{K-1} x_{ijk} = 1, \forall j \tag{6.63}$$

$$\sum_{i=\alpha}^{\alpha+n} x_{jik} = \sum_{j=1}^{n+\beta} x_{ijk}, \forall i \tag{6.64}$$

$$s_j \geqslant r_i + p_i + t_i + t_{ij} + \left(\sum_{k=0}^{K-1} x_{ijk} - 1\right)M, \quad \forall i,j \tag{6.65}$$

$$s_j \geqslant t_{\alpha j} + \left(\sum_{j=1}^{n} \sum_{k=0}^{K-1} x_{\alpha jk} - 1\right)M, \forall j \tag{6.66}$$

$$r_j \geqslant r_i + p_i + \left(q_{ij} - 1\right)M, \forall i < j \tag{6.67}$$

$$r_i \geqslant r_j + p_j - q_{ij}M, \forall i < j \tag{6.68}$$

$$r_i \geqslant s_i + t_i, \forall i \tag{6.69}$$

其中，目标函数（6.58）表示最小化订单的完成时间，所有货架被拣货台服务完成并送回原位置所花费的时间最小化。约束（6.59）表示订单的总完成时间大于每个货架被服务完成的时间。每个货架服务完成的时间包括货架被服务台开始服务的时间、货架被拣货时间和货架被送回原位的时间。约束（6.60）表示所有的搬运机器人都从起点 α 出发。约束（6.61）表示所有搬运机器人都回到终点 β。约束（6.62）表示所有货架入度为1，此处在机器人路径初始处加入的虚拟货架 α

除外。约束（6.63）表示所有货架出度为 1，此处在机器人路径结尾处加入的虚拟货架 β 除外。约束（6.64）表示所有真实货架的入度等于出度。约束（6.65）表示若某搬运机器人相继搬运货架 i 和货架 j，则真实货架 i 和货架 j 的 s_j 与 r_i 服从一定关系，即搬运机器人在将货架 i 服务完成送回原位后，才再移到货架 j 的位置开始服务货架 j。约束（6.66）表示若货架 j 从起点货架 α 出发，则 $s_j \geqslant t_{\alpha j}$。约束（6.67）表示若拣货台相继服务货架 i 和货架 j，则被拣货台服务的相邻真实货架 i 和货架 j 间的 r_i 与 r_j 服从一定关系，即拣货台在对货架 i 服务完成后才开始对货架 j 进行拣货服务。约束（6.68）表示若拣货台相继服务货架 i 和货架 j，则 q_{ij} 值为 1，且被拣货台服务的相邻真实货架 i 和货架 j 间的 r_i 和 r_j 服从一定关系。约束（6.69）表示每个货架 i 在被拣货台进行拣货服务前，要先被搬运机器人搬运，并且送至拣货台处后才能开始。

6.5.3　问题复杂性分析

货架选择问题的复杂性体现在问题的求解规模上，以及问题具有 NP-hard 特性。当订单的数量增大时，问题求解规模增大，调用线性求解器 Gurobi 已无法求解模型。另外，货架选择问题在下述假设下可转化为一类特殊的集合覆盖问题：每个订单订购每类商品的数量最多为 1 件；所有订单订购的商品种类并不相同。在这些假设下，货架选择问题就转化为一类集合覆盖问题，即如何选择尽量少的货架（商品的集合），才能使这些货架上的商品覆盖订单中的所有商品集合。由于集合覆盖问题已经被证明为 NP-hard 问题[44]，因此货架选择问题也具有 NP-hard 复杂性。当问题规模较小时，可通过线性规划求解器来求解问题模型；但针对现实中的大规模问题，建立启发式算法就是一种有效的途径。

搬运机器人调度问题的求解难度主要体现在三个方面：一是模型复杂度随订单规模的增大呈指数级增长。由于问题涉及的变量较多，且随着目前订单规模的增大，各变量的数量也随之增长，进行求解时，模型求解复杂度呈指数级增长。利用 Gurobi 线性求解器来求解模型时，只能求解小规模算例，大规模算例无法在有效时间内得到求解，所以需要开发适用大规模算例的算法以便在有效时间内获得大规模算例较为优秀的可行解。二是每个搬运机器人的调度工作都是复杂化的旅行商问题。移动货架仓进行拣货作业时，每一个搬运机器人的运输路径上包含若干个货架，搬运机器人需要访问每一个货架并将其运送至拣货台，可以将其认为是复杂化的旅行商问题，而旅行商问题被认为是 NP-hard 问题，这也说明了本节研究问题的复杂性。三是各个货架被拣货的时间窗要兼顾搬运机器人内部运输顺序和搬运机器人间的相互作用的双重影响，而货架被服务的时间窗与总拣货时间相关联，所以本节研究过程中需要兼顾这一双重影响，这就提升了研究问题的复杂性。

6.5.4　货架选择的 SA 改进算法设计

SA 算法是柯克帕特里克（Kirkpatrick）于 1983 年提出的一种仿生智能算法。由于该算法具有描述简单、使用灵活、运用广泛、运行效率高和较少受到初始条件约束等优点而被广泛运用于解决很多经典组合优化问题。该算法框架更有助于货架选择方案跳出局部最优，因此本节针对货架选择问题实现了一种改进的 SA 算法，改进之处在于：基于移动货架仓中面向订单拣选的货架选择模型，本节算法设计的目标是找到一个最小的货架集合来满足当前订单的拣货需求，因此，设计了一种新的启发式算法来产生初始解；在邻域操作部分，为了实现货架数的最小化，同时与模型的目标函数和约束方程保持一致，设计了能够满足当前订单拣选需求的 6 种局部搜寻（Local Search）算子来产生新的邻域解；若邻域解的货架数少于当前解的货架数，则用邻域解替换当前解，否则按照 $e^{-\frac{\Delta f}{T}}$（e 为自然常数）的概率替换当前解，其中，Δf 为邻域解与当前解的货架数之差，T 为温度，每次迭代后 $T = \alpha T$（$0 < \alpha < 1$）；算法从初始温度 T_0 开始迭代，直至终止温度 $T_{\min}$ 结束。下面将详细阐述初始解的产生和邻域操作方法。

1. 初始解的产生

本节设计了一种启发式算法生成初始解，步骤见下。

输入：该批订单需要的全部商品列表 Prod 及数量 Demand、所在的货架列表 RackLst，最优解 best_solution。

步骤 1：计算 RackLst 列表中每个货架的权重。

权重的计算过程如下。

p_{ij} 表示货架 i 上商品 j 的数量，$\forall i \in$ RackLst，$j \in$ Prod。

s_j 表示 RackLst 列表中所有货架包含商品 j 的总数量。

$$s_j = \sum_i p_{ij} \quad , \quad \forall j \in \text{Prod} \qquad (6.70)$$

w_i 表示货架 i 的权重。

$$w_i = \sum_j \frac{p_{ij}}{s_j} \quad , \forall i \in \text{RackLst} \qquad (6.71)$$

步骤 2：按照货架权重的大小降序排列，得到货架列表 RackLst。

步骤 3：将权重最大的货架添加到 best_solution 中，并将其从 RackLst 中移除；更新商品列表 Prod，若商品的拣货需求得到满足，则将其从 Prod 中移除。

步骤 4：判断 Prod 列表是否为空，若是，则输出初始解 best_solution；否则，转步骤 1。

2. 邻域操作方法

针对邻域操作部分，设计了 6 种 Local Search 算子，每种算子都将当前解中已选择的某些货架替换为新货架。当前解中已选择的、待替换的货架集合可包含 1 个、2 个或 3 个货架，针对每种货架数量，设计算子如下。

算子 1：若当前解含有货架 A，且移除 A 后的解仍符合模型约束，则移除 A。

算子 2：若当前解含有货架 A 但不含 B，且用 B 替换 A 后的解仍能满足模型约束，则用 B 替换 A。

算子 3：若当前解含有货架 A 和 B 但不含 C，且用 C 替换 A、B 后的解仍能满足模型约束，则用 C 替换 A 和 B。

算子 4：若当前解含有货架 A 和 B 但不含 C 和 D，且用 C、D 替换 A、B 后的解仍能满足模型约束，则用 C、D 替换 A、B。

算子 5：若当前解含有货架 A、B、C 但不含 D 和 E，且用 D、E 替换 A、B、C 后的解仍能满足模型约束，则用 D、E 替换 A、B、C。

算子 6：若当前解含有货架 A、B、C 但不含 D、E、F，且用 D、E、F 替换 A、B、C 后的解仍能满足模型约束，则用 D、E、F 替换 A、B、C。

按下述方式设定六种算子的权重。

$choose[i]$ 表示算子 i 被选择的次数。

$count[i]$ 表示在算子 i 被选择的情况下，当前解被更新的次数。

$OperW[i]$ 表示算子 i 的权重。

$$OperW[i] = \frac{count[i]}{choose[i]} \qquad (6.72)$$

基于算子权重，在每次迭代时使用轮盘赌的方式选择一种算子产生邻域解。该方式既增加了算子的随机性，又能选出效果较好的算子来增加算法的寻优能力。

邻域操作主要分为两个阶段。第一阶段选择待替换的货架集合 replaceLst：①针对 1 个货架，从当前解中随机选择一个货架；②针对 2 个或 3 个货架，采用轮盘赌的方式选择待替换的货架集合。第二阶段查找满足商品拣货需求的货架集合 MyRack：找出移除 replaceLst 中货架后未满足拣货需求的商品列表 UnPord，在剩余货架中按图 6.18 所示的方法查找货架集合 MyRack。该方法参考 Li 等[45]算法的思想，权重越大的货架所需要的商品种类和数量越多，因此将权重较大的货架添加进来，更能满足所需商品的需求，大概率减少所需货架数。

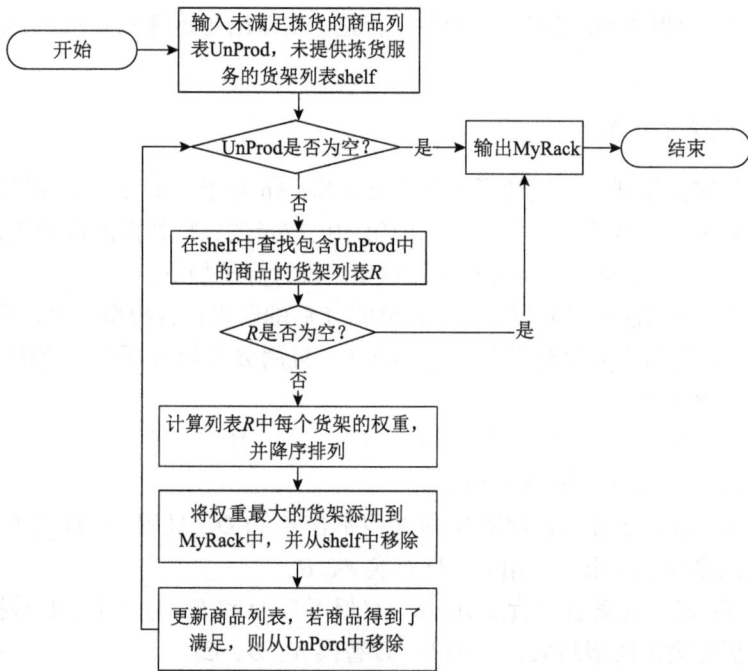

图 6.18　满足商品拣货需求的货架集合 MyRack 的查找过程

6.5.5　搬运机器人调度的禁忌搜索算法设计

禁忌搜索算法是一种全局迭代寻优的算法，模拟人类具有记忆功能的寻优特征。TS 算法通过局部邻域搜索机制和相应的禁忌准则来避免迂回搜索，并通过接受准则来赦免一些被禁忌的优良状态，进而保证多样化的有效探索以最终实现全局优化。相对于 SA 和遗传算法，TS 是又一种搜索特点不同的亚启发式算法。迄今为止，TS 算法在组合优化、生产调度、机器学习、电路设计和神经网络等领域取得了较大的成功。组合优化是 TS 算法应用最多的领域，如调度和旅行商问题等置换问题是组合问题的典型代表。本节的问题模型为搬运机器人调度模型，不同的搬运机器人行走路径会形成不同的总拣货时间，由于禁忌搜索在组合优化问题方面的良好表现，本节选用了禁忌搜索算法求解搬运机器人的最佳调度问题。

1. 禁忌搜索算法流程

禁忌搜索首先从一个初始解开始，不断地重复如下操作：根据邻域结构生成候选解，基于候选解的禁忌属性、特赦属性及解的接受准则，确定是否将候选解作为当前解，进而用其更新禁忌表；直至满足停止条件，输出算法所找到的最好解。

步骤 1：初始化。设定禁忌表、接收准则、特赦准则和停止条件。通过启发式算法将所有待拣货货架分配给个系统内的搬运机器人，产生初始解 S_0，通过启发式算法可以获得整体效果较好的初始解，节省全局搜索的时间。

步骤 2：若当前解满足停止条件则输出当前解。否则，通过邻域搜索，使当前解产生若干新的可行解，即邻域解，并从邻域解中选择最优解作为候选解。若候选解属于禁忌对象，则进行步骤 3；否则进行步骤 4。

步骤 3：若候选解满足特赦规则，则将其作为当前解，并进行步骤 5；若不满足特赦规则，则重新选取非禁忌解作为候选解，并进行步骤 4。

步骤 4：若候选解不满足接受规则，则将候选解作为当前解进行步骤 1；否则将其作为当前解，并进行步骤 5。

步骤 5：更新禁忌表，并转步骤 1。

禁忌搜索算法的流程如图 6.19 所示。

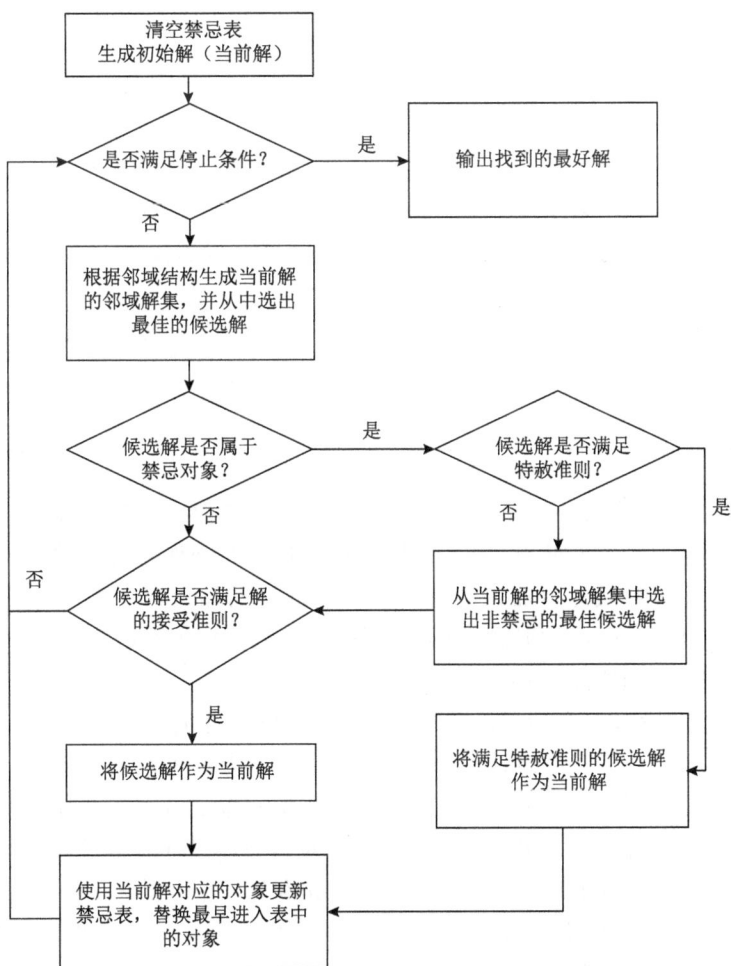

图 6.19　禁忌搜索算法流程图

下面将对禁忌搜索算法的各个部分进行详细的说明，分别为初始解生成方法和邻域变换方法。

2. 初始解生成方法

初始解为算法后续的迭代提供一个初始方案，初始解的效果也会影响到算法整体的寻优效率。因此，初始解不但要求能够在一定拣货员和搬运机器人配置情况下，提供搬运机器人搬运货架的具体方案，还要尽可能提升自己求解效果，以便在后续生成邻域解和迭代时，更大概率地靠近最优解。为了算法的初始解效果更好，我们使用了启发式算法——插入法作为生成初始解的算法，根据各货架插入路径的时间成本的大小依次将其插入搬运机器人的路径当中，插入法大致流程如表 6.24 所述。

表 6.24　插入法流程表

步骤	具体流程
步骤 1	输入货架位置商品等信息；根据搬运机器人数量建立路径表；建立删除表
步骤 2	在路径表内的每一条路径上，均插入起始位置 0，货架的插入位置需在 0 之后
步骤 3	遍历未处于删除表的货架和路径中所有可插入的位置，计算并比较所有方案的插入时间成本，记录插入成本最小的方案，即货架 i 和位置 p
步骤 4	更新路径表和删除表。在路径表的位置 p 插入货架 i，在删除表中添加货架 i
步骤 5	重复步骤 2～步骤 4，直到把所有的货架均插入路径表当中去
步骤 6	输出搬运机器人的初步路径表，以及货架的拣货时间窗

插入法生成初始解的过程中，需要用到货架插入路径的时间成本，在本算法中时间成本的计算方式如下：我们以路径的总拣货时间作为时间插入成本。路径的总拣货时间包括搬运机器人搬运货架行走的时间和货架在拣货台被服务的时间，若拣货时间存在冲突则按照先到先服务的思想，需要后至的搬运机器人等待，等待时间也计入时间插入成本中。

情况 1：仅存在一个搬运机器人，不存在时间窗冲突，如图 6.20 所示。

假设货架 1 到拣货台的时间为 2，货架的被拣货时间为 1。若在 AGV1 的路径上添加货架 1，则 AGV_1 的行走路线为"拣货台—货架 1—拣货台—等待拣货—送回货架 1"，总时间成本 $T=2+2+1+2=7$。针对本节所设计的路径，一个搬运机器人的时候不存在时间冲突，此时需要按照"先到先服务"的思想，可直接根据搬运机器人的具体路径，对求解总拣货时间，以下两种情况均是在此情况的基础上，添加搬运机器人和货架形成的。

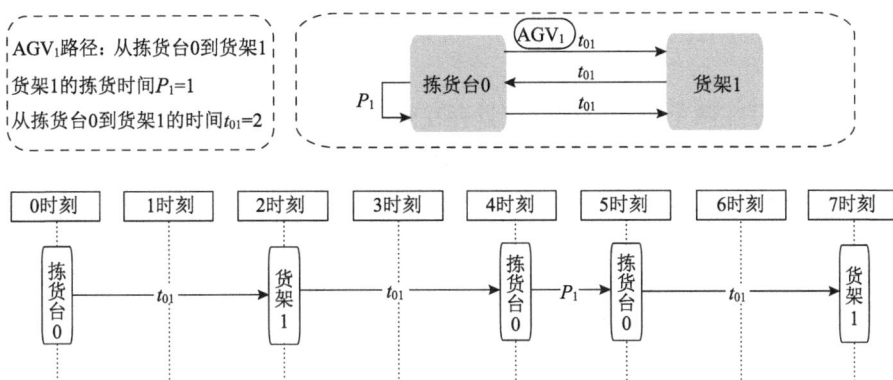

图 6.20 存在一个搬运机器人且不存在时间窗冲突的情况

AGV 表示 automated guided vehicle（搬运机器人）

情况 2：存在两个搬运机器人，但不存在时间窗冲突，如图 6.21 所示。

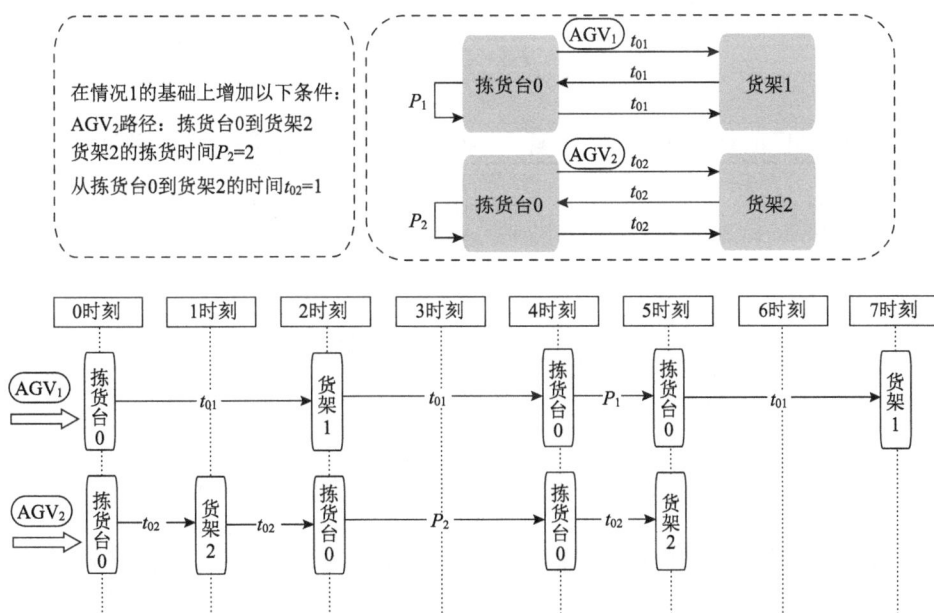

图 6.21 存在两个搬运机器人且不存在时间窗冲突的情况

若在情况 1 的基础上，存在货架 2 到拣货台的时间为 1，被拣货时间为 2。若在 AGV$_2$ 的路径上插入货架 2，则 AGV$_2$ 的行走路线为"拣货台—货架 2—拣货台—拣货时间—送回货架 2"。当 AGV$_1$ 到拣货台准备拣货时，AGV$_2$ 在拣货台已经拣完货物，此时 AGV$_1$ 可以在拣货台进行拣货。因此，AGV$_1$ 的拣货时间 $T_1=2+2+1+2=7$，AGV$_2$ 的拣货时间 $T_2=1+1+2+1=5$，$T_1>T_2$，所以此种方案的总拣货时间成本为 7。只要某一货架在另一货架来到拣货台之前完成拣货，则求解方法相同。

情况 3：存在两个搬运机器人，且存在时间窗冲突，如图 6.22 所示。

若在情况 1 的基础上，存在货架 3 到拣货台的时间为 1，被拣货时间为 3。若在 AGV_3 的路径上插入货架 3，则 AGV_3 的行走路线为"拣货台—货架 3—拣货台—拣货时间—送回货架 3"。当 AGV_1 到拣货台准备拣货时，AGV_3 在拣货台还没有拣完货物，此时 AGV_1 的总拣货时间需要增加等待时间 D_1（D_1=1）。因此，AGV_1 的拣货时间 T_1=2+2+1+1+2=8，AGV_3 的拣货时间 T_2=1+1+3+1=6，$T_1>T_2$，所以此种方案的总拣货时间成本为 8。

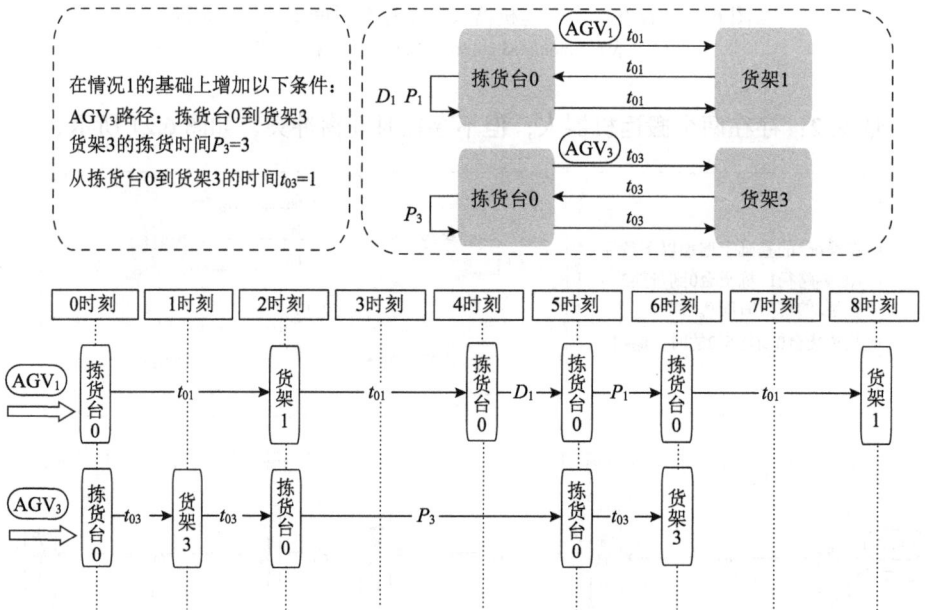

图 6.22　存在两个搬运机器人且存在时间窗冲突的情况

通过对上述情况的描述，我们发现，在情况 3 的时候，需要按照"先到先服务"原则，将存在拣货时间窗冲突的 AGV_1 和 AGV_3 的时间窗排开。通过图 6.22 可知，AGV_1 和 AGV_3 分别在 4 时刻和 2 时刻到达拣货台，AGV_3 到达时间较早，所以拣货台先为 AGV_3 提供拣货服务，4 时刻 AGV_1 到达，但此时拣货台被占用，所以 AGV_1 的总体时间需要添加 D_1，即在拣货台的等待时间，本节通过上述"先到先服务"原则，解决了拣货台处存在的多搬运机器人的时间窗冲突问题。

下文将通过一个实例，介绍插入法生成初始解的具体过程。此案例中包括拣货台为 R_0，2 个搬运机器人，分别为 AGV_1 和 AGV_2，以及 3 个货架 R_1、R_2、R_3，货架的拣货时间均为 1，3 个货架到拣货台的距离分别为 4、3、4。表 6.25 表示了初始解生成过程中的 4 个重要节点状态。

表 6.25　初始解生成实例

状态	AGV_1 路径	AGV_2 路径	待拣货架表	当前路径总拣货时间
起始状态 M_0	R_0	R_0	R_1、R_2、R_3	0
状态 M_1	R_0、R_2	R_0	R_1、R_3	10
状态 M_2	R_0、R_2	R_0、R_1	R_3	13
状态 M_3	R_0、R_2、R_3	R_0、R_1		24

第 1 步：如表 6.25 中的起始状态 M_0 所示，当前路径表为 AGV_1，0（表示拣货台位置）；AGV_2，0，路径表中共有 2 个可插入位置，总拣货时间 $T=0$，现需要选择货架 1、货架 2、货架 3 中的某一货架插入至路径表中的一个位置，且插入成本最小。

第 2 步：货架 1 可插入方案如下。方案 1：AGV_1，0—1；AGV_2，0。方案 2：AGV_1，0；AGV_2，0—1。两种方案的总拣货时间均为 $T=13$。同理可得，货架 2 的两种可插入方案的总拣货时间均为 $T=10$，以及货架 3 的两种可插入方案的总拣货时间均为 $T=13$。

第 3 步：经过比较，第一次插入时最终选择将货架 2 插入 AGV_1 路径的第 2 个位置，如表 6.25 中的状态 M_1 所示，更新路径表为 AGV_1，0—2；AGV_2，0。总拣货时间 $T=10$。当前路径表中共有 3 个可插入位置，现需要选择货架 1、货架 3 中的某一货架插入至路径表中的一个位置，且插入成本最小。

第 4 步：货架 1 可插入方案如下。方案 1：AGV_1，0—1—2；AGV_2，0。方案 2：AGV_1，0—2—1；AGV_2，0。方案 3：AGV_1，0—2；AGV_2，0—1。计算可知，方案 3 的插入成本最短为 $T=13$。同理可得，货架 3 的最短插入成本方案的总拣货时间均为 $T=13$。

第 5 步：拣货时间相同，则选择前一种方案，即第二次插入时最终选择将货架 1 插入 AGV_2 路径的第 2 个位置，如表 6.25 中的状态 M_2 所示，更新路径表为 AGV_1，0—2；AGV_2，0—1。当前路径表中共有 4 个可插入位置，现需要选择货架 3 插入至路径表中的一个位置，且插入成本最小。

第 6 步：货架 3 可插入方案如下。方案 1：AGV_1，0—3—2；AGV_2，0—1。方案 2：AGV_1，0—2—3；AGV_2，0—1。方案 3：AGV_1，0—2；AGV_2，0—3—1。方案 4：AGV_1，0—2；AGV_2，0—1—3。计算可知，方案 2 的插入成本最短为 $T=24$，则第三次插入时最终选择将货架 3 插入 AGV_1 路径的第三个位置，如表 6.25 中的状态 M_3 所示，更新路径表为：AGV_1，0—2—3；AGV_2：0—1。

3. 邻域变换方法

邻域变换，相关文献也称作邻域操作、邻域结构、邻域移动等。禁忌搜索要想不断进行就要依赖邻域变换来不断拓展搜索空间，邻域变换是在当前解的基础上，按照特定的变换策略产生一定数目的新解，这些新解被称为邻域解，新解的数目称为邻域解规模。邻域变换的设计通常与问题有关，如排列置换类组合优化问题，常用的邻域移动方法是交换、插入、逆序等。邻域移动的设计策略既要保证变化的有效性还要保证变化的平滑性，即产生的邻域解和当前解既有不同，又不能差异太大。不同使搜索过程向前进行，不能差异太大保证搜索是有序而非随机的搜索。邻域解的规模可以根据需要和经验设定成小于上限的值，以提高搜索的运行效率。

根据本节研究问题的特点，选择邻域搜索对初始解和当前解进行邻域变换操作，生成当前解或初始解的若干邻域解，并通过比较邻域解评价值的大小，选出邻域解中的最优解作为本算法的候选解。具体过程如表 6.26 所示。

表 6.26　邻域解生成流程表

步骤	具体流程
步骤 1	给定 C 个搬运机器人，N 个货架位置和拣货时间，使用插入法运行出初始路径 $newLstRack_0$ 和总拣货时间 T_0
步骤 2	交换。$newLstRack_0$ 表中包含 N 个货架的运输路径及顺序，使用轮盘赌函数，任选其中两个货架交换位置，新表记为 $newLstRack_1$，并计算 $newLstRack_1$ 表的总拣货时间 T_1
步骤 3	比较。若 $T_1 < T_0$，则令 $newLstRack_0 = newLstRack_1$，$T_0 = T_1$；若 $T_1 \geq T_0$，则 $newLstRack_0$ 和 T_0 保持不变
步骤 4	迭代。设置迭代次数 i，循环 i 遍步骤 2 和步骤 3，并输出每次迭代后生成的总路径表 $newLstRack_0$ 和总拣货时间 T_0

6.5.6　实验分析

为了验证本节设计算法求解的有效性及其寻优的快速性，本节通过计算机模拟，对算法进行了算例测试。在模拟中，针对不同的问题规模，即小规模算例和大规模算例，分别进行测试。实验使用 Microsoft Visual Studio 开发环境，应用 C# 语言开发禁忌搜索算法和遗传算法。在 Windows10 64 位操作系统，8 GB 内存和 i5-5700 环境下进行测试。

为了验证货架选择的 SA 改进算法的有效性，本节首先生成不同规模的算例，然后将本节的 SA 算法分别与 Gurobi 及该领域的代表性算法——大邻域搜索算法[46]进行对比，验证货架选择模型和算法的有效性。

在搬运机器人调度算法的验证方面，首先针对小规模的算例进行测试，将禁忌搜索算法的求解结果与线性求解器 Gurobi 求出的精确解进行对比,验证禁忌搜索算法求解的有效性;然后再针对大规模的算例进行测试,将禁忌搜索算法和遗传算法作对比,验证算法寻优的快速性。

1. 算例描述与参数设置

根据电商订单小批次、多品种的特性,生成算例,每个算例包含订单和货架信息,订单数最大为 500 个,仓库中 SKU 种类数最大为 5000 种,货架数最大为 2000 个。SA 算法中,初始温度 $T_0 = 500$,温度衰减系数 $\alpha = 0.98$,终止温度 $T_{in} = 0.01$。

2. 货架选择的改进 SA 算法实验结果分析

1)与 Gurobi 结果对比

分别利用 Gurobi 和 SA 算法对小规模算例进行求解,结果见表 6.27。由表 6.27 可见,SA 算法能在更短的时间内找到 Gurobi 所给出的精确解;针对 600 个货架以上的算例,Gurobi 在有限时间内找不到最优解,但 SA 算法仍能在几十秒之内就能找到当前最好解,这说明了 SA 算法的有效性和优越性。

表 6.27　Gurobi 与 SA 算法对比

算例信息			所需货架数/个			运行时间/秒		
货架数/个	SKU 种类数/种	订单数/个	Gurobi	SA	Gap	Gurobi	SA	Gap
30	20	10	8	8	0	0.087	0.004	−95.40%
30	20	20	14	14	0	0.086	0.006	−93.02%
30	20	30	18	18	0	0.104	0.007	−93.27%
30	30	40	20	20	0	0.129	0.006	−95.35%
60	30	20	30	30	0	0.121	0.029	−76.03%
60	30	30	39	39	0	0.182	0.014	−92.31%
60	50	50	28	28	0	1.387	0.375	−72.96%
60	80	50	43	43	0	1.293	0.014	−98.92%
80	30	20	23	23	0	0.813	0.214	−73.68%
80	70	50	44	44	0	1.409	0.016	−98.86%
80	100	80	51	51	0	1.516	0.023	−98.48%
80	100	100	53	53	0	1.933	0.263	−86.39%
100	20	10	10	10	0	0.973	0.008	−99.18%

续表

算例信息			所需货架数/个			运行时间/秒		
货架数/个	SKU 种类数/种	订单数/个	Gurobi	SA	Gap	Gurobi	SA	Gap
100	20	20	21	21	0	1.691	0.376	−77.76%
100	30	30	22	22	0	4.786	0.558	−88.34%
100	100	500	97	97	0	49.112	0.035	−99.93%
600	300	200	—	147	—	>7200	11.9	—
900	694	400	—	248	—	>7200	25.7	—
900	700	300	—	255	—	>7200	17.5	—
1000	1000	500	—	308	—	>7200	17.14	—

2）与大邻域搜索算法对比

大邻域搜索算法最早由肖（Shaw）在 1998 年提出，因其容易跳离局部最优，对大规模数据的求解问题具有良好的表现，而被成功运用于仓库运营管理的相关问题[46]。本节选择该算法作为对比算法，改进了文献[46]的算法使之适用于本节问题，其算法流程见图 6.23。算法的修复算子参考了 6.5.4 节第二阶段查找 MyRack

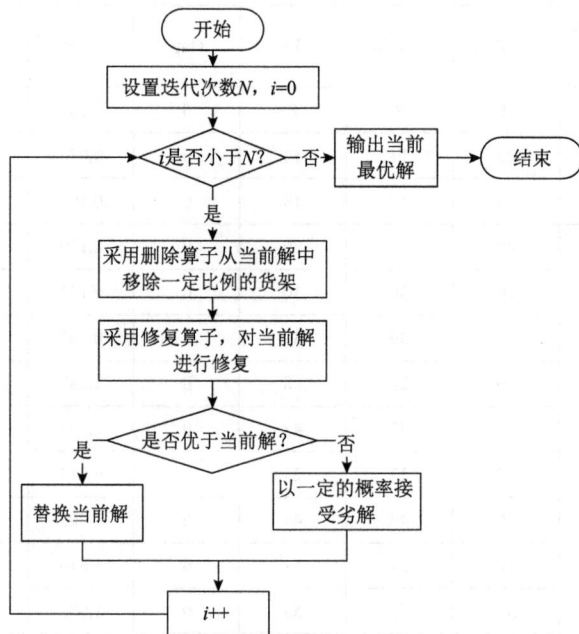

图 6.23　LNS 算法流程图

的方法。相似性删除算子思路如下：随机选择当前货架集合的一个货架，找出与其相似程度较高的货架作为下一个被删除的货架，之后在已删除的货架集合中随机找一个货架，删除与其相似程度较高的货架，以此类推，直至达到删除比例。货架的相似程度采用式（6.73）计算而得：

$$\text{phi}\,A,B = \frac{F_A \cap F_B}{F_A \cup F_B} \tag{6.73}$$

其中，F_A 和 F_B 分别表示货架 A 和货架 B 包含的商品种类集合。

为保证公平性，大邻域搜索算法的外层循环同样采用温度下降的方法来控制迭代次数，运行 10 次后记录最好解，结果见表 6.28。在求解质量方面，在 14 个算例中 LNS 只有一个算例的结果与 SA 的结果一致，其余算例的结果均劣于 SA 算法。在运行时间方面，两种算法的差异较大，基本上保持在 50% 以上，说明在保证求解质量的前提下，SA 效果更好。

表 6.28　SA 算法与 LNS 算法对比

算例信息				所需货架数/个			运行时间/秒		
序号	货架数/个	SKU种类数/种	订单数/个	SA	LNS	（SA−LNS）/SA	SA	LNS	（SA−LNS）/SA
1	900	694	400	249	253	1.58%	11.55	23.11	50.02%
2	900	700	300	253	259	2.32%	12.16	24.61	50.59%
3	1000	2000	230	205	208	1.44%	11.41	58.33	80.44%
4	1000	1000	500	351	357	1.68%	17.14	60.03	71.45%
5	1500	555	300	177	181	2.21%	11.42	16.4	30.37%
6	1500	2000	200	351	351	0.00%	17.36	84.03	79.34%
7	1500	4000	200	324	329	1.52%	20.19	235.51	91.43%
8	1500	4000	300	418	421	0.71%	25.19	369.39	93.18%
9	2000	326	450	280	285	1.75%	16.83	22.05	23.67%
10	2000	2000	200	385	387	0.52%	21.47	80.71	73.40%
11	2000	3000	200	399	403	0.99%	25.73	147.84	82.60%
12	2000	4000	300	497	500	0.60%	34.71	321.09	89.19%
13	2000	5000	400	505	512	1.37%	44.99	343.09	86.89%
14	2000	5000	500	618	619	0.16%	65.31	725.88	91.00%
平均值				358	362	1.20%	23.96	179.43	70.97%

两种算法的运行时间随算例规模而变化的趋势进一步绘制在图 6.24 中。由图 6.24 可见，随着问题规模的增加，SA 算法运行时间曲线的斜率要比 LNS 算法

运行时间曲线的斜率小，这说明 SA 算法的稳定性要优于 LNS 算法。

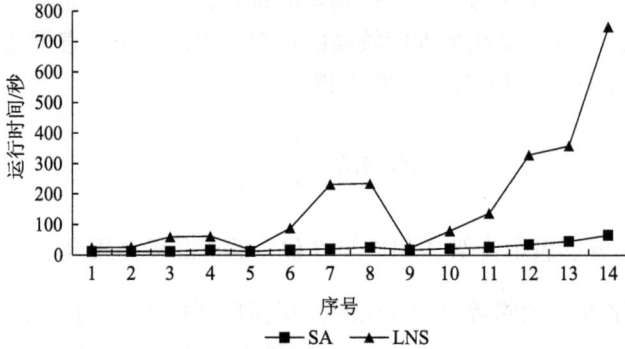

图 6.24　SA 算法和 LNS 算法的运行时间

　　综上，针对小规模算例，SA 算法能够用较少时间找到最优解；针对大规模算例，SA 相较于大邻域搜索算法，在求解质量和运行时间方面，都具有较好的效果。这些结果验证了本节 SA 算法的有效性。

3. 搬运机器人调度的禁忌搜索算法实验结果分析

1）小规模算例的实验分析

本节主要内容是对比线性求解器 Gurobi 和禁忌搜索算法的实验结果。线性求解器 Gurobi 可以求出问题模型的精确解，通过本节设计算法的求解结果与 Gurobi 结果的对比分析，即可验证算法的性能。在货架拣货信息和拣货时间已知的情况下，我们从最初的 2 个货架的规模开始设计算例，并以 1 个货架为单位，逐步增加算例中货架的数量，并进行测试。每个算例的 Gurobi 求解结果和禁忌搜索算法的求解结果与系统运行时间均记录于表 6.29 和表 6.30 中。

表 6.29　小规模算例结果对比

序号	货架数量/个	搬运机器人数量/个	Gurobi 结果	禁忌搜索结果	结果是否一致	具体路径是否一致
1	2	1	14	14	一致	一致
2	3	1	20	20	一致	一致
3	3	1	33	33	一致	不一致
4	3	1	37	37	一致	一致
5	4	1	40	40	一致	不一致
6	5	1	53	53	一致	不一致
7	6	1	56	56	一致	不一致

续表

序号	货架数量/个	搬运机器人数量/个	Gurobi 结果	禁忌搜索结果	结果是否一致	具体路径是否一致
8	7	1	72	72	一致	不一致
9	8	1	73	73	一致	不一致
10	9	1	73	73	一致	不一致

表 6.30　Gurobi 和禁忌搜索算法求解时间对比

序号	货架数量/个	搬运机器人数量/个	Gurobi 求解时间/秒	禁忌搜索求解时间/秒
1	2	1	0.09	<0.01
2	3	1	0.10	<0.01
3	3	1	0.11	<0.01
4	3	1	0.12	<0.01
5	4	1	0.42	<0.01
6	5	1	0.99	<0.01
7	6	1	4.32	<0.01
8	7	1	190.02	<0.01
9	8	1	4741.04	<0.01
10	9	1	6629.67	<0.01

通过表 6.29 中的信息可知，针对小规模算例的 10 个例子在 Gurobi 程序结果和禁忌搜索程序结果中，由于存在多重最优解，每个例子中的搬运机器人的具体运行路径并不完全一致，但两种程序总拣货时间始终一致，保持相同。因此可以认为在小规模情况下，禁忌搜索程序结果与 Gurobi 程序结果效果相同。同时结合表 6.30 中的信息，可以证明禁忌搜索算法具有较好的寻找最优解的能力，且相对Gurobi 程序，存在一定的时间优势。通过对表 6.29 和表 6.30 中的数据进行分析比较，均可以看出禁忌搜索算法在寻找问题较优解时的有效性。

2）大规模算例的实验分析

本节使用 Gurobi 求解小规模问题模型，但 Gurobi 无法在有限时间内求解大规模问题模型，从而设计了禁忌搜索算法来求解。为证实禁忌搜索算法的寻优能力，本节选择了遗传算法作为大规模情况下的对比算法，并分析两算法对于同等规模算例的求解效果。

A. 遗传算法

遗传算法的流程中，有六个主要组成部分：初始种群的产生（编码）、适应度函数的确定、选择、交叉、变异和停止准则。其中遗传算法的选择、交叉和变异操作是遗传算法中的三个基本遗传算子。第一,选择算子使优化的个体(或解)直接遗传到下一代或通过配对交叉产生新的个体再遗传到下一代。第二,交叉算子使两个父代个体的部分结构加以替换重组而生成新个体的操作。通过交叉,遗传算法的搜索能力得以飞跃提高。第三,变异算子使遗传算法具有局部的随机搜索能力,且能维持群体多样性。下面具体对遗传算法的内容进行详细介绍。

遗传算法的第一个组成部分是初始种群的产生(即编码)。遗传算法的初始解与 SA 算法的初始解相同,不再赘述。遗传算法主要是对基因进行操作,不能直接处理研究问题的参数,因此必须通过编码将需要求解的问题表示成遗传空间的染色体或者个体。本节编码方式选择排列编码。排列编码可以解决排序的问题,从而用到路径变化中去。如图 6.25 所示,用一串基因编码来表示搬运机器人的任务分配及行走路径,基因编码为:0 2 3 4 5 0 1 7 9 8 6,此编码中每出现一个 0,表示增加一个搬运机器人。编码具体含义为:AGV_0 运送货架 2、货架 3、货架 4、货架 5;AGV_1 运送货架 1、货架 7、货架 9、货架 8、货架 6,如图 6.25 所示。此外,要进行后面的操作,首先要产生初始种群,也就是进化的第一代,种群长度一般取 20 个及以上,本节取 50 个。

遗传算法的第二个组成部分是适应度函数的确定。因为在遗传算法中,适应度函数要比较排序并在此基础上计算选择概率,所以适应度函数的值要取正值。结合本节研究问题,取其可行解的总拣货时间作为适应度函数。

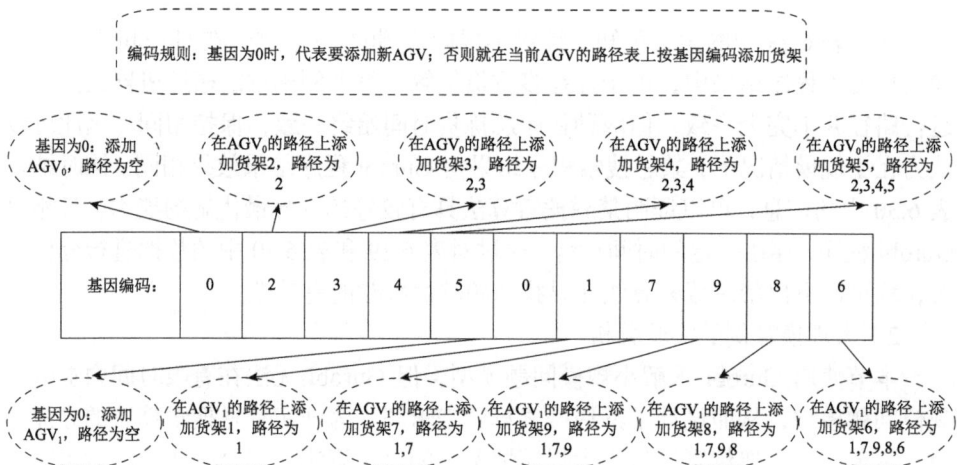

图 6.25　遗传算法编码规则

遗传算法的第三个组成部分是选择。选择的目的是把优化的个体(或解)直接遗传到下一代或通过配对交叉产生新的个体再遗传到下一代。这里使用二元锦标赛选择方法（binary tournament selection），就是我们从整个种群中抽取 n（通常情况下 $n=2$）个个体，让他们进行竞争（锦标赛），抽取其中的最优的个体。

遗传算法的第四个组成部分是交叉。根据交叉概率将父代中的部分个体两两随机地交换某些基因，以产生新的基因组合。交叉运算以某一概率 P_c 相互交换某两个个体之间的部分染色体。遗传算法中起核心作用的是遗传操作的交叉算子，所以交叉概率 P_c 不应太小，本节中 P_c 的取值为 0.85。本例采用单点交叉的方法，若两父代在一定概率下需要交叉，则随机设置交叉点位置；子代的前半部分从一个父代基因中复制，然后从头扫描另一个父代基因，若其某个位点在子代中没有，就把此点添加进子代中。

遗传算法的第五个组成部分是变异算子。变异算子的基本内容是根据概率 P_m 对群体中的个体串的某些基因座上的基因值作变动。使遗传算法具有局部的随机搜索能力，还能维持种群的多样性。变异率通常都是很低的值，本节中变异算子概率 P_m 为 0.01。

遗传算法的第六个组成部分是停止准则。当最优个体的适应度达到给定的阈值，或者最优个体的适应度和群体适应度不再上升时，又或者迭代次数达到预设的代数时，算法终止。预设的代数与禁忌搜索算法一致均为 1000 代，保证算法运行的公平性。

B. 禁忌搜索与遗传算法的对比分析

遗传算法作为对比算法，同样需要具有小规模运行出最优解的能力，因此选取 2 个至 9 个货架的小规模算例，分别使用 Gurobi 和遗传算法求解，并对比求解结果，结果如表 6.31 所示。通过对两种方式的求解结果进行分析，发现 10 个小规模算例在 Gurobi 程序结果和遗传程序结果中，由于存在多重最优解，每个例子中搬运机器人的运行路径虽并不完全一致，但两种程序总拣货时间相同始终一致。因此可以认为小规模情况下，本节所设计的禁忌搜索算法程序和遗传算法程序均能有效求得问题最优解，因此本节设计的遗产算法可以作为对比算法进行大规模实验。在进行大规模算例实验对比时，设计了 6 个算例，货架规模分别为 500 个，600 个、700 个、800 个、900 个和 1000 个。每个算例的遗传算法求解结果和禁忌搜索算法求解结果均记录于表 6.31 中。

表 6.31　Gurobi、遗传算法和禁忌搜索算法算例结果对比

序号	货架数量/个	搬运机器人数量/个	Gurobi 结果/秒	遗传算法结果/秒	禁忌搜索算法结果/秒
1	2	1	14	14	14
2	3	1	20	20	20
3	3	1	33	33	33
4	3	1	37	37	37
5	4	1	40	40	40
6	5	1	53	53	53

序号	货架数量/个	搬运机器人数量/个	Gurobi 结果/秒	遗传算法结果/秒	禁忌搜索算法结果/秒
7	6	1	56	56	56
8	7	1	72	72	72
9	8	1	73	73	73
10	9	1	73	73	73
11	500	5 ～ 35	—	17 943	16 669
12	600	5 ～ 35	—	22 703	21 323
13	700	5 ～ 35	—	32 546	25 310
14	800	5 ～ 35	—	41 261	27 650
15	900	5 ～ 35	—	51 451	33 247
16	1000	5 ～ 35	—	55 883	36 674

根据表 6.31 中的数据信息，可得到在大规模算例下，每个算例的遗传算法求解结果和禁忌搜索求解结果的对比图，如图 6.26 所示。

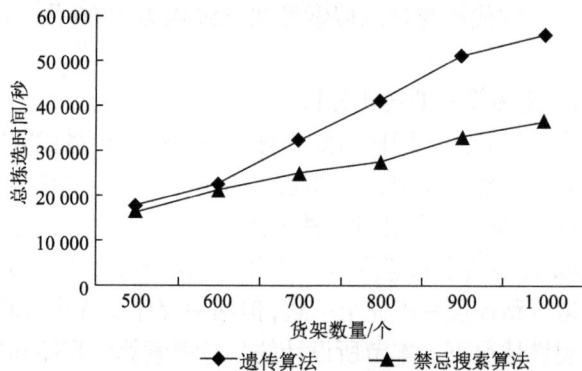

图 6.26 大规模算例的求解结果对比图

根据表 6.32 中的数据信息，可获得在大规模算例下，每个算例的遗传算法求解时间和禁忌搜索求解时间的对比图，如图 6.27 所示。

表 6.32 遗传算法和禁忌搜索算法算例运行时间对比

序号	货架数量/个	搬运机器人数量/个	遗传算法运行时间/秒	禁忌搜索运行时间/秒
1	500	5 ～ 35	134.42	55.48
2	600	5 ～ 35	184.67	74.38
3	700	5 ～ 35	217.82	87.53
4	800	5 ～ 35	271.58	98.62
5	900	5 ～ 35	397.54	99.15
6	1000	5 ～ 35	498.29	112.26

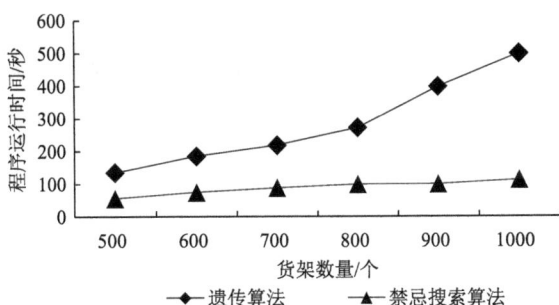

图 6.27　大规模算例的求解时间对比图

图 6.27 中算法的数值均是将对应算法针对同一算例重复运行 10 次之后，取其平均值作为最终结果，避免算法只运行一次而获得质量较差的解。由图 6.27 可知，同一规模的算例，使用禁忌搜索算法生成的解的质量要优于遗传算法。通过图 6.27 可以发现，禁忌搜索算法在求解时间上更具有优势，且当算例规模慢慢扩大，禁忌搜索的优势越来越明显。综上所述，针对本节研究问题时，禁忌搜索算法更有利于找到最好的解，寻优效果更好，这证明了禁忌搜索算法求解的有效性。且禁忌搜索算法的求解时间也优于遗传算法，证明了禁忌搜索算法寻找最优解的高效性与优越性。

4. 敏感性分析

在不同的时段，顾客订单中所订购的商品结构会有很大的不同。例如，在电商促销日，由于某些特定商品的优惠力度较大，订单中对这些商品的购买频率和数量就会增加。那么，不同订单结构如何影响货架选择方案？本节主要分析不同订单中 SKU 种类数、每种 SKU 被订购的件数对货架数及货架特点的影响，旨在为决策者提供相应的管理启示。

1）订单中 SKU 种类数敏感度分析

针对 200 个、500 个订单，分析订单中 SKU 种类数对货架数的影响，结果见图 6.28，订单量越大，所需要的货架数也就越多；针对相同规模的数据，所需货架数随 SKU 种类数的增加而增加；针对 200 个订单计算被选中和未被选中的货架上 SKU 种类数、SKU 总件数的影响见图 6.29 和图 6.30，针对相同 SKU 种类数，被选中的货架上 SKU 种类数以及 SKU 总件数要大于未被选中的货架。

2）每种 SKU 被订购的件数敏感度分析

针对不同的订单规模分析每种 SKU 被订购的件数对所需货架数的影响，结果见图 6.31，针对不同规模的订单，所需货架数会随着每种 SKU 被订购的件数增加而增加；对结果用 Excel 进行线性拟合，拟合结果见图 6.32，针对 500 个订单的趋势线的斜率高于 200 个订单的趋势线的斜率，说明订单量越大，所需货架数随 SKU 被订购的件数的变化幅度越大；针对 500 个订单的运行结果计算被选中与未被选中的货架 SKU 种类数和 SKU 总件数，结果见图 6.33 和图 6.34，针对相同每种 SKU 被订购的件数，被选中的货架上 SKU 种类数和货架上 SKU 总件数较于未被选中的货架要高。

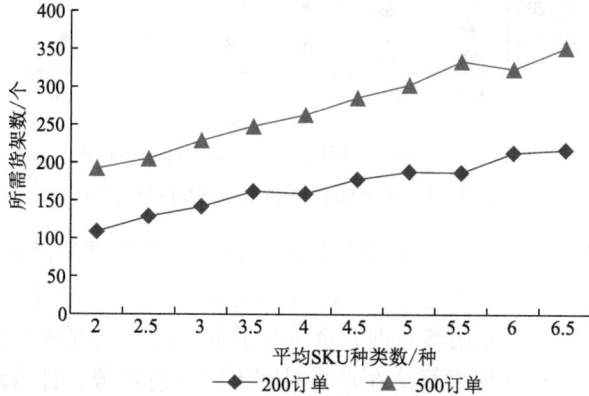

图 6.28　SKU 种类数对货架数的影响

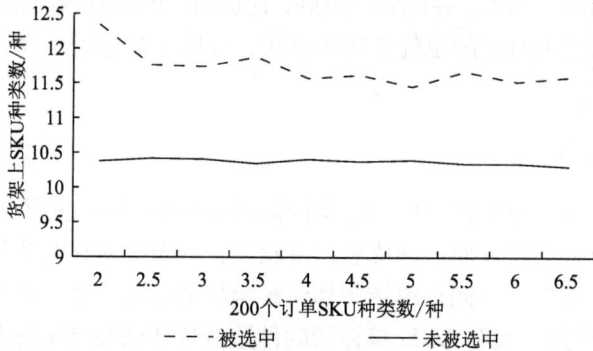

图 6.29　SKU 种类数对货架上 SKU 种类数的影响

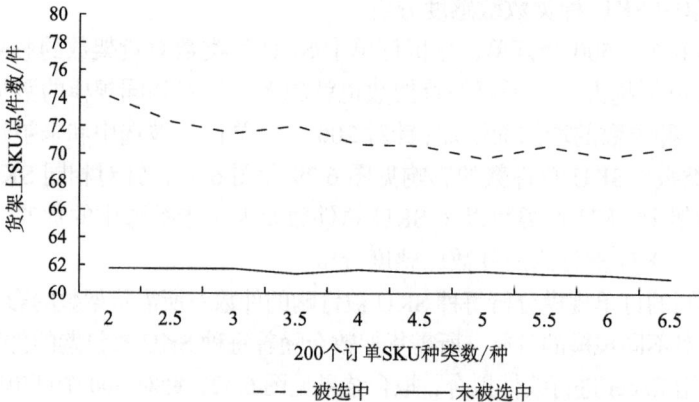

图 6.30　SKU 种类数对 SKU 总件数的影响

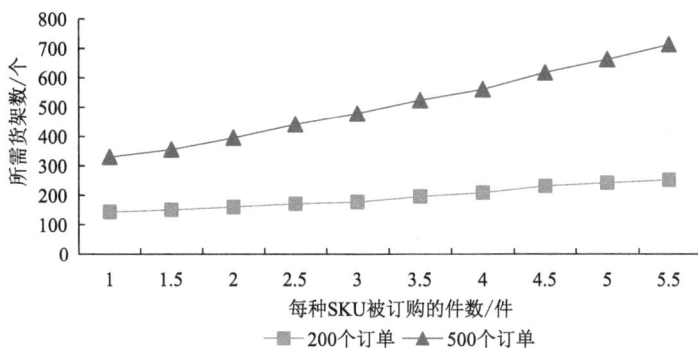

图 6.31　每种 SKU 被订购的件数对所需货架数的影响

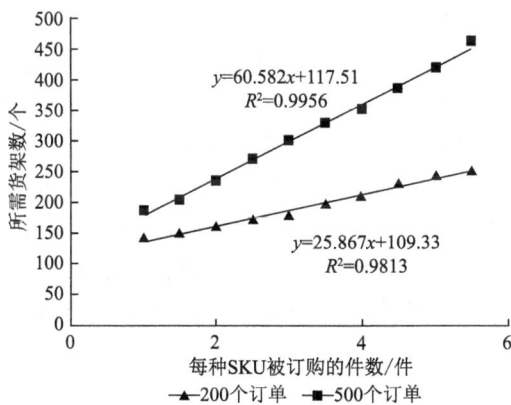

$y=60.582x+117.51$
$R^2=0.9956$

$y=25.867x+109.33$
$R^2=0.9813$

图 6.32　数据线性拟合

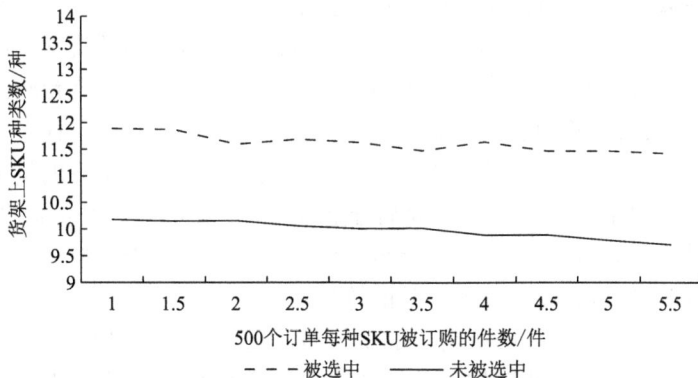

图 6.33　SKU 被订购的件数对货架上 SKU 种类数的影响

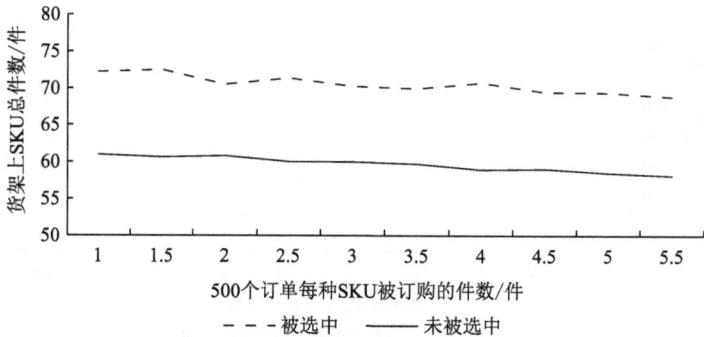

图 6.34　SKU 被订购的件数对货架上 SKU 总件数的影响

综上所述,不同规模订单所需要的货架数随订单中 SKU 种类数或每种 SKU 被订购的件数的增加而增加,且被选中的货架上 SKU 种类数和 SKU 总件数要高于未被选中的货架,因此,应该优先选择 SKU 种类数多和 SKU 总件数多的货架来提供拣货服务,SKU 种类数越多或 SKU 总件数越多的货架,则越有利于降低所选择的货架数,使得所需要的货架越少。同时本节的 SA 算法适用于同种 SKU 被存放在多个货架上,而不是将商品存放在一个货架上,而在现实生活中,大部分的移动货架仓中货位分配也不会将同种商品放在一个货架上,而是一个货架上存放多种商品,一种商品存放在多个货架上,所以本节的研究具有一定的现实意义。

6.5.7　管理启示

在采用移动货架系统的配送中心中,商品被零散摆放的情况下,在系统挑选货架选择方案时,最好选择商品种类数以及商品总件数较多的货架,同时决策者可以根据系统选择货架的方案,将方案中的货架摆放在距离拣货台较近的位置以减少拣货机器人行走距离,以此来应对不同订单结构的订单拣选任务,以便提高整体的拣选效率。为了尽可能减少搬运的货架数,应该选择更少的货架来满足商品的拣货需求,因此,当决策者为商品分配货位时,分析订单中商品的订购规律,可以将经常被一起订购的商品尽可能放在同一个货架上,当选择一个货架提供拣货服务时,该货架也会满足其他商品的拣货需求。

另外,规模较大的订单所需要的货架数随着 SKU 被订购总件数的增加而上升的趋势明显大于小批量的订单,因此,为了增加电商促销日订单的拣选效率,当商品达到安全库存需要进行补货时,决策者应该将同种商品尽可能地存放在同一个货架上,这样当面临大规模的订单时,就能将一批订单中所需要的某种商品以尽可能少的货架来提供拣货服务,以便减少所需要的货架,从而提高订单的拣选效率。

6.6　小　　结

本章针对机器人移动货架系统的拣货优化问题，为提高订单履行效率，基于数据挖掘、运筹优化等理论和方法，提出了机器人移动货架系统的拣选效率优化方法。主要从机器人移动货架系统的仓储商品选择决策与优化、货位分配决策与优化、货架存储位置优化、机器人调度优化四大方面展开研究，根据问题特征构建对应的数学模型后，分别设计了求解的启发式算法，实现了研究问题的高效快速求解，可以显著提升机器人移动货架系统的拣选效率。各部分研究均按照"问题描述与分析→模型构建→问题复杂性分析→算法设计→实验分析→管理启示"的思路进行研究，分别提出了仓储商品选择决策的混合启发式算法、货位分配决策的 SA 算法、货架存储位置决策的混合启发式算法、搬运机器人调度优化的 SA 改进算法和禁忌搜索算法，显著减少了固定货架的传统"人到货"拣货区域和机器人移动货架系统"货到人"拣货区域并存的配送中心的合流订单量，大幅降低了订单拣选的移动货架总次数、搬运机器人的行驶距离、系统的拣货成本等，实验结果显示本章所提算法在求解小规模和大规模的问题时均取得了较优的优化结果，验证了算法的有效性，具备实际应用的可行性。各节内容最后就实验分析结果、灵敏度分析结果分别给出了对应的管理启示，可以为机器人移动货架系统的仓库管理人员提供科学的决策辅助。

该研究成果有利于提高机器人移动货架系统订单拣选优化的科学性和智能性，提高订单拣选效率，可有效降低机器人移动货架系统的运作成本并提高订单履行的及时性，有利于促进智慧仓储与物流的发展。同时，所提出的方法有利于促进运筹学和智能仓储运作优化管理的发展与应用。

参 考 文 献

[1] Wurman P R, D'Andrea R, Mountz M. Coordinating hundreds of cooperative, autonomous vehicles in warehouses. AI Magazine, 2008, 29(1): 9-19.

[2] Yuan R, Graves S C, Cezik T. Velocity-based storage assignment in semi-automated storage systems. Production and Operations Management, 2019, 28(2): 354-373.

[3] Wang Z, Xu W, Hu X P, et al. Inventory allocation to robotic mobile-rack and picker-to-part warehouses at minimum order-splitting and replenishment costs. Annals of Operations Research, 2022, 316: 467-491.

[4] 王征, 鲁鹏, 胡祥培. 可移动货架仓储系统中的货架位置优化方法. 中国管理科学, 2024, (8): 84-94 .

[5] 王征, 单宇欣, 张晓娟. 移动货架仓库中面向订单拣选的货架选择方法. 工业工程与管理, 2022, 27(3): 15-23.

[6] Bui T N, Jones C. Finding good approximate vertex and edge partitions is NP-hard. Information Processing Letters, 1992, 42(3): 153-159.

[7] Catalán A, Fisher M. Assortment allocation to distribution centers to minimize split customer orders. Social Science Electronic Publishing, 2013.

[8] 李建斌, 孙哲, 陈威帆, 等. 面向最小化拆单率的基于订单分配顺序的库存优化研究. 工业工程与管理, 2017, 22(6): 78-84.

[9] Andreev K, Racke H. Balanced graph partitioning. Theory of Computing Systems, 2006, 39(6): 929-939.

[10] Hamann M, Strasser B. Graph bisection with Pareto optimization. ACM Journal of Experimental Algorithmics, 2018, 23: 1-34.

[11] Zhou Q, Benlic U, Wu Q H, et al. Heuristic search to the capacitated clustering problem. European Journal of Operational Research, 2019, 273(2): 464-487.

[12] de Koster R, Le-Duc T, Roodbergen K J. Design and control of warehouse order picking: a literature review. European Journal of Operational Research, 2007, 182(2): 481-501.

[13] Muppani V R, Adil G K. A branch and bound algorithm for class based storage location assignment. European Journal of Operational Research, 2008, 189(2): 492-507.

[14] Frazelle E H. Stock location assignment and order picking productivity. Atlanta: Georgia Institute of Technology, 1989.

[15] Reyes J J R, Solano-Charris E L, Montoya-Torres J R. The storage location assignment problem: a literature review. International Journal of Industrial Engineering Computations, 2019, 10(2): 199-224.

[16] Gu J X, Goetschalckx M, McGinnis L F. Research on warehouse operation: a comprehensive review. European Journal of Operational Research, 2007, 177(1): 1-21.

[17] Ang M, Lim Y F, Sim M. Robust storage assignment in unit-load warehouses. Management Science, 2012, 58(11): 2114-2130.

[18] Goetschalckx M, Ratliff H D. Shared storage policies based on the duration stay of unit loads. Management Science, 1990, 36(9): 1120-1132.

[19] Thonemann U W, Brandeau M L. Note. Optimal storage assignment policies for automated storage and retrieval systems with stochastic demands. Management Science, 1998, 44(1): 142-148.

[20] Ruben R A, Jacobs F R. Batch construction heuristics and storage assignment strategies for walk/ride and pick systems. Management Science, 1999, 45(4): 575-596.

[21] Christofides N, Colloff I. The rearrangement of items in a warehouse. Operations Research, 1973, 21(2): 577-589.

[22] Webster S, Ruben R A, Yang K K. Impact of storage assignment decisions on a bucket brigade order picking line. Production and Operations Management, 2012, 21(2): 276-290.

[23] Weidinger F, Boysen N, Briskorn D. Storage assignment with rack-moving mobile robots in KIVA warehouses. Transportation Science, 2018, 52(6): 1479-1495.

[24] Correll N, Bekris K E, Berenson D, et al. Analysis and observations from the first Amazon picking challenge. IEEE Transactions on Automation Science and Engineering, 2018, 15(1): 172-188.

[25] Gagliardi J P, Renaud J, Ruiz A. On storage assignment policies for unit-load automated storage and retrieval systems. International Journal of Production Research, 2012, 50(3): 879-892.

[26] Caron F, Marchet G, Perego A. Routing policies and COI-based storage policies in picker-to-part systems. International Journal of Production Research, 1998, 36(3): 713-732.

[27] Kulturel S, Ozdemirel N E, Sepil C, et al. Experimental investigation of shared storage assignment policies in automated storage/retrieval systems. IIE Transactions, 1999, 31(8): 739-749.

[28] Frazele E A, Sharp G P. Correlated assignment strategy can improve any order-picking operation. Industrial Engineering, 1989, 21(4): 33-37.

[29] Chen L, Langevin A, Riopel D. A tabu search algorithm for the relocation problem in a warehousing system. International Journal of Production Economics, 2011, 129(1): 147-156.

[30] Mantel R J, Schuur P C, Heragu S S. Order oriented slotting: a new assignment strategy for warehouses. European Journal of Industrial Engineering, 2007, 1(3): 301-316.

[31] Chuang Y F, Lee H T, Lai Y C. Item-associated cluster assignment model on storage allocation problems. Computers & Industrial Engineering, 2012, 63(4): 1171-1177.

[32] Quintanilla S, Pérez Á, Ballestín F, et al. Heuristic algorithms for a storage location assignment problem in a chaotic warehouse. Engineering Optimization, 2015, 47(10): 1405-1422.

[33] Brimberg J, Mladenović N, Todosijević R, et al. Solving the capacitated clustering problem with variable neighborhood search. Annals of Operations Research, 2019, 272: 289-321.

[34] 杜冰, 陈华平, 邵浩, 等. 具有不同到达时间的差异工件批调度问题的蚁群聚类算法. 系统工程理论与实践, 2010, 30(9): 1701-1709.

[35] 张炜, 王原, 何永明, 等. 基于先排序后聚类原则下解决 CARP 问题的分割算法. 中国管理科学, 2015, 23(S1): 137-142.

[36] Angelelli E, Mansini R, Grazia Speranza M. Kernel search: a general heuristic for the multi-dimensional knapsack problem. Computers & Operations Research, 2010, 37(11): 2017-2026.

[37] 熊小华, 宁爱兵, 马良. 基于多交换邻域搜索的多维 0/1 背包问题竞争决策算法. 系统工程理论与实践, 2010, 30(8): 1448-1456.

[38] 孔明, 田澎, 李想勇. 多维背包问题的二进制蚂蚁算法. 管理科学学报, 2009, 12(2): 44-53.

[39] Mirzaei M, Zaerpour N, de Koster R. The impact of integrated cluster-based storage allocation on parts-to-picker warehouse performance. Transportation Research Part E Logistics and Transportation Review, 2021, 146(6): 102207.

[40] Xie J, Mei Y, Ernst A T, et al. A bi-level optimization model for grouping constrained storage location assignment problems. IEEE Transactions on Cybernetics, 2018, 48(1): 385-398.

[41] Morán-Mirabal L F, González-Velarde J L, Resende M G C, et al. Randomized heuristics for handover minimization in mobility networks. Journal of Heuristics, 2013, 19(6): 845-880.

[42] Martínez-Gavara A, Campos V, Gallego M, et al. Tabu search and GRASP for the capacitated

clustering problem. Computational Optimization and Applications, 2015, 62(2): 589-607.

[43] 李珍萍, 范欣然, 吴凌云. 基于"货到人"拣选模式的储位分配问题研究. 运筹与管理, 2020, 29(2): 1-11.

[44] Hartmanis J. Computers and intractability: a guide to the theory of NP-completeness. SIAM Review, 1982, 24(1): 90-91.

[45] Li Z P, Zhang J L, Zhang H J, et al. Optimal selection of movable shelves under cargo-to-person picking mode. International Journal of Simulation Modelling, 2017, 16(1): 145-156.

[46] Žulj I, Kramer S, Schneider M. A hybrid of adaptive large neighborhood search and tabu search for the order-batching problem. European Journal of Operational Research, 2018, 264(2): 653-664.